Guy Deutscher

Die Evolution
der Sprache

Wie die Menschheit zu ihrer
größten Erfindung kam

Aus dem Englischen von
Martin Pfeiffer

C.H.BECK

Copyright © Guy Deutscher 2005
Die erste Auflage dieses Buches erschien 2008 auf deutsch
in gebundener Form unter dem Titel «Du Jane, ich Goethe.
Eine Geschichte der Sprache» bei C.H.Beck.

1. Auflage in Beck Paperback. 2018
Für die deutsche Ausgabe:
© Verlag C.H.Beck oHG, München 2008
Satz: Fotosatz Reinhard Amann, Aichstetten
Druck und Bindung: Druckerei C.H.Beck, Nördlingen
Umschlaggestaltung: Nach einem Konzept von Kunst oder Reklame, München
Umschlagabbildung: getty images
Gedruckt auf säurefreiem, alterungsbeständigem Papier
(hergestellt aus chlorfrei gebleichtem Zellstoff)
Printed in Germany
ISBN 978 3 406 72749 8

www.chbeck.de

Für Janie

maṣṣar šulmim u balāṭim ina rēšiki ay ipparku

Inhalt

Vorwort zur deutschen Ausgabe

Das Buch, das Ihnen vorliegt, basiert auf einem englischen Original mit dem etwas abweichenden Titel *The Unfolding of Language, the evolution of mankind's greatest invention.* Die deutsche Ausgabe ist jedoch keine Übersetzung im herkömmlichen Sinne des Wortes. Dieses Buch handelt von der Entwicklung der Sprache – nicht der englischen oder irgendeiner anderen spezifischen Sprache, sondern von den allgemeinen Wegen, welche alle Sprachen im Laufe ihrer Evolution durchschreiten. Weil aber die Originalversion einem englischlesenden Publikum zugedacht war, stammte die Mehrzahl der Beispiele, die zur Veranschaulichung der allgemeinen Prinzipien herangezogen wurden, selbstredend aus der Geschichte der englischen Sprache. Um das Buch einer deutschen Leserschaft zu adaptieren, war es nun notwendig, viele Änderungen vorzunehmen, die weit über eine bloße Übersetzung hinausgehen: Neue Beispiele – diesmal aus der deutschen Sprachgeschichte – mussten die ursprünglichen ersetzen und umfangreiche Passagen dementsprechend geändert oder sogar komplett neu geschrieben werden. So viel ist sicher: Wäre dieses Buch ursprünglich in deutscher Sprache konzipiert gewesen, hätte Einiges noch einmal anders ausgesehen. Aber ich hoffe dennoch, dass deutschsprachige Leserinnen und Leser hier ein Buch finden, das nicht nur in ihrer Sprache geschrieben ist, sondern diese Sprache auch wirklich spricht.

Es ist eine große Herausforderung für einen Autor, einen Text auf eine Sprache umzumünzen, deren er (seinem «sprechenden» Nachnamen zum Trotz) nicht mächtig ist. Diese Aufgabe wäre ohne das Engagement Anderer nie gelungen, und es ist mir eine besondere Freude, an dieser Stelle meine Dankbarkeit kundgeben zu dürfen. Zuallererst bin ich Martin Pfeiffer aufs höchste verbunden. Es verlangt einem Übersetzer nicht wenig Mut ab, die Übertragung eines solchen Buchs auf sich zu nehmen – so bin ich ihm zu großem Dank verpflichtet dafür, dass er sich dieser Herausforderung willig stellte, vor allem aber für seinen kompromisslosen Qualitätsanspruch, für seinen Einfallsreichtum und für die Geduld, mit der er die zwanghafte Silbenspalterei des Autors ertrug.

Die Übertragung des 4. Kapitels greift auf Vorarbeiten von Theresa Heyd und Werner Richter zurück, denen ich an dieser Stelle meinen Dank aussprechen möchte. Ferner gebührt mein Dank Ulrike Freywald, Tomas Klenke, Ferdinand von Mengden, Michael Rölcke, Uri Rom, Anette Rosenbach, Jan Hendrik Schmidt, Özlem Schmidt und Horst Simon für ihre Hilfe. Zuletzt möchte ich meine Dankbarkeit insbesondere Charlotte Weyrauch und Nina West gegenüber ausdrücken, die keine Mühen scheuten, die Realisierung dieses Unterfangens zu unterstützen.

G. D.
Hampshire, England, im Mai 2008

Einleitung
«Diese wunderbare Erfindung»

Unter allen vielfältigen Schöpfungen der Menschheit gebührt der Sprache der Vorrang. Andere Erfindungen – das Rad, die Landwirtschaft, der Reißverschluss – mögen unsere materielle Existenz verwandelt haben, aber zu Menschen gemacht hat uns die Entstehung der Sprache. Im Vergleich zu ihr verblassen sämtliche anderen Erfindungen, denn alles, was wir je erreicht haben, hängt von der Sprache ab und hat seinen Ursprung in ihr. Ohne die Sprache hätten wir nie unseren Aufstieg antreten können, der uns zu unvergleichlicher Macht über alle anderen Tiere und sogar über die Natur selbst geführt hat.

Vorrangig ist die Sprache aber nicht einfach deshalb, weil sie zuerst da war. Sie ist, für sich betrachtet, ein Werkzeug von außerordentlichem Raffinement, das jedoch auf einer Idee von genialer Einfachheit beruht: «Diese wunderbare Erfindung, welche darin besteht, aus fünfundzwanzig oder dreißig Lauten jene unendliche Vielfalt von Wörtern zu bilden, die, obgleich sie in sich keinerlei Ähnlichkeit mit dem bergen, was sich in unserem Geist abspielt, nicht versäumen, den anderen sein ganzes Geheimnis zu entdecken und denjenigen, die nicht in ihn eindringen können, alles, was wir uns vorstellen, und die Gesamtheit der verschiedenen Regungen unserer Seele mitzuteilen.» So fassten im Jahre 1660 die renommierten Grammatiker der Abtei Port Royal in der Nähe von Versailles das Wesen der Sprache zusammen, und seither hat niemand die Größe ihrer Leistung eloquenter gepriesen. Alle diese Lobeshymnen weisen jedoch eine Unstimmigkeit auf, denn der Tribut, den sie der Leistung der Sprache zollen, verdeckt einen einfachen, aber gravierenden Widerspruch: Die Sprache ist die größte Erfindung der Menschheit – obwohl sie natürlich nie erfunden wurde.

Dieses scheinbare Paradox steht im Mittelpunkt der Faszination, welche die Sprache auf uns ausübt. In ihm liegen viele ihrer Geheimnisse verborgen, und davon handelt dieses Buch.

Oft scheint die Sprache mit derartigem Geschick entworfen worden zu sein, dass man sich kaum vorstellen kann, sie sei etwas anderes als die vervollkommnete Schöpfung eines Handwerksmeisters. Wie anders wäre dieses Werkzeug in der Lage, aus kaum drei Dutzend lumpigen Lautfetzen derart viel zu machen? Für sich genommen bedeuten diese unterschiedlichen Mundstellungen – *p, f, b, w, t, d, k, g, sch, a, e* und so weiter – nicht mehr als ein paar planlos hervorgestoßene Töne, ziellose Geräusche ohne Bedeutung, ohne Ausdrucksfähigkeit, ohne das Vermögen, etwas zu erklären. Lassen wir sie aber durch das Getriebe der Sprachmaschine laufen, richten wir es so ein, dass sie sich in ganz bestimmten Anordnungen miteinander verbinden, dann gibt es nichts, was diese bedeutungslosen Luftströmungen nicht vollbringen können: vom Seufzer des unendlichen Überdrusses an der Existenz («nicht heut nacht, Josephine») bis zur Aufdeckung der fundamentalen Ordnung des Universums («Jeder Körper verharrt in seinem Zustand der Ruhe oder der gleichförmigen Bewegung in geradliniger Bahn, solange er nicht durch einwirkende Kräfte gezwungen wird, diesen Zustand zu ändern»).

Das Außerordentlichste an der Sprache ist jedoch, dass man kein Napoleon und kein Newton zu sein braucht, um ihr Räderwerk in Gang zu setzen. Die Sprachmaschine gestattet es so ziemlich jedem – vom prämodernen Jäger in grauer Vorzeit bis hin zu postmodernen Intellektuellen in grauer Vorstadt –, diese bedeutungslosen Laute zu einer unendlichen Vielfalt subtiler Bedeutungen zu verknüpfen, und das alles anscheinend ohne die geringste Mühe. Gerade diese trügerische Leichtigkeit ist es jedoch, die die Sprache zum Opfer ihres eigenen Erfolges werden lässt, denn im Alltag betrachtet man ihre Triumphe meist als selbstverständlich. Die Räder der Sprache laufen so reibungslos, dass man sich nur selten die Mühe macht, innezuhalten und über all die Findigkeit und Sachkunde nachzudenken, die erforderlich gewesen sein muss, um sie in Gang zu bringen. Die Sprache verhüllt die Kunst, die in ihr steckt.

Oft ist es erst die Seltsamkeit fremder Sprachen mit ihren zahlreichen exotischen und ungewohnten Eigenschaften, die einem das Wunderbare des Sprachbaus zu Bewusstsein bringt. Eines der auffälligsten Kunststücke, die manche Sprachen zuwege bringen können, ist die Fähigkeit, Wörter von atemberaubender Länge zu konstruieren und so mit einem einzigen Wort einen ganzen Satz auszudrücken. Beispielsweise bedeutet das türkische Wort *şehirlileştiremediklerimizdensiniz* nichts Geringeres

als «Sie sind einer von denen, die wir nicht Städter werden lassen können». (Falls Sie im Zweifel sind – dieses Ungetüm ist wirklich ein einziges
Wort und nicht nur eine große Zahl von verschiedenen Wörtern, die man
aneinandergepappt hat; die meisten seiner Bestandteile können nicht
einmal für sich allein stehen.) Und wenn das wie eine einmalige Mons-
trosität klingt, dann betrachten wir das Sumerische, die Sprache, die vor
etwa 5000 Jahren an den Ufern des Euphrat gesprochen wurde, und zwar
von den Leuten, welche die Schrift erfanden und damit das Startsignal
für die Geschichte gaben. Ein sumerisches Wort wie *munintuma'a* («als
er es für sie passend gemacht hatte») könnte im Vergleich zu dem türkischen Koloss recht schlank aussehen. Was daran eindrucksvoll ist, ist
jedoch nicht seine Länge, sondern eher das Gegenteil: die sparsame Kom-
paktheit seiner Konstruktion. Sumerische Wörter setzen sich aus verschiedenen ‹Slots› (Leerstellen) zusammen, von denen jeder einem bestimmten
Teil der Bedeutung entspricht. Dieses schnittige Design macht es möglich,
dass selbst ein einziger Laut nützliche Informationen vermittelt, und in
dem Wort [mu]-[n]-[i]-[n]-[tum]-[ ]-[a]-['a] ist selbst das Nichtvorhandensein
eines Lautes eingesetzt, um etwas Bestimmtes auszudrücken. Wenn Sie
fragen, welches Element des sumerischen Wortes dem Pronomen «es» in
der deutschen Übersetzung «als er *es* für sie passend gemacht hatte»
entspricht, dann müsste die Antwort lauten: nichts. Allerdings ein ganz
bestimmtes Nichts: das Nichts, das in dem unbesetzten Slot in der Mitte
des Wortes steht. Die Technik ist also derart fein abgestimmt, dass sogar
einem Nicht-Laut eine bestimmte Funktion zugeteilt worden ist, nachdem man ihn sorgfältig an einer bestimmten Stelle platziert hat. Wer
könnte sich wohl einen derart raffinierten Apparat ausgedacht haben?

Mein Interesse an solchen Fragen wurde geweckt, als ich in meiner
Schulzeit erstmals auf eine Struktur in einer fremden Sprache stieß, die
mir damals seltsam und komplex vorkam: das lateinische Kasussystem.
Dass ich mit einer neuen Sprache eine Menge kniffliger neuer Wörter
auswendig lernen musste, brachte mich nun nicht so sehr aus der Fassung. Aber dieses lateinische System zeigte ein völlig unvertrautes Konzept, das einen faszinierenden, aber auch ziemlich abschreckenden Eindruck auf mich machte. Im Lateinischen haben die Nomina – so erklärte
man mir – nicht nur eine einzige Form, sondern sie treten in vielen verschiedenen Gestalten und Formaten auf. Jedesmal wenn ein Nomen verwendet wird, muss es mit einer Endung verknüpft werden, welche die

genaue Rolle bestimmt, die es im Satz spielt. Beispielsweise gebraucht man das Wort *cactus*, wenn man sagt «der Kaktus hat mich gestochen», aber wenn man ihn sticht, dann muss man daran denken, stattdessen *cactum* zu sagen. Wenn man «von dem Kaktus» gestochen wird, sagt man *cacto;* um aber die Frucht «des Kaktus» zu pflücken, muss man *cacti* sagen. Und falls Sie den Wunsch haben sollten, einen Kaktus direkt anzureden («O Kaktus, wie spitz sind deine Stacheln!»), dann müssten Sie wiederum eine andere Endung verwenden: *cacte*. Jedes Wort hat bis zu sechs derartige Kasus, und jeder Kasus hat für den Singular und den Plural unterschiedliche Endungen. Nur um eine Vorstellung von der Komplexität dieses Systems zu vermitteln, folgt hier das Endungsschema für das Nomen *cactus:*

cact-us	«der Kaktus»	*cact-i*	«die Kaktusse»
cact-e	«o Kaktus!»	*cact-i*	«o Kaktusse!»
cact-um	«den Kaktus»	*cact-os*	«die Kaktusse»
cact-i	«des Kaktus»	*cact-orum*	«der Kaktusse»
cact-o	«dem Kaktus»	*cact-is*	«den Kaktussen»
cact-o	«durch den Kaktus»	*cact-is*	«durch die Kaktusse»

Und als ob das nicht schon schlimm genug wäre, haben dann noch nicht einmal alle Nomina die gleichen Endungen. Es gibt von ihnen nicht weniger als fünf verschiedene Gruppen, von denen jede ein eigenes Endungsschema aufweist. Wenn Sie also beispielsweise nicht von einem Kaktus, sondern von einem Stachel sprechen möchten, dann müssen Sie sich eine völlig andere Gruppe von Endungen einprägen.

Während ich mich abrackerte, all die lateinischen Kasusendungen auswendig zu lernen, entwickelte ich ziemlich starke Gefühle für diesen Gegenstand, aber ich war mir nicht ganz sicher, ob da mehr Liebe oder Hass im Spiel war. Einerseits machte das elegante Ineinandergreifen von Bedeutungen und Formen starken Eindruck auf mich. Hier war eine bemerkenswerte Struktur, die auf einer einfachen, aber glänzenden Idee beruhte: man benutzte eine kleine Endung, die an das Nomen angefügt wurde, um dessen Funktion im Satz zu bestimmen. Dieses durchdachte Verfahren macht das Lateinische zu einer so knappen Sprache, dass es elegant mit wenigen Worten Dinge ausdrücken kann, für die andere Sprachen viel längere Sätze brauchen. Andererseits schien das lateinische

Die Römer diskutieren Kasusendungen

Kasussystem nicht nur willkürlich, sondern auch unnötig kompliziert zu sein. Warum musste es zum Beispiel so viele verschiedene Endungsschemata für die verschiedenen Gruppen von Nomina geben? Warum konnte man nicht mit einem einzigen Satz von Endungen auskommen, der immer passt? Aber vor allem ging mir eine Frage nicht aus dem Kopf: Wer konnte sich diese Vielzahl von Endungen überhaupt ausgedacht haben? Und wenn sie nicht erfunden wurden, wie hatte es dann zur Herausbildung eines derart ausgeklügelten Systems von Konventionen kommen können?

Ich hatte kindliche Visionen von den Ältesten im antiken Rom, wie sie sich an einem heißen Sommertag versammeln und darüber diskutieren, wie die Kasusendungen lauten sollen. Als erstes entscheiden sie per Abstimmung, dass *-orum* die Endung des Genitivs Plural sein soll, und dann fangen sie an, sich über die Pluralendung für den Dativ zu streiten. Die eine Partei ist für *-is*, aber die andere spricht sich mit Leidenschaft für *-ibus* aus. Nach einer hitzigen Debatte gelangen sie schließlich zu einem gütlichen Kompromiss. Sie legen fest, dass die Nomina in der Sprache in verschiedene Gruppen eingeteilt werden und dass einige von ihnen die Endung *-is* erhalten, während andere mit *-ibus* gebildet werden.

Bei nüchterner Betrachtung hatte ich irgendwie den Verdacht, dass dieses Szenario nicht gerade sehr wahrscheinlich war. Trotzdem konnte ich mir keine plausible Alternative dazu vorzustellen, mit der sich hätte erklären lassen, wo all diese Endungen hergekommen sein konnten. Wenn dieses verwickelte System von Konventionen nicht von irgendeinem Architekten entworfen und von einer vorgeschichtlichen Versammlung gebilligt worden war, wie konnte es dann entstanden sein?

Natürlich war ich nicht der erste, dem derartige Probleme ein Rätsel aufgaben. Denn so weit man zurückdenken kann, haben die Ursprünge der kunstvollen Konstruktion der Sprache den Verstand von Wissenschaftlern und die Phantasie von Mythenschöpfern beschäftigt. In früheren Jahrhunderten wurde die Antwort auf all diese Fragen von der Heiligen Schrift ausgesprochen: ebenso wie sämtliche anderen Dinge im Himmel und auf Erden *war* die Sprache erfunden worden, und die Identität des Erfinders erklärte ihre wunderbar sinnreiche Konstruktion. Die Sprache erzählet die Ehre Gottes, und ihre Vollkommenheit verkündiget seiner Hände Werk.

Wenn aber die Sprache tatsächlich von Gott entworfen und Adam in voll ausgebildeter Form offenbart worden war, wie sollte man dann ihre zahlreichen nicht ganz so perfekten Aspekte erklären? Zum Beispiel, weshalb sollte die Menschheit in so vielen verschiedenen Zungen reden, von denen sich jede ihrer eigenen gewaltigen Auswahl an Komplexitäten und Unregelmäßigkeiten rühmen konnte? Die Bibel hat natürlich selbst für diese Mängel eine Erklärung: Bald schon reute Gott das Werkzeug, das er der Menschheit geschenkt hatte, denn die Sprache hatte die Menschen mächtig, allzu mächtig werden lassen, und Worte hatten ihnen die Phantasie gegeben, sich nach noch größerer Macht zu sehnen. Ihr Ehrgeiz kannte keine Grenzen, und sie sagten: «Wohlauf, lasst uns eine Stadt und einen Turm bauen, des Spitze bis an den Himmel reiche.» Und da zerstreute Gott die Menschen über das Antlitz der Erde, um ihren maßlosen Stolz zu zerschmettern, und ihre Sprachen verwirrte er. Die undurchschaubare Vielfalt von Sprachen wurde somit zur Strafe Gottes für die menschliche Hybris erklärt.

Die Geschichte vom Turmbau zu Babel beschwört in bemerkenswerter Weise die Macht der Sprache herauf, und sie bietet gewiss eine Vorahnung von den Exzessen, die diese Macht möglich gemacht hat. Wörtlich genommen erscheinen jedoch heutzutage weder die Erfindung durch göttlichen Machtspruch noch die Zerstreuung als Strafe für menschliche Torheit glaubhaft. Hat aber je ein Mensch eine überzeugendere Erklärung geliefert?

Im 19. Jahrhundert, als man ernsthaft mit der wissenschaftlichen Erforschung der Sprache begann, sah es zunächst so aus, als werde die Lösung nicht lange auf sich warten lassen. Sobald die Sprachforscher die Geschichte der Sprache einer systematischen Prüfung unterzogen hätten und es ihnen gelungen wäre, deren vielleicht überraschendste Eigenschaft zu verstehen, nämlich die unaufhörlichen Wandlungen, denen ihre Wörter, Laute und selbst Strukturen im Laufe der Jahre unterworfen sind, würden sie sicherlich den Schlüssel zu allen Geheimnissen finden und sich Klarheit darüber verschaffen, wie das ganze Gebäude sprachlicher Konventionen entstanden war. Als sich aber die Philologen in die Geschichte der europäischen Sprachen vertieften, förderten sie leider keine Erkenntnisse darüber zutage, wie sich komplexe neue Sprachstrukturen bilden, sondern sie entdeckten nur, wie die alten zusammengebrochen und übereinandergestürzt sind. Um nur ein Beispiel zu nennen: das mächtige Kasussystem des Lateinischen bekam zuerst Brüche und zerfiel dann in der Spätzeit der Sprache, als sich die Endungen der Nomina abnutzten und verschwanden. Bei einem Nomen wie *annus* («Jahr»), das im klassischen Latein noch acht verschiedene Endungen für die einzelnen Kasus im Singular und im Plural hatte (*annus, anne, annum, anni, anno, annos, annorum, annis*), blieben in der Tochtersprache Italienisch nur noch zwei verschiedene Formen intakt: *anno* im Singular (ohne Differenzierung der Kasus) und *anni* im Plural. In einer anderen Tochtersprache, im Französischen, ist das Wort noch stärker zu einem endungslosen *an* zusammengeschrumpft, und in der gesprochenen Sprache ist bei diesem Nomen nicht einmal die Unterscheidung zwischen Singular und Plural erhalten geblieben, denn der Singular *an* und der Plural *ans* werden gewöhnlich gleich ausgesprochen – etwa wie {ã}.

Und einen derart durchgreifenden Zerfall haben nicht allein die Abkömmlinge des Lateinischen und nicht nur Kasussysteme erlebt. Antike Sprachen wie Sanskrit, Griechisch und Gotisch wiesen nicht nur bei den Nomina hochkomplexe Kasussysteme auf, sondern sie besaßen auch noch komplexere Systeme von Verbalendungen, die man verwendete, um eine Vielzahl verwickelter Bedeutungsschattierungen auszudrücken.

Wiederum hielt aber die Mehrzahl dieser Strukturen dem Ansturm der Zeit nicht stand, und in den modernen Nachfolgesprachen zerfielen sie. Je tiefer die Sprachwissenschaftler in der Geschichte gruben, desto eindrucksvoller schien der Aufbau der Wörter, auf die sie stießen, aber wenn sie die Veränderung von Sprachen über die Zeit hinweg verfolgten, dann waren Zerfall und Zusammenbruch die einzigen Prozesse, die sich wahrnehmen ließen.

Alle Zeichen schienen somit auf ein Goldenes Zeitalter zu deuten, das irgendwo in der Dämmerung der Vorgeschichte lag (kurz bevor die schriftliche Überlieferung einsetzte), als die Sprachen perfekt gebildete Strukturen und insbesondere ein kompliziertes Aufgebot von Wortendungen besaßen. In einem folgenden Stadium, und aus unbekanntem Grund, wurden jedoch die Kräfte der Zerstörung auf die Sprachen losgelassen und begannen, die sorgfältig gefügten Bauwerke anzugreifen und all die Endungen abzutragen. Seltsamerweise schien also das, was die Sprachwissenschaftler herausfanden, nur den Kern der biblischen Geschichte zu bestätigen: Irgendwann vor 6000 Jahren wurde Adam von Gott eine vollkommene Sprache geschenkt, und seither vermasseln wir sie nur noch.

Der betrüblich einseitige Charakter der Wandlungsprozesse in Sprachen brachte die Sprachwissenschaftler in eine recht verzweifelte Lage, und er führte zu einigen ebenso verzweifelten Erklärungsversuchen. Einer einflussreichen Theorie zufolge sollen Sprachen nur in der vorgeschichtlichen Epoche – dieser unbeobachtbaren Periode – damit beschäftigt gewesen sein, komplexere Strukturen auszubilden; denn in jener Frühzeit hätten die Völker all ihre Kraft dazu eingesetzt, ihre Sprachen zu vervollkommnen. Sobald dann jedoch ein Volk auf die Bühne der Geschichte trat, wurde all seine schöpferische Energie nunmehr auf das «Geschichte-Machen» gerichtet, so dass für die mühselige Aufgabe des Sprachfortschritts nichts mehr übrig blieb. Und so kam es, dass die Kräfte der Zerstörung die Sprache dieses Volkes angriffen und ihre Strukturen allmählich zum Bersten und Zerfallen brachten.

War diese phantastische Geschichte wirklich die beste Erklärung, die Sprachforscher zu bieten hatten? Gewiss wäre es ein plausibleres Szenario, wenn in der Sprache neben den Kräften der Zerstörung auch bestimmte schöpferische und regenerative Kräfte am Werk wären, natürliche Prozesse, die Systeme von Konventionen formen und erneuern können. Schließlich ist es unwahrscheinlich, dass jene Kräfte, die ursprünglich die alten vorgeschichtlichen Strukturen geschaffen hatten, zu irgendeinem Zeitpunkt vor einigen Jahrtausenden plötzlich ihre Tätigkeit eingestellt haben, nur weil irgendjemand beschloss, die Stoppuhr der Geschichte zu starten. Die Kräfte der Neuschöpfung müssen also immer noch irgendwo in der Nähe sein. Aber wo? Und warum ist es so viel schwerer, diese Kräfte ausfindig zu machen als die nur zu offensichtlichen Kräfte der Zerstörung?

Es dauerte lange, bis Sprachwissenschaftler begriffen, dass die Kräfte der Erschaffung nicht auf die ferne Vorgeschichte beschränkt, sondern dass sie selbst in heutigen Sprachen quicklebendig sind. Tatsächlich haben sie erst in den letzten Jahrzehnten damit begonnen, die wahre Bedeutung dieser schöpferischen Kräfte zu würdigen, und aus Hunderten von Sprachen aus aller Welt genügend Belege zusammengetragen, um uns ein tieferes Verständnis ihrer Funktionsweise zu vermitteln. Endlich sind wir jetzt in der Lage, ein klareres Bild der Art und Weise zu zeichnen, in der sich eindrucksvolle sprachliche Bauwerke herausbilden und verwickelte Systeme grammatischer Konventionen ganz von selbst entwickeln können. So ist es heutzutage möglich, einigen der Fragen zu Leibe zu rücken, die über so lange Zeit hinweg unlösbar erschienen waren.

•

Dieses Buch wird einige Geheimnisse der Sprache enthüllen und so versuchen, das Paradox dieser großen Erfindung, die nicht erfunden wurde, aufzulösen. Auf der Grundlage jüngster Entdeckungen der modernen Linguistik werde ich versuchen, die rätselhaften Kräfte der Neuschöpfung herauszustellen und somit zu klären, wie sich die kunstvolle Struktur der Sprache herausgebildet haben könnte. Das schließliche Ziel, das wir im letzten Teil des Buches erreichen werden, ist eine Reise im Zeitraffertempo durch die Entfaltungsgeschichte der Sprache. Ausgehend von einer frühen vorgeschichtlichen Epoche, als unsere Vorfahren nur über Namen für einige einfache Gegenstände und Handlungen verfügten und sie nur zu primitiven Äußerungen wie «bring wasser» oder «werf speer» zusammenzusetzen vermochten, werden wir die Herausbildung sprachlicher Komplexität verfolgen und sehen, wie sich das außerordentliche Raffinement heutiger Sprachen allmählich entwickeln konnte.

Auf den ersten Blick mag dieses Ziel viel zu ehrgeizig erscheinen, denn wie kann jemand den Anspruch erheben zu wissen, was sich in vorgeschichtlicher Zeit abgespielt hat, ohne sich in puren Phantasievorstellungen zu ergehen? Schriftliche Aufzeichnungen von Sprachen reichen in keinem Fall weiter als 5000 Jahre in die Vergangenheit zurück, und die Sprachen, die um diese Zeit belegt sind, sind keineswegs «primitiv». (Man denke nur an das Sumerische, die früheste belegte Sprache, mit seinen geschickt gestalteten Satzwörtern wie *munintuma'a* und mit so ziemlich dem gesamten Repertoire komplexer Merkmale, das sich auch in modernen Sprachen findet.) Das bedeutet, dass das primitive Stadium, von dem ich eben sprach und das man ganz grob als das «Ich-Tarzan»-Stadium bezeichnen kann, weit früher liegen muss als der Beginn sämtlicher Aufzeichnungen, also in ferner vorgeschichtlicher Vergangenheit. Erschwerend kommt hinzu, dass man noch nicht einmal weiß, wann die Herausbildung komplexer Sprachen begonnen hat (mehr hierzu später). Wie können Linguisten jemals hoffen, ohne eine sichere Verankerung in der Zeit das zu rekonstruieren, was sich in jener fernen Vorzeit zugetragen haben könnte?

Der Kern der Antwort ist eine der Grundeinsichten der Linguistik: *die Gegenwart ist der Schlüssel zur Vergangenheit.* Dieser der Geologie entlehnte Lehrsatz trägt den furchterregenden Namen Uniformitätsprinzip, aber er steht für einen Gedanken, der ebenso einfach wie durchschlagend ist: Die Kräfte, welche die kunstvollen Eigenschaften der Sprache geschaffen haben, lassen sich nicht auf die Vorgeschichte beschränken, sondern müssen auch heute noch lebendig und damit beschäftigt sein, permanent neue Strukturen in den Sprachen der Gegenwart zu erschaffen. Es mag überraschen, dass der beste Weg zur Offenlegung der Vergangenheit also nicht immer im Blick auf verblichene Runen in alten Steinen liegt, sondern in der Untersuchung der Sprachen von heute.

All das bedeutet allerdings nicht, dass sich die kreativen Kräfte der Sprache ohne Mühe in den heutigen Sprachen aufdecken lassen. Dank der Entdeckungen der modernen Linguistik ist die Sprachschöpfung jedoch zu einer Herausforderung geworden, mit der zu beschäftigen sich lohnt. Und im folgenden will ich kurz beschreiben, wie ich dabei vorgehe.

Das erste Kapitel entwickelt eine klarere Vorstellung davon, was es mit der «Sprachstruktur» auf sich hat. Wir werden hinter die Kulissen der Sprache schleichen und das Uhrwerk, nach dem sie tickt, betrachten. Dann, nachdem wir den Untersuchungsgegenstand im Blick haben, können wir mit der Betrachtung der Transformationen beginnen, die Sprachen im Laufe der Zeit durchmachen. Die erste Herausforderung wird darin bestehen zu begreifen, warum Sprachen nicht unverändert bleiben können, weshalb sie sich über die Jahre hinweg so radikal verändern und wie ihnen dies gelingt, ohne dass es zu einem völligen Zusammenbruch der Kommunikation kommt. Nachdem die wichtigsten Motive für die fortwährende Rastlosigkeit der Sprache umrissen sind, kann die eigentliche Arbeit beginnen – die Untersuchung der Wandlungsprozesse selbst.

Als erstes kommen die Kräfte der Zerstörung unter die Lupe, denn das Unheil, das sie anrichten, ist vielleicht der augenfälligste Aspekt der Unbeständigkeit der Sprache. Und seltsamerweise wird sich dabei auch herausstellen, dass diese Kräfte der Zerstörung für das Verständnis von Sprachschöpfung und sprachlicher Erneuerung eine maßgebliche Rolle spielen. Vor allem werden sie unentbehrlich für die Beantwortung einer entscheidenden Frage sein: woher stammt das Rohmaterial für die Sprachstruktur? Denken wir beispielsweise an das lateinische Kasussystem, von dem schon die Rede war. Wo könnte das ganze Aufgebot der Kasusendungen hergekommen sein? Eines ist sicher – in der Sprache wie in allen anderen Dingen gilt: von nichts kommt nichts. Nur sehr selten werden Wörter einfach «erfunden». Mit Sicherheit wurden die grammatischen Elemente nicht an einem schönen Sommertag auf einer vorgeschichtlichen Versammlung entworfen, und sie sind auch nicht dem Kessel eines Alchemisten entstiegen. Demnach müssen sie sich aus etwas entwickelt haben, das bereits da war. Was aber war das?

Die Antwort könnte überraschen: Die Quelle der grammatischen Elemente sind letztlich die prosaischsten Alltagswörter, unscheinbare Nomina und Verben wie «Rücken» oder «gehen». Irgendwie können schlichte Wörter wie diese im Laufe der Zeit drastische Operationen durchmachen und sich in völlig andere Wesen verwandeln: Kasusendungen, Präpositionen, Tempusmarkierungen und dergleichen. Um herauszufinden, wie sich diese Metamorphosen abspielen, werden wir unter der Oberfläche der Sprache graben und einige ihrer vertrauten Aspekte in neuem Licht betrachten müssen. Um nur einen ersten Eindruck von der Art von Transformationen zu vermitteln, auf die wir stoßen werden, hier ein bekanntes Beispiel aus dem Englischen. Nehmen wir das englische Verb *go* – sicher eines der einfachsten und anspruchslosesten Verben. In einem englischen Satz wie «she's going to the dentist» bedeutet «going» einfach die Bewegung von einem Ort zum anderen, genau wie in der deutschen Entsprechung «sie geht zum Zahnarzt». Betrachten wir nun aber die folgenden Beispiele:

> You're going to like this!
> She's going to go to the dentist.

«You're going to like this» bedeutet nicht «du gehst das mögen» – niemand *geht* ja irgendwohin, um etwas zu mögen. Ebenso bedeutet «she's going to go to the dentist» nicht «sie geht zum Zahnarzt gehen». Etwas ist mit dem englischen Verb *go* passiert: die Phrase *«going to»* hat hier wenig mit einer Bewegung zu tun und deutet lediglich an, dass das Ereignis in der Zukunft stattfinden wird. Die Sätze bedeuten einfach «du wirst es mögen» und «sie wird zum Zahnarzt gehen». Was also spielt sich hier genau ab? Das englische *go* begann sein Dasein als ganz gewöhnliches Verb mit einer geradlinigen Bedeutung von Bewegung, so wie sie das Deutsche «gehen» jetzt immer noch hat. Irgendwie hat aber die Wendung «going to» eine völlig andere Funktion übernommen und wird nunmehr als grammatisches Element gebraucht, als Markierung des Futurs. In dieser Rolle kann die Phrase sogar zu *gonna* verkürzt werden, zumindest in gesprochenem Englisch:

> You're gonna like this!
> She's gonna go to the dentist.

Versucht man aber dieselbe Zusammenziehung in Fällen, in denen *go* noch in der ursprünglichen Bedeutung einer Bewegung verwendet wird, dann erlebt man eine Enttäuschung. Mag der Stil auch noch so umgangssprachlich, mag der Rahmen auch noch so poppig sein, kein englischer Muttersprachler würde jemals sagen «I'm gonna the dentist». Anscheinend hat also die Phrase «going to» eine Art schizophrene Existenz angenommen, denn einerseits wird sie ebenso wie im Deutschen immer noch in ihrem ursprünglichen, «normalen» Sinn einer Bewegung verwendet, aber andererseits hat sie ein *alter ego* entwickelt, eine Persönlichkeit, die in ein grammatisches Element verwandelt worden ist. Sie hat eine andere Funktion und eine andere Bedeutung, ja sogar eine andere Aussprache angenommen.

Selbstverständlich ist das englische *gonna* nur ein sehr simples grammatisches Element – nicht gerade umwerfend, denken Sie vielleicht. Obgleich aber *gonna* ein ziemlich unbedeutendes Beispiel für «die Sprachstruktur» ist und obgleich es so aussehen mag, als lägen Welten zwischen *gonna* und großartigen Architekturen wie dem lateinischen Kasussystem, fassen die Transformationen, die zu dieser Form geführt haben, einen großen Teil der Grundprinzipien der grammatischen Schöpfung zusammen. Wenn also die Kapriolen von *gonna* offengelegt sind, werden sie uns auch zeigen, wie es zur Entstehung von erheblich eindrucksvolleren Bauwerken der Sprache gekommen sein könnte.

Sobald die Prinzipien der sprachlichen Erschaffung ihre Geheimnisse zu lüften begonnen haben und die wichtigsten Triebkräfte neuer grammatischer Strukturen aufgedeckt sind, wird sich schließlich die Möglichkeit bieten, alle diese Befunde zu einem ambitionierten Gedankenexperiment zusammenzuführen und sie auf die ferne Vergangenheit zu projizieren. Gegen Ende dieses Buches werde ich Sie zu einer Reise durch die Entfaltung der Sprache einladen, an deren Anfang das primitive «Ich-Tarzan»-Stadium steht und die vielleicht nicht ganz bis hin zu den Glanzlichtern außergewöhnlichen dichterischen Genies führt, aber gewiss bis zum nicht weniger außergewöhnlichen Raffinement der Sprachen von heute.

•

Bevor wir aufbrechen, müssen wir zwei mögliche Einwände ansprechen. Erstens, weshalb muss unsere Geschichte so «spät» in der Evolution der Sprache beginnen, in einer Zeit, in der bereits Wörter vorhanden waren, und nicht gleich zu Anfang, vor Millionen von Jahren, als die frühesten Hominiden von den Bäumen herabstiegen und ihre ersten Grunzlaute äußerten? Der Grund, weshalb wir nicht früher beginnen können, ist ganz einfach: Das «Ich-Tarzan»-Stadium stellt auch die Grenze unseres Wissens dar. In dem Augenblick, in dem die Sprache über Wörter verfügte, war sie der Sprache der Gegenwart bereits so ähnlich geworden, dass sich sinnvolle Parallelen zwischen damals und jetzt ziehen lassen. Beispielsweise ist die Annahme plausibel, dass die allerersten grammatischen Elemente in der Vorgeschichte auf ganz ähnliche Weise entstanden, wie sich in heutigen Sprachen neue grammatische Elemente entwickeln. Es ist aber nicht so leicht, einen Blick in eine Zeit zurück zu werfen, die hinter dem «Ich-Tarzan»-Stadium liegt und in der sich die ersten Wörter herausbildeten, denn wir verfügen weder über moderne Parallelen noch über irgendwelche anderen Quellen für Belege, auf die wir zurückgreifen könnten. Heutzutage gibt es keine Kommunikationssysteme, die gerade im Begriff stehen, ihre ersten Wörter zu entwickeln. Die nächstliegende Parallele ist wahrscheinlich das Plappern von Säuglingen, aber niemand weiß, wie weit, wenn überhaupt, die Entwicklung der sprachlichen Fähigkeiten einzelner Kinder die Evolution der Sprache des Menschengeschlechts nachzeichnet. Und ganz offensichtlich laufen heutzutage keine Frühhominiden herum, an denen Linguisten ihre Theorien überprüfen können. Alles, was wir haben, sind ein paar Faustkeile und einige ausgetrocknete Knochen, und die sagen nichts darüber, wie die Sprache begann. Tatsächlich kann man an Hand von Werkzeugen und Fossilien noch nicht einmal mit Sicherheit bestimmen, *wann* sich die Sprache zu entwickeln begann. Nichts veranschaulicht unseren gegenwärtigen Zustand der Unwissenheit besser als die Skala der Schätzwerte, die für den Zeitpunkt angegeben werden, an dem sich die Sprache herausgebildet haben könnte – bisher ist es den Forschern gelungen, die Möglichkeiten auf eine Spanne von 40 000 bis zu anderthalb Millionen Jahren einzugrenzen.

Manche Forscher glauben, dass der *Homo erectus* vor etwa anderthalb Millionen Jahren bereits eine Sprache besaß. Als Argumente führen sie an, dass der *Homo erectus* ein ziemlich großes Gehirn hatte und dass er primitive, aber recht weitgehend standardisierte Steinwerkzeuge benutzte und wahrscheinlich auch den Gebrauch des Feuers beherrschte. Diese Hypothese mag natürlich richtig sein, aber ebensogut kann sie völlig daneben liegen. Der Gebrauch von Werkzeugen erfordert mit Sicherheit keine Sprache: Selbst Schimpansen benutzen Werkzeuge wie etwa Zweige, um Termiten zu jagen, oder Steine, um Nüsse zu knacken. Mehr noch, bei diesen Menschenaffen ist der Umgang mit Werkzeugen kein Instinkt, sondern eine kulturell vermittelte Aktivität, die sich nur bei bestimmten Gruppen findet. Die Fähigkeit wird von Müttern an ihre Kinder weitergegeben, und das geschieht ohne den Rückgriff auf so etwas wie eine menschliche Sprache. Selbstverständlich sind selbst die primitivsten Werkzeuge des *Homo erectus* bei weitem komplizierter als alles, was Schimpansen verwenden, aber dennoch besteht kein zwingender Grund, weshalb diese abgeschlagenen Steine nicht ohne Sprache hätten hervorgebracht werden können. (Die Kunst ihrer Herstellung konnte schließlich leicht durch Nachahmung von einer Generation auf die andere weitergegeben werden.) Die Gehirngröße ist als Indikator für Sprache ebenso problematisch, denn letztlich hat niemand die geringste Ahnung, wieviel Gehirn man genau für wieviel Sprache braucht. Überdies mag die Fähigkeit zur Sprachverwendung Jahrmillionen im Gehirn geschlummert haben, ohne tatsächlich in Gebrauch genommen worden zu sein. Schließlich lassen sich selbst Schimpansen, wenn sie von Menschen unterrichtet werden, dazu bringen, auf eine viel raffiniertere Weise zu kommunizieren, als sie das je unter natürlichen Bedingungen tun. Selbst wenn also das Gehirn des *Homo erectus* die Fähigkeit zu so etwas wie menschlicher Sprache besaß, gibt es keinen zwingenden Grund zu der Annahme, dass diese Kapazität je genutzt wurde. Die Argumente für ein frühes Geburtsdatum der Sprache sind also ziemlich zweifelhaft.

Die Argumente, die für ein spätes Datum angeführt werden, sind allerdings ebenfalls recht spekulativ. Die meisten Forscher glauben, dass sich die menschliche Sprache (und darunter verstehe ich auch das «Ich-Tarzan»-Stadium) nicht herausbilden konnte, bevor der *Homo sapiens* (d. h. die Spezies der anatomisch neuzeitlichen Menschen) auf der Bildfläche erschien, also etwa vor 150 000 Jahren. Einige Argumente für diese Ansicht beziehen sich auf die Form und die Stellung des Kehlkopfes, der bei früheren Hominiden höher lag als beim *Homo sapiens* und es ihnen infolgedessen nicht gestattete, die gesamte Skala von Lauten zu produzieren, die wir hervorbringen können. Manche Forscher sind der Ansicht, dass die Hominiden, die vor dem *Homo sapiens* lebten, beispielsweise nicht den Vokal *i* hervorbringen konnten. Das hat aber letztlich nicht viel zu sagen, denn es est ganz offensechtlech durchaus möglech, völleg anständege Sprachen ohne den Vokal *i* zu haben. Mehrere Fachleute haben für das Auftreten der Sprache ein erheblich jüngeres Datum vorgeschlagen, wobei sie einen Zusammenhang mit einer sogenannten «Explosion» in Kunst und Technik herstellen, die vor 40 000 bis 50 000 Jahren stattgefunden haben soll. Um diese Zeit findet man in Ostafrika unverkennbare Belege für Kunst, so etwa aus Straußeneiern hergestellte scheibenförmige Perlen mit einem sauberen Loch in der Mitte, die in Kenia gefunden wurden. Etwas später, in der Zeit nach

40 000 v. Chr., liefern die europäischen Höhlenmalereien noch eklatantere Belege für künstlerische Kreativität. Manche Linguisten sind der Ansicht, erst wenn derartige symbolische Artefakte (und nicht nur funktionale Werkzeuge) belegt seien, könne man auf den Gebrauch einer «menschlichen Sprache» schließen, denn die wesentliche Eigenschaft der Sprache ist ja ihr symbolischer Charakter, die Kommunikation mit Zeichen, welche nur durch Konvention etwas bedeuten und nicht deshalb, weil sie wirklich wie das Objekt klingen, auf das sie verweisen. Es gibt auch noch andere verlockende Hinweise auf die Fähigkeiten unserer Vorfahren in dieser Epoche. Irgendwann vor 40 000 Jahren erreichten die ersten Siedler Australien, und da sie mit selbstgebauten Wasserfahrzeugen dorthin gelangt sein müssen, haben viele Forscher behauptet, dass diese frühen Kolonisten in der Lage gewesen sein müssen, recht detaillierte Bauanweisungen zu kommunizieren.

Auch hier ist jedoch Vorsicht geboten. Zunächst einmal sieht es so aus, als ziehe eine stetig zunehmende Menge von Beweismaterial die «Explosivität» der Explosion in Kunst und Technik in Zweifel, wobei das Datum für die ersten symbolischen Artefakte immer weiter in die Vergangenheit gerückt wird. Beispielsweise haben Forscher kürzlich in einer südafrikanischen Höhle durchbohrte Muschelperlen gefunden, die klare Anzeichen von symbolischer Kunst von vor etwa 75 000 Jahren zu sein scheinen. «Modernes menschliches Verhalten», wie es einige Archäologen genannt haben, scheint also viel früher eingesetzt zu haben als vor etwa 50 000 Jahren, und es scheint sich viel allmählicher entwickelt zu haben, als manchmal angenommen wurde.

Außerdem besteht keine zwangsläufige Verknüpfung zwischen Fortschritten in Kunst und Technik und Fortschritten in der Sprache. Um ein naheliegendes Beispiel zu nehmen: die Explosion der Technologie, die wir heutzutage erleben, war gewiss nicht von einer Zunahme der Komplexität der Sprache inspiriert, und ebensowenig war für die industrielle Revolution oder für einen anderen technologischen Sprung in historischer Zeit ein Fortschritt in der Sprache verantwortlich. Darüber hinaus gibt es einen noch stärkeren Grund zur Vorsicht. Wäre der Entwicklungsstand der Technik immer ein Anzeichen für sprachliche Fertigkeiten, dann würde man in den einfachsten und technisch am wenigsten entwickelten Gesellschaften von Jägern und Sammlern sehr einfache, primitive Sprachen erwarten. Die Wirklichkeit könnte jedoch hiervon nicht stärker verschieden sein. Kleine Stämme mit einer Technik auf dem Stand der Steinzeit besitzen Sprachen, deren Strukturen das Lateinische und Griechische bisweilen wie ein Kinderspiel aussehen lassen. «Wenn es um sprachliche Formen geht, bewegt sich Platon auf der gleichen Ebene wie der makedonische Schweinehirt, und Konfuzius reicht dem wilden Kopfjäger aus Assam die Hand», hat der amerikanische Linguist Edward Sapir einmal erklärt.

Selbstverständlich hat das Fehlen zuverlässiger Informationen darüber, wann und wie die Sprache erstmals aufgetaucht ist, niemanden daran gehindert, über diese Frage zu spekulieren. Ganz im Gegenteil – seit Jahrhunderten ist es ein beliebter Zeitvertreib vieler angesehener Denker, sich vorzustellen, wie sich die Sprache bei der Spezies Mensch entwickelt hat. Eine der originellsten Theorien war gewiss die des Franzosen Jean-Pierre Brisset, der im Jahre 1900 nachwies, wie sich die menschliche Sprache (also das Französische) unmittelbar aus dem Quaken von Fröschen entwickelt hat. Eines Tages, als Brisset an einem Teich Frösche beobachtete, blickte ihn einer von ihnen unverwandt an und sagte «quak». Nach einigem Nachdenken erkannte Brisset, dass das, was der Frosch gesagt hatte, einfach eine verkürzte Fassung der Frage *«quoi que tu dis?»* war. Und er machte sich daran, die Gesamtheit der Sprache von Permutationen und Kombinationen der Äußerung «quak quak» abzuleiten.

Zugegebenermaßen hat sich über ein Jahrhundert später das Niveau der Spekulation deutlich gebessert. Heutzutage können Forscher auf Fortschritte in Neurologie und Computersimulationen zurückgreifen, um ihren Szenarien ein wissenschaftlicheres Gerüst zu verleihen. Ungeachtet solchen Fortschritts bleiben jedoch die Spekulationen nicht weniger spekulativ, wovon die eindrucksvolle Skala gängiger Theorien darüber zeugt, woraus die ersten Wörter hervorgegangen sein sollen: aus Rufen und Schreien; aus Handgesten und Zeichensprache; aus der Nachahmungsfähigkeit; aus der Täuschungsfähigkeit; aus gegenseitiger Körperpflege; aus Gesang, Tanz und Rhythmus; aus Kauen, Saugen und Lecken; und aus nahezu jeder beliebigen anderen Aktivität unter der Sonne. Entscheidend ist, dass alle diese Szenarien ohne Beweise nichts als bloße Geschichten sind. Gewöhnlich sind sie faszinierend, häufig unterhaltsam und manchmal sogar plausibel – aber dennoch nicht viel mehr als Phantasieprodukte.

Das bedeutet natürlich, dass unsere Sprachgeschichte unvollständig bleiben muss. Anstatt aber dem nachzutrauern, was sich niemals herausfinden lässt, können wir den Teil erkunden, der in unserer Reichweite liegt. Dieser Teil ist nicht nur ziemlich groß, sondern auch recht spektakulär.

•

Beim zweiten, möglicherweise ernsteren Einwand gegen den von mir skizzierten Angriffsplan geht es um die Frage der «Angeborenheit»: Welcher Teil der Sprachstruktur ist bereits in unseren Genen codiert? Leser, die mit der Debatte über diese Thematik vertraut sind, könnten sich durchaus die Frage stellen, wie sich die Erkundung des Sprachwandels mit der Ansicht verträgt, dass bedeutende Elemente der Sprachstruktur in unseren Genen festgelegt sind. Während der letzten Jahrzehnte wurde im Werk von Noam Chomsky und in dem von ihm inspirierten einflussreichen «nativistischen» Forschungsprogramm die Auffassung vertreten, dass einige der Grundregeln der Grammatik biologisch vorverkabelt sind und dass das Gehirn eines Säuglings bereits mit speziellem Werkzeug zur Bearbeitung komplexer grammatischer Strukturen ausgerüstet ist, so dass er diese Strukturen nicht zu lernen braucht, wenn er sich seine Muttersprache aneignet.

Viele Leute, die der Linguistik ferner stehen, haben den Eindruck, es gebe dort über die Frage der Angeborenheit einen etablierten Konsens. Die Wirklichkeit könnte hiervon jedoch nicht stärker verschieden sein. Lassen Sie fünf Linguisten in einem Raum los und fordern Sie sie auf, über das Thema Angeborenheit zu diskutieren – Sie können damit rechnen, dass Sie mindestens sieben einander widersprechende Ansichten zu hören bekommen, die alle leidenschaftlich und erbittert vorgetragen werden. Der Grund, weshalb es so viele Meinungsverschiedenheiten gibt, ist recht einfach: niemand *weiß* wirklich, was genau im Gehirn fest verankert ist, und so kann niemand mit Bestimmtheit sagen, wie viel an der Sprache Instinkt ist. (Gewöhnlich bleibt, wenn etwas als Tatsache bekannt ist, kaum mehr Raum für faszinierende Kontroversen. Es gibt beispielsweise keine erbitterten Debatten mehr über die Frage, ob die Erde eine Kugel oder eine Scheibe ist, oder darüber, ob sie um die Sonne kreist oder umgekehrt.) Selbstverständlich gibt es im Zusammenhang mit der Angeborenheit einige grundlegende Fakten, über die sich alle einig sind, und hierzu gehört als vielleicht wichtigster Punkt die bemerkenswerte Fähigkeit von Kindern, sich jede beliebige menschliche Sprache anzueignen. Man nehme ein menschliches Baby von irgendeinem Ort des Globus und setze es an einem beliebigen anderen Ort ab, auf der indonesischen Insel Borneo beispielsweise, und in wenigen Jahren wird es heranwachsen und fließend und fehlerlos Indonesisch sprechen.

Dass diese Fähigkeit nur *menschlichen* Babies zukommt, ist ebenfalls klar. Auf Borneo ist es betrüblicherweise immer noch eine verbreitete Praxis, weibliche Orang-Utans zu schießen und ihre Jungen als Haustiere aufzuziehen. Diese Affen wachsen in Familien auf, manchmal Seite an Seite mit gleichaltrigen Menschenbabys, aber die Orang-Utans bringen es nie so weit, Indonesisch zu lernen. Und populären Mythen zum Trotz können nicht einmal Schimpansen eine menschliche Sprache lernen, auch wenn manche Schimpansen in Gefangenschaft bemerkenswerte Kommunikationsfähigkeiten entwickelt haben. Anfang der 1980er Jahre machte ein Zwergschimpanse (oder Bonobo) namens Kanzi Geschichte als erster Affe, der ohne eine gezielte Ausbildung lernte, mit Menschen zu kommunizieren. Der kleine Kanzi wurde im Sprachforschungszentrum der Georgia State University in Atlanta geboren, und in seinen ersten Lebensjahren spielte er gewöhnlich an der Seite seiner Mutter, während sie ihre Ausbildungsstunden hatte, in denen die Forscher den (ziemlich erfolglosen) Versuch unternahmen, ihr beizubringen, mit Hilfe von Bildsymbolen zu kommunizieren. Dem kleinen Affen schenkten die Ausbilder keine Beachtung, weil er ihrer Ansicht nach noch zu jung zum Lernen war, aber ohne dass sie es mitbekamen, nahm Kanzi mehr in sich auf, als seine Mutter jemals lernte, und als er heranwuchs, entwickelte er dann kognitive und kommunikative Fähigkeiten, mit denen er jeden anderen Affen vor ihm übertraf. Als Erwachsener soll er jetzt in der Lage sein, mehr als 200 verschiedene Symbole zu verwenden und nicht weniger als 500 gesprochene Wörter sowie selbst einige ganz einfache Sätze zu verstehen. Obgleich aber dieser Einstein der Schimpansenwelt gezeigt hat, dass Affen weitaus intelligenter kommunizieren können, als man je für möglich gehalten hatte, und uns auf diese Weise zwang, etwas von unserer Einzigartigkeit in Sachen Kognition abzugeben, ist selbst Kanzi nicht in der Lage, Symbole zu irgendeinem Gebilde zu verketten, das in seiner Komplexität einer menschlichen Sprache ähnelt.

Das menschliche Gehirn ist insofern einzigartig, als es über die Hardware verfügt, die erforderlich ist, um eine menschliche Sprache zu beherrschen – soviel ist unumstritten. Aber die Binsenweisheit, dass wir von Geburt an mit dem Vermögen ausgestattet sind, das zum Erlernen einer Sprache erforderlich ist, besagt über diese Aussage hinaus nicht sehr viel. Mit Sicherheit lässt sie nicht erkennen, ob die *spezifischen Eigenschaften* von Grammatik bereits in den Genen codiert sind oder ob das, was angeboren ist, nicht mehr als ein ganz allgemeiner Generalplan der Kognition ist. Und das ist die Frage, um die es bei der angespannten und oft erbittert geführten Kontroverse geht. Letztlich muss es so sein, dass hinter diesem großen Getöse nur eine einzige Wahrheit liegt. Eines Tages werden Wissenschaftler vielleicht in der Lage sein, die Aktivitäten der Neuronen des Gehirns mit solcher Genauigkeit abzutasten und zu interpretieren, dass seine Hardware zu einer ebenso wenig mysteriösen Angelegenheit wird wie die Gestalt der Erde. Halten Sie aber bitte nicht bis dahin den Atem an, denn das wird wohl noch eine Weile dauern. Ungeachtet bemerkenswerter Fortschritte in der Neurologie sind Wissenschaftler immer noch sehr weit davon entfernt, direkt beobachten zu können, wie eine abstrakte Information, also etwa eine grammatische Regel, im Gehirn codiert sein könnte – als «Hardware» (das, was vorverkabelt ist) oder als «Software» (das, was gelernt ist). Man kann also gar nicht nachdrücklich genug betonen, dass Linguisten, wenn sie sich leidenschaftlich darüber streiten, was genau angeboren ist, ihre Behauptungen nicht auf tatsächliche Beobachtungen des Vorhandenseins oder Nichtvorhandenseins einer bestimmten grammatischen Regel in den Neuronen eines Babys stützen können. Dieser ziemlich offenkundige Punkt sollte betont werden, weil Leser, die der Linguistik ferner stehen, eine gesunde Respektlosigkeit gegenüber den Argumenten entwickeln müssen, die von allen an der Debatte Beteiligten vorgebracht werden. Unbestrittene Tatsachen sind dünn gesät, und die Behauptungen und Gegenbehauptungen beruhen meist auf indirekten Schlussfolgerungen sowie auf subjektiven Empfindungen verschiedener Wissenschaftler im Hinblick auf das, was eine «plausiblere» Erklärung zu sein scheint.

Die heftigsten Schlachten in diesem Plausibilitätskrieg sind auf Feldern geschlagen worden, die in einiger Entfernung von dem Gang unserer historischen Erkundung liegen. Diese Debatte ist in linguistischen Kreisen als das «Poverty of Stimulus-Argument» bekannt (die These der

Unzulänglichkeit des Stimulus). Wie ist es möglich, fragte Chomsky, dass es Kindern gelingt, sich eine Sprache mit anscheinend so geringer Mühe anzueignen? Und wieviel Sprache können Kinder auf der Grundlage des ihnen zur Verfügung stehenden Materials wirklich lernen? Chomsky und seine Anhänger haben die Ansicht vertreten, dass Kinder spärlichen und unzulänglichen Eindrücken ausgesetzt sind. Schließlich werden die meisten Kinder nicht systematisch in ihrer Muttersprache unterrichtet, und was noch bedeutsamer ist, ihre Aufmerksamkeit wird selten auf falsche oder ungrammatische Sätze gelenkt. Und doch gelingt es Kindern nicht nur, die Regeln ihrer Sprache zu erwerben, es gibt auch eine ganze Reihe von Fehlern, die sie offenbar von Anfang an überhaupt nicht machen. Chomsky behauptete, da Kinder niemals all die korrekten Regeln rein aus dem Material hätten ableiten können, dem sie ausgesetzt waren, sei die einzig plausible Erklärung für ihren bemerkenswerten Erfolg, dass einige Grammatikregeln bereits in ihrem Gehirn angelegt waren und sie diese daher überhaupt nicht zu lernen brauchten.

Andere Linguisten haben jedoch ganz andere Interpretationen vorgeschlagen. Viele haben die Ansicht vertreten, dass Kinder aus dem ihnen gebotenen Material mehr lernen können, als Chomsky ursprünglich behauptet hatte, und dass Kinder erheblich mehr Stimuli empfangen, als Chomsky anerkannt hatte. Andere behaupten, dass Kinder viele der von Chomsky postulierten abstrakten Regeln nicht zu beherrschen brauchen, weil sie eine vollständige Kenntnis ihrer Sprache erwerben, indem sie weit weniger abstrakte Konstruktionen lernen. Schließlich stellen manche Linguisten das Argument auf den Kopf und behaupten, Kindern gelinge es, die Regeln ihrer Sprache aus anscheinend spärlichen Eindrücken herauszuziehen, gerade weil die Sprache nur solche Arten von Regeln entwickelt hat, die sich auf der Basis begrenzter Daten korrekt erschließen lassen.

Die Debatte tobt noch immer. Im Folgenden wird die Frage der Erlernbarkeit jedoch nicht im Mittelpunkt stehen, und so sollte es relativ leicht sein, sich aus dem Kreuzfeuer herauszuhalten. Der psychologische Aspekt der Kontroverse über das Thema «Veranlagung oder Umwelt» wird keine direkten Auswirkungen auf unsere historische Erkundung haben, und so werde ich diese Frage einfach – jedenfalls bis zum Sankt-Nimmerleinstag – als ungelöst betrachten. Es wird auf den folgenden Seiten auch nicht um die biologische Frage nach dem Aufbau unseres

Gehirns gehen. Ziel wird vielmehr sein, zu erforschen, wie sich ausgeklügelte Konventionen der Kommunikation in der menschlichen Gesellschaft herausbilden können. Mit anderen Worten, der Untersuchungsgegenstand wird nicht die biologische Evolution sein, sondern vielmehr Prozesse, die man manchmal als kulturelle Evolution bezeichnet: die Ausbildung von Regeln des Verhaltens in der Gesellschaft, die dann von Generation zu Generation weitergegeben werden.

Gleichwohl lässt es sich nicht vermeiden, dass die Frage der Angeborenheit irgendwo im Hintergrund schwebt, und zumindest in einem Sinne hoffe ich, wenn ich die Wege der kulturellen Evolution erkunde, einen positiven Beitrag zu dieser Debatte leisten zu können. Die Prozesse, durch die sich neue Sprachstrukturen bilden, können auf diejenigen Bereiche im Bau der Sprache verweisen, für die ein Rückgriff auf Angeborenheit nicht erforderlich ist. Der Gedanke ist relativ einfach: Es erscheint unwahrscheinlich, dass bestimmte grammatische Regeln bereits im Gehirn verankert sind, wenn sie sich erst in neuerer Zeit (also etwa innerhalb der letzten 100 000 Jahre) entwickelt haben und wenn sich ihre Herausbildung den natürlichen Kräften des Sprachwandels zuschreiben lässt. Mit anderen Worten, was sich auf kulturelle Evolution zurückführen lässt, braucht nicht vorverkabelt zu sein. Selbst wenn die Fähigkeit, grammatische Regeln zu lernen, angeboren ist, besteht kein Grund zur Annahme, dass unsere Gene irgendwelche *bestimmten* Regeln codieren, die sich nach dem «Ich-Tarzan»-Stadium herausgebildet haben.

Auf den nun folgenden Seiten werden wir daher nicht die Plausibilität bestimmter genetischer Mutationen bei früheren Hominiden untersuchen und auch nicht die Zusammensetzung von Chromosomen oder die Chemie von Neuronen erkunden. Stattdessen sehen wir uns das Belegmaterial an, das die Sprache selbst in überreicher Fülle bereitstellt – in den schriftlichen Aufzeichnungen von untergegangenen Kulturen und in der Umgangssprache der Gegenwart. Ich lade Sie also ein, sich auf die Suche nach den ausgeklügelten Konventionen der Kommunikation zu begeben und herauszufinden, wie Systeme von bisweilen atemberaubender Kompliziertheit auf dem Umweg über banale und gewöhnliche Merkmale der alltäglichen Sprache entstehen können. Die erste Aufgabe wird allerdings darin bestehen, das Objekt der Jagd klarer zu definieren, also die mysteriöse «Sprachstruktur» – was sie ist, was sie tut und wie gewandt sie dabei vorgeht.

Ein Luftschloss

C'est un langage estrange que le Basque ...
On dit qu'ils s'entendent, je n'en croy rien.

Eine seltsame Sprache ist dieses Baskische ...
Man sagt, sie verstehen sich,
aber ich glaube davon kein Wort.

Joseph Justus Scaliger (1540–1609)

Jeder weiß, dass die Wörter einer Sprache, von ihren Aalräuchereien bis zu ihren Zylinderstiften, unseren Äußerungen Bedeutung verleihen und es uns ermöglichen, einander zu verstehen. Und da eben fremde Sprachen so viele seltsame Wörter verwenden, können wir sie ohne jahrelange Anstrengungen nicht verstehen. Selbst Joseph Scaliger, der kenntnisreichste Gelehrte seiner Zeit, ein Polyglotte, der nicht nur fließend Latein, Griechisch und die meisten modernen Sprachen Europas beherrschte, sondern sich auch Hebräisch, Arabisch, Aramäisch und Persisch beibrachte, musste sich beim Baskischen doch geschlagen geben, weil es für wirklich alle Dinge ganz andere Ausdrücke verwendete. Der enorme Aufwand, für eine neue Sprache viele Tausende von Wörtern auswendig zu lernen, steht für uns derart im Vordergrund, dass dadurch leicht der Eindruck entsteht, eine Sprache zu können laufe einfach darauf hinaus, ihre Wörter zu kennen. Wenn man nur die Bedeutung jedes einzelnen Wortes erkennen könnte, dann brauchte man sicherlich nicht mehr zu tun, als alle diese Bedeutungen irgendwie zusammenzufügen, um die Bedeutung eines ganzen Satzes zu erfassen. Wenn das aber so ist, wenn die Sprache letztlich nicht mehr ist als ein Haufen Wörter, ist dann nicht die Suche nach dem Ursprung der Struktur lediglich ein intellektuelles Glasperlenspiel?

Bei genauerem Nachdenken wird jedoch schnell deutlich, dass die Sprache viel mehr ist als die Summe ihrer Wörter. Tatsächlich wäre eine Sprache ohne eine Struktur, die ihnen als Stütze dienen könnte, ein unzulängliches Kommunikationsinstrument. Wörter mögen die Ziegel des Sprachbaus sein, aber wenn wir subtile Gedanken zum Ausdruck bringen möchten, bei denen es um verwickelte Beziehungen zwischen verschiedenen Begriffen geht, dann müssen wir die Wörter zu richtigen Sätzen zusammenfügen. Die Struktur der Sprache ist das, was einen Haufen Wortziegel in einen Palast von Ausdrücken verwandeln kann – in ein Luftschloss.

Betrachten wir als ein einfaches Beispiel den folgenden Satz:

Kopf jähzornige bringen der seine den Tafel Gemahlin Sultan der an ließ

Wenn die Bedeutung eines Satzes nicht mehr ist als die Summe seiner Wörter, warum beinhaltet dann diese Wortfolge hier keinerlei Substanz, obgleich die Bedeutung jedes einzelnen Wortes völlig vertraut ist? Der Grund hierfür liegt darin, dass diesem Satz eine wesentliche Eigenschaft fehlt, und welche Eigenschaft dies genau ist, wird in dem Augenblick klar, in dem man dieselben Wörter nimmt und sie in einer anderen Reihenfolge anordnet. Plötzlich erhalten sie einen Sinn:

Der Sultan ließ seine jähzornige Gemahlin an den Kopf der Tafel bringen

In dieser Anordnung vermitteln die Wörter ein im Detail geschildertes Geschehen, an dem verschiedene Teilnehmer mitwirken, und sie beschreiben jetzt nicht nur, wer diese Teilnehmer sind, sondern sie sagen auch genau, wer was wem antut. Und um den letzten schleichenden Verdacht zu beseitigen, dass die Wahl der Wörter für sich allein die Bedeutung eines Satzes diktiert, sehen wir uns einmal an, was passiert, wenn man dieselben Wörter schüttelt und sie erneut in eine andere Reihenfolge bringt:

Der jähzornige Sultan ließ an seine Tafel den Kopf der Gemahlin bringen

Es gibt zahlreiche geschliffene Aphorismen, die genau mit derartigen Wortvertauschungen spielen. Unter Dirigenten hört man häufig den Ratschlag «Besser die Partitur im Kopf als den Kopf in der Partitur». Entwicklungshilfe hat man definiert als den Transfer von Geld «von armen Menschen in reichen Ländern zu reichen Menschen in armen Ländern».

Bertolt Brecht erklärt das Wesen der Ordnung so: «Wo nichts am rechten Platz liegt, da ist Unordnung. Wo am rechten Platz nichts liegt, da ist Ordnung.» Und der Werbespruch einer DDR-Beratungsfirma lautete angeblich «Unsere Lösung – Ihr Problem». Eine etwas derbere Geschichte von einem auf großem Fuß lebenden Wiener Ehepaar zitiert Freud in seiner Schrift *Der Witz und seine Beziehung zum Unbewußten*: «Nach der Ansicht der einen soll der Mann viel verdient und sich dabei etwas zurückgelegt haben, nach anderen wieder soll sich die Frau etwas zurückgelegt und dabei viel verdient haben.»

Vielleicht am berühmtesten ist jedoch das Gespräch, das Alice im Wunderland auf der Teegesellschaft des verrückten Hutmachers führt:

«Dann solltest du auch sagen, was du meinst», fuhr der Schnapphase fort. «Das tue ich ja», widersprach Alice rasch; «wenigstens – wenigstens meine ich, was ich sage, und das kommt ja wohl aufs gleiche heraus.» «Ganz und gar nicht», sagte der Hutmacher. «Mit demselben Recht könntest du ja sagen: ‹Ich sehe, was ich esse› ist das gleiche wie ‹Ich esse, was ich sehe›!» «Mit demselben Recht könntest du ja sagen», fiel der Schnapphase ein, «‹Was mir gehört, gefällt mir› ist das Gleiche wie ‹Was mir gefällt, gehört mir›!» «Mit demselben Recht könntest du ja sagen», fügte die Haselmaus hinzu, die offenbar im Schlafe sprach, «‹Solange ich schlafe, lebe ich› ist das gleiche wie ‹Solange ich lebe, schlafe ich›!»

Der Sinn eines Satzes hängt also ganz offensichtlich nicht nur von der Bedeutung jedes einzelnen Wortes ab, sondern auch von der jeweiligen Anordnung, in der die Wörter aneinandergereiht werden. Die Wahl der Bedeutung hat etwas zu sagen, aber die Anordnung der Kombination ebenso. (Mit demselben Recht könnte man auch formulieren: «Die Wahl der Anordnung hat ebenso etwas für die Bedeutung der Kombination zu sagen».)

Eine natürliche Reaktion auf alle diese Überlegungen könnte nun ungefähr folgendermaßen aussehen: Selbstverständlich ist es wichtig, in welcher Reihenfolge die Wörter miteinander verbunden werden, aber bringen wir die Wörter nicht einfach in die *natürliche* Reihenfolge? Folgt nicht die Anordnung der Wörter im Satz einfach der natürlichen Anordnung der Gedanken? Um zu sehen, weshalb die Dinge nicht so einfach sind, hier eine weitere Variante des Sultan-Beispiels:

Jähzornig Sultan Gemahlin von Kopf ihren Tafel seine an bringen ließ er

Schon wieder, werden Sie jetzt denken. Ohne Zweifel ist dies nichts als eine weitere bedeutungslose Liste, eine Ansammlung von Wörtern, die darauf warten, dass man sie schüttelt, damit sie irgendeine vernünftige Reihenfolge annehmen, um noch eine weitere Bedeutung entstehen zu lassen. In Wirklichkeit aber ist die hier angeführte Wortfolge ein absolut sinnvoller Satz. Oder, um genauer zu sein, sie wäre ein absolut sinnvoller Satz, wenn Sie zufällig in der Stadt des Sultans geboren wären und Türkisch sprächen. Die oben angeführte Wortkette ist einfach eine Wort-für-Wort-Übersetzung eines ganz und gar respektablen türkischen Satzes:

> *Hiddetli   padişah valide-nin   baş-ını   masa-sı-na   getir-tt-i*
> Jähzornig Sultan   Gemahlin-von Kopf-ihren Tafel-seine-an bringen-ließ-er
> «Der jähzornige Sultan ließ den Kopf der Gemahlin an seine Tafel bringen»

Machen wir uns einstweilen keine Gedanken über den Umstand, dass ein einziges türkisches Wort Sachverhalte ausdrücken kann, die viele andere Sprachen mit mehreren selbständigen Wörtern wiedergeben, und konzentrieren wir uns im Augenblick einfach auf die *Reihenfolge*, in der die türkischen Elemente angeordnet sind. Ganz offensichtlich ist das «Natürliche» sehr stark eine Frage der Geographie: was für einen Türken vollkommen natürlich ist, wirkt auf einen Deutschsprachigen eher ungewöhnlich.

Ein noch eklatanteres Beispiel für die Diskrepanz zwischen den Anordnungsregeln verschiedener Sprachen liefert das türkische Wortungetüm *sehirlileştiremediklerimizdensiniz* aus der Einleitung. Vergleichen wir zunächst das Türkische mit dem Englischen. Die folgende Übersetzung enthält die ungefähre englische Entsprechung jedes einzelnen Bestandteils des türkischen Wortes in genau der Reihenfolge, in der die Elemente im Türkischen auftreten. Versucht man, diese Version auf englisch zu lesen, dann sieht es so aus, als habe man da ein ebensolches Kauderwelsch vor sich wie mit dem türkischen Wort selbst.

> Türkisch: *sehirli-   leş-   tir-   e-   me-dik- ler- imiz-den- siniz*
> Englisch: town.dweller-become-cause.to-able.to-not-whom-those-we-one.of-you.are

Versuchen Sie es aber mit einem einfachen Trick und lesen Sie die englischen Wörter in umgekehrter Reihenfolge:

you.are one.of we those whom not able.to cause.to become town-dweller

Nun braucht es nur eine kleine Veränderung – die Versetzung des «we» um zwei Plätze weiter nach rechts –, um einen im Wesentlichen verständlichen englischen Satz zu erhalten:

you.are one.of __ those whom we (are) not able.to cause.to become (a) town.dweller

Aus der Sicht eines englischen Muttersprachlers ordnet also das Türkische die Elemente nahezu exakt rückwärts an! Welche Reihenfolge ist nun «natürlich» – die türkische oder die englische? Vielleicht kann uns das Deutsche bei der Lösung dieses Problems helfen:

Türkisch: şehirli- leş- tir - e- me- dik- ler- imiz- den- siniz
Deutsch: Städter-werden-lassen-können-nicht-die- denen-wir- einer.von-Sie.sind

Um dem türkischen Wort in der deutschen Wiedergabe einen Sinn abzugewinnen, muss man zunächst wie im Englischen vom Ende her rückwärts lesen (wobei dann nur das «wir» nicht ganz in die Abfolge passt):

Sie.sind einer.von __ denen die wir nicht …

Dann aber, in der Mitte des türkischen Wortes, wechselt das Deutsche plötzlich die Fronten und fährt fort, so als sei es Türkisch, mit der Folge «Städter werden lassen können» und nicht, wie die Reihenfolge im Englischen lauten würde, «können lassen werden Städter».

Wer spricht hier nun natürlich? Die Engländer oder die Türken, deren Ausdrücke sich zueinander fast exakt wie Spiegelbilder verhalten? Oder vielleicht die Deutschen, die wie die Engländer beginnen und wie die Türken aufhören, so als liefen sie mit dem einen Fuß vorwärts und mit dem anderen rückwärts?

Dass einem die Gewohnheiten der eigenen Sprache ganz und gar natürlich vorkommen, überrascht nicht gerade – «natürlich» ist schließlich das, was man gewohnt ist. Überwindet man aber die durch Vertrautheit entstandenen Vorurteile, dann wird deutlich, dass keine dieser Sprachen ein Monopol auf das hat, was natürlich ist. Die unterschiedlichen Wortfolgen im Deutschen, im Türkischen und im Englischen sind einfach kulturelle Konventionen, und Konventionen sind ihrem Wesen nach in Raum und Zeit variabel.

All das soll selbstverständlich nicht heißen, dass die Konventionen der Wortfolge in jeder Hinsicht völlig willkürlich sind und dass verschiedene Sprachen ihre Wörter ganz und gar nach Lust und Laune anordnen können. Vielmehr werde ich in Kapitel 7 die Auffassung vertreten, dass es für die Anordnung von Wörtern ein paar einfache Grundregeln gibt, die in der Tat natürlich sind und die alle Sprachen miteinander gemeinsam haben. Wie wir jedoch später noch sehen werden, lassen diese natürlichen Prinzipien immer noch beträchtlichen Spielraum für unterschiedliche Entscheidungen, und es gibt eine ganz bestimmte Entscheidung, die von Sprachen an einem gewissen Punkt ihrer Entwicklung getroffen wird und die sich dann durch die gesamte Sprachstruktur fortpflanzt und schließlich zu dem Spiegelbild-Effekt führen kann, den das Englische gegenüber dem Türkischen aufweist. (Das Deutsche ist, wie wir gesehen haben, in der Mitte stecken geblieben.)

Wichtig ist jedoch einstweilen die Feststellung, dass ein Satz nicht deshalb zu einem sinnvollen Satz wird, weil seine Wörter einfach in irgendeiner natürlichen und allgemeingültigen Ordnung der Gedanken aneinandergereiht sind. Das Kunststück der Verwandlung eines Haufens von Wörtern in ein komplexes zusammenhängendes Ganzes wird vielmehr mittels eines ausgeklügelten Systems struktureller Konventionen vollbracht, die von einer Sprache zur anderen erheblich variieren können.

Die Konventionen der Wortfolge sind wahrscheinlich das älteste Element in der Struktur der Sprache. In Kapitel 7 werde ich darlegen, dass damals, in der «Ich-Tarzan»-Ära, Sprechern nichts als ein paar einfache Anordnungsprinzipien zur Verfügung standen, wenn sie Wörter miteinander zu verketten suchten. Und selbst für die Sprachen der Gegenwart dürfte gelten, dass die Anordnung der Wörter in einer bestimmten Reihenfolge immer noch das wichtigste Element in der Kunst des Satzbaus darstellt. Gleichwohl ist die Wortfolge nicht mehr das *einzige* Mittel, auf das sich Sprecher stützen können, wenn sie Wörter miteinander verbinden, denn die Sprachen haben noch zahlreiche andere Techniken entwickelt, um die Ziegel aneinander haften zu lassen, so etwa den Gebrauch verschiedener Klebstoffe, welche die Errichtung weitaus komplexerer

Gebäude erleichtern. Die nun folgenden Seiten bieten einen Überblick über diese anderen Komponenten der Sprachstruktur – vom Mörtel, von den Schrauben und Nägeln angefangen bis hin zu den großen Linien der Architektur. Zum Schluss des Kapitels wird klar sein, dass die Suche nach dem Ursprung der Sprachstruktur nichts Geringeres darstellt als den Versuch herauszufinden, wie wir die Fähigkeit erworben haben, Brücken aus Gedanken zu bauen.

Wörter, die man sich sparen kann?

Die meisten Wörter, die wir verwenden, wie etwa «Tisch», «treten», «laufen» oder «Kaninchen», haben eine einfache handfeste Bedeutung, und deshalb bezeichnet man sie häufig als «Inhaltswörter». Gewiss können Philosophen bestreiten, dass irgendetwas, das mit Bedeutung zu tun hat, einfach ist, und sei es auch die Bedeutung des Wortes «Kaninchen». Im Laufe der Jahre haben sie über den Unterschied zwischen «Denotation» und «Konnotation», zwischen «Bezugnahme» und «Sinn», «Symbol» und «Zeichen» lange und erbitterte Kriege geführt, bei denen Tausende von Buchseiten auf der Strecke geblieben sind. Sie haben sich mit solch tiefschürfenden Fragen beschäftigt wie derjenigen, ob ein Sprecher einer exotischen Sprache, wenn er auf ein Kaninchen deutet und *gavagai* sagt, damit «Kaninchen» meint oder aber «nicht voneinander getrennte Kaninchenteile». Letztendlich wird sicherlich jeder, der über eine Portion gesunden Menschenverstands verfügt, zu diesem Ergebnis gelangen: ein Kaninchen ist ein Kaninchen ist ein Kaninchen, und man braucht daraus keine Hundemahlzeit zu machen.

Allerdings gibt es in der Sprache auch eine Gruppe von Wörtern, deren Bedeutung tatsächlich erheblich weniger selbstverständlich ist. Das sind «grammatische Wörter» wie etwa *der, von, so, dass, welcher, oder, als.* Überlegen wir einmal: welche Bedeutung hat beispielsweise das Wort *der?* Kann man auf ein *dass* deuten oder die Augen schließen und sich ein *als* vorstellen? In Wörterbüchern und Grammatiken tauchen derart anspruchslose Wörter unter einer Vielzahl von Etiketten auf: Konjunktionen, Präpositionen, Artikel und dergleichen. Es gibt jedoch eine grundlegende Eigenschaft, die sie alle miteinander gemeinsam haben: sie können sich keiner eigenen unabhängigen Bedeutung rühmen.

Sie verweisen nicht auf Gegenstände, Handlungen oder Eigenschaften und auch nicht auf irgendwelche anderen Begriffe, die man sich als etwas Eigenständiges vorstellen kann.

In der Tat wird die Sprache auch von Wesen bevölkert, die noch bescheidener sind als grammatische Wörter: von diversen Splittern, die nicht einmal für sich allein stehen können. Denken Sie an Präfixe wie *un-* oder Suffixe wie *-lich, -er* oder *-s*. Diesen Fragmenten mangelt es nicht nur an einer eigenen Bedeutung, sie haben noch nicht einmal eine unabhängige Existenz, und um überhaupt auftreten zu können, müssen sie andere Wörter finden, an die sie sich anhängen können: *un*-wahrschein-*lich*, läng-*er*, Auto-*s*. In späteren Kapiteln werden wir die Eigenschaften grammatischer Elemente eingehender erkunden, aber einstweilen wirft die Fülle derart leerer Gefäße eine naheliegende Frage auf: Warum muss denn die Sprache überhaupt von diesen bedeutungslosen Anhängseln übersät sein? Wenn grammatische Wörter und Elemente dem Satz keine unabhängige Bedeutung hinzufügen, sind sie dann nicht einfach Sprachgebilde, die man sich sparen kann, körperlose Brocken von Entbehrlichem, einfach Übergepäck?

Es wäre jedoch voreilig, bereits gleich das Deck zu schrubben und alle diese Teile sofort über Bord zu schmeißen, denn grammatische Elemente sind alles andere als redundant. Sie sind vielmehr unentbehrlich, um den Rumpf des Satzes zusammenzuhalten. Betrachten wir etwa ein Beispiel aus dem Englischen:

> This agreement is about a principle compromise,
> not a principle compromise.

Nein, Ihre Brille ist völlig in Ordnung, und Sie brauchen auch nicht nach der nächsten Grammatik zu langen, um Ihr Englisch aufzupolieren. Der Grund, weshalb Sie diesen Satz nicht verstanden haben, ist ganz einfach der, dass er überhaupt keinen Sinn hat. Doch genau darum geht es mir – es bedarf nämlich nur eines bescheidenen grammatischen Fragments, der Endung *-d*, und dann wird die sinnlose Zeile hochgradig sinnvoll:

This agreement is about a principle**d** compromise,

not a principle compromise**d**.

«Bei dieser Übereinkunft geht es um einen prinzipientreuen Kompromiss,

nicht um ein kompromittiertes Prinzip.»

(Paraphrase einer Feststellung von John Hume über die 1998 in Nordirland geschlossene Friedensvereinbarung)

Obgleich also das *-d* keine eigene Bedeutung besitzt und obgleich es lediglich ein Bruchstück einer Silbe darstellt, hängt doch der gesamte Sinn des Satzes daran. Die Endung schweißt die beiden Inhaltswörter *principle* und *compromise* zusammen und legt die hierarchische Ordnung fest, in der sie stehen, indem sie markiert, welches Wort der Kern der Phrase ist und welches nur ein Anhängsel darstellt (das Wort, an dem das *-d* hängt):

a ₚᵣᵢₙ꜀ᵢₚₗₑₐ compromise = «ein Kompromiss, der auf (guten) Prinzipien beruht»

a principle ꜀ₒₘₚᵣₒₘᵢₛₑₐ = «ein Prinzip, das kompromittiert worden ist»

Ähnliche Beispiele im Deutschen sind schnell gefunden. Sich in einem «treff-lichen Heim» aufzuhalten ist etwas anderes als die Anwesenheit bei einem «heim-lichen Treff»; «ein mensch-licher Umstand» ist nicht dasselbe wie «ein umständ-licher Mensch». Und «das Land der un-begrenzt-en Möglich-keiten» ist etwas anderes als «das Land der un-möglich-en Begrenzt-heiten». Manche wünschen sich «eine staat-lich gelenkte Wirtschaft», andere «einen wirtschaft-lich gelenkten Staat»; und Freud erklärte, der Unterschied zwischen ordentlichen und außerordentlichen Professoren bestehe darin, dass die ordentlich-en nichts Außer-ordentlich-es leisten und die außer-ordentlich-en nichts Ordentlich-es. Selbst wenn also grammatische Wörter und Elemente keine eigene Bedeutung haben mögen, spielen sie eine entscheidende Rolle bei der Verwaltung des Satzes und tragen dazu bei, die Hierarchie und die genauen Beziehungen zwischen den Inhaltswörtern festzulegen.

Diese hierarchische Organisation des Satzes, das heißt die Anordnung von Wörtern auf verschiedenen Ebenen, dient auch als Quelle zahlreicher altbekannter Witze. Eine Frau im Laden: «Kann ich das Kleid im Fenster anprobieren?» Die Verkäuferin: «Sicher, aber wir haben auch Umkleidekabinen.» Die Pointe liegt hier natürlich in den unterschiedlichen Rollen, welche die Phrase «im Fenster» in der Hierarchie des Satzes annehmen kann. Für die Kundin war der Ausdruck «im Fenster» eine Abkürzung für «das im Fenster hängt», also lediglich eine nähere Bestimmung des Substantivs «Kleid», und gehörte somit nicht zur Hauptebene des Satzes:

das Kleid_{im Fenster}   anprobieren

Die Verkäuferin interpretierte die Phrase als ein Element, das zur Hauptebene des Satzes gehörte, und somit als etwas, das in direkter Beziehung zu dem Verb «anprobieren» stand:

das Kleid   im Fenster anprobieren

Die Hierarchie in der Sprache fungiert jedoch keineswegs bloß als Quelle für Wortwitze. Vielmehr ist die mehrstöckige Organisation des Satzes eines der wesentlichsten Bauprinzipien der Sprache. Auch wenn ein Satz an der Oberfläche so aussehen könnte, als sei er lediglich eine Kette von Wörtern in linearer Aufeinanderfolge, spielt sich doch unter den Dielenbrettern eine ganze Menge ab, und die Wörter sind auf verschiedenen Ebenen hierarchisch organisiert. Und obgleich uns möglicherweise nicht bewusst ist, dass wir auf derart verschiedenen Ebenen sprechen oder zuhören, sind wir genau auf die Ebenenstruktur des Satzes eingestimmt. Noam Chomsky betonte diesen Punkt als erster, indem er veranschaulichte, wie selbst die einfachsten alltäglichen sprachlichen Operationen von der Hierarchie des Satzes beeinflusst werden, zum Beispiel die Bildung von Fragen. Nehmen wir einen Satz wie «die Robbe betrachtete einen Fisch». Wie jeder Muttersprachler weiß, gibt es ein einfaches Verfahren, diese Äußerung in eine Frage zu verwandeln: man nehme das erste Verb des Satzes und verschiebe es an den Anfang.

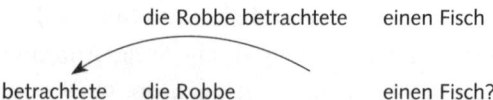

Nehmen wir nun an, dass wir einen etwas längeren Satz in eine Frage verwandeln wollen: «Die Robbe die einen Fisch betrachtete hat mit einem Walross Streit angefangen.» Wenden wir die oben genannte einfache Regel an, dann suchen wir das erste Verb des Satzes und verschieben es an den Anfang:

die Robbe die einen Fisch betrachtete hat mit einem Walross Streit angefangen

betrachtete die Robbe die einen Fisch   hat mit einem Walross Streit angefangen?

Weshalb hat diese Operation zu einem solchen Kauderwelsch geführt? Der Grund hierfür ist, dass die oben skizzierte Regel nicht ganz korrekt war. Wenn man eine Frage bildet, ist es nicht das erste Verb *des Satzes*, das verschoben werden muss, sondern das erste Verb *auf der Hauptebene* des Satzes. Und in diesem Fall gibt es eine ganze Phrase, die nicht auf der Hauptebene liegt, sondern nur als Anhängsel an dem Substantiv «Robbe» baumelt:

die Robbe_{die einen Fisch betrachtete} hat mit einem Walross Streit angefangen.

Deutsche Muttersprachler wissen intuitiv, dass beim Bilden einer Frage das Anhängsel «die einen Fisch betrachtete» übergangen wird und dass man das erste Verb auf der Hauptebene – hier also «hat» – anvisieren und es an den Anfang verschieben muss:

hat die Robbe_{die einen Fisch betrachtete}   mit einem Walross Streit angefangen?

In linguistischer Terminologie wird das Anhängsel «die einen Fisch betrachtete» als Relativsatz bezeichnet. Kein Deutschsprachiger muss sich aber zu einem Crashkurs in Syntax einschreiben, um zu wissen, dass diese Phrase auf einer niederen Ebene angesiedelt ist und nicht berührt wird, wenn man den Satz umformt, um eine Frage zu bilden. Schon im Kindesalter entwickelt man die Intuition, dass solche Phrasen untergeordnet sind; sie nehmen nicht an der tatsächlichen Handlung auf der Hauptebene des Satzes teil und bleiben an dem Akteur haften, den sie modifizieren. Die hierarchische Struktur des Satzes ist also nicht bloß ein graphisches Spiel mit tiefgestellten Satzelementen, sondern ein Grundzug der Sprache, den wir alle berücksichtigen, wenn wir Sätze hervorbringen oder verarbeiten.

All das wirft eine naheliegende Frage auf: Warum eine Sprache auf diese Weise entwerfen? Warum nicht ein System, in dem alle Wörter auf derselben Ebene agieren? Die einfache Antwort lautet: Komplexität. Später werde ich die Ansicht vertreten, dass in der «Ich-Tarzan»-Ära Wörter in der Tat nur auf einer einzigen Ebene miteinander verbunden wurden. Und solange es um nicht mehr ging als um Sätze, die aus zwei oder drei Wörtern bestanden, war diese flache Konstruktion völlig angemessen. Wenn aber ein System an Komplexität zunimmt, führen hierarchische Strukturen zu einem effizienteren Umgang. In einer großen Armee beispielsweise würde das Chaos ausbrechen, wenn sich der Oberkommandierende darüber Gedanken machen müsste, wie jeder einzelne Soldat in der Schlacht eingesetzt werden soll. Stattdessen muss der Kommandeur nur überlegen, wie er seine paar Divisionen anordnet; der Befehlshaber jeder einzelnen Division muss dann entscheiden, wie er seine einzelnen Brigaden anordnet, der Kommandeur jeder Brigade arrangiert seine einzelnen Regimenter und so fort. In der Sprache gestattet uns ein ähnlich hierarchisches Prinzip, ohne große Schwierigkeiten komplexe Manöver in Angriff zu nehmen. Betrachten wir die folgenden Sätze, die in der Reihenfolge ihrer zunehmenden Komplexität angeordnet sind:

- <u>Die Robbe hat Streit angefangen</u>.
- <u>Die Robbe</u> die einen Fisch betrachtete <u>hat</u> mit einem Walross <u>Streit angefangen</u>.
- <u>Die</u> zänkische <u>Robbe</u> die einen desillusionierten aber ziemlich attraktiven Fisch betrachtete <u>hat</u> mit einem phlegmatischen Walross <u>Streit angefangen</u>.

- <u>Die</u> zänkische <u>Robbe</u> die einen desillusionierten aber ziemlich attraktiven Fisch betrachtete der immer wieder aus dem eisigen Wasser schnellte <u>hat</u> mit einem phlegmatischen Walross das arglos vorbeischwamm <u>Streit angefangen</u>.

Der vierte Satz, der aus insgesamt 29 Wörtern besteht, ist ziemlich komplex. Und doch ist er für einen Deutschsprachigen unmittelbar verständlich, weil seine Komplexität durch die Kommandohierarchie abgeschwächt wird. Auf der obersten Ebene haben der erste und der letzte Satz dieselbe einfache Struktur: <u>Die Robbe hat Streit angefangen</u>. Alle weiteren Verwicklungen sind ganz und gar eine innere Angelegenheit der Phrasen, an deren Spitze die Wörter «Robbe» und «Streit» stehen. Und selbst innerhalb jeder Phrase besteht eine interne Kommandohierarchie, so dass die Aufgabe auf allen Ebenen beherrschbar bleibt:

Die zänkische Robbe die einen ... Fisch betrachtete der immer wieder aus dem eisigen Wasser schnellte

Die hierarchische Organisation der Sprache ist also ein ziemlich geniales System, das es uns erlaubt, komplexe Aufgaben mit bemerkenswerter Leichtigkeit zu erfüllen: Sätze mit vielen verschiedenen Akteuren und Beziehungen hervorzubringen und zu verstehen, von Hunderten von Lauten ganz zu schweigen. Auf die Frage, wie unsere Vorfahren auf ein derartiges System verfallen sein könnten, kommen wir in Kapitel 7.

•

Bislang habe ich verschiedene Behauptungen über die Struktur «der Sprache» aufgestellt, aber in der Praxis ging es in den vorangegangenen Beispielen überwiegend um eine oder zwei Sprachen. Aber selbst wenn die Details vorwiegend dem Deutschen oder Englischen entnommen wurden, gelten die allgemeinen Prinzipien für alle Sprachen der Welt. Alle Sprachen sind hierarchisch aufgebaut, alle Sprachen stützen sich auf gewisse Wortfolgekonventionen, alle Sprachen benutzen grammatische Wörter, und fast alle Sprachen verwenden grammatische Elemente wie Präfixe oder Suffixe. Während die zugrundeliegenden Prinzipien immer dieselben sind, können sich Sprachen in den Details jedoch radikal voneinander unterscheiden. Beispielsweise gibt es beträchtliche Differenzen in der Belastung der verschiedenen Strategien. Sprachen wie das Vietnamesische, das in Nigeria gesprochene Yoruba und das Englische stützen sich bei der Zuweisung der Rollen der Hauptakteure im Satz vorwiegend auf die Reihenfolge der Wörter. In einem englischen Satz wie «the whale swallowed Jonah» (der Walfisch verschlang Jonas) ist das einzige, was uns mitteilt, wer der Verschlinger ist und wer verschlungen wird, die Stellung der beiden Substantive in dem Satz: Das Subjekt (derjenige, welcher verschlingt) kommt vor dem Verb und das Objekt nach ihm. In anderen Sprachen, so etwa im Tamil, im Warlpiri (einer indigenen Sprache Australiens), im Russischen und bis zu einem gewissen Grade auch im Deutschen ist die Wortfolge viel freier. Das Deutsche ist von der Stellung des Subjekts und des Objekts weniger abhängig, weil Artikelformen wie «der» und «den» ein Substantiv zweifelsfrei als das eine oder das andere markieren. Wenn man im Deutschen die Rollen vertauschen will (um die Geschichte in einer Sushi-Bar spielen zu lassen), muss man die Reihenfolge der Substantive nicht unbedingt verändern, sondern braucht nur den Artikel «den» vor «Walfisch» zu setzen: «Den Walfisch verschlang Jonas.»

Andere Sprachen verwenden andere Strategien, um das Subjekt vom Objekt abzuheben. Das Japanische benutzt zu diesem Zweck Postpositionen. Hier bezeichnet die Postposition *ga* denjenigen, der verschlingt, und mit *o* wird das Objekt markiert, das verschlungen wird:

> *Hanako ga*   *susi*   *o*   *tabeta*
> Hanako SUBJ   Sushi   OBJ   aß
> «Hanako aß das Sushi»

Das Russische verwendet wieder eine andere Strategie, die derjenigen des Lateinischen ähnelt: anstatt eigenständige grammatische Wörter zu benutzen, hängt es Endungen an die Substantive selbst an. Im folgenden Beispiel markiert die Endung *-a* in dem Wort *akula* («Hai») dieses Substantiv als Subjekt, und die Endung *-u* in *rybu* («Fisch») kennzeichnet dieses Wort als Objekt:

> *aku**la***   *videla*   *ryb**u***
> Hai-SUBJ   sah   Fisch-OBJ
> «der Hai sah den Fisch»

Da die Endungen die Rollen der Akteure unzweideutig zum Ausdruck bringen, führt eine Abänderung der Wortreihenfolge nicht dazu, dass sich die Grundbedeutung des Satzes ändert:

> *akula*   *videla*   *rybu*
> *akula*   *rybu*   *videla*
> *rybu*   *akula*   *videla*
> *rybu*   *videla*   *akula*   «der Hai sah den Fisch»
> *videla*   *rybu*   *akula*
> *videla*   *akula*   *rybu*

Schließlich kommen einige Sprachen mit einer flexiblen Wortfolge zurecht, ohne dies kompensieren zu müssen, indem sie die Akteure selbst mit bestimmten Elementen markieren. Ihr Trick ist statt dessen, die Rolle der Akteure am Verb zu markieren, wie man in den folgenden Sätzen aus einem Dialekt des modernen Aramäischen sehen kann, der in Alqosh gesprochen wird, einer kleinen Stadt im Nordirak. Das einzige, was in den beiden untenstehenden Sätzen verdeutlicht, wer wen sieht, ist die Form des Verbs: «sah-sie-ihn» bedeutet, dass das Mädchen den Jungen sieht, während «sah-er-sie» die Rollen umkehrt.

ε	*brāta*	*kemxaz-yā-le*	*brona*
jenes	Mädchen	sah-**sie-ihn**	Junge
«jenes Mädchen sah den Jungen»			

ε	*brāta*	*kemxāz-ē-la*	*brona*
jenes	Mädchen	sah-**er-sie**	Junge
«der Junge sah jenes Mädchen»			

Und wenn Sie den Eindruck haben, dass das letztgenannte Beispiel ausgesprochen exotisch ist, dann denken Sie nur an deutsche Sätze wie «diese Lehrerin lieben die Kinder» und «diese Lehrerin liebt die Kinder». Das einzige, was hier verdeutlicht, wer wen liebt, ist die Endung des Verbs.

●

Die obengenannten Beispiele sollten einen Eindruck von der Vielfalt der Strategien geben, anhand derer Sprachen das elementare Handlungsschema verdeutlichen. Doch es gibt im Leben natürlich noch mehr als die Frage, wer was wem antut, und Sprachen haben unterschiedliche Mittel entwickelt, um eine große Menge von Informationen zu vermitteln – weit über das rudimentäre Geschäft hinaus, die elementaren Rollen zweier Hauptakteure kenntlich zu machen. Das Deutsche beispielsweise verwendet sowohl *Präpositionen* als auch Postpositionen zur Kennzeichnung der Funktion von verschiedenen Nebenrollen wie auch von Zeit- und Ortsangaben:

Jonas prügelte den Kellner *in* der Sushi-Bar *mit* einem Essstäbchen den ganzen Abend über der mangelnden Frische des Walfischs wegen.

Sprachen haben auch eine ganze Skala verschiedener Formen des Verbs entwickelt, die subtile Nuancen der Handlung selbst zum Ausdruck bringen. Betrachten wir beispielsweise die folgenden Variationen des Themas «die Robbe fraß den Fisch». In allen unten genannten Beispielen sind dieselben Akteure beteiligt, die dieselben Rollen spielen: eine Robbe frisst, und ein Fisch wird gefressen. Dennoch unterscheiden sich die Sätze in ihrer Bedeutung erheblich.

Die Robbe fraß den Fisch	(gestern nachmittag)
Die Robbe wird den Fisch fressen	(morgen Punkt halb zehn)
Die Robbe hatte den Fisch gefressen	(bevor wir mit den Filmaufnahmen beginnen konnten)
Die Robbe frisst den Fisch	(bei unseren Mittwochs-Shows, und donnerstags frisst der Fisch die Robbe)
Die Robbe hätte den Fisch gefressen	(wenn das Walross nicht eher zur Stelle gewesen wäre)
Die Robbe hätte den Fisch fressen sollen	(aber stattdessen machte sie sich an den Tintenfisch)
Die Robbe sollte den Fisch fressen	(sagte ihre beunruhigte Tante; denn ihre Nichte hatte in letzter Zeit abgenommen)

Selbst wenn also alle Beteiligten dieselben bleiben und selbst wenn die Handlung stets das «Fressen» ist, gibt es immer noch eine Vielfalt feinerer Nuancen der Handlung, die Sprecher zum Ausdruck bringen können. Zunächst einmal können wir die Zeit der Handlung bestimmen («wird fressen», «fraß»). Wir können auch unsere persönliche Sicht auf das Geschehen einführen, indem wir angeben, wieviel wir darüber wissen («mag gefressen haben») und was wir davon halten («darf nicht fressen»).

Alle Sprachen verfügen über die Mittel, derartige Nuancen zum Ausdruck zu bringen, aber wiederum unterscheiden sie sich in der Art und Weise, wie sie dabei vorgehen. Nehmen wir beispielsweise an, Sie unterhielten sich mit einer deutschen Robbe über eine ihrer Lieblingsbeschäftigungen, das Verzehren von Fischen. Sollten Sie den Versuch unternehmen, die verschiedenen Wechselfälle dieser Aktivität auszudrücken, dann müssten Sie selbständige grammatische Wörter verwenden: «wird fressen», «soll fressen», «darf fressen». Und wenn Sie noch subtilere Nuancen skizzieren wollten, dann würden Sie im allgemeinen unterschiedliche Verbindungen von selbständigen grammatischen Wörtern benutzen. Sollten Sie aber das gleiche Gespräch mit einer römischen Robbe führen, dann müssten Sie anders vorgehen und sich vorwiegend auf verschiedene Endungen am Verb selbst stützen:

LATEIN	DEUTSCH
ed-isti	du hast gefressen
ed-eras	du hattest gefressen
ed-eris	du wirst gefressen werden
ed-ebaris	du wurdest gefressen

Im Lateinischen gibt die Wurzel des Verbs («ed-») die Grundbedeutung an, während die Endungen die verschiedenen Nuancen der Aktivität wiedergeben. Nun ist das lateinische Verbsystem viel komplexer, als die oben angeführten Formen erwarten lassen würden, denn die Endungen, die an die Wurzel antreten, verändern sich auch in Abhängigkeit davon, wer die Handlung vollzieht (also je nach der «Person»):

	ICH	DU	ER/SIE/ES	WIR	IHR	SIE
WERDE FRESSEN	ed-*am*	ed-*es*	ed-*et*	ed-*emus*	ed-*etis*	ed-*ent*
HABE GEFRESSEN	ed-*i*	ed-*isti*	ed-*it*	ed-*imus*	ed-*istis*	ed-*erunt*
WERDE GEFRESSEN HABEN	ed-*ero*	ed-*eris*	ed-*erit*	ed-*erimus*	ed-*eritis*	ed-*erint*
WERDE GEFRESSEN WERDEN	ed-*ar*	ed-*eris*	ed-*etur*	ed-*emur*	ed-*emini*	ed-*entur*

Kein Wunder, dass das lateinische Verb auf Schüler einen so abstoßenden Eindruck macht. Im Gegensatz zu analytischen Sprachen, die verschiedene Aspekte hauptsächlich durch Verbindungen selbständiger Wörter ausdrücken, stellt im Lateinischen jede einzelne Endung eine Synthese verschiedener Informationselemente dar: die Person, der Zeitpunkt und verschiedene andere Nuancen. Der Nachteil dieses Systems liegt darin, dass es so viele verschiedene Endungen gibt, die man alle einzeln auswendig lernen muss. «Synthetische» Strukturen wie diese haben aber auch durchaus ihre Vorteile. Die Architekten des lateinischen Systems machten es möglich, eine breite Skala von Nuancen mit bewundernswerter Knappheit auszudrücken. In der Form *ed-ar* beispielsweise fasst die eine einsilbige Endung *-ar* alle Informationen zusammen, die das Deutsche mit der recht langatmigen Form «ich werde gefressen werden» codieren muss. Und in der Zeit, in der es ein deutscher Fisch fertiggebracht hat, den Satz «ich werde gefressen werden» auszustoßen, wird ihn die Robbe dreimal verputzt haben.

•

Wenn nun das lateinische Verbsystem unbehaglich kompliziert wirkte, dann kommt hier zum Schluss ein Beispiel, neben dem Latein wie ein Kinderspiel aussieht: das Verbsystem von semitischen Sprachen wie Arabisch, Aramäisch und Hebräisch. Die Architektur des semitischen Verbs ist eines der eindrucksvollsten Formensysteme, die sich in den Sprachen der Welt überhaupt finden, aber sie beruht auf einem Konzept sparsamster Natur: zugrunde liegt eine Wurzel, die nur aus Konsonanten besteht. Im Semitischen ist die Verbwurzel kein Lautbrocken, den man aussprechen kann wie das lateinische *ed-*, sondern eine Gruppe von drei Konsonanten. Arabisch *l-b-s* beispielsweise bedeutet «(Kleidung) tragen», und *s-l-m* bedeutet «in Frieden sein».

Wie aber kann eine vokallose Gruppe von drei Konsonanten überhaupt etwas bedeuten, wenn sie nicht einmal auf ihren eigenen drei Beinen stehen kann und sich aussprechen lässt? Die Antwort lautet, dass man solche Wurzeln nicht für sich auszusprechen braucht, weil die Wurzel ein abstrakter Begriff ist, der erst zum Leben erwacht, wenn er in irgendwelche Vokalschemata eingefügt wird: Muster, die überwiegend aus Vokalen bestehen und die über drei ‹Slots› (Leerstellen) für die drei Konsonanten der Wurzel verfügen. Um ein Beispiel zu nennen: das arabische Schema ○a○i○a bildet die Vergangenheit in der dritten Person Singular; wenn man also sagen will «er war in Frieden», dann muss man einfach die Wurzel s-l-m in dieses Schema einfügen, und man erhält:

Wurzel: s-l-m

Schema: ○a○i○a
            ⓢaⓁiⓂa («er war in Frieden»)

Und wenn man die Vergangenheitsform eines anderen Verbs bilden möchte, beispielsweise «tragen», dann nimmt man die entsprechende Wurzel, hier l-b-s, und man erhält *labisa* («er trug»). Um ein Gefühl dafür zu vermitteln, wie sich diese Schemata für Sprecher semitischer Sprachen anfühlen, werde ich die drei Slots ◯ mit den Konsonanten der fiktiven Wurzel z-w-k füllen (nehmen wir einmal an, z-w-k bedeute «zwicken»). Mit anderen Worten, anstatt ein Schema rein begrifflich als ◯a◯i◯a (VERGANGENHEIT) darzustellen, werde ich es als ⓩaⓦiⓚa («er zwickte») schreiben. Das ⓩ sollte demnach so aufgefasst werden, dass es den ersten Konsonanten *jeder beliebigen* Wurzel repräsentiert, das ⓦ steht dann für deren zweiten Konsonanten und das ⓚ für den dritten. Das Schema ⓩaⓦiⓚa ist nur eines von mehreren Dutzenden, die es im Arabischen gibt und mit denen man jede nur denkbare Nuance des Verbs zum Ausdruck bringt, angefangen von yaⓩⓦaⓚu («er zwickt») bis hin zu taⓩāⓦuⓚ («das Sich-gegenseitig-Zwicken»). Die folgende Tabelle veranschaulicht eine Reihe weiterer Schemata aus dem Arabischen, um eine Vorstellung von der Kompliziertheit des Systems zu vermitteln:

	GEGENWART	VERGANGEN-HEIT	EINER DER …	DIE HANDLUNG DES …
EINFACH	yaⓩⓦaⓚu er zwickt	ⓩaⓦiⓚa er zwickte	ⓩāⓦiⓚ einer der zwickt	ⓩaⓦāⓚ die Handlung des Zwickens
KAUSATIV	yuⓩⓦiⓚu er lässt zwicken	aⓩⓦaⓚa er ließ zwicken	muⓩⓦiⓚ einer der zwicken lässt	iⓩⓦāⓚ die Handlung des Zwicken-Lassens

Nimmt man eine wirkliche Wurzel wie etwa s-l-m («in Frieden sein») und fügt sie in diese Schemata ein, dann erhält man Formen wie:

*sa*lima – er war in Frieden

*mus*lim – einer, der in Frieden sein lässt
(Dieses Wort hat die Spezialbedeutung entwickelt «einer, der sich Gott unterwirft, ein Muslim»)

*sa*lām – das In-Frieden-Sein

*is*lām – Unterwerfung unter Gott, Islam

In deutschen Ohren mögen sich Wörter wie *Islam, Muslim* oder *Salām*, die kaum Vokale miteinander gemeinsam haben, recht verschieden anhören, aber von Sprechern semitischer Sprachen werden solche Wörter und auch Namen wie *Salman, Suliman, Salim, Solomon, (Ab-)salom* alle als eng miteinander verwandte Variationen über ein Thema wahrgenommen: die Wurzel s-l-m.

Die Architektur des semitischen Verbs mag Ihnen ziemlich unheimlich vorkommen, aber nun halten Sie sich bitte fest, denn die Felder in der oben angeführten Tabelle stellen nur eine kleine Auswahl aus etwa 100 verschiedenen derartigen Nuancen im Arabischen dar. Und als wäre all das noch nicht genug, kann jedes dieser Felder tatsächlich bis zu 13 verschiedene Formen für die einzelnen Personen enthalten. Nur um das Grundprinzip deutlich zu machen, folgen hier die Formen für die verschiedenen Personen in nur einem der oben angeführten Felder, der einfachen Gegenwart:

a-zwak-u	ich zwicke
ta-zwak-u	du (Mann) zwickst
ta-zwak-īna	du (Frau) zwickst
ya-zwak-u	er zwickt
ta-zwak-u	sie zwickt
na-zwak-u	wir zwicken
ta-zwak-āni	ihr beide zwickt
ta-zwak-ūna	ihr (drei oder mehr Männer) zwickt
ta-zwak-na	ihr (drei oder mehr Frauen) zwickt
ya-zwak-āni	sie (zwei Männer) zwicken
ta-zwak-āni	sie (zwei Frauen) zwicken
ya-zwak-ūna	sie (drei oder mehr Männer) zwicken
ya-zwak-na	sie (drei oder mehr Frauen) zwicken

Gewiss überrascht es nicht, dass das Verb bei Leuten, die eine semitische Sprache lernen, für einige Irritationen sorgt. Da wir uns aber nicht über die Details den Kopf zerbrechen müssen, wollen wir uns einfach zurücklehnen und über die Prinzipien nachdenken, die hier wirksam sind. Machen wir uns einen Augenblick lang Gedanken über all die akribische Planung, die für die Entwicklung eines derartigen Systems erforderlich gewesen sein muss – es ist nahezu unglaublich, dass ein derartig algebraisches Schema auf irgendeine andere Weise zustande gekommen sein könnte als durch die Eingebung eines begabten Konstrukteurs. Wie anders hätte der abstrakte Gedanke einer rein konsonantischen Wurzel entworfen werden können? Ist es wirklich möglich, dass die Schemata, die ein ganzes Netzwerk von Nuancen hervorbringen, von selbst entstanden sind? Die Enträtselung des semitischen Verbs ist eine bedeutende Herausforderung, die in Kapitel 6 aufgegriffen wird.

Geschlechtliche Rüben und andere Unregelmäßigkeiten

Auf den vorangegangenen Seiten fanden wir einige Beispiele für vertraute wie auch für exotische Strukturen von Sprachen aus aller Welt. Natürlich gibt es zum Thema Sprachstruktur noch mehr als das zu sagen. Weite Felder der Sprache haben keine Erwähnung gefunden, und die Bereiche, die wir berührt haben, ließen sich nur in groben Umrissen skizzieren. Gleichwohl sollten selbst die wenigen bisher angeführten Beispiele kaum einen Zweifel an der Ausgefeiltheit der Struktur von Sprachen und an der Genialität ihrer Urheber gelassen haben.

Es wäre jedoch unaufrichtig, eine andere Seite der Sprache zu unterschlagen, einen weniger anziehenden Aspekt, den ich bislang geflissentlich übersehen habe. Denn überall, wo man in der Sprache eindrucksvolle Gebäude vorfindet, stößt man auch auf etliche Unvollkommenheiten, auf ein Gewirr von Unregelmäßigkeiten, Redundanzen und Eigenwilligkeiten, die das Bild eines perfekten Entwurfs verunzieren. Zum Beispiel ist das Englische berühmt – außer bei Muttersprachlern – für das irrationale Verhalten der Vergangenheitsform seiner Verben. Die folgenden Verse sind all denen gewidmet, die während der Schulzeit mit diesem chaotischen System zu Rande zu kommen versuchten:

The teacher claimed it was so plain,
I only had to use my brain.
She said the past of throw was threw,
The past of grow – of course – was grew,
So flew must be the past of fly,
And now, my boy, your turn to try.

But when I trew,
I had no clue,
If mow was mew
Like know and knew.
(Or is it knowed
Like snow and snowed?)

The teacher frowned at me and said
The past of feed was – plainly – fed.
Fed up, I knew then what I ned:
I took a break, and out I snoke,
She shook and quook (or quaked? or quoke?)
With raging anger out she broke:
Your ignorance you want to hide?
Tell me the past form of collide!
But how on earth should I decide
If it's collid
(Like hide and hid),
Or else – from all that I surmose,
The past of rise was simply rose,
And that of ride was surely rode,
So of collide must be collode?

O damn these English verbs, I thought
The whole thing absolutely stought!
Of English I have had enough,
These verbs of yours are far too tough.
Bolt upright in my chair I sat,
And said to her ‹that's that› – I quat.

Und wenn Sie glauben, dass im Deutschen irgendwie mehr Ordnung herrsche, dann fragen Sie nur jemanden, der tatsächlich Deutsch als Fremdsprache erlernen musste. In dieser Lage befand sich der amerikanische Schriftsteller Mark Twain während seines Aufenthalts in Heidelberg in den 1870er Jahren. Sein Urteil, das er in einem Anhang zu seinem Buch *Bummel durch Europa* ausführt, lautet folgendermaßen:

«Ganz bestimmt gibt es keine andere Sprache, die so ungeordnet und unsyste-
matisch, so schlüpfrig und unfassbar ist; man treibt völlig hilflos in ihr umher,
hierhin und dahin; und wenn man schließlich glaubt, man hätte eine Regel
erwischt, die festen Boden böte, auf dem man inmitten der allgemeinen Un-
ruhe und Raserei der zehn Wortarten ausruhen könne, blättert man um und
liest: ‹Der Schüler beachte sorgfältig folgende *Ausnahmen*.› Man lässt das
Auge darüber hinweggleiten und entdeckt, dass es mehr Ausnahmen von der
Regel als Beispiele für sie gibt.»

Kein Wunder, dass Twain diesem Anhang den Titel «Die schreckliche
deutsche Sprache» gab. Was ihn am meisten erboste, war die unvorher-
sehbare Verteilung des grammatischen Geschlechts im Deutschen. Dieses
Thema erklärt er seinen amerikanischen Lesern folgendermaßen: «Jedes
Substantiv hat ein Geschlecht, und in dessen Verteilung liegt kein Sinn
und kein System; deshalb muss das Geschlecht jedes einzelnen Haupt-
wortes für sich auswendig gelernt werden. Es gibt keinen anderen Weg.
Zu diesem Zwecke muss man das Gedächtnis eines Notizbuches haben.
Im Deutschen hat ein Fräulein kein Geschlecht, während eine weiße
Rübe eines hat. Man denke nur, auf welche übertriebene Verehrung der
Rübe das deutet und auf welche dickfellige Respektlosigkeit dem Fräulein gegenüber. ... Ein Baum ist männlich, seine Knospen sind weiblich,
seine Blätter sind sächlich; Pferde sind geschlechtslos, Hunde sind männlich, Katzen sind weiblich – natürlich einschließlich der Kater. ... In
Deutschland tragen alle Frauen entweder männliche oder geschlechts-
lose Köpfe; jemandes Nase, Lippen, Schultern, Brust, Hände, Hüften
und Zehen gehören dem weiblichen Geschlecht an, und seine Haare,
Ohren, Augen, Kinn, Beine, Knie, Herz und Gewissen haben überhaupt
kein Geschlecht. Der Erfinder der Sprache hat wahrscheinlich das, was
er vom Gewissen wusste, vom Hörensagen erfahren.»
Darum machte sich Twain für eine Reform der deutschen Sprache
stark und erklärte, er würde «die Geschlechter reorganisieren und sie
entsprechend dem Willen des Schöpfers verteilen. Dies als Ehrfurchts-
beweis, wenn schon nichts anderes.» Und in einer Rede vor dem Wiener
Presseclub fügte er hinzu: «Mit einem Wort, meine Herren, ich möchte
Ihre geliebte Sprache vereinfachen, auf dass, meine Herren, wenn Sie sie
zum Gebet brauchen, man sie dort oben versteht.»
An dieser Stelle muss man jedoch das Deutsche in Schutz nehmen.
Twain machte seinem Ärger über diese Sprache Luft, weil das Deutsche

die Sprache war, die er gerade lernte. Ungeachtet seiner Behauptungen ist aber das Deutsche in dieser Hinsicht nichts Besonderes. Hätte Twain den Versuch unternommen, mit Russisch, Latein, Hebräisch oder einer langen Liste anderer Sprachen zu ringen, dann wäre er ähnlichen Eigenwilligkeiten begegnet. Ein deutscher Muttersprachler könnte es beispielsweise seltsam finden, dass im Hebräischen die Gabel ein «Er» ist und der Löffel eine «Sie» oder dass man ganz selbstverständlich so etwas sagen könnte wie: «In einem dunklen Nacht schwebt eine alte Vogel in dem düsteren Luft, bis sie mit einem Wand zusammenstößt, den sie während ihres Fluges nicht beachtete.» Sprechern des Hebräischen erscheint aber die Situation ganz genauso absurd, wenn sie hören, dass das Deutsche die Geschlechter vollständig umkehrt.

Selbstverständlich ist der Gedanke, Objekte nach irgendeiner wesentlichen Eigenschaft zu klassifizieren, im Prinzip nicht verkehrt. Die Unterscheidung zwischen Maskulinum und Femininum ist eine der verbreitetsten Klassifizierungen, die in Sprachen vorgenommen werden, aber viele entscheiden sich stattdessen (oder zusätzlich) dafür, Substantive in die Kategorien «menschlich» bzw. «nicht-menschlich» oder «belebt» (Menschen und Tiere) bzw. «unbelebt» einzureihen. Manche Sprachen machen sogar auch einen Unterschied zwischen «essbar» und «nicht essbar» (wobei die Eingruppierung des Menschen dann natürlich von den jeweiligen Landessitten abhängt). In der Theorie ist das alles schön und gut. Das Problem ist, dass in den meisten Sprachen die Wirklichkeit nicht zur Theorie passt, und so fällt es häufig schwer, hinter der tatsächlichen Klassifizierung irgendeine Logik ausfindig zu machen.

Ein vollständiger Überblick über sämtliche verschiedenen Typen von Unregelmäßigkeiten in allen Sprachen würde einen ausgesprochen stattlichen Band ergeben. Darum möchte ich nur noch ein einziges weiteres Beispiel für eine besonders exzentrische Verhaltensweise aus der nordamerikanischen, zur Kiowa-Familie gehörenden Indianersprache Jemez geben, die in der Nähe von Albuquerque in New Mexico von etwa 2000 Menschen gesprochen wird. Das Jemez hat eine Endung *-sh*, die an Substantiven den Numerus verändert, wie die folgenden Beispiele zeigen:

séé	«ein Falke»	*séé**sh***	«Falken»
wéhų́	«ein Skelett»	*wéhų́**sh***	«Skelette»

Demnach sieht es so aus, als erfülle die Endung *-sh* im Jemez genau dieselbe Funktion wie die deutschen Pluralendungen *-n* oder *-e*. Und was
könnte vernünftiger sein? Sehen wir uns nun aber an, was passiert, wenn
die Endung *-sh* im Jemez an eine andere Gruppe von Substantiven angehängt wird:

hhú	«mindestens drei Zedern»	*hhúsh*	«ein oder zwei Zedern»
káápæ	«mindestens drei Zelte»	*káápæsh*	«ein oder zwei Zelte»

An diesen Substantiven hat die Endung *-sh* genau den umgekehrten Effekt: anstatt die Mehrzahl zu markieren, zeigt sie eine Verringerung der
Zahl an. Wird die Endung *-sh* an Substantive für Objekte angehängt, die
gewöhnlich in größeren Mengen auftreten, dann kennzeichnet sie diese
Objekte als wenige (ein oder zwei). Wie aber kann dieselbe Endung in
Verbindung mit einigen Substantiven als Pluralkennzeichen fungieren,
bei anderen aber eine Verringerungsform signalisieren? Anscheinend
waren selbst die Sprecher des Jemez mit diesem Kontrast zwischen den
beiden Gruppen nicht ganz glücklich, und deshalb entschieden sie sich
bei einer dritten Klasse von Substantiven dafür, einen Mittelweg einzu-
schlagen:

pá	«eine oder mindestens drei Blumen»	*pásh*	zwei Blumen»
dééde	«ein oder mindestens drei Hemden»	*déédesh*	«zwei Hemden»

Es sieht also so aus, als bestätige die Sprache mit Nachdruck das Wort
Napoleons, dem zufolge es vom Erhabenen zum Lächerlichen nur ein
Schritt ist. Einerseits ist es den Architekten der Sprachstruktur irgendwie
gelungen, großartige Paläste der Komplexität zu errichten, aber aus
einem geheimnisvollen Grund waren sie nicht in der Lage, die Schutthaufen von Unregelmäßigkeiten und Irrationalitäten fortzuräumen, die
nur einen Steinwurf weit entfernt liegen. Um zu verstehen, was zu dieser
Mischung von Großartigkeit und Torheit geführt hat, werden wir noch
mehr von den Kräften aufdecken müssen, die sprachliche Strukturen gestalten, zertrümmern und wieder erneuern. Genau dieser Aufgabe sind
die folgenden Kapitel gewidmet, und die erste Herausforderung wird
darin bestehen, ein Problem zu lösen, das sich ganz einfach anhört: Was
verursacht den Wandel der Sprache?

Fortwährender Wandel:
was die Sprache im Innersten bewegt

eppur si muove
Und sie bewegt sich doch!
(Galileo Galilei, 1632)

Es gibt eine Geschichte von einem Engländer, einem Franzosen und einem Deutschen, die über die Vorzüge ihrer jeweiligen Muttersprache diskutieren. Als erster behauptet der Deutsche: «Das Deutsche ist natürlich die beste Sprache. Es ist die Sprache der Logik und der Philosophie, und man kann damit selbst die komplexesten Gedanken mit großer Klarheit und Präzision zum Ausdruck bringen.» «Boeff», schnaubt der Franzose, «mais le français, c'est la langue d'amour! Auf französisch wir können ausdrücken alle Feinheiten der Romantik mit Elégance und Flair.» Der Engländer überlegt sich die Sache eine Weile, und dann sagt er: «Yes, chaps, that's all very well. Aber betrachtet die Sache doch mal folgendermaßen. Take the word ‹spoon›, for instance. Bei euch Franzosen heißt das *cuillière*. Und was sagt ihr Deutschen dazu? Löffel. But in English, it's simply called a *spoon*. Und wenn ihr nun mal drüber nachdenkt – genau das ist es doch, oder?»

Die Argumentation des Engländers ist natürlich deswegen so hanebüchen, weil die Namen, die wir für Dinge verwenden, in keinem eigentlichen Zusammenhang mit den Dingen selbst stehen. Namen sind ganz und gar willkürlich, und darum ist «Löffel» oder *cuillière* eine ebenso gute Bezeichnung für ✐ wie *spoon*. Und wenn irgendein Engländer davon noch nicht überzeugt ist und tief in seinem Innern weiterhin glaubt, dem Wort *spoon* wohne etwas inhärent Löffelartiges inne, dann kann er sein blaues Wunder erleben. Denn es sieht so aus, als sei selbst im Englischen ein *spoon* nicht immer ein Löffel gewesen.

Im 14. Jahrhundert erschien in England ein monumentales Werk, eine siebenbändige Geschichte des Universums mit dem Titel *Polychronicon*.

Tief vergraben in Band 5 beschreibt dieses *Polychronicon*, wie Kaiser Karl der Große ganze zehn Jahre darauf verwendete, eine hölzerne Brücke über den Rhein errichten zu lassen. Eines Tages jedoch, kurz vor dem Tod des Kaisers, wurde die Brücke durch einen derart gewaltigen Brand zerstört, dass man schon drei Stunden später *nought oon spoone* («nicht einen *spoon*») mehr auf dem Wasser schwimmen sah. «Nicht einen Löffel ...»? Nun ja, wie sich herausstellt, ging es dem *Polychronicon* nicht wirklich um Besteck. In der englischen Sprache des 14. Jahrhunderts bedeutete das Wort *spoon* einfach «kleines Stück Holz»; oder mit anderen Worten, genau das, was es im Deutschen schon immer bedeutet hat: «Span».

Zunächst erscheint es merkwürdig, dass die Bedeutung des englischen Wortes *spoon* sich in relativ kurzer Zeit derart grundlegend ändern konnte. Mehr noch, solche Umschwünge der Bedeutung können den Eindruck erwecken, als liefen sie dem eigentlichen Zweck der Sprache zuwider, ein stabiles System von Konventionen für eine zusammenhängende Kommunikation bereitzustellen. Denn wie können Sprecher einander auf zuverlässige Weise ihre Gedanken mitteilen, wenn sich der Sinn ihrer Wörter plötzlich ändern kann? Es mag daher als eine noch größere Überraschung erscheinen, dass der Bedeutungssprung des Wortes *spoon* keineswegs ein seltenes Ereignis ist und dass sich derartige Vorfälle durchaus nicht auf das Englische beschränken. Untersucht man die Geschichte einer Sprache – jeder beliebigen Sprache –, dann entdeckt man schon bald, dass Wandel nicht die Ausnahme ist, sondern die Regel.

Dieses Kapitel wird sich mit den Antriebsfaktoren der Transformationen in allen Bereichen der Sprache beschäftigen, und es wird herausarbeiten, wie die Veränderungen ohne ernste Schäden für eine effiziente Kommunikation ablaufen können. Am Ende werden uns die Motive hinter der fortwährenden Bewegung der Sprache auf den richtigen Weg zum Verständnis der Mechanismen der sprachlichen Neuschöpfung führen.

•

Denkt man an Sprachen, die sich stark von der eigenen unterscheiden, dann stellt man sich meist exotische Idiome aus fernen Winkeln des Erdballs vor. Seltsames lässt sich aber schon viel näher an der eigenen Heimat finden: wenn man eine Reise nicht durch den Raum, sondern durch die Zeit unternimmt. Für die chronische Veränderlichkeit der Sprache liefert das Deutsche – oder liefern vielmehr die verschiedenen Varianten des Deutschen, die in den vergangenen rund 1000 Jahren gesprochen wurden – gute Zeugnisse. Und ein wirksames Verfahren, das Ausmaß der Veränderungen zu ermessen, besteht darin, sich anzusehen, wie sich eine vermeintlich unwandelbare Urkunde im Laufe der Jahrhunderte gewandelt hat. Hier ein kurzer Auszug aus dem Matthäusevangelium:

Deutsch um 2000
Kurz vor Jerusalem kamen Jesus und die Jünger durch das Städtchen Betfage am Ölberg. Jesus schickte zwei der Jünger voraus. «Geht in das Dorf dort», sagte er, «dort werdet ihr eine Eselin angebunden sehen und bei ihr ein Fohlen. Bindet die beiden los und bringt sie her. Wenn jemand fragt, was ihr da tut, dann sagt nur: ‹Der Herr braucht sie›, und man wird sie euch mitgeben.»
    Als Jesus am nächsten Morgen nach Jerusalem zurückging, bekam er Hunger. Er entdeckte einen Feigenbaum an der Straße und ging hinüber, aber er fand nichts als Blätter. Da sagte er zu ihm: «Du sollst nie wieder Früchte tragen!» Und sofort verdorrte der Baum.

Springen wir nun aus dem neuzeitlichen Deutsch fünf Jahrhunderte zurück in das Jahr 1525, als Martin Luther erstmals seine Übersetzung des Neuen Testaments veröffentlichte:

Deutsch um 1500 (Luther 1525)
Da sie nu nahe bey Hierusalem kamen gen Bethphage an den oleberg, sandte Jhesus seyner iunger zween und sprach zu yhn, gehet hyn yn den flecken der fur euch ligt, und bald werdet yhr finden eyn esellin angepunden, unnd eyn fullen bey yhr, loßet sie auff, und furet sie zu myr, und so euch yemand wirt etwas sagen, so sprecht der herr bedarff yhr, so bald wirt er sie euch lassen.
    Als er aber des morgens wider ynn die stad gieng, hungert yhn, und er sah eynen feygen baum an dem wege und gieng hyntzu, unnd fand nichts dran, denn alleyne bletter, und sprach zu yhm. Nu wachse auff dyr hynfurt nymmer mehr keyn frucht, und der feygen baum verdurrete als bald.

Wegen des anhaltenden Prestiges von Luthers Sprache erscheint dieser Text immer noch relativ vertraut, trotz yhm und dyr. Wagen wir uns aber noch ein wenig weiter zurück in der Zeit, dann bewegen wir uns schon bald auf weniger vertrautem Gelände. Der erste, der die gesamte Bibel in deutscher Übersetzung druckte, war Johann Mentel in Straßburg. Das Buch erschien 1466, aber Mentels Vorlage war eine Übersetzung, die ein ganzes Jahrhundert früher, um 1350, irgendwo in der Nähe von Nürnberg angefertigt worden war.

Deutsch um 1350 (Mentelbibel)
Und do ihesus was genachent zů jherusalem und waz kumen ze Bethphage an den berg den olbaum: do sant ihesus zwen seiner iunger sagent zů in. Geet in das castell daz gegen eúch ist: und zehant fint ir die esselin gebunden und das fúle mit ir enbint sy und fúrt mir sy her. Und ob eúch yemant sagt etwas: so sprecht wann der herr hat ir durfft: und zehant lest er sy.

Wann frú kert er wider in die stat, in hungert. Und er sach einen feigbaum bei dem weg er kam zů im und fant nichtz an im nur allein die leúber: und er sprach zů im. Nimer werd geborn wůcher von dir ewiglich. Und zehant dort der feigbaum.

Während eine vollständige Übersetzung der Bibel ins Deutsche bis ins 14. Jahrhundert auf sich warten ließ, gehören Übersetzungen von Abschnitten aus der Bibel tatsächlich zu den frühesten Denkmälern der deutschen Sprache. So können wir schließlich noch fünf Jahrhunderte weiter in die Vergangenheit zurückspringen, zum Kloster von Fulda, wo um das Jahr 830 ein oder mehrere anonyme Schreiber die vier Evangelien des Neuen Testaments ins Deutsche übersetzten. Ihre Vorlage war die aus dem 2. Jahrhundert stammende Anordnung (Evangelienharmonie) des christlich-syrischen Autors Tatian. (Dieser Text wird oft irreführend als der «althochdeutsche Tatian» bezeichnet.) Sicherlich haben die Fuldaer Mönche das Unternehmen der Übersetzung auf sich genommen, um die Geschichte der Evangelien leichter verständlich zu machen, aber heute könnte ihre Sprache auf Deutschsprachige doch ein wenig seltsam wirken:

Deutsch um 830 (althochdeutsche Tatianübersetzung)
Inti mittíu sie tho nahlichotun zi Hierosolimis inti quamun zi Betfage zi themo berge oliboumo, tho ther heilant santa sine zuene iungoron quaedenti in: faret in thia burgilun thiu dar widar íu ist, inti slíumo findet ir eine esilin gibuntana inti ira folon mit iru gibuntanan. Loset inan inti gileitet inan mir, inti oba wer íu waz quẹde, quaedet imo: wanta trohtin sines werkes lustot, inti slíumo forlazit sie.

In morgan werbenti in burg hungirita. Inti gisah einan figboum nah themo wege inti quam zi imo inti ni fand niowiht in imo nibi ekkorodo thiu loubir. Inti quad imo: niomer fon thir wahsmo arboran werde zi éwidu! Thô sâr slíumo arthorreta thie figboum.

Die vier hier angeführten Abschnitte offenbaren, wie launenhaft die deutsche Sprache im Laufe der letzten zwölf Jahrhunderte gewesen ist, und sie werfen ein Schlaglicht darauf, wie gründlich sie sich gewandelt hat. In einem Zeitraum von nur etwa 40 Generationen hat das «Deutsche» eine so vollständige Umkrempelung erfahren, dass das, was als ein und dieselbe Sprache gilt, kaum wiederzuerkennen ist. Bei genauerer Betrachtung stellt sich allerdings heraus, dass die Sprache der Fuldaer Mönche und das moderne Deutsch erheblich mehr miteinander gemeinsam haben, als man auf den ersten Blick wahrnimmt. Nicht wenige Wörter sind identisch oder stehen sich nahe: *heilant*, *santa* («sandte»), *iungoron* («Jünger»), *esilin gibuntana* («Eselin [an]gebunden»). Andere ähneln sich zumindest so weit, dass sie sich identifizieren lassen: *quamun* («kamen»), *êwidu* («Ewigkeit»), *thir* («dir»). Gleichwohl lässt das Wissen, dass der oben angeführte Text wirklich das «Deutsch» war, das vor nicht viel mehr als einem Jahrtausend gesprochen wurde, das Ausmaß der Veränderungen noch verblüffender erscheinen.

Der erste Befund dieses Vergleichs ist, wie Wörter mit den Jahrhunderten kommen und gehen, wobei ältere Wörter aussterben und neue an ihre Stelle treten. Nicht einmal der alltäglichste Wortschatz ist gegen derartige Umwälzungen gefeit. Betrachten wir beispielsweise das Wort, das in den vier angeführten Passagen dazu verwendet wird, direkte Rede einzuleiten. Die Fuldaer Mönche benutzen im 9. Jahrhundert das Wort *quedan*: *inti quad imo* («und sagte ihm») (vgl. den veralteten englischen Ausdruck *quoth he*). Im 14. Jahrhundert war *quedan* außer Gebrauch gekommen; stattdessen sagte man «und er *sprach* zu im». Dasselbe Verb wurde auch von Luther verwendet, aber im heutigen Deutsch ist es in dieser Funktion veraltet, so dass die moderne Übersetzung stattdessen «sagte» gebraucht.

Oder betrachten wir das Zeitadverb, das verwendet wird, um auszudrücken, dass etwas schnell und ohne Verzug geschieht: das Wort *sliumo* («sliumo arthorreta thie figboum») wurde im 14. Jahrhundert ersetzt durch *zehant* («zehant dort der feigbaum»), was im 16. Jahrhundert von «der feygen baum verdurrete *als bald*» abgelöst wurde; und im heutigen Deutsch heißt es: «*sofort* verdorrte der Baum.» Auch lassen sich noch zahlreiche andere Verluste in diesen Passagen ausmachen: das Wort *trohtin*, das die Fuldaer Mönche für «Herr» gebrauchen, verschwand schon im 14. Jahrhundert; die Konjunktion *wann/wande/wan* («denn, weil, so»), die im 14. Jahrhundert noch sehr verbreitet gewesen war, kam später außer Gebrauch und war bereits zu Luthers Zeit veraltet; und das von Luther gebrauchte «Flecken» ist in dieser Bedeutung aus dem modernen Deutsch verschwunden und durch «Dorf» ersetzt worden.

Es kommen und gehen jedoch nicht nur einzelne Wörter. Auch Grund-
züge der Struktur des Deutschen haben sich im Laufe der Jahrhunderte
gewandelt. Betrachten wir beispielsweise die Konventionen der Wortfolge. Die Phrasen «seyner iunger zween» oder «und so euch yemand
wirt etwas sagen» bei Luther weisen beide eine Wortstellung auf, die im
heutigen Deutsch nicht mehr üblich ist. Und die doppelte Verneinung,
die Luther in «Nu wachse auff dyr hynfurt nymmer mehr keyn frucht»
verwendet, würde im modernen Standarddeutsch als unlogisch abge-
lehnt werden.

Die Aussprache von Wörtern hat im Laufe der Jahrhunderte ebenfalls
so manche Irrfahrt durchgemacht. Eines der Elemente, die an der Sprache der Tatianübersetzung so fremd wirken, ist der alte Laut *th* in Wörtern wie *thir* («dir»), *themo berge* («dem Berg») und *thia burgilun* («die
Burg»). Mag dieser Laut, den die Engländer bis auf den heutigen Tag
bewahrt haben, auch gegenwärtig entschieden undeutsch klingen, so
müssen ihn doch die Fuldaer Sprecher des 9. Jahrhunderts mühelos be-
wältigt haben. (Die Mönche hätten also mit der achten Folge des sech-
zehnteiligen englischen Fernsehkrimis «Die zwei Cousinen», der auf
dem Landsitz North Cothelstone Hall spielt, keinerlei Probleme gehabt.)
Später verschwand der Reibelaut *th* allerdings völlig aus dem Deutschen
und wurde durch *d* ersetzt. Auch in der Folgezeit kam es ständig zu weiteren Fällen von Lautwandel. Während man im 14. Jahrhundert noch
was kumen sagte, hieß es dann zu Luthers Zeit *war komen* (d. h. «war
gekommen»). Tatsächlich war der Vokalwandel von *u* zu *o* noch zu
Luthers Lebzeiten in vollem Gange; er erfasste *u*-Vokale in zahlreichen
Wörtern, insbesondere vor den Konsonanten *m*, *n* und *r*. In der oben
angeführten Passage aus der Übersetzung von 1525 schreibt Luther beispielsweise noch *verdurrete*. Zwei Jahrzehnte später jedoch, in der Übersetzung von 1546, heißt es bei ihm bereits *verdorret*. Noch später wurde
sein *fur* zu *vor*, sein *hynfurt* zu *hinfort* und so weiter.

Andere Veränderungen der Aussprache werden freilich durch den
konservativen Charakter der Orthographie überdeckt. Wenn man beispielsweise in Texten aus der Zeit vor dem 14. Jahrhundert auf Wörter
wie *rietten* oder *reitten* stößt, neigt man ganz selbstverständlich zu der
Annahme, dass sie mit den gleichen Vokalen ausgesprochen wurden wie
ihre modernen Entsprechungen «rieten» und «reiten». Das ist jedoch
nicht der Fall. In Wirklichkeit wurde der Diphthong *ei* in *reitten* nicht

wie im heutigen Deutsch mit einem *a*-Laut – also {ai} – ausgesprochen, sondern mit einem *e*-Laut, was ja auch der Grund dafür ist, dass hier *ei* und nicht *ai* geschrieben wurde. Und das *ie* in *rietten* war nicht einfach ein langes *i* wie im heutigen Deutsch, sondern ein Diphthong: eine Folge zweier Vokale, also etwa {i-e}.

Schließlich gibt es auch eine Reihe von Wörtern, die zwar in Form und Aussprache unverändert geblieben sind, aber deren Bedeutung sich im Laufe der Jahrhunderte erheblich änderte. Auf diese Weise kann es zu subtilen Unterschieden zwischen verschiedenen Sprachperioden kommen, die vielleicht nicht sehr augenfällig, aber doch beträchtlich sind. Wenn beispielsweise in der Übersetzung aus dem 14. Jahrhundert Jesus zu dem Baum sagt: «Nimer werd geborn wůcher von dir ewiglich», dann verwendet er ein Wort, das wir als identisch mit dem modernen Wort Wucher erkennen. Die Bedeutung dieses Wortes hat sich aber im Laufe der Jahrhunderte ganz beträchtlich geändert, denn damals bedeutete es einfach «Frucht». Derartige Veränderungen der Wortbedeutung können manchmal selbst die scheinbar vertraute Sprache Luthers für moderne Ohren ziemlich seltsam erscheinen lassen. Betrachten wir beispielsweise eine andere Passage in der Lutherübersetzung, diesmal aus dem Alten Testament. Hier erklärt Gott dem Propheten Jeremia, wenn das Volk Israel weinend und betend zu ihm komme, dann wolle er es «leiten an den Wasserbächen auf schlechtem Wege» (Jer. 31,9). Warum sollte aber Gott so grausam sein, dass er gedenkt, sie «auf schlechtem Wege» gehen zu lassen? Und warum ist er zusätzlich zu seiner Grausamkeit auch noch so sarkastisch, fortzufahren: «Ich will sie leiten auf schlechtem Wege, dass sie sich nicht stoßen»?

Die Antwort lautet, dass Gott weder grausam noch sarkastisch ist, sondern dass er einfach Frühneuhochdeutsch spricht. Und in dieser Sprache bedeutete «ein schlechter Weg» nichts anderes als eine gute, gerade Straße. Ja, das Wort «schlecht» konnte sogar «gerecht» oder «aufrichtig» bedeuten. In einem anderen Teil seiner Übersetzung erzählt uns Luther beispielsweise: «Es war ein Mann im Lande Uz, der hieß Hiob. Derselbe war schlecht und recht, gottesfürchtig und meidete das Böse.» Tatsächlich nannte Luther sogar Gott selbst «schlecht» (und das war keineswegs eine von seinen ketzerischen Anwandlungen): «Also auch ist got gerecht, reyn, wahrhafftig, starck, einfeltig, schlecht, weis.»

Also ist kein Winkel der deutschen Sprache vor Veränderungen bewahrt geblieben: Wörter, Laute, Strukturen und Bedeutungen leiden anscheinend allesamt an einer merkwürdigen Unfähigkeit stillzuhalten. Diese Unbeständigkeit des Deutschen mag überraschend und exzentrisch wirken, und man könnte versucht sein, dafür eine besondere Notlage seiner Sprecher verantwortlich zu machen. Wie ich aber schon sagte, hat das Deutsche in diesem Punkt nichts Besonderes an sich – *così fan tutte*. Verfolgt man die Zeugnisse jeder beliebigen anderen Sprache, die über eine genügend lange Geschichte verfügt, dann bietet sich ein ähnliches Bild. Das Englische beispielsweise hat noch drastischere Veränderungen durchgemacht. Für den Psalmisten mögen tausend Jahre so sein «wie der Tag, der gestern vergangen ist», aber der englischen Sprache haben sie reichlich Zeit geboten, hierhin und dorthin zu schweifen:

Englisch um 1000 n. Chr.
Forthan the thusend geara beforan eagan thine
swa swa dæg gyrstan the forthsceoc
and heordnes on niht

Englisch um 2000 n. Chr.
For a thousand years in your sight
are like yesterday when it is past,
and like a watch in the night

(Denn tausend Jahre sind in deinen Augen
wie der gestrige Tag, wenn er vergangen ist,
und wie eine Wache in der Nacht.)
Psalm 90,4

Und das Französische hat auch nicht gerade die Hände in den Schoß gelegt:

Spätlatein um 400 n. Chr.
quia mille anni in oculis tuis
sicut dies hesterna
quae pertransiit
et vigilia nocturna

Französisch um 1200 n. Chr.
Kar mil an devant les tuens oilz
ensement cume li jurz d'ier
chi trespassa,
e la guarde en nuit

Französisch um 2000 n. Chr.
Car mille ans, à tes yeux,
sont comme le jour d'hier
quand il est passé,
et comme une veille dans la nuit

Die einfache Wahrheit lautet, dass sich alle Sprachen ständig wandeln.
Statisch sind allein die toten Sprachen.

•

Die dramatischen Veränderungen von Sprachen werden sich in allereers-
ter Linie deshalb als wichtig erweisen, weil sie die entscheidenden Hinweise darauf liefern, wie es zur Entstehung komplexer sprachlicher
Strukturen kommen kann. Als Dreingabe löst aber die fortwährende Bewegung der Sprache noch ein weiteres Problem: die Sprachverwirrung
von Babel. Es stellt sich heraus, dass Sprachen keines göttlichen Eingrei-
fens bedurften, um sich zu vermehren, denn wenn man ihnen nur die
geringste Chance dazu gibt (und genügend Zeit lässt), dann vervielfa-
chen sie sich ganz munter von allein. Stellen Sie sich einfach zwei Gruppen von Menschen vor, die in zwei benachbarten Dörfern leben und die
ähnliche Varianten ein und derselben Sprache sprechen. Im Laufe der
Zeit unterliegt ihre Sprache einem ständigen Wandel, doch solange die
beiden Gemeinschaften in engem Kontakt miteinander bleiben, verändern sich ihre Varianten gemeinsam: Innovationen in dem einen Dorf
breiten sich, da ein Kommunikationsbedarf besteht, bald in das andere
aus. Nehmen wir nun an, dass sich eine der Gruppen auf die Suche nach
besserem Land macht, so dass sie jeden Kontakt mit den Sprechern des
anderen Dorfes verliert. Die Sprachen der beiden Gruppen entwickeln
sich dann allmählich in unterschiedliche Richtungen, denn es wird nichts
geben, was dafür sorgt, dass es zu einer Vereinheitlichung der Veränderungen kommt. Schließlich entfernen sich ihre Varianten so weit voneinander, dass sie füreinander nicht mehr verständlich sind und unterschiedliche Sprachen darstellen.

Übrigens sind für die Entscheidung darüber, ab wann man derartige
Varianten als unterschiedliche «Sprachen» und nicht als «Dialekte» ein
und derselben Sprache bezeichnen soll, häufig Faktoren maßgebend, die
mit ihrem tatsächlichen sprachlichen Abstand kaum etwas zu tun haben.

Der amerikanische Jiddisch-Forscher Max Weinreich beschrieb in einer häufig zitierten Passage, wie ihn einmal nach einem Vortrag über die Geschichte des Jiddischen einer der Zuhörer fragte, ob er den Unterschied zwischen Sprache und Dialekt definieren könne. Weinreich vermutete, dass der Mann das Jiddische als bloßen Dialekt abtun und damit seine Bedeutung herabsetzen wolle. Um ihn über seinen vermeintlichen Irrtum aufzuklären, fing Weinreich an, die sprachlichen Gründe dafür zu erläutern, dass das Jiddische als Sprache zu bezeichnen ist. Rasch unterbrach ihn jedoch der Mann und erklärte, das wisse er schon alles, aber er verfüge über eine viel bessere Definition für den Unterschied: «a sprakh is a dialekt mit an armej un flot» («eine Sprache ist ein Dialekt mit einer Armee und einer Marine»). Gute Beispiele für diese Auffassung bieten neuere Fälle wie Serbisch und Kroatisch, die vor dem Zerfall des einstigen Jugoslawien als Dialekte einer Sprache, des Serbokroatischen, galten, die man danach jedoch zu eigenständigen Sprachen erklärte. Letztlich beruht demnach die Entscheidung darüber, ob etwas eine Sprache oder ein Dialekt ist, auf der Auffassung der jeweiligen Sprecher. Aus rein linguistischer Sicht und als Daumenregel kann man jedoch sagen, dass sich zwei Varianten einer ehemals einheitlichen Sprache dann als verschiedene Sprachen bezeichnen lassen, wenn sie füreinander nicht mehr verständlich sind.

Sprachliche Vielfalt ist also eine unmittelbare Folge von geographischer Zerstreuung und der Wandlungstendenz der Sprache. Die biblische Behauptung, es habe eine einzige Ursprache gegeben, ist an und für sich nicht unwahrscheinlich, denn es ist durchaus möglich, dass es ursprünglich nur eine einzige Sprache gab, die vor vielleicht 100 000 Jahren irgendwo in Ostafrika gesprochen wurde. Doch selbst wenn dies der Fall war, muss der Zerfall dieser Sprache aus viel prosaischeren Gründen stattgefunden haben als wegen Gottes Zorn über Babel. Als sich verschiedene Gruppen allmählich voneinander trennten, ihre eigenen Wege gingen und sich über den Globus verteilten, veränderten sich ihre Sprachen auf unterschiedliche Weise. Somit spiegelt die gewaltige Vielfalt der Sprachen in der heutigen Welt einfach die Länge der Zeit wider, die jeder einzelnen Sprache für eine unabhängige Entwicklung zur Verfügung gestanden hat.

Die unterschiedliche Dauer der eigenständigen Entwicklung von Sprachen erklärt auch, weshalb einige von ihnen weitaus enger miteinander

verwandt sind als andere. Das Deutsche beispielsweise hat größere Ähnlichkeit mit Schwedisch, Isländisch, Niederländisch und Englisch als mit
Polnisch, Albanisch, Panjabi, Persisch, Türkisch, Yoruba (in Nigeria gesprochen) oder Chinesisch:

Deutsch:	Gib uns heute unser tägliches Brot
Niederländisch:	Geef ons heden ons dagelijks brood
Englisch:	Give us this day our daily bread
Schwedisch:	Giv oss i dag vårt dagliga bröd
Isländisch:	Gef oss i dag vort daglegt brauð

Polnisch:	Chleba naszego powszedniego daj nam dzisiaj
Albanisch:	Bukën tonë të përditëshme jepna neve sot
Panjabi:	Sāḍī gujar jogī roṭī aj sānuṇ dih
Persisch:	Nān-e-rūzīne-ye-mā-rā dar īn rūz be-mā bebachš
Türkisch:	Bugün bize gündelik ekmeğimizi ver
Chinesisch (Mandarin):	Wǒmen rìyòng de yìnshí jīnrì cìgěi wǒmen
Yoruba:	Fun wa li onjẹ ōjọ wa loni

Der Grund, weshalb Deutsch, Niederländisch, Englisch und die skandinavischen Sprachen so ähnlich aussehen, ist der, dass sie alle von einem
vorgeschichtlichen Vorfahren abstammen, den wir Proto-Germanisch
nennen, dass sie also etwa bis zum 3. Jahrhundert n. Chr. tatsächlich alle
ein und dieselbe Sprache darstellten. (Das Element «Proto-» dient als
Bezeichnung für eine angenommene vorgeschichtliche Sprache, aus der
mehrere durch Quellen bezeugte Abkömmlinge hervorgegangen sind.)
Als sich aber die germanischen Stämme von ihrer ursprünglichen Heimat im südlichen Skandinavien und an den Küsten der Nord- und Ost-
see weiter zu verbreiten begannen, entwickelten sich ihre Sprachvarian-
ten allmählich in unterschiedliche Richtungen und wurden schließlich zu
verschiedenen Sprachen.

Die germanischen Sprachen sind ihrerseits – entfernter – mit vielen
anderen Sprachen Europas und Asiens verwandt. Letztlich gehen sie alle
auf denselben Vorfahren zurück wie Italienisch, Französisch, Spanisch,
Irisch, Walisisch, Russisch, Litauisch, Tschechisch, Griechisch, Albanisch sowie selbst Armenisch, Persisch, Hindi und Panjabi. Diese vorgeschichtliche «Ahnsprache», die wahrscheinlich vor mehr als 6000 Jah-

«Stammbaum der indoeuropäischen Sprachen»

ren gesprochen wurde, wird von Linguisten als Proto-Indoeuropäisch (früher Proto-Indogermanisch) bezeichnet, da die Nachkommen ihrer Sprecher während der ersten Jahrtausende v. Chr. über ein Gebiet verbreitet lebten, das sich von Indien bis nach Europa erstreckte (siehe die Karte S. 301). Obgleich es also vielleicht nicht mit bloßem Auge erkennbar ist, sind die Angehörigen der zweiten Gruppe der oben aufgeführten Sprachen – Polnisch, Albanisch, Panjabi und Persisch – allesamt mit dem Deutschen verwandt. Da sich aber beispielsweise die Wege des Deutschen und des Persischen vor sechs Jahrtausenden getrennt haben müssen, haben sich die beiden Sprachen so stark auseinanderentwickelt, dass sich nur noch einige wenige persische Wörter des Grundwortschatzes wie etwa *pedar* «Vater» oder *dochtar* «Tochter» unmittelbar im Deutschen identifizieren lassen.

•

Mittlerweile sollte kaum mehr ein Zweifel daran bestehen können, dass die Wandelbarkeit kein heimliches Laster des Deutschen oder einer anderen bestimmten Sprache ist, sondern dass sie eine Epidemie von weltweitem Ausmaß darstellt. Die Einsicht, dass Wandel eine chronische Krankheit aller Sprachen ist, spitzt jedoch nur eine grundlegende Frage zu: Warum? Warum sind Sprachen ständig in Bewegung, und warum können sie sich nicht einfach zusammenreißen und stillhalten?

Die erste Reaktion auf diese Frage könnte lauten, dass die Antwort doch klar auf der Hand liegt. Die Welt um uns ist immerfort im Wandel begriffen, und naturgemäß wandelt sich die Sprache ebenso. Sie muss Schritt halten mit neuen Realitäten, neuen Techniken und neuen Ideen; von Pflügen bis hin zu Laserdruckern, von politischer Korrektheit bis zu SMS-Nachrichten, und darum verändert sie sich immerfort. Diese Argumentation mag auf den ersten Blick attraktiv aussehen, aber wenn man die tatsächlichen Veränderungen genauer betrachtet, dann wird das Bild erheblich komplizierter. Nehmen wir beispielsweise die aus dem 9. Jahrhundert stammende Phrase *inti quad imo* und deren moderne Entsprechung «und sagte ihm». Welche neuen Erfindungen oder Ideen könnten hinter den Unterschieden zwischen diesen beiden Versionen gestanden haben? Welche neue Technik löste den Lautwandel aus, der von *inti* zu *und* oder von *imo* zu *ihm* führte?

Oder gehen wir die Frage von der anderen Seite an und betrachten eine Sprache, die von keinem modernen Schnickschnack oder auch nur von Pflügen belastet ist. Mbabaram war einst die Sprache eines kleinen Stammes von Aborigines, der etwa 80 Kilometer südwestlich von Cairns in Nordost-Queensland (Australien) lebte. In den 1930er Jahren zeichnete ein Anthropologe eine Liste mit ein paar Wörtern in Mbabaram auf, das sich, wie es schien, nicht nur von allen benachbarten Sprachen der Region, sondern von sämtlichen anderen Sprachen der Aborigines auf dem australischen Kontinent unterschied – es war, als sei der Stamm der Mbabaram aus einem anderen Erdteil importiert und per Fallschirm im nordaustralischen Regenwald abgesetzt worden; es gab sogar eine

Theorie, der zufolge die Mbabaram mit den ausgestorbenen Tasmaniern verwandt waren, die Tausende von Kilometern weiter südlich gelebt hatten. In den sechziger Jahren, als ein Linguist bei den wenigen alten Leuten, die sich an die Sprache noch erinnern konnten (der letzte Mensch, der etwas Mbabaram sprechen konnte, starb 1972), zusätzliches Material zu sammeln begann, schien sich der entschieden «unaustralische» Charakter der Sprache zunächst noch zu bestätigen. Es bedurfte einigen Scharfsinns, um zu der Erkenntnis zu gelangen, dass das Mbabaram in Wirklichkeit mit den Sprachen der Nachbarstämme eng verwandt war, dass jedoch dieser Zusammenhang durch radikale Veränderungen der Aussprache völlig verschleiert worden war. Ganze Silben waren abgehackt worden, und es waren neue Vokale aufgetreten, so dass, um nur ein Beispiel zu nennen, ein Wort, das man ursprünglich als *gudaga* ausgesprochen hatte, im Mbabaram schließlich zu *dog* wurde (und der pure Zufall will es, dass dieses Mbabaram-Wort ausgerechnet die Bedeutung «Hund» hat).

Wenn sich aber eine Sprache lediglich verändert, um mit Pflügen und Laserdruckern Schritt zu halten, warum sollte dann die Sprache eines kleinen Stammes von Jägern und Sammlern, die niemals über die Steinzeit-Technologien hinausgelangt sind, derart instabil sein? Demnach scheint unsere erste «naheliegende» Erklärung dafür, dass sich die Sprache fortwährend wandelt, doch nicht so überzeugend zu sein. Selbst wenn *einige* Veränderungen der Sprache der Anpassung an neue Realitäten dienen, handelt es sich dabei doch nur um einen kleinen Teil aller Transformationen, die Sprachen durchmachen. Der größte Teil der Veränderungen muss auf ganz andere Gründe zurückzuführen sein.

In der Liste der naheliegenden Erklärungen dafür, dass sich Sprachen derart stark verändern, gibt es einen fast ebenso vielversprechenden weiteren Kandidaten, und das ist das Phänomen des Kontakts. Es lässt sich leicht vorstellen, dass sich Sprachen nur deshalb wandeln, weil ihre Sprecher in Kontakt mit anderen Sprachen oder Dialekten kommen und nun Wörter und Ausdrücke voneinander zu entlehnen beginnen. Dieser Argumentationsstrang scheint im Falle des neuzeitlichen Deutsch besonders verlockend zu sein, da es in den letzten Jahrhunderten in erheblichem Umfang Anleihen bei seinen europäischen Nachbarsprachen gemacht hat; zunächst beim Französischen und in den letzten Jahrzehnten beim Englischen. Während aber Kontakt – der sozusagen das Bedürfnis

entstehen lässt, es seinem Nachbarn gleichzutun – ohne Zweifel die
Quelle einer Vielzahl von Veränderungen ist und somit als Erklärung
besser taugt als das «Schritthalten mit Laserdruckern», kann dieser Faktor doch nicht für die gewaltigen Mengen von Wandlungsvorgängen verantwortlich gemacht werden, die sich in *sämtlichen* Sprachen abspielen – selbst in denjenigen, deren Sprecher kaum Kontakt zu anderen
Sprachen gehabt haben. Und mehr noch, selbst im Falle des Deutschen
lässt ein kurzer Blick auf die Veränderungen, von denen wir sprachen –
etwa von *zehant* über *alsbald* zu *sofort* –, rasch erkennen, dass sich viele
von ihnen einfach nicht auf Entlehnung zurückführen lassen.

Eine dritte «naheliegende» Erklärung dafür, dass sich die Sprache so
stark ändern sollte, lautet schließlich, dass Menschen progressive Ge-
schöpfe sind, die das Neue und die Verbesserung schätzen und deshalb
Versuche unternehmen, die Sprache zu erneuern und zu verbessern.
Diese Idee hat jedoch nicht die geringste Chance. Wie wir im nächsten
Kapitel sehen werden, stellen Menschen, die sich die Mühe machen,
über sprachliche Veränderungen nachzudenken, diese im allgemeinen
als eine große Gefahr für die Sprache dar (sowie für die Gesellschaft,
wenn nicht für die gesamte Zivilisation) und verdammen Veränderungen
als nachlässig, schlampig oder schlicht und einfach falsch. Missbilligung
und Kritik wirken allenfalls mit Nachdruck darauf hin, die Sprache an
Veränderung zu hindern. Und sie bewegt sich doch!

Sämtlichen naheliegenden Erklärungen gelingt es also nicht, das
schiere Ausmaß der sprachlichen Veränderungen zu erklären. Es sieht so
aus, als bedürften Sprachen weder der Anstöße von Nachbarn noch des
Schnickschnacks von Pflügen, um sich zu ändern, denn sie wandeln sich
fortwährend auch ohne den geringsten Anlass und sogar unseren besten
Absichten zum Trotz. Wenn aber alle diese äußeren Gründe die Wandlungsvorgänge nicht zu erklären vermögen, dann muss es etwas in der
Sprache selbst geben, das sie so unstet macht. Die Art und Weise, in der
wir kommunizieren, muss schon in ihrem Wesen durch eine gewisse In-
stabilität gekennzeichnet sein, ein Element der Unbeständigkeit, das die
Sprache in einen Zustand der inneren Rastlosigkeit versetzt und sie auf
Trab hält. Was aber kann das sein?

Der Wandel der Sprache stellt eines der immerwährenden Rätsel in
ihrer Erforschung dar und hat Sprachforscher während des ganzen 19.
wie auch in der ersten Hälfte des 20. Jahrhunderts beschäftigt. Erst im

Laufe der letzten Jahrzehnte ist es Linguisten jedoch schließlich gelungen, in dieser Frage nennenswerte Erfolge zu erzielen. Wie bei einem anständigen Krimi stellte sich heraus, dass das Geheimnis des Wandels drei Hauptelemente hatte: einen Verdächtigen – *wer* steht wirklich hinter den Veränderungen?; ein Motiv – *warum* sollte derjenige, der die Tat begeht, sie getan haben?; und schließlich die schwierigste Frage, das Entkommen – wie gelingt es den Tätern, mit diesen Veränderungen davonzukommen, ohne der Kommunikation katastrophale Schäden zuzufügen?

Das Aufspüren des Verdächtigen sieht zunächst vielleicht wie eine ziemlich schwierige Aufgabe aus, denn man kann sich nur sehr schwer jemanden vorstellen, der wirklich versucht, die Sprache zu ändern. (Tun Sie so etwas?) Aber die Identifizierung erweist sich als recht einfach, denn obgleich niemand *Bestimmtes* den Versuch unternimmt, die Sprache zu ändern, sind es tatsächlich wir alle, die Veränderungen herbeiführen, selbst wenn wir das gar nicht beabsichtigen. Es gibt außerordentlich viele Dinge, die Menschen zustande bringen, ohne dass sie das je beabsichtigt hätten. Man denke nur an Verkehrsstaus. Niemand hat je seine tägliche Pendlerfahrt mit der ausdrücklichen Absicht begonnen, einen Stau zu verursachen, und doch trägt jeder einzelne Autofahrer dadurch, dass er auf die überfüllte Straße noch ein weiteres Auto setzt, zu der Verstopfung bei.

Unbeabsichtigte Veränderungen müssen jedoch nicht immer schädlich sein. Stellen wir uns zwei öffentliche Gebäude vor, zwischen denen eine dicht bewachsene Wiese liegt. Die einzige Straße, welche die Gebäude miteinander verbindet, macht einen großen Bogen rings um die Wiese, und so kommt es dann, dass Leute, die von einem Gebäude zum anderen gehen müssen, über die Wiese laufen, um sich den Weg abzukürzen. Der erste, der dies tut, versucht sich den Weg durch das hohe Gras zu bahnen, und die Leute, die nach ihm kommen, betrachten den Trampelpfad, den der erste gebahnt hat, als den einladendsten Durchgang, weil hier Gras und Farnkraut stellenweise schon niedergetreten sind. Wenn dann mehr und mehr Leute den Weg über die Wiese nehmen, werden immer mehr Pflanzen niedergetreten, so dass sich schließlich der schmale Pfad in einen hübschen, deutlich erkennbaren Fußweg verwandelt. Entscheidend ist, dass kein bestimmter Mensch diesen Fußweg geschaffen hat und kein Einzelner auch nur die Absicht hatte, das zu tun. Der Weg ging nicht aus einem Landschaftsplanungsprojekt hervor, sondern aus den vereinten spontanen Handlungen derjenigen, die eine Abkürzung nahmen und von denen jeder eigennützig handelte, indem er die bequemste und schnellste Strecke wählte.

Zu Veränderungen der Sprache kommt es auf ganz ähnliche Weise durch die Anhäufung unbeabsichtigter Handlungen. Diese Handlungen müssen auf gänzlich eigennützige Motive zurückgehen und nicht auf irgendeinen bewussten Plan, die Sprache umzuwandeln. Was für Motive könnten das aber sein? Das ist eine erheblich kompliziertere Frage, und die Bemühung um sie wird uns in den nächsten Kapiteln beschäftigen. Im Wesentlichen aber lassen sich diese Motive in der Dreiheit *Ökonomie*, *Expressivität* und *Analogie* zusammenfassen.

Mit *Ökonomie* ist die Tendenz gemeint, Mühe zu sparen, und sie steht hinter den Abkürzungen, die Sprecher bei der Aussprache häufig nehmen. Wie wir im folgenden Kapitel sehen werden, können diese Abkürzungen, wenn sie sich häufen, neue Laute für Wörter hervorbringen, vergleichbar dem neuen Fußweg, der das Feld durchquert. Bei *Expressivität* geht es um die Versuche von Sprechern, ihren Äußerungen größere Wirkung zu verleihen und deren Bedeutungsskala zu erweitern. Besonders expressiv sind wir oft beim Neinsagen, denn ein schlichtes «nein» erscheint oft zu schwach, um das Ausmaß unserer mangelnden Begeisterung zu vermitteln. Um also dafür zu sorgen, dass die richtige Wirkung erzielt wird, plustern wir das «nein» auf und machen daraus «überhaupt nicht», «nicht im geringsten», «keineswegs», «unter keinen Umständen», «nie im Leben» und so fort. Wie wir aber noch sehen werden, können solche Übertreibungen häufig das Gegenteil dessen erreichen, was beabsichtigt war, denn die Wiederholung emphatischer Phrasen kann einen inflationären Prozess in Gang setzen, der ihre Gültigkeit entwertet.

Das dritte Motiv für Wandel, *Analogie*, steht als Abkürzung für das Verlangen nach Ordnung, für das instinktive Bedürfnis von Sprechern, in der Sprache Regelhaftigkeit zu finden. Am augenfälligsten sind die Auswirkungen von Analogie in den Fehlern kleiner Kinder, so etwa «ich trinkte», «ich habe getrinkt» oder gar «er hat geseit» (für «er ist gewesen») – Formen, bei denen es sich einfach um Versuche handelt, Ordnung in solche Bereiche der Sprache einzuführen, die nun gerade ganz in Unordnung sind. Viele derartige Fehler werden korrigiert, wenn die Kinder älter werden, aber manche Innovationen setzen sich doch fest. Früher gab es beispielsweise eine erheblich größere Zahl von deutschen Verben mit unregelmäßigen Vergangenheitsformen, so etwa «bellen», «pflegen», «salzen» oder «backen». Nach und nach schlichen sich jedoch in Analogie zu den Verben mit regelmäßiger Vergangenheit «Fehler» ein, und so wurde «boll» durch die «unkorrekte» Form «bellte» ersetzt, «pflag» durch «pflegte», «sielz» durch «salzte» und «buk» durch «backte».

Die nächsten Kapitel werden sich eingehender mit den verschiedenen Motiven für Wandel beschäftigen und ihre Auswirkungen auf die Sprache detaillierter untersuchen. Als erstes werden Ökonomie und Expressivität behandelt. Das dritte Element der Trias, die Analogie, ist dann das Thema von Kapitel 6. Einstweilen sollten sich aber auch schon ohne Kenntnis sämtlicher Einzelheiten die Gründe für die chronische innere Rastlosigkeit der Sprache abzeichnen. Unterschiedliche Kräfte, denen jeweils andere Motive zugrunde liegen, ziehen und schieben die Sprache fortwährend in unterschiedliche Richtungen, und in einem derart komplexen System sorgen diese ständigen Stöße dafür, dass das Ganze niemals stillsteht.

•

Nachdem wir uns eine Vorstellung von dem Verdächtigen wie auch von den Motiven gemacht haben, bleibt uns noch der dritte und kniffligste Teil des Krimis: Wie kommt es, dass wir der Sprache so etwas durchgehen lassen? Warum werden Veränderungen nicht aufgehalten und blockiert? Auf den ersten Blick scheint es reichlich Gründe dafür zu geben, dass eine Gesellschaft die Veränderungen niemals zulassen sollte. Der Hauptzweck der Sprache besteht schließlich darin, effektive Kommunikation, den Austausch von Gedanken und Informationen zwischen verschiedenen Menschen zu ermöglichen. Und da die Namen, die wir für Dinge verwenden, nur willkürliche Konventionen sind («Löffel» wäre als Name für eine Gabel ebenso gut wie «Gabel» als Bezeichnung für einen Löffel), kommen wir nur dann zu einer kohärenten Kommunikation, wenn sich alle auf ein bestimmtes System von Konventionen einigen und dann auch daran halten. Wenn sich also die Regeln und Festlegungen der Sprache immer wieder ändern, dann ist gewiss ihr Zweck als solcher bedroht. Wie wir sahen, hat sich das Deutsche im Laufe von nicht mehr als etwa 40 Generationen nahezu bis zur Unkenntlichkeit verändert – wie konnte sich diese Mutation abspielen, ohne einen Zusammenbruch der Kommunikation hervorzurufen?

Man braucht nur an die Auswirkungen von Veränderungen in anderen komplexen Systemen zu denken, um zu begreifen, wie schwerwiegend die Bedrohung ist. Stellen wir uns zum Beispiel vor, was passieren würde, wenn sich die Straßenverkehrsordnung ständig änderte, während wir am Steuer sitzen. Eine Geschichte, die ich einmal in Norwegen gehört habe, handelt von einem Vorgang, der sich vor einigen Jahrzehnten im benachbarten Schweden abgespielt haben soll, als dort das Verkehrssystem umgekrempelt wurde. Ursprünglich fuhren die Schweden links, aber da alle Nachbarländer rechts fuhren, beschloss die Regierung, Schweden müsse mit der Zeit gehen. Für die Umstellung wurde ein Tag im Jahre 1967 festgesetzt, und man veranstaltete einen massiven Werbefeldzug, um die Schweden über die bevorstehende Veränderung zu informieren. Als aber der Termin näherrückte, bekam die Regierung kalte Füße und befürchtete, in den ersten Tagen nach der Umstellung werde das Chaos ausbrechen. Darum beschloss man eilends, die Planungen zu revidieren und die Sache schrittweise anlaufen zu lassen. In der ersten Woche sollten nur Lastwagen und Autobusse rechts fahren, alle anderen dagegen immer noch links …

Ob diese Geschichte nun stimmt oder nicht, ihre Aussage ist klar. Selbstverständlich können nicht alle Sprecher in genau demselben Moment von der einen Form zu einer anderen übergehen; wieso kommt es dann nicht zu tödlichen Unfällen? Wenn man zulässt, dass sich die Regeln des Kommunikationssystems immer wieder ändern, warum gibt es dann während der Zeit, in der die Veränderungen stattfinden, keine ernstlichen Missverständnisse? Nehmen wir die totale Kehrtwendung der Bedeutung bei dem Wort «schlecht». Wie konnte dieser bizarre Richtungswechsel ohne schwere Unfälle bei der Kommunikation ablaufen?

Wenn Sie meinen, dieser dramatische Wandel sei ein Einzelfall oder etwas Derartiges könne es nur im Deutschen geben, dann sehen Sie sich das Schicksal des englischen Verbs «like» an.

Nehmen wir an, ich bäte Sie um die Übersetzung des folgenden aus dem 15. Jahrhundert stammenden englischen Satzes: «This is my loved son that liketh me.» Naheliegend wäre «dies ist mein geliebter Sohn, der mich gern hat». Das wäre aber verkehrt, denn in Wirklichkeit bedeutete der Satz «dies ist mein geliebter Sohn, den ich gern habe». Ursprünglich bedeutete das Verb «like» nicht «mögen», sondern «gefallen», so dass die Wendung «he liketh me» mit «er gefällt mir» wiederzugeben ist oder im neuzeitlichen Englisch mit «I like him». Diese ältere Bedeutung von «like» verwendete Shakespeare vor Beginn des 17. Jahrhunderts immer noch häufig:

> Host: The music likes you not?
> Julia: You mistake; the musician likes me not.
> (Wirt: Die Musik gefällt euch nicht?)
> (Julia: Ihr irrt; der Musikant gefällt mir nicht.)
>
> (*Die beiden Veroneser*)

Heutzutage wirkt jedoch die ältere Bedeutung völlig fremd. An irgendeinem Punkt, und zwar bei hellichtem Tage, ist das Verb «like» – gewiss eines der gängigeren Verben der englischen Sprache – aus dem einen Sinn in den anderen umgesprungen, und das führte anscheinend nicht zu einer ganzen Komödie der Irrungen, bei der man sich fragte, wer denn nun wen mochte oder wer wem gefiel.

Die Bedeutung von Wörtern ist nicht das einzige Gebiet, auf dem derartige Veränderungen Sand ins Getriebe der Kommunikation streuen können, denn grundlegende Umgestaltungen der Aussprache sollten sicher ebenso störend sein. Stellen wir uns beispielsweise einen Lautwandel vor, der auf seinem Weg systematisch jedes *p* in ein *f* verwandelt. Selbst wenn man annimmt, dass es für einen solchen Wandel einen wirklich guten Grund gibt (machen wir uns einstweilen keine Gedanken über die Frage, wie das Motiv aussehen könnte): Kann man sich wirklich vorstellen, dass eine derartige Umwandlung von den Zensoren jemals zugelassen würde und sich im Deutschen durchsetzen könnte? Ist es wahrscheinlich, dass in 50 Jahren anständige Leute zu Ficknicks im Fark gehen, dass Journalisten Folitiker aus Offositionsfarteien interviewen und dass Leute allen Ernstes Dinge sagen wie «Könnten Sie mir ein faar Flätzchen einfacken?». Solch ein Wandel würde sicher nie geduldet werden, denn wie könnte man sonst noch einen Unterschied zwischen «Pilz» und «Filz» machen oder zwischen «Pass» und «Fass», «er unterhielt sich mit einem Polen» und «er unterhielt sich mit einem Fohlen»?

Seltsamerweise hat jedoch genau dieser Wandel von *p* zu *f* bereits stattgefunden, und zwar nicht in einer exotischen Stammessprache, sondern in der Geschichte des Deutschen selbst. Werfen wir einen Blick auf die folgende Liste von deutschen Wörtern samt ihren englischen, italienischen und französischen Entsprechungen:

Deutsch	Englisch	Italienisch	Französisch
Fisch	fish	pesce	pêch(er) {poisson}
Fuß	foot	piede	pied
für	for	per	pour
Vater	father	padre	père
Ferkel	(farrow)	porco	porc
Fohlen	foal	puledro	poulain

Die Wörter in jeder Zeile sind miteinander verwandt, denn sie gehen auf dieselbe Wurzel im Proto-Indoeuropäischen, dem vorgeschichtlichen Vorfahren aller vier Sprachen, zurück. Darum müssen etwaige Unterschiede in der Aussprache in Lautveränderungen begründet sein, die in der Geschichte der Einzelsprachen stattgefunden haben. Und obwohl auch noch einige andere Veränderungen erkennbar sind, ist es doch vor allem ein Unterschied, der ins Auge fällt: überall dort, wo Italienisch und Französisch ein *p* haben, weisen Deutsch und Englisch stattdessen einen *f*-Laut auf. Über den Vergleich sämtlicher indoeuropäischer Sprachen konnten Linguisten die Wurzeln der vorgeschichtlichen Ausgangssprache rekonstruieren: alle oben aufgeführten Wörter begannen ursprünglich mit einem *p*: «Fisch» beispielsweise war *peisk oder *pisk und «Fuß» war *ped. (Die Verwendung eines Sternchens ist eine konventionelle Verfahrensweise zur Kennzeichnung von Wörtern, die nicht in überlieferten Quellen bezeugt sind, sondern auf Grund von Vergleichen zwischen den Tochtersprachen rekonstruiert wurden.) Und während im Italienischen und im Französischen das ursprüngliche *p* im Anlaut erhalten geblieben ist, sind im Vorläufer des Deutschen und des Englischen (wie auch aller anderen germanischen Sprachen) die *p*'s irgendwie zu den *f*'s übergelaufen.

Schon vor 200 Jahren hatten Sprachforscher entdeckt, dass im Proto-Germanischen ein Wandel von *p* zu *f* stattgefunden haben musste, aber fast anderthalb Jahrhunderte lang konnten sie nicht begreifen, *wie* eine derartige Änderung je in Gang kommen konnte. Denn warum sollte diese Transformation in vorgeschichtlicher Zeit eher möglich sein als in der Gegenwart? In dem Bemühen herauszufinden, wie derartige Veränderungen ablaufen konnten, durchforsteten die Sprachwissenschaftler die historischen Urkunden nach Hinweisen. Der germanische Wandel von *p* zu *f* lag offensichtlich weit zurück in der Vorgeschichte und ließ sich daher nicht direkt beobachten. Doch selbst als die Sprachforscher nach Belegen für Lautveränderungen suchten, die in historischer Zeit stattgefunden hatten, stellten sie zu ihrer Betrübnis fest, dass sich die Veränderungen aus irgendeinem Grund niemals direkt beobachten ließen. Alles, was man den Quellen entnehmen konnte, war ein Stadium vor dem Beginn eines bestimmten Wandels und dann ein Stadium einige Generationen später, als der Wandel abgeschlossen war. Anscheinend warfen die Quellen nie ein Licht auf den schwer greifbaren Vorgang, der dazwischen lag, auf den tatsächlichen Ablauf von Transformationen.

Die Sprachwissenschaftler des 19. Jahrhunderts entwickelten eine brillante Theorie, um sich aus dieser misslichen Lage herauszuwinden und zu erklären, weshalb diese Lautveränderungen sich nicht in flagranti ertappen ließen. Einen Lautwandel zu beobachten war, so behaupteten sie, etwas Ähnliches wie die Beobachtung eines Baumes beim Wachsen: Der Prozess der Veränderung läuft so langsam ab, dass man ihn mit bloßem Auge nur entdecken kann, indem man die Sprache zu zwei weiter voneinander entfernten Zeitpunkten miteinander vergleicht. Die Sprecher begannen mit einem richtigen *p*, und dann, im Laufe von Generationen – so lautete die Theorie –, schob sich dieses *p* an einen Laut heran, der ein klein wenig näher an *f* lag, und dann noch ein bisschen näher, bis schließlich der Laut nach einem Jahrhundert oder mehr ein froferes *f* wurde. Im Jahre 1933 gab Leonard Bloomfield, der führende amerikanische Linguist seiner Zeit, dieser Auffassung zuversichtlichen Ausdruck: «Der Vorgang des Sprachwandels ist niemals direkt beobachtet worden», versicherte er seinen Lesern; «eine derartige Beobachtung [ist] mit unseren gegenwärtigen Möglichkeiten undenkbar.» Die Theorie war in doppelter Weise attraktiv, denn auf einen Schlag erklärte sie nicht nur, weshalb die Linguisten momentane Veränderungen nicht beobachten konnten, sondern auch, warum die Veränderungen überhaupt zugelassen wurden. Da die Verschiebungen langsam und unmerklich vor sich gehen, werden die Sprecher durch sie nicht verwirrt, ja, sie bemerken sie noch nicht einmal, und so versucht auch niemand, ihnen Einhalt zu gebieten.

So genial die Theorie war, sie hatte einen kleinen Schönheitsfehler: mit der Realität hatte sie kaum etwas zu tun. Während Vokale in der Lage sein mögen, kontinuierlich ineinander überzugehen, ist bei Konsonanten wie *p* und *f* dieser Gedanke sinnlos, denn wo sind all die Phantomlaute, die angeblich irgendwo zwischen diesen beiden Polen existieren sollen? Selbst wenn wir zugeben, dass der Laut *pf* als Zwischenstation auf halbem Wege zwischen *p* und *f* angesehen werden kann, wie soll man dann den Laut, der auf zwei Dritteln der Strecke liegt, aussprechen? Und wenn ein derart geheimnisvoll luftiger Laut wirklich existiert, wie kommt es dann, dass man ihn in keiner der heutigen Sprachen vorfindet? Es gibt viele Sprachen, die ein *p* kennen, und eine nicht ganz unbedeutende Zahl hat ein *f*, aber wieso findet man keine Sprachen, die gerade zur Zeit über einen Laut verfügen, der auf fünf Sechsteln des Weges zwischen *p* und *f* liegt?

Es ist leicht, sich über die Theorie des allmählichen Lautwandels lustig zu machen, aber jahrzehntelang gelang es niemandem, eine bessere Alternative zu präsentieren. Das heißt, bis sich herausstellte, dass die Lösung die ganze Zeit offen auf dem Tisch gelegen hatte. Selbstverständlich ist es möglich, die Veränderungen zu beobachten, während sie im Gange sind – man muss nur wissen, wo man sie zu suchen hat. Erst in den 1960er Jahren wurde Linguisten schließlich klar, dass sie sich, wenn sie diese schwer fassbaren Wandlungsvorgänge in Aktion beobachten wollten, nicht in alte Urkunden vertiefen, sondern hinaus auf die Straße gehen und sich anhören mussten, was sich hier und jetzt abspielt. Und als die Linguisten schließlich begonnen hatten, das zu verarbeiten, was rings um sie vor sich ging, ließ die Antwort nicht lange auf sich warten.

Sehen wir uns noch einmal den Wandel von *p* zu *f* an, der aus heutiger Sicht so unplausibel erscheint. Wenn ich prophezeite, in 50 Jahren werde es auf Schildern heißen «Kein öffentlicher Farkflatz», dann würde man dieser Vorhersage ganz zu Recht mit Unglauben begegnen. Testen wir nun aber eine andere Prognose: Nehmen wir an, ich behauptete, in 50 Jahren werde sich *p* in *b* verwandeln, so dass man dann Dinge sagt wie «Babbiergriech», «Biebmadds», «gabudd» oder «Ballast der Rebublig». Sie könnten mir Ostalgie oder vielleicht sächsischen Nationalismus vorwerfen, aber Sie würden diese Vorhersage wahrscheinlich nicht mit dem gleichen Unglauben quittieren. Und der Grund, warum diese Vorhersage weniger unglaublich erscheint, ist genau die Lösung des Geheimnisses, warum in der Sprache überhaupt Wandlungsvorgänge zugelassen werden. Jeder, der mit der Aussprache des heutigen Deutsch vertraut ist, weiß, dass einige Leute «Ballast der Rebublig» sagen. Diese Aussprache ist bereits ein Merkmal des Deutschen oder zumindest des Deutschen, das manche Leute verwenden. Und weil sie bereits ein Teil des etablierten Variationsspektrums ist, kann man sich viel leichter vorstellen, wie solche Ausspracheweisen eines Tages zur Norm werden könnten – wenn beispielsweise die politische Entwicklung in eine andere Richtung ginge und die sächsische Aussprache größeres Prestige genösse. Derartige Formen würden dann einfach immer größere Verbreitung finden und schließlich das Feld ganz beherrschen. Der Schlüssel zum Geheimnis des Wandels liegt demnach in der **Variation**. Die Sprache ist kein monolithisches starres Gebilde, sondern ein flexibles verschwommenes System, das über ein gewaltiges Maß an «synchronischer» Variation (also über Variation zu einem bestimmten Zeitpunkt) verfügt. Es gibt Unterschiede zwischen den Redeweisen von Menschen je nachdem, aus welcher Region sie kommen, welcher Altersgruppe sie angehören, welches Geschlecht sie haben, welcher Klasse sie entstammen und was für einen Beruf sie ausüben. Sogar ein und derselbe Mensch kann je nach den Umständen unterschiedliche Formen verwenden: «Göhrborvärläddsung», wenn er mit Kumpels in der Kneipe spricht, aber «Körperverletzung» im Gespräch mit dem Chef am Arbeitsplatz. Und die Variation ist der Weg, auf dem sich Veränderungen in der Sprache abspielen, denn was sich im Laufe der Zeit in Wirklichkeit ändert, ist die Häufigkeitsverteilung der konkurrierenden Formen. Sofern also irgendwann in Zukunft das Deutsche von p zu b übergeht, wird es dazu nicht nach einer langen Periode kommen, in der sich der Laut p allmählich immer näher an b heranschleicht. Der Grund wird einfach darin bestehen, dass immer mehr Menschen b statt p sagen werden, bis schließlich die Aussprache p so selten wird, dass die Leute sie einfach vergessen.

Tatsächlich würden wir, wenn wir durch die Zeit zurückreisten und irgendwann um 400 v. Chr., als sich gerade p in f wandelte, durch die Straßen eines germanischen Dorfes wanderten, ohne Zweifel beide Ausspracheweisen nebeneinander hören. Ältere und vornehmere Leute würden vielleicht *pisk* («Fisch») sagen, aber bei jungen und modernen Leuten hieße es *fisk*. Aller Wahrscheinlichkeit nach würden wir auch die ältere Generation schäumend sich beschweren hören über die nachlässige und vulgäre Aussprache der jungen Leute. Blieben wir aber ein oder zwei Generationen dort, dann würden wir allmählich von immer weniger Leuten die Aussprache *pisk* hören, während immer mehr *fisk* sagten, bis schließlich keiner mehr wüsste, was ein *pisk* ist.

Diese Antwort auf die Frage, wie sich Veränderungen der Sprache durchsetzen, mag vorlaut erscheinen. Ich behaupte hier allen Ernstes, dass die Menschen das Chaos des Wandels über die Jahre hinweg (das heißt, das Problem der «diachronischen» Variation) ganz einfach deshalb bewältigen können, weil sie mit dem noch größeren Chaos der synchronischen Variation zurechtkommen (also mit der Vielfalt, die zu jedem beliebigen Zeitpunkt gleichzeitig herrscht). Die Fähigkeit zum Umgang mit synchronischer Variation ist ein unentbehrlicher Teil unserer Sprachkenntnis. Wir bewältigen nicht nur «kaputt» und «gabudd», sondern auch «zwei» und «zwo», «chemi» und «kemi», «schtolpern» und «ßtolpern», «molk» und «melkte», «gesandt» und «gesendet», «weil ich keine Zeit habe» und «weil ich hab' kein' Zeit» sowie tausend andere Variationen von Lauten, Bedeutungen und Strukturen. Wenn es um die Sprache geht, sind wir allesamt unglaublich gute Autofahrer – wir haben alle in den Straßen von Neapel fahren gelernt, und das ist der Grund, weshalb wir nicht ständig frontal mit anderen zusammenstoßen.

Wenn Sie daran zweifeln, dass Ihre Fahrkünste diese Schmeichelei wirklich verdient haben, dann denken Sie an den folgenden einfachen Fall. Nehmen wir an, Sie sehen zwei ältere Damen aus dem Theater kommen, und aus ihrem lebhaften Gespräch schnappen Sie das Wort «irre!» auf. Natürlich würden Sie automatisch annehmen, dass den beiden Damen die Vorstellung absolut missfallen hat. Kämen aber hinter den beiden Damen zwei Teenager, von denen die eine zur anderen sagte: «irre!», dann würden Sie wahrscheinlich deren Einstellung ganz anders deuten. In hundert Jahren, wenn die ursprüngliche Bedeutung von «irre» fast vergessen ist, können sich Leute fragen, wie es dazu kommen konnte, dass ein Wort mit der Bedeutung «geistesgestört» seinen Sinn so schnell in «wunderbar» ändern konnte. Uns aber, die wir mitten in dem Vorgang stecken, scheint die Variation keine allzu große Angst einzujagen. Wir beurteilen die Bedeutung, indem wir die erforderlichen Informationen dem Kontext und dem, was wir über den Sprecher und seine Absichten wissen, entnehmen. Und meist verstehen wir die Sache richtig.

Das soll nicht heißen, dass Frontalzusammenstöße nie vorkommen. In der folgenden abgedroschenen Szene geht es um ein Missverständnis, das durch aktuelle Veränderungen beim Gebrauch einiger deutscher Präpositionen hervorgerufen wird: Ein junger Mann bremst neben einem Türken und fragt: «Sag mal, wo geht's hier nach Aldi?» «Zu Aldi», entgegnet der Türke. Darauf der junge Mann: «Was denn, schon Feierabend?»

Auch wenn sich derartige Sprachunfälle ereignen, scheinen sie angesichts des tatsächlichen Chaos auf unseren Straßen vergleichsweise selten zu sein, und das macht unseren Fähigkeiten beim Umgang mit Varianten alle Ehre. Die gleichen Fähigkeiten müssen es den Sprechern vergangener Zeiten gestattet haben, mit den Veränderungen fertig zu werden, die uns im Rückblick so unwahrscheinlich vorkommen. Erinnern wir uns beispielsweise an das Schicksal des Wortes «schlecht». Modernen Ohren erscheint der Wandel der Bedeutung von «gut» zu «böse» eine beinahe unbegreifliche Kehrtwendung, aber aus der Perspektive des 16. Jahrhunderts sah das keineswegs so aus. Es war in Wirklichkeit nur ein weiterer Fall von sehr erheblicher synchronischer Variation. Tatsächlich wurden einige Bedeutungen von «schlecht», die uns widersprüchlich erscheinen, nicht nur in derselben Epoche von verschiedenen Leuten nebeneinander her verwendet, sondern sogar in unterschiedlichen Kontexten von ein und derselben Person. Wir sahen, dass Luther das Wort «schlecht» in äußerst positiven Bedeutungen verwendete, so etwa im Sinne von «aufrichtig» in einer Passage, in der er uns erklärt, Hiob wäre «schlecht und recht, gottesfürchtig und meidete das Böse». Derselbe Luther gebraucht «schlecht» aber auch in sehr negativem Sinn, so beispielsweise in seinem *Brieff an die Fürsten zu Sachsen von dem auffrurischem geyst*. In dieser Tirade gegen Thomas Müntzer und die aufsässigen «Schwärmer» verspottet er sie, weil sie behaupten, sie hätten von ihm nichts gelernt, und weil sie das, was «man zu Wittemberg den glauben und liebe und creutz Christi leret» (d. h. seine Lehre), als «eyn schlecht ding» verächtlich machen.

Wie können also derart scheinbar widersprüchliche Bedeutungen koexistieren, nicht nur in derselben Epoche, sondern sogar in der Sprache ein und desselben Menschen? Die Antwort wird klarer, wenn wir uns die gesamte Skala von Bedeutungen ansehen, die «schlecht» zur damaligen Zeit hatte. Der ursprüngliche materielle Sinn von «schlecht» war «gerade», «glatt» (eine Bedeutung, die sich in der lautlichen Variante «schlicht» erhalten hat). Wenn also Luther übersetzt «ich will sie leiten an den Wasserbächen auf schlechtem Wege», dann gibt er tatsächlich ein Wort wieder, das im hebräischen Original «gerade» bedeutet. Die Eigenschaft, gerade oder glatt zu sein, bietet sich jedoch zwanglos für bildlichere Bedeutungen an, von denen manche positiver sind, andere hingegen nicht so sehr. Wenn man von Menschen sagt, sie seien gerade, dann ist das eine gängige Metapher, um ein rechtschaffenes, ehrliches, aufrichtiges Wesen zu kennzeichnen, wie es Luther im Falle von Hiob tut. Dieser bildliche Gebrauch hatte eine lange Geschichte, und er war im 16. Jahrhundert noch weit verbreitet. So schreibt beispielsweise der Fabeldichter Burkhart Waldis, ein Zeitgenosse Luthers, in seiner Moral zu einer Fabel Äsops: «So sehr als gott beliebt die schlechten, so strafft er auch die ungerechten.» «Schlecht» ist hier also das direkte Gegenteil von «ungerecht».

Andererseits kann etwas, das gerade oder glatt ist, leicht auch die Bedeutung «einfach», «ohne Zusatz» und daher auch «gewöhnlich» annehmen. Und tatsächlich war diese Bedeutung im 16. Jahrhundert ebenfalls sehr gebräuchlich. Selbstverständlich kann «einfach» recht neutral gemeint sein. Der Arzt Walter Ryff beispielsweise schreibt in seinem *Spiegel und Regiment der Gesundheyt* aus dem Jahre 1555, dass «dem Menschen schlechte gemeine Speis am nützlichsten und gesundesten» sei, wobei «schlechte gemeine Speis» lediglich «einfache alltägliche Speise» heißt. Es war dann aber auch ein naheliegender Schritt, «einfach» und «gewöhnlich» dem entgegenzusetzen, was wertvoll und hervorragend ist, und so nahm das Adjektiv «schlecht» auch weniger schmeichelhafte Bedeutungen an: Luthers «eyn schlecht ding» bedeutet etwas, das «gering» oder «wertlos» ist, und Josua Maaler, einer der ersten deutschen Lexikographen, erklärt in seinem Wörterbuch aus dem Jahre 1561, ein «schlächter kriegszmann» sei einer, «der im krieg kein eer erjagt hat».

Demnach gab es im 16. Jahrhundert eine breite Skala von Bedeutungen, die in synchronischer Variation friedlich nebeneinander existierten: «schlecht» war immer noch in der materiellen Bedeutung «gerade» verankert, aber gleichzeitig gebrauchte man das Wort in einer

Reihe von bildlichen Bedeutungen: vom überaus positiven «rechtschaffen» über das ziemlich neutrale «einfach» bis hin zum eindeutig negativen «wertlos» oder gar «unrühmlich». Und obwohl damals in Deutschland besonders unruhige Zeiten herrschten, gibt es keinen Hinweis darauf, dass die Variation der Bedeutung des Wortes «schlecht» zum Elend jener Epoche nennenswert beitrug. Um herauszufinden, was im jeweiligen Kontext mit «schlecht» genau gemeint war, müssen die Hörer der damaligen Zeit genau die gleichen Fertigkeiten eingesetzt haben, die wir gebrauchen, wenn wir heute die Bedeutung von «irre» zu bestimmen versuchen.

Als das 16. Jahrhundert seinen Fortgang nahm, kamen jedoch die positiven Bedeutungen «rechtschaffen» und «aufrecht» allmählich außer Gebrauch. Für die Sprecher der damaligen Zeit, die das breite Variationsspektrum gewohnt waren, kann der Prozess der Einengung dieser Skala kaum wahrnehmbar gewesen sein: die eine Generation hätte die positiven Bedeutungen einfach als altmodisch angesehen, für die nächste wären sie veraltet gewesen, und in der darauffolgenden hätte man sie schließlich vergessen.

Während die regelrecht positiven Bedeutungen von «schlecht» nach dem 16. Jahrhundert fast völlig von der Bühne verschwanden, hielten sich einige der neutralen Bedeutungen noch mindestens 200 Jahre länger. Gegen Ende des 18. Jahrhunderts war es immer noch völlig akzeptabel, das Wort «schlecht» ohne alle negativen Untertöne in der Bedeutung «einfach» zu gebrauchen. Im Jahre 1767 schreibt der junge Goethe an seinen Freund Behrisch, wie er im Theater verzweifelt versuchte, einen Blick in die Loge seines geliebten Kätchens zu werfen, um zu sehen, was für ein Mann dort säße. Aber «meine Augen sind schwach, und reichen nicht biß in die Logen. Ich dachte rasend zu werden, wollte nach Hause laufen, mein Glas zu holen. Ein schlechter Kerl, der neben mir stand riß mich aus der Verwirrung, ich sah daß er zwey hatte, ich bat ihn auf das höflichste, mir ein's zu borgen, er taht's.» So ist hier also mit «schlecht» ganz eindeutig nichts Böses gemeint: ein «schlechter Kerl» ist lediglich «ein einfacher Kerl».

Obgleich demnach zu Goethes Zeit die ausgesprochen positiven Bedeutungen der Lutherzeit längst vergessen waren, gab es für das Wort «schlecht» immer noch eine breite Skala möglicher Bedeutungen. Die Skala reichte jetzt vom recht neutralen «einfach» und «gewöhnlich» bis hin zum weniger schmeichelhaften «wertlos», und sie hatte sich weiter in das Gebiet ernster Bosheit ausgeweitet. Diese Ausweitung war eine natürliche Folge der Tendenz, das Einfache und Gewöhnliche dem «Guten» entgegenzustellen. Besonders wenn es um soziale Beziehungen geht, ist es gängig, «hohe Gesellschaft» mit «gute Gesellschaft» gleichzusetzen und umgekehrt dem, was «von geringem Stande» oder «niedrig» ist, alle möglichen gemeinen Eigenschaften zuzuschreiben. (Dieses Schicksal widerfuhr nicht nur dem Adjektiv «schlecht»: bei zahlreichen Wörtern, mit denen ursprünglich ein niederer gesellschaftlicher Stand bezeichnet wird – etwa «gemein», «vulgär» oder direkt «niedrig» –, lassen sich ganz ähnliche Entwicklungen beobachten.) So erklärt im Jahre 1793 der Lexikograph Johann Christoph Adelung in seinem Wörterbuch: «Zuweilen wird [schlecht] auch für niederträchtig gebraucht: Ein schlechter Mensch. Schlecht denken, handeln. Schlecht mit jemandem umgehen. Schlechte Rede führen.»

Hörer der Goethezeit waren sich über das Spektrum der Bedeutungen, die das Adjektiv «schlecht» annehmen konnte, durchaus noch im klaren, und es gelang ihnen offensichtlich, mit Hilfe des Kontextes zu bestimmen, ob der Ausdruck «ein schlechter Kerl» einfach im altmodischen Sinne von «ein einfacher Kerl» gemeint war oder aber etwas viel Böseres bedeuten sollte. Adelung berichtet jedoch, dass die neutrale Bedeutung «einfach» «in Abgang zu kommen anfängt». Und tatsächlich war im 19. Jahrhundert die Bedeutung «einfach» völlig vergessen, so dass für «schlecht» nur noch der negative Teil des Spektrums übrigblieb. (Die Bedeutung «einfach» blieb nur in den zusammengesetzten Formen «schlechthin» und «schlechterdings» erhalten, die im Gegensatz zum Empfinden zahlreicher neuzeitlicher Sprecher ursprünglich nichts mit der gegenwärtigen Bedeutung von «schlecht» zu tun haben.)

Alles in allem können wir also sagen, dass es bei der Bedeutung des Wortes «schlecht» zu keinem Zeitpunkt irgendeine Kehrtwendung gegeben hat. Bis zum 18. Jahrhundert waren die Sprecher einfach an eine breite Skala koexistierender Bedeutungen gewöhnt, und als sich dieses Spektrum nach und nach einengte, war das allmähliche Absinken mancher Bedeutungen in respektables Veralten ein derart unmerklicher Vorgang, dass die damaligen Sprecher ihn kaum je bemerkt haben dürften. Sprechern späterer Generationen, die die breite Variation bei diesem bestimmten Wort nicht mehr gewohnt sind, erscheint der Bedeutungswandel von Luthers «schlecht» als jemandem, der das Böse meidet, hin zu jemandem, der das Böse *praktiziert*, jedoch nicht minder verhängnisvoll als ein selbstmörderischer Schlenker auf einer vielbefahrenen Autobahn.

•

Die wichtigste Entdeckung, die wir bislang gemacht haben, ist die, dass Sprache beständig im Fluss ist. Auch wenn anscheinend niemand Bestimmtes damit beschäftigt ist, sie zu verändern, und niemand Bestimmtes auch nur den Wunsch zu haben scheint, dass sie sich ändert, entfesselt eine Reihe von tief verwurzelten Motiven (Ökonomie, Expressivität, Analogie) starke Kräfte des Wandels und sorgt dafür, dass Laute, Bedeutungen und selbst Strukturen fortwährend in Bewegung sind. Und während uns durch unsere Fähigkeit zur Bewältigung von synchronischer Variation selten bewusst wird, wie sich die eine Form auf Kosten der anderen ausbreitet, können Veränderungen so rasch ablaufen, dass sich eine Sprache nach nur wenigen Jahrhunderten beim Durchblättern der alten Familienalben kaum wiedererkennt.

Die Prozesse des Wandels mögen bisher etwas chaotisch ausgesehen haben. Nicht nur verändert sich alles, sondern diese Veränderungen laufen anscheinend auch in zufälligen und unvorhersehbaren Richtungen ab, so als könnten sich sämtliche Dinge ganz nach Lust und Laune in alle anderen verwandeln. Das Wort «schlecht» machte eine Kehrtwendung von einer positiven Bedeutung zu einer negativen, aber das Wort «irre» bewegte sich genau in die entgegengesetzte Richtung, von einer ursprünglich negativen Bedeutung («geistesgestört») hin zu einem positiven Sinn. Andere Beispiele für den sprunghaften Charakter des Wandels sind nicht schwer auszumachen. Das Verb «bellen» begann mit der unregelmäßigen Vergangenheitsform «boll», nahm dann aber die regelmäßige Form «bellte» an. Das Verb «preisen» hingegen begann mit der regelmäßigen Vergangenheit «preiste», machte dann aber einen Sprung in die andere Richtung und nahm das unregelmäßige «pries» an. Veränderungen der Aussprache folgen anscheinend auch keinem sehr zuverlässigen Plan. Der mittelhochdeutsche Langvokal *u* in Wörtern wie *hus* verwandelte sich im Spätmittelalter in einen Diphthong («Haus»), aber mehr oder weniger um die gleiche Zeit wurde aus dem Diphthong *uo* (wie in *guot*) der einfache Vokal *u* («gut»). Das englische Wort «nick-name» begann sein Dasein ohne das *n* am Anfang, einfach als «*eke*-name» («Auch-Name»), und es legte sich später ein anfängliches *n* zu, als die Phrase «an eke-name» als «a nick-name» interpretiert wurde. Das englische Wort «adder» hingegen bewegte sich genau in die entgegengesetzte Richtung: Es begann zunächst, genau wie sein deutscher Verwandter «Natter», mit einem *n*, das es dann abwarf, als die Phrase «a nadder» als «an adder» gehört wurde. All diese scheinbar wüst durcheinandergehenden Entwicklungen können den Eindruck vermitteln, dass im Gang des Sprachwandels ebensoviel Logik steckt wie in den Launen der Mode. Der Saum ist mal höher, mal niedriger, aber es wäre hoffnungslos, hinter den Fluktuationen nach einem Sinn suchen zu wollen.

Gleichwohl hat der Sprachwandel ungeachtet des scheinbaren Chaos auch noch eine ganz andere Seite: ist er auch Wahnsinn, hat er doch Methode. Bei näherer Betrachtung stellt sich heraus, dass die Bewegung der Sprache in dem Chaos willkürlicher Schwankungen ein deutliches Element der Regelmäßigkeit erkennen lässt. Die folgenden Kapitel werden zeigen, wie eine Sprache nach der anderen auf einer Welle nach der anderen durch dieselben Kanäle des Wandels treibt, und zwar in genau dieselbe Richtung. Um nur ein Beispiel zu nennen, der Lautwandel von *p* zu *f*, der über die vorgeschichtlichen Siedlungen der germanischen Stämme wehte, hat sich anscheinend nicht nur im Germanischen, sondern auch noch in Dutzenden anderer Sprachen rings um den Erdball bemerkbar gemacht. Ein Wandel in entgegengesetzter Richtung, von *f* zu *p*, ist jedoch so gut wie unbekannt.

Im Folgenden werden wir unser Hauptaugenmerk fast ausschließlich auf diese regelmäßigen und ständig wiederkehrenden Wege des Wandels richten und nur selten zu den sporadischen und kaum vorhersagbaren Typen von Veränderung abschweifen. Der Grund hierfür ist ziemlich eindeutig: die Hinweise darauf, wie sprachliche Strukturen ihren Aufstieg und ihren Niedergang erleben, werden nicht im Chaos zu finden sein, sondern in der Ordnung, in jenen vorhersagbaren und systematischen Aspekten des Wandels. Selbstverständlich werden die zufälligen Elemente immer irgendwo zugegen sein und im Hintergrund herumsummen. Sie lassen sich jedoch einfach als weißes Rauschen ignorieren und brauchen uns nicht vom Musikgenuss abzuhalten.

Die Kräfte der Zerstörung

Leofan men, gecnawað þæt soð is:
ðeos worold is on ofste, and hit nealæcð þam ende,
and þy hit is on worolde aa
swa leng swa wyrse …

Liebe Menschen, erkennt, was wahr ist:
Diese Welt ist in Eile, und sie nähert sich dem Ende,
Und darum geht es auf der Welt immer
Je länger desto schlimmer …

Wulfstan, Erzbischof von York (gest. 1023)

Auf ihr unmittelbar bevorstehendes Ende rast die Welt schon seit Menschengedenken zu – und die Sprache mit ihr. Nicht nur wandelt sich die Sprache fortwährend, sondern wenn man den Fachleuten Glauben schenken soll, ist das auch immer ein Wandel zum Schlechteren. «Sprachen haben ebenso wie Regierungen eine natürliche Neigung zur Entartung», erklärte einst der große englische Literat Samuel Johnson.

Kritiker des heutigen Deutsch sind geteilter Meinung darüber, was seinen Verfall verursacht. Viele sehen die jüngst aufgetretene Flut von Anglizismen als Hauptgefahr: «Auffälligstes Symptom der dramatischen Verlotterung ist die Mode, fast alles angelsächsisch ‹aufzupeppen›», verkündet ein *Spiegel*-Titel. «Wenn Luther heute seine berühmte Verteidigungsrede vor dem Reichstag in Worms halten würde», fügt E. Siewerz in der *Süddeutschen Zeitung* hinzu, «dann müssten die Schlussworte ‹hier stehe ich, ich kann nicht anders. Gott helfe mir. Amen› wie folgt lauten: ‹Dies ist mein Statement. Ich sehe keine Alternative. Der Superboss im Heaven möge mir assistieren! Und tschüss!›»

Andere Kritiker sind der Ansicht, dass die wirklichen Bedrohungen ganz anderen Quellen entstammen. «Unsere Sprache können wir uns auch ganz allein ruinieren», behauptet die *Frankfurter Rundschau*. Und ebenso meint K. Natorp in der *FAZ*: «Die tägliche Sprachschluderei in

Deutschland hat viele Seiten. Der übermäßige Gebrauch englischer Lehnwörter ist dabei nur ein Übel neben vielen anderen und beileibe nicht das schlimmste.» Dem stimmt der *Spiegel* zu: «Verkürzung, Vereinfachung, Vergröberung bilden die Trias einer gespenstischen Abwärtsdynamik der gesprochenen und geschriebenen Sprache.» Vielleicht den größten Anlass zur Besorgnis liefert die akute Bedrohung des deutschen Kasussystems. Der Dativ ist dem Genitiv sein Tod, aber wie Bastian Sick mahnt, ist der Dativ selbst auch nicht gerade bei bester Gesundheit: Er ist zu einem «Casus Verschwindibus» geworden, dessen Endung *-en* in Wendungen wie «dem US-Präsident» oder gar «dem Soldat» immer häufiger unter den Tisch fällt.

Auch über die Frage, wer die Hauptverantwortung für diese betrübliche Lage der Dinge zu tragen hat, sind sich die Kritiker alles andere als einig. Viele zeigen mit dem Finger auf die nachlässigen Gewohnheiten der dekadenten Jugend. So schreibt Wolf Schneider, der ehemalige Leiter der Hamburger Henri-Nannen-Journalistenschule: «Die Grammatik ist unter jungen Leuten unpopulär, ihr Wortschatz schrumpft, und viele 17-Jährige betreiben das Sprechen wie ein Nebenprodukt des Gummikauens.» Im *Spiegel* sieht jedoch Mathias Schreiber die Wurzel allen Übels in dem Strom von Monstrositäten, der «täglich aus den offenbar weitgehend gehirnfreien Labors der Werbeagenturen, Marketing-Profis, Computer-Verkäufer, Technik-Anbieter, Popmusik-Produzenten, aber auch aus ... den Reden-Schreibstuben der Politiker und Verbandssprecher quillt wie zähfließender, giftiger Magma-Brei, der ganze Kulturlandschaften unter sich begräbt.»

Ungeachtet aller Meinungsverschiedenheiten gibt es eine Überzeugung, die alle Kritiker eint: Es geht bergab mit der Sprache. Was heute «an sprachlich-moralischer Verluderung stattfindet», sagt Wolfgang Thierse, «ist immer schwerer zu ertragen.» Und der *Spiegel* fasst kurzerhand zusammen: «Die deutsche Sprache wird so schlampig gesprochen und geschrieben wie wohl nie zuvor.» Selbstverständlich ist es schon einmal besser gewesen. Was für einen Niedergang hat es gegeben seit dem Deutsch, das noch vor wenigen Generationen gesprochen wurde, in der guten alten Zeit, vor dem Kriege, in der kulturellen Blüte der Weimarer Republik.

Das mag nun so sein, aber diese Ansicht teilten die damaligen Kritiker sicherlich nicht. «Alles Mögliche gibt es [heute]», schreibt Kurt Tucholsky 1918, «nur keine anständigen richtigen deutschen Wörter. Sondern ein lallendes Gestammel wichtigtuerischer Journalisten und aufgeblähter Bürokraten.» Und wenige Jahre später fügt er noch düsterer hinzu: «Es ist schon einmal besser gewesen: vor dem Kriege. ... Man blättere nach, und man wird von damals zu heute einen bösen Verfall der deutschen Sprache feststellen.»

Man blättere also nach. Beispielsweise in der *Fackel* aus der Zeit um die Jahrhundertwende – vor dem Kriege; da beklagt sich Karl Kraus über «die Verpestung der deutschen Sprache durch die Tagespresse» (1907), und er fordert «Strafbestimmungen gegen die öffentliche Unzucht, die mit der deutschen Sprache getrieben wird» (1903). Es war schon einmal besser gewesen. Aber wann? Vielleicht im vorangegangenen Jahrhundert?

Nietzsche wäre gewiss anderer Meinung gewesen. Im Jahre 1873 wettert er gegen die «grenzenlose Dilapidation der deutschen Sprache der ‹Jetztzeit›» und schimpft über «den Schleim der Zeitungs-Sprache und jener allgemeinen Erschlaffung und Erkrankung» sowie über die «gras- und baumlose Wüste des Alltags-Deutsches».

Begleitet wird das Genre der Klagen über den Niedergang der Sprache häufig von Prophezeiungen unmittelbar bevorstehenden Untergangs. Nehmen wir die folgende erschreckende Vorhersage: «Die deutsche Sprache wird jetzt methodisch zu Grunde gerichtet. Wenn dies so seinen Fortgang hat; so wird man im Jahre 2050 die deutschen Klassiker nicht mehr recht verstehen ... und die deutsche Sprache wird zu einem gemeinen, armen und schwer verständlichen Jargon herabgesunken sein.»

Jeder hat schon derartige Ansichten gelesen, die in zahllosen Leserbriefen zum Ausdruck gebracht werden, und so hat der hier zitierte Text nichts besonders Überraschendes an sich; nur habe ich darin ein wenig geschummelt und zwei Wörter geändert: im Original hieß es nicht «im Jahre 2050», sondern «anno 1900». Diese Worte schrieb in den 1850er Jahren Arthur Schopenhauer, der sich über «die gänzliche Verderbung der deutschen Sprache durch knauseriges Abknappen von Silben», «die abscheuliche Manie, 2, ja 3 Worte in Eins zusammenzuziehn», «die Konstruktion regelwidriger, geschrobner, verdrehter, holpriger, geschmackloser und halb sinnloser Perioden» echauffierte. Besonders missfielen ihm Monstrositäten wie «würde er kommen» anstelle von «käme er» und die Verwendung von «der, die, das» anstatt der korrekten Formen «welcher, welche, welches» als Relativpronomina. Kurz, er sah die edle deutsche Sprache vorangegangener Generationen «der Willkür und Laune und dem stupiden Unverstande höchst unwissender Sudler, Zeitungsschreiber, Buchhändlerlöhnlinge und geldbedürftiger Bücherfabrikanten jeder Art» preisgegeben. Und natürlich war es schon einmal besser gewesen: kurz vor dem Ansturm der «seit einigen Jahren methodisch betriebene[n] Verhunzung der deutschen Sprache». Wann war das? Schopenhauer weiß es ganz genau. «Zur Zeit, als es noch gute Schriftsteller in Deutschland gab», im Goldenen Zeitalter Schillers und Goethes.

Wirklich? Im Jahre 1819 – noch zu Goethes Lebzeiten – verglich Jacob Grimm das Deutsche seiner Tage mit der Sprache früherer Jahrhunderte, und er klagte: «Vor sechshundert Jahren hat jeder gemeine Bauer Vollkommenheiten und Feinheiten der deutschen Sprache gewußt, d. h. täglich ausgeübt, von denen sich die besten heutigen Sprachlehrer nichts mehr träumen lassen.»

Demnach ist das heutige Deutsch nicht mehr das, was es war, aber das war es nun allerdings nie. Überdies sitzt das Deutsche keineswegs allein auf der Anklagebank. Schopenhauer mag allen Ernstes behauptet haben, die deutsche Sprache hätte zu erdulden, «was gegen keine andre Sprache in Europa erlaubt wäre»: eine «Sprachschändung, zu der keine andre Nation ein Analogon aufzuweisen hat». Kritiker in anderen Ländern würden da allerdings heftig protestieren. Nehmen wir beispielsweise das Englische, das heute nach allgemeiner Ansicht nur noch ein Schatten seiner einstigen Glorie vor zwei Generationen ist, in der guten alten Zeit, als – wie sich kürzlich ein Rezensent im *Times Literary Supplement* erinnerte – «ein Fehler noch ein Fehler war und kein Zeichen von Ausdrucksfreiheit». Das war allerdings nicht ganz die Ansicht der «Autoritäten» in jener guten alten Zeit. Im Jahre 1946 beispielsweise erklärte George Orwell (von dem man einmal sagte, er habe sich nicht einmal die Nase schnäuzen können, ohne Moralpredigten über die Zustände in der Taschentuchindustrie zu halten): «Die meisten Menschen, die sich über diese Angelegenheit überhaupt Gedanken machen, würden zugeben, dass sich das Englische in einer schlechten Verfassung befindet.» In einer schlechten Verfassung natürlich im Vergleich zur Sprache des vorangegangenen Jahrhunderts, die reiner und korrekter war als das Englisch seiner Zeit. Mag sein, nur herrschte im vorangegangenen Jahrhundert eine andere Ansicht. 1848 tat der berühmte Sprachwissenschaftler August Schleicher das Englische seiner Zeit als «eine der abgeschliffensten

Sprachen unseres Sprachstammes» ab. Das Englische zeige nur, «wie schnell die Sprache eines geschichtlich und literargeschichtlich bedeutenden Volkes herabsinken kann».

Im Jahrhundert davor, im Jahre 1780, klagte Thomas Sheridan: «Zahlreiche Ausspracheweisen, die vor 30 oder 40 Jahren auf das gemeine Volk beschränkt waren, gewinnen allmählich an Boden; und wenn nicht etwas unternommen wird, um diesem zunehmenden Übel Einhalt zu gebieten, ... dann dürfte sich das Englische in einen bloßen Jargon verwandeln.» Am empörendsten fand Sheridan, dass der Niedergang des Englischen derart jungen Datums war, denn seiner Ansicht nach wurde noch 70 Jahre zuvor, «unter der Regierung von Königin Anna, ... Englisch im höchsten Zustand der Vollkommenheit gesprochen».

Mag sein. Aber die Gelehrten der damaligen Zeit hätten hier Einwände erhoben. Mitten in der Regierungszeit von Königin Anna (1702–1714) ließ Jonathan Swift eine Tirade vom Stapel, die auch Schopenhauer keine Schande gemacht hätte. Seine 1712 erschienene Schrift «Proposal for Correcting, Improving and Ascertaining the English Tongue» beginnt mit folgender Fanfare: «Ich beklage hier im Namen aller gelehrten und gebildeten Menschen der Nation, ... dass unsere Sprache außerordentlich unvollkommen ist; dass ihre täglichen Verbesserungen in keinem Verhältnis zu ihren täglichen Verderbnissen stehen ...»; und das ist nur der Anfang.

Die Franzosen sind auch nicht untätig gewesen. Es ist noch nicht lange her, da übte die Académie Française, diese berühmte Institution, ihre Autorität aus, um die Sprache vor den Wechselfällen des Wandels zu schützen, aber neuerdings verlieren die Gelehrten leider an Einfluss, und so wird das Französische an allen Fronten attackiert, von den verderbten Normen der Massenmedien und den entarteten Sprechgewohnheiten der dekadenten Jugend. Wie der Schriftsteller Serge Koster in makelloser Prosa erklärt, korrumpieren diese neumodischen Veränderungen ein grammatisches System, «das im Laufe von Jahrhunderten errichtet wurde und das seit dem 18. Jahrhundert nahezu unverändert geblieben ist».

Blieb es wirklich unverändert? Dazu braucht man sich nur die Meinungen der Sprachhüter in den angeblich glücklichen und stabilen Jahrhunderten der Vergangenheit anzusehen. Im November 1843 kam es auf einer Sitzung der Académie Française zwischen zwei berühmten Victors, dem Philosophen Victor Cousin und dem Romancier Victor Hugo, zu einer Auseinandersetzung über den Zustand der Sprache. Cousin verkündete, die jüngsten Veränderungen, die das Französische durchmache, stellten nichts als Verfall dar, und als Hugo seine Argumentation anzweifelte, antwortete Cousin, er wisse sogar genau, wann der Unfug begonnen habe. «Der Niedergang der französischen Sprache», erklärte er, «begann 1789», worauf Hugo mit den berühmten Worten entgegnete: «À quelle heure, s'il vous plaît?»

Ihr Zeitgenosse Gaston Paris, einer der führenden französischen Sprachwissenschaftler des 19. Jahrhunderts, wäre sicherlich mit Cousin darin einer Meinung gewesen, dass die Sprache ihrer Zeit derjenigen früherer Generationen unterlegen gewesen sei. Hinsichtlich der Frage, wann denn der Niedergang eigentlich begonnen habe, vertrat er jedoch eine ganz andere Ansicht, denn seiner Meinung nach steckte die Geburt der französischen Sprache selbst im Morast des Verfalls. Das Französische war aus dem Vulgärlateinischen hervorgegangen, aus der Sprache der ungebildeten Massen, die, Paris zufolge, «allmählich das richtige und instinktive Gefühl für die Gesetze der Sprache, die sie sprachen, verloren und es zugelassen hatten, dass sie in ihrem Mund verderbt wurde.» Infolgedessen war, so behauptete er, die neu entstandene Sprache «der Sprache, die ihr vorangegangen war, an Schönheit und Logik unterlegen». Paris bezog sich natürlich auf die allgemein anerkannte Wahrheit, dass das Französische niemals hoffen durfte, der Schönheit seines klassischen lateinischen Vorfahren nahezukommen, welcher die höchsten Gipfel der Reinheit im Goldenen Zeitalter Vergils und Ciceros erreicht hatte. Allgemein anerkannt? Nun ja, beinahe. Zumindest eine abweichende Stimme hätte es gegeben, da beispielsweise Cicero nicht gerade der Ansicht war, dass er in der Blütezeit des Lateinischen lebe. Weit gefehlt – er war sich sicher, dass das Latein seiner Tage nicht mehr das war, was es einst gewesen war, und dass das Niveau im Rückgang begriffen war. In einem Werk über die Kunst der Rede aus dem Jahre 46 v. Chr., das er seinem Freund Brutus widmete, verglich Cicero die Sprache von Persönlichkeiten des öffentlichen Lebens seiner Zeit mit derjenigen des vorangegangenen Jahrhunderts, und er kam zu dem Schluss: «Aber es pflegten doch dazumal fast alle richtig zu reden. ... Doch hat in dieser Hinsicht der Gang der Zeit verschlechternden Einfluss gehabt.»

Wenn wir uns also an die Autoritäten halten, dann scheint es ein Wunder zu sein, dass die Sprache nicht schon längst zu Grunzlauten von

Affen verkommen ist. Und wie konnten, so fragen Sie vielleicht, so viele Gelehrte einen ganz offensichtlichen Punkt übersehen, dass es nämlich, wenn die Sprache bislang über Jahrtausende hinweg zu überleben vermocht hat, doch recht unwahrscheinlich ist, dass sie gerade in den nächsten Jahren zusammenbrechen wird? Nun, eine Antwort darauf stammt von dem Wiener Kritiker Hans Weigel, der 1974 behauptete: «Jede Zeit sagt, daß derzeit die Sprache so gefährdet und von Zersetzung bedroht sei wie nie zuvor. In unserer Zeit aber ist die Sprache tatsächlich so gefährdet und von Zersetzung bedroht wie nie zuvor ...»

Da haben wir es also. Es muss einige sehr starke Gründe geben, weshalb so viele intelligente Menschen einer Ansicht sind, die so offenkundig irrational ist: dass sich die Sprache immer zum Schlechteren wandelt und dass sie sich sogar am Rande des Zusammenbruchs bewegt. Was aber ist es genau, das diese Gelehrten blendet und sie nichts als Verfall wahrnehmen lässt? Natürlich könnte man das alles als bloße Folge eines eingefleischten Konservativismus abtun, als allgemeine Hinwendung zu besseren Tagen der Vergangenheit. «Je länger desto schlimmer», wie Erzbischof Wulfstan es so markig formuliert hat – genau wie die Leute höflicher waren, als man jung war, wie das Wetter schöner war und die Äpfel besser schmeckten, so war auch die Sprache kultivierter und wurde nicht so sehr missbraucht.

Es wäre jedoch einigermaßen ungerecht, wollte man für all das eine irrationale Nostalgie verantwortlich machen, denn es gibt einen viel ernsthafteren Grund, weshalb so viele Menschen der Ansicht sind, dass die Sprache ständig im Verfall begriffen ist. Dieser Grund ist ganz einfach, dass Verfall wirklich einen allgegenwärtigen Typ von Sprachwandel darstellt und dass zudem dieser Aspekt des Wandels am schnellsten auffällt. Auf jeder Seite der Geschichte jeder beliebigen Sprache ragen die Kräfte der Zerstörung sozusagen heraus, während die entgegengesetzten Prozesse, die produktiven Kräfte von Erneuerung und Erschaffung, weitaus schwieriger auszumachen sind. So schwierig, dass Linguisten ihre Bedeutung erst in den letzten Jahrzehnten erkannt und bei ihrem Verständnis reale Fortschritte gemacht haben. Ironischerweise sind die schöpferischen Kräfte der Sprache deswegen so schwer zu fassen, weil sie überraschend nahe bei ihren Widersachern liegen, den Kräften der Zerstörung. Und da die Zerstörung so sehr ins Auge fällt, ist es kein Wunder, dass der Verfall die Aufmerksamkeit der Forscher derart lange monopolisiert und die Wahrnehmung des Sprachwandels beherrscht hat.

Die nun folgenden Kapitel versuchen, Licht auf das langsame Walten und Wirken der sprachlichen Neuschöpfung zu werfen. Da sich aber Erschaffung und Zerstörung als eng verknüpft herausstellen werden, muss der Weg zu einem Verständnis der Neuschöpfung durch die Gassen der Zerstörung führen. In diesem Kapitel werden wir uns daher genauer ansehen, welche Wirkungen die Zerstörung auf sämtliche Bereiche der Sprache, von den Lauten und Bedeutungen bis hin zu den meisten Winkeln ihrer Struktur, ausübt. Ziel ist eine Bestandsaufnahme der durch diese Zerstörungskräfte verursachten Schäden, die Aufdeckung der Gründe für ihr heftiges Wirken und eine Erklärung der Allgegenwart von Auflösung und Verfall.

Unregelmäßige Blumen
oder das Dilemma des 19. Jahrhunderts

Manchmal bleibt einem eine triviale Erfahrung im Gedächtnis haften und löst eindringliche Reflexionen und Überlegungen aus, die weit über die eigentliche Bedeutung des Falles hinausreichen. Eine derartige Erfahrung war für mich, die Unregelmäßigkeit von Blumen zu erkennen.

Als ich mich mit der Komplexität des lateinischen Kasussystems herumschlug, gab es einen besonderen Fall, der eine ganze Kette faszinierender Gedanken in Gang setzte, aber auch gewisse ernste Zweifel weckte. Erinnern wir uns, dass das Lateinische fünf verschiedene Gruppen von Nomina hat, die man als Deklinationen bezeichnet; jede von ihnen hat ein anderes Schema von Kasusendungen. Als sei es aber noch nicht schlimm genug, nicht nur eines, sondern fünf verschiedene Endungsschemata auswendig zu lernen, weisen einige dieser Deklinationen auch noch diverse Unregelmäßigkeiten auf, und die dritte Deklination ist in dieser Hinsicht besonders irritierend. «Bei der dritten Deklination ließ die hohe und strenge Ordnung des römischen Kaiserreichs anscheinend ein wenig nach», hat die englische Schriftstellerin Dorothy L. Sayers einmal geschrieben. Aus irgendeinem Grund «war anscheinend immer der Wurm im Dritten Etwas». Das offizielle Endungsschema für die dritte Deklination sieht im Singular folgendermaßen aus:

Nominativ	*consul*
Akkusativ	*consul-**em***
Genitiv	*consul-**is***
Dativ	*consul-**i***
Ablativ	*consul-**e***

Da das Substantiv *flos* («Blume») der dritten Deklination angehört, hätte es den Regeln nach in den einzelnen Kasus folgende Formen haben sollen: *flos, flosem, flosis, flosi, flose*. Die tatsächlichen Formen lauten aber *flos* und dann *florem, floris, flori, flore*. Anstelle des erwarteten *s* führen sämtliche Kasus mit Ausnahme des Nominativs ein höchst unregelmäßiges *r* ein. An sich war die Unregelmäßigkeit der Deklination von *flos* natürlich nicht gerade eine welterschütternde Offenbarung, sondern nur ein weiteres Beispiel für eine irrationale Komplikation, die einem das Leben unnötig schwer macht. Ja, die Geschichte mit *flos-floris* hätte damit ihr Bewenden haben können, wäre ich nicht auf eine kleine Fußnote gestoßen, die solche Unregelmäßigkeiten mit dem Verweis auf einen einfachen historischen Prozess zu entschuldigen versuchte. Ursprünglich waren, wie sich herausstellte, lateinische Blumen vollkommen regelmäßig gewesen, und die Formen hatten tatsächlich *flos, flosem, flosis* gelautet, genau wie man erwarten würde. Doch schon früh in der Geschichte des Lateinischen, irgendwann zwischen dem 6. und dem 4. Jahrhundert v. Chr., kam es zu einem Lautwandel, bei dem sich jedes (nicht verdoppelte) *s* zwischen zwei Vokalen in ein *r* verwandelte. Das war an und für sich ein absolut regelmäßiger Wandel, der systematisch in allen einschlägigen Fällen auftrat. Infolgedessen schlich sich jedoch in Wörter wie *flos* eine Unregelmäßigkeit ein. Das *s* in den Formen *flosem, flosis* und so fort verwandelte sich in *r*, weil es zwischen zwei Vokalen stand, während das *s* in *flos* ein *s* blieb. (Die Folgen des lateinischen Wandels von *s* zu *r* lassen sich übrigens auch heute noch im Deutschen verfolgen, und zwar an Wortpaaren, die verschiedenen Ableitungen ein und derselben lateinischen Wurzel entlehnt sind. So gehen beispielsweise die Wörter «Justiz» und «Jura» beide auf dieselbe lateinische Wurzel *iūs* («Recht») zurück. In dem Wort *iūstitia* blieb das *s* unverändert, während in der ursprünglichen Pluralform *iūsa* das *s* zwischen zwei Vokale geraten war und sich daher in *r* – *iūra* – verwandelte.)

Demnach waren die unregelmäßigen Blumen in Wirklichkeit das Er-

gebnis eines einfachen Lautwandels. Im Grunde war die Erklärung dafür, wie sich die lateinische *s-r*-Unregelmäßigkeit bei Nomina wie *flos*
eingeschlichen hatte, lediglich eine einfache Lösung für ein einfaches,
nicht besonders entscheidendes Problem. Dennoch war für mich die *flos-
floris*-Geschichte eine Offenbarung, denn sie zeigte, dass selbst Unregelmäßigkeiten, diese anscheinend willkürlichen Ärgernisse, doch nicht
völlig willkürlich sind. Selbst die berüchtigten Ausnahmen lassen anscheinend so etwas wie eine logische Erklärung zu. Wenn man *flos* und
floris begreiflich machen konnte, dann konnte man gewiss auch die Ursachen anderer Ausnahmen entdecken, und das Paar *flos-floris* wies sogar die Richtung, in der man nach Hinweisen suchen sollte. Was zu
einem bestimmten Zeitpunkt wirr und unregelmäßig aussieht, kann
vollkommen logisch erscheinen, wenn man es durch die Geschichte hin-
durch verfolgt.

Die Aussicht auf historische Schatzsuchen erschien aufregend, aber
all das hatte auch eine dunklere und beunruhigende Seite. Es bestand
kein Zweifel daran, dass die Erklärung für *flos* und *floris* richtig war –
schließlich stützte sie sich auf harte Beweise aus überlieferten Urkunden.
Es bestand auch kein Grund, vergleichbare historische Erklärungen in
Frage zu stellen, die für andere Ausnahmen gegeben wurden, denn für
sich allein genommen waren sie alle vollkommen sinnvoll. Gleichwohl
fügten sich diese Einzelerklärungen, wenn man sie miteinander kombi-
nierte, zu einem Bild zusammen, das höchst verdächtig war. Wenn man
jede beliebige Unregelmäßigkeit (so wie *flos-floris*) nur weit genug zurückverfolgt, dann wird sich wohl herausstellen, dass sie sich auf Grund
einer Umgestaltung eines ursprünglich regelmäßigen Musters (*flos-flosis*)
herausgebildet hat. Und wenn dies so ist, dann sollte eine Sprache um so
regelmäßiger sein, je weiter man in der Zeit zurückgeht. Dieser Logik
zufolge musste es demnach irgendwo in grauer Vorzeit ein Goldenes
Zeitalter der Vollkommenheit gegeben haben, in dem sich Sprachen
einer makellosen Struktur rühmen konnten, die nicht durch Unregelmäßigkeiten verunziert wurde. Wenn sich aber die Sprache tatsächlich irgendwann vor Anbeginn der Geschichte dieser glücklichen
Tage erfreute, wie kam es dann dazu, dass sich die Dinge später zu um-
wölken begannen? Warum hat es den Anschein, als verwirre und zer-
störe der Wandel stets, anstatt aufzubauen und zu erschaffen? Und
wenn die Veränderungen die Dinge immer nur durcheinanderbringen,

wie hatten dann die Sprachen zunächst einmal ihr Goldenes Zeitalter erreicht?

Wie sich herausstellte, war ich nicht der erste, den solche Fragen umtrieben. Man kann sagen, dass mein Rencontre mit den unregelmäßigen Blumen das wesentliche Dilemma der Sprachwissenschaft im 19. Jahrhundert nachvollzog. Die Erklärung der Unregelmäßigkeit bei den Formen *flos* und *floris* ist vielleicht nur eine kleine Fußnote in der langen Liste der Leistungen von Sprachwissenschaftlern des 19. Jahrhunderts, aber ihr Geist symbolisiert gleichwohl die Triumphe jener Epoche. Und doch steht dasselbe Paar *flos-floris* auch für den betrüblichen Charakter der Wandlungsprozesse, der sich damals abzeichnete und zu einem einseitigen Bild des Niedergangs und Zerfalls führte. Es erstaunt daher nicht, dass sich die Sprachwissenschaftler im 19. Jahrhundert und noch bis weit ins 20. Jahrhundert hinein mit dem unerbittlichen Griff der Zerstörung beschäftigten. Woher kam überhaupt all diese destruktive Energie? Und warum war die Zerstörung das Einzige, das sich beobachten ließ? Die Beantwortung der erstgenannten Frage erwies sich als der erheblich leichtere Fall: Schon recht früh wurde deutlich, dass die Kräfte der Zerstörung ihre unerschöpflichen Ressourcen einer einzigen uralten menschlichen Gewohnheit verdanken ...

Die Ältesten von Trägheim

Es gibt eine seit langem vergessene Mär von den Dorfältesten von Trägheim, die ständig um das Wohl ihrer Dörfler bemüht waren und sich insbesondere darüber Gedanken machten, wie sie ihnen unnötige Mühe ersparen konnten. Eines Tages kam der junge Hans Faulmann, der erste Bursche aus dem Dorf, der auf die Universität ging, mit einem unwiderstehlichen Vorschlag nach Trägheim zurück. «Ich habe gelernt», teilte er den Ältesten mit, «daß wir, wenn wir den Laut *k* aussprechen, den Luftstrom für den Bruchteil einer Sekunde anhalten, indem wir die Zunge an den hinteren Gaumen heben und sie dann wieder sinken lassen, um die Luft durchzulassen. Und mir ist soeben ein Geistesblitz gekommen: ist es nicht eine reine Kraftverschwendung, die Zunge bis ganz zum Gaumen hochzuheben, nur um sie dann wieder herunterzubewegen? Warum sollte man nicht statt dessen die Zunge nur auf halbe Höhe bringen und sich so eine Menge Mühe ersparen?» Die Ältesten waren über diesen Vorschlag entzückt, und ein entsprechender Antrag wurde einstimmig gebilligt. Der Herold verkündete allen Bewohnern von Trägheim, dass sie von nun an ihre Zunge nur auf halbe Höhe in Richtung Gaumen zu bewegen brauchten, wenn sie *k* sagten. So begann man an jenem Tag in Trägheim, *k* als *ch* auszusprechen (wie in «Bach»), denn dieser Laut entsteht, wenn man die Zunge nur halb in Richtung Gaumen hebt. Selbstverständlich waren die Trägheimer ganz aus dem Häuschen, denn jetzt stand ihnen so viel mehr Energie zur Verfügung, um darüber nachzudenken, wie sie sich noch mehr Mühe ersparen konnten. Und so geschah es, dass nur wenige Monate später der Dorfarzt Dr. Tunix, der sich stets auf dem Gebiet der Anatomie ausgezeichnet hatte, mit einem noch famoseren Vorschlag aufwartete. «Das Leben hat sich deutlich verbessert, seit wir begonnen haben, die Zunge nur halb hochzuheben», erklärte er den Ältesten. «Aber seht die Sache doch einmal so: Wäre es nicht noch leichter, wenn wir mit der Zunge gar nichts machten? Wenn wir, anstatt sie zur Hälfte anzuheben und ein *ch* hervorzubringen, die Luft in dem Bereich etwas weiter hinten in der Chehle, den man in meinem Metier als Stimmritze bezeichnet, nur leicht zusammendrüchten. Dann erhielten wir statt dessen den Laut *h*, der sich nicht so starch von *ch* unterscheidet, aber soviel weniger Energie erfordert, denn wir müssen uns nicht all die Mühe machen, die große und schwere Zunge in Bewegung zu setzen.» Mit großer Begeisterung billigten die Ältesten die abgewandelte Aussprache, und seither sagen die Trägheimer *h* statt *ch*.

Damit hätte die Geschichte ihr Ende gefunden, wäre da nicht der würdige Achtzigjährige namens Bert Bummler gewesen, der sich einige Jahre später im Rat erhob und verkündete: «Meine Freunde, niemand würde bestreiten, daß es uns heute viel besser geht als in den Tagen meiner Jugend, als wir uns alle mit der Unbehuemlihheit herumschlagen mußten, für jedes Wort mit einem *k* die Zunge in Bewegung zu setzen. Doh wißt, ich habe im Laufe der letzten Jahre über die Sahe nahgedaht, und gestern ist mir ein noh besserer Gedanhe gehommen. Es ist ja schön und gut, wenn man die Stimmritze zusammenpreßt, aber weshalb soll man sih auh nur diese Mühe mahen, wenn es etwas viel Leichteres gibt, das wir tun hönnten? Wäre es niht viel besser, einfah … gar nihts zu tun?» Selbstverständlich fand dieser Vorschlag sogleich Beifall und setzte sich durch. Und seit jenem Tag sagen die Trägheimer nicht *k*, nicht *ch* und noch nicht einmal *h*, sondern einfach gar nichts. Wenn Sie also eines Tages in ein Dorf kommen und Sie dort jemand zu Affe und U'en einlädt, dann wissen Sie, dass Sie in Trägheim sind.

•

Leider wurde diese Geschichte nie in die Sammlung der Brüder Grimm aufgenommen, vielleicht weil sie selbst für ein Märchen allzu unwahrscheinlich klingt. Tatsächlich gibt es jedoch erheblich mehr Orte wie Trägheim, als Sie vielleicht denken, und das nicht nur in der Sage. Haben Sie sich je darüber Gedanken gemacht, weshalb auf italienisch *caldo* nicht «kalt», sondern «heiß» bedeutet? An dieser Inkongruenz sind nun nicht die Italiener schuld, sondern die Deutschen, die offenbar von echtem Trägheimer Stamm sind. Das italienische *caldo* und das deutsche *heiß* gehen beide auf ähnliche Wurzeln zurück, die in der vorgeschichtlichen Ausgangssprache mit *k*- begannen. *Caldo* leitet sich letztlich vom proto-indoeuropäischen **kel* («warm») her, und das deutsche *heiß* kommt von der proto-indoeuropäischen Wurzel **kai* («brennen»). Während aber die Vorfahren der Italiener die Form ihres **kel* nicht allzu sehr abänderten, befolgten die Vorfahren der Deutschen begeistert energiesparende Grundsätze. Wie das folgende Diagramm zeigt, wurde das *k* von **kai* erst zu *ch* und dann weiter zu *h* abgeschwächt:

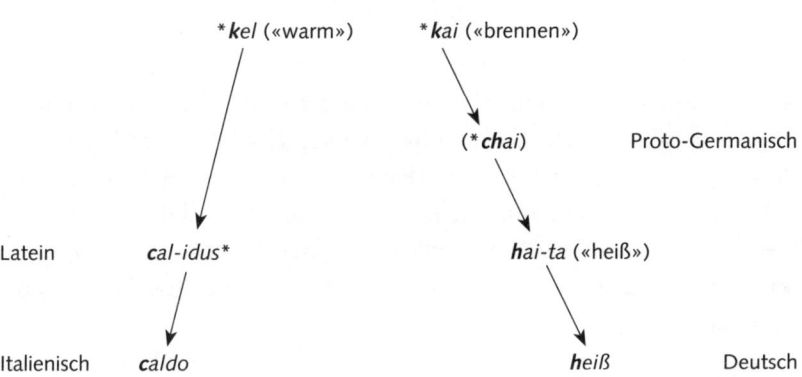

Proto-Indoeuropäisch

*kel («warm»)   **kai* («brennen»)

(**chai*)   Proto-Germanisch

Latein   *cal-idus**   *hai-ta* («heiß»)

Italienisch   *caldo*   *heiß*   Deutsch

Die Gebrüder Grimm,
links Jakob (1785–1863) und
Wilhelm (1786–1859)

Im deutschen Wort «heiß» ist der Prozess nicht bis zur völligen Beseitigung des *h* fortgeschritten, aber in manchen Dialekten des Englischen
hat man das Trägheimer Prinzip bis zur letzten Konsequenz befolgt: das
h von *hot* beispielsweise wurde gänzlich fallengelassen, so dass nur *'ot*
übrigblieb.

Die Schwächung von *k* über *ch* zu *h* gehört zu einem umfassenderen
Komplex von Veränderungen, die sich im Proto-Germanischen abgespielt haben und wahrscheinlich um 500 v. Chr. einsetzten. Der Gelehrte,
der diese Wandlungsprozesse erstmals methodisch darlegte, war kein anderer als Jacob Grimm in seiner bahnbrechenden Geschichte der germanischen Sprachen, die 1822 erschien. Obgleich also die Geschichte von
den «Ältesten von Trägheim» nie in Grimms Märchen aufgenommen
wurde, fand sie gewiss Eingang in seine sprachwissenschaftlichen Entdeckungen – und das mit einem Paukenschlag. Die Beschreibung dieser Serie von Veränderungen, die man schon bald als «Grimmsches
Gesetz» bezeichnete, war einer der wichtigsten Meilensteine in der Entwicklung der Sprachwissenschaft, und sie läutete eine neue Ära von Entdeckungen ein.

Die Details dieser Wandlungsvorgänge sind recht kompliziert, und wir
müssen auf sie hier nicht vollständig eingehen. Im Wesentlichen beschreibt jedoch das Grimmsche Gesetz eine pauschale Erosion von Lau-

ten, die sich im germanischen Zweig des Indoeuropäischen abgespielt hat. Sechs (der neun) Veränderungen, die hierher gehören, sind im folgenden Diagramm dargestellt:

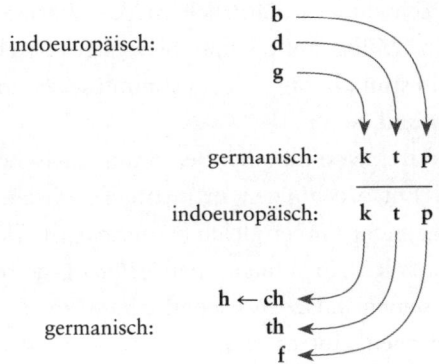

Grimmsches Gesetz: Lautveränderungen auf dem Weg vom Proto-Indoeuropäischen zum Proto-Germanischen

Das untere Ende des Diagramms ist uns mittlerweile vertraut, denn von zwei dieser Veränderungen war bereits die Rede (den Wandel von *k* über *ch* zu *h* haben wir eben besprochen und den Wandel von *p* zu *f* wie in *pisk* zu *fisk* im vorangegangenen Kapitel). Tatsächlich ist der Charakter der drei Veränderungen im unteren Teil des Diagramms ähnlich, denn in allen diesen Fällen wird ein Konsonant, den man als Verschlusslaut bezeichnet, bei dem der Luftstrom für den Bruchteil einer Sekunde durch die Zunge oder die Lippen blockiert wird, zu dem entsprechenden Reibelaut abgeschwächt (bei dem die Zunge oder die Lippen den Luftstrom nicht völlig unterbrechen sondern eine kleine Menge Luft durchlassen, so dass durch Reibung ein Laut erzeugt wird).

Die Veränderungen im oberen Teil ($g{\rightarrow}k$, $d{\rightarrow}t$, $b{\rightarrow}p$) stellen ebenfalls eine Art Abschwächung dar, aber hier wird den Stimmbändern die Mühe erspart. Die Laute *g*, *d* und *b* werden als stimmhafte Konsonanten bezeichnet, denn bei ihrer Hervorbringung beginnen die Stimmbänder in dem Augenblick, in dem die zeitweilige Blockade des Luftstroms gelöst wird, zu vibrieren. Die Laute *k*, *t* und *p* bezeichnet man als stimmlose Konsonanten, weil sie ohne Vibration der Stimmbänder hervorgebracht werden, wobei aber die Zunge oder die Lippen den Luftstrom auf die gleiche Weise blockieren wie bei *g*, *d* und *b*. (Den Unterschied kann man überprüfen, wenn man jedes der Paare flüsternd ausspricht. Man wird feststellen, dass dabei der Kontrast zwischen den stimmhaften und den stimmlosen Lauten nahezu verschwindet.) Natürlich ist das Vibrieren der Stimmbänder eine zusätzliche Mühe, auf die man bisweilen verzichten kann; so verwandelte sich ein stimmhaftes *g* in ein stimmloses *k*, und in ähnlicher Weise wurde *d* zu *t* und *b* zu *p*.

Das Grimmsche Gesetz erklärt, weshalb die Beziehung zwischen deutschen Wörtern und ihren Entsprechungen in nichtgermanischen Sprachen für das ungeübte Auge nicht immer gleich erkennbar ist. Das deutsche *kalt* beispielsweise ist mit dem italienischen *gelato* («gefroren») verwandt und nicht mit seinem falschen Freund *caldo* («heiß»). Und sogar innerhalb des Deutschen gibt es zahlreiche andere solche Zwillingspaare, miteinander verwandte Wörter wie *gran(ulieren)* und *Korn*, die für den flüchtigen Betrachter recht verschieden aussehen mögen, die aber doch auf verschiedenen Wegen von ein und derselben proto-indoeuropäischen Wurzel abstammen. Der Grund, weshalb das Deutsche derartige Paare besitzt, liegt darin, dass die Sprache viele Jahrhunderte nach den Veränderungen, die entsprechend dem Grimmschen Gesetz stattgefunden hatten, Wörter aus dem Lateinischen und dem Französischen zu entlehnen begann und so einen zweistöckigen Wortschatz aus einheimischen und entlehnten Wörtern aufbaute. *Korn* ist das angestammte germanische Wort, das irgendwann nach 500 v. Chr. den Wandel von *g* zu *k* durchmachte, während sein Pendant *gran(ulieren)* zwei Jahrtausende später entlehnt wurde und so dieser Veränderung entging. Es gibt noch viele weitere derartige Paare von getrennten Zwillingen, von denen einige in der folgenden Tabelle aufgeführt sind. Manchmal sind die Zwillingsbrüder in solchem Maße eigene Wege gegangen, dass sie sich bei einem Wiedersehen kaum mehr erkennen würden. Das Lehnwort *Kantate* beispielsweise geht auf dieselbe indoeuropäische Wurzel zurück wie das einheimische deutsche *Hahn* (aus germanisch *hanōn «der Sänger»).

*Indo-europäisch		*Germanisch	Deutsch	
			Ererbt	Später aus d. Lat./Gr. entlehnt
nokʷt	k → ch:	nacht	Nacht	Nocturne (aus lat. *noctis*)
kerd	k → h	hert	Herz	Kardiologe (aus gr. *kardía*)
werg	g → k:	werk	Werk	Energie, ergonomisch (aus gr. *érgon*)
pōd	p → f, d → t:	fōt	Fuß	Pedal, Pediküre (aus lat. *pedis*)
peku	p → f, k → h:	fehu	Vieh	pekuniär (aus lat. *pecunia*, ursprünglich «Viehreichtum»)

Der systematische Charakter der Veränderungen, die Grimm entdeckt hatte, machte auf seine Zeitgenossen tiefen Eindruck und führte zu einem neuen Verständnis für das Wesen der Sprache. Die Abschwächung von *k* zu *ch*, von *p* zu *f* usw. war kein Zufall in einigen beliebigen Wörtern, sondern ein regelmäßiger Wandel, der alle einschlägigen Wörter der Sprache auf einmal erfasste. Diese Regelmäßigkeit ermutigte die Sprachforscher gegen Ende des 19. Jahrhunderts dazu, die Veränderungen als «Lautgesetze» zu betrachten, die man ebenso wie die Gesetze der natürlichen Welt wissenschaftlich erforschen konnte. Die Devise «Lautgesetze kennen keine Ausnahmen!» wurde zum schallenden Schlachtruf der Epoche. Überdies waren die Veränderungen keine Anhäufung beliebiger Ereignisse, die sich durch puren Zufall alle gleichzeitig abspielten. Vielmehr hingen sie in einer Verkettung von Ursache und Wirkung eng miteinander zusammen, so dass sich, wenn sich *b* zu *p* abschwächte, der ursprüngliche *p*-Laut selbst zurückzog und noch weiter zu einem *f* abschwächte – wahrscheinlich um Missverständnisse großen Ausmaßes zu vermeiden. Die Verbundenheit der Veränderungen erwies somit die Sprache als ein System, das seine Integrität selbst dann bewahrt, wenn seine einzelnen Elemente radikal verwandelt werden – ein System, in dem *tout se tient*, in dem «alles zusammenhält». In der Tat kann man den Einfluss von Grimms Entdeckung auf die nachfolgende Entwicklung der Sprachwissenschaft kaum hoch genug einschätzen.

Allerdings kommt man auch nicht an der Tatsache vorbei, dass das Grimmsche Gesetz Veränderungen beschreibt, die allesamt etwas anrü-

chigen Trägheimer Grundsätzen folgen und die auf der Neigung beruhen, Mühe zu sparen. Bei allen handelt es sich um die Abschwächung
von Lauten. Grimm selbst, der die Ansicht hatte, dass es sich bei diesen
Veränderungen um eine Eigentümlichkeit des Germanischen handle,
war wegen der sprachlichen Kapriolen seiner teutonischen Vorfahren
offensichtlich etwas verlegen. «in gewissem betracht», schrieb er 1848,
«erscheint mir das lautverschieben als eine barbarei und verwilderung,
der sich andere ruhigere völker enthielten.» Gleichwohl versuchte er, zu
dieser Sache gute Miene zu machen, und behauptete, dass solcher Wandel «mit dem gewaltigen das mittelalter eröffnenden vorschritt und frei-
heitsdrang der Deutschen zusammenhängt, von welchen Europas umgestaltung ausgehn sollte».

Grimm hätte sich jedoch keine Sorgen zu machen brauchen, denn
seine Vorfahren waren in dieser Hinsicht nichts Besonderes. Tatsächlich
sind die Prinzipien der Erosion im Grimmschen Gesetz universell, und
ein großer Teil der einzelnen Veränderungen im Germanischen, so etwa
die Abschwächung von *p* zu *f*, lässt sich in Dutzenden von Sprachen aus
aller Welt beobachten. Nehmen wir beispielsweise das Japanische. Während vor dem 9. Jahrhundert ein Samurai, dessen Ehre kompromittiert
worden war, ein *para-kiri* (*para* «Bauch», *kiru* «schneiden») vollzog, ge-
dachten seine Nachkommen einige Generationen später des ehrenvollen
Aktes ihres Vorfahren als *fara-kiri*. Damit ist die Geschichte jedoch noch
nicht zu Ende, denn der Wandel von *p* zu *f* ist Teil einer längeren Kette
der Abschwächung *p* → *f* → *h*, die parallel zu dem Weg verläuft, den
man in Trägheim mit *k* → *ch* → *h* einschlug. Die Japaner verfolgten diese
Route eifrig, so dass nach dem 17. Jahrhundert neue Generationen von
kompromittierten Kriegern allesamt *hara-kiri* begingen.

Mehr noch, die Trägheimer haben nicht einmal ein Monopol auf
sämtliche arbeitssparenden Erfindungen, da in diversen Winkeln des
Erdballs auch verschiedene andere Techniken vervollkommnet worden
sind. Ein weiterer, stark verbreiteter Typ von Wandel wird als Assimilation bezeichnet: Man verschwendet seine Kräfte nicht damit, zwei verschiedene Laute, die eng nebeneinander stehen, hervorzustoßen, und
verwandelt sie stattdessen einfach in zwei gleiche Laute. Die Italiener
beispielsweise waren der Ansicht, es sei viel zu mühsam, in einem Wort
wie *nocte* zwei verschiedene Laute, *c* und *t*, so nahe nebeneinander auszusprechen, und deshalb begannen sie stattdessen einfach, *notte* zu sa-

gen. Und in ähnlicher Weise wurde *somno* («Schlaf») zu *sonno*, aus *maksimo* («Maximum») wurde *massimo* und so weiter.

•

Es gibt noch zahlreiche andere Verfahren, um sich in der Sprache Mühe zu sparen, aber letztlich stellen sie alle Variationen über ein und dasselbe Thema dar und folgen dem Prinzip des geringsten Aufwands: «Sprich so wenig aus, wie man dir durchgehen lässt.» Wenn es ums Sprechen geht, sind wir alle stinkfaul, und besonders bei raschem Sprechen neigen wir dazu, auf die Aussprache nur den minimalen Betrag von Energie zu verwenden, gerade so viel, um dafür zu sorgen, dass der Hörer den beabsichtigten Sinn mitbekommt. Infolgedessen können Laute im Laufe der Zeit abgeschwächt werden, und manchmal können sie sogar ganz ausfallen. Nimmt man also ein Wort oder eine Phrase und verfolgt sie über die Jahre, dann kann man damit rechnen, dass sie immer kürzer werden, wobei Laute und ganze Silben am Wegrand liegen bleiben.

Der Anfang eines Wortes oder einer Phrase wird leicht abgeworfen, wie das etwa im französischen *je ne sais pas* der Fall ist, das am Ende oft wie {schepa} ausgesprochen wird. Und im deutschen «'nabend» ist vom ursprünglichen «guten» nicht mehr als das schließende *n* übriggeblieben.

Laute können aber auch mit nahezu gleicher Leichtigkeit aus der Mitte eines Wortes herausoperiert werden. «Haben» wird häufig einfach *ham* ausgesprochen, und wenn das allzu umgangssprachlich klingt, dann lohnt es sich, daran zu denken, dass das vollkommen anständige *«hat»* das Ergebnis einer ebensolchen Zusammenziehung des ursprünglichen *habet* ist. Oder betrachten wir das ausladende germanische Kompositum **wira-aldō* (wörtlich: «Menschen-Alter»), dessen nicht weniger als vier Silben bereits im Althochdeutschen zu bloßem *weralt* zusammengeschrumpft waren, wovon dann im Zeitalter des global village nur noch ein winzigkleines «Welt» übriggeblieben ist. Dem altenglischen *hlafweard* («Brot-Bewahrer») war ein ebenso unrühmliches Schicksal beschieden: Diese aus nicht weniger als drei Silben bestehenden beiden Wörter wurden zu *hlaford, laferd* und *lowerd* verkürzt, bis das Wort schließlich als verarmter neuenglischer *lord* endete, dem nur noch eine einzige mickrige Silbe geblieben war.

Die Hauptangriffsfläche der Erosion ist jedoch gewöhnlich das Wort-ende. Wenn ein Sprecher zum Ende kommt, dann geht ihm meistens schon die Puste aus, und er kann auch annehmen, dass der Hörer inzwi-schen bereits den Kern des Wortes mitbekommen hat; darum macht er sich nicht die Mühe, das Wortende ebenso deutlich auszusprechen wie den Anfang, wodurch die letzte Silbe am wenigsten geschützt ist.

Das Englische zeigt die Auswirkungen reduzierter Endungen deutlich. Die Vergangenheitsendung *-ed* in Verbformen wie *loved* wurde ur-sprünglich mit einem vollen Vokal ausgesprochen: *lovèd*. Im Jahre 1712 war die verkürzte Aussprache *lov'd* noch eine ziemlich neumodische Manier, und als solche zog sie den Zorn von Jonathan Swift auf sich: «Dadurch, dass wir einen Vokal auslassen, um eine Silbe zu sparen, bringen wir einen so misstönenden Laut hervor, welcher derart schwer auszusprechen ist, dass ich mich oft gefragt habe, wie es zu so etwas überhaupt kommen kann. ... Diese beständige Neigung, unsere Wörter dadurch zu verkürzen, dass man die Vokale beschneidet, ist nichts ande-res als eine Tendenz zum Rückfall in das Barbarentum jener nördlichen Völker, von welchen wir abstammen.»

Swift mag über den Verlust eines Vokals am Ende von Wörtern ent-rüstet gewesen sein, aber tatsächlich ist das Verschwinden nur eines ein-zigen Vokals noch ein recht geringer Verlust, besonders im Vergleich zum Französischen. Hier gibt es in der modernen Sprache drei verschie-dene Wörter, die gleich ausgesprochen werden, als ein recht nacktes und unbedeutendes {u}: *ou, où* und *août*. Die ersten beiden haben, was den Schrumpfungsprozess angeht, eine vergleichsweise bescheidene Ge-schichte hinter sich: *ou* («oder») kommt vom lateinischen *aut*, und hier sind nur ein Vokal und ein Konsonant verschwunden. *Où* («wo?») leitet sich vom lateinischen *ubi* her, und auch dieses Wort hat nur einen Vokal und einen Konsonanten eingebüßt. Das dritte {u} jedoch, der Monat *août*, geht auf keinen geringeren Vorfahren als den lateinischen Namen *Augustus* zurück. Hier sind vier Konsonanten und drei Vokale spurlos verschwunden. Auf den ersten Blick könnte es bemerkenswert erschei-nen, dass der erhabene *Augustus* als bloßes {u} enden konnte, aber für die Franzosen ist das ein Kinderspiel. Man nehme den Namen *Augustus*, der im Spätlateinischen bereits zu *Agustus* verkürzt worden war, dann lasse man die letzte Silbe fallen, was zu *Agust* führt. Im 12. Jahrhundert war das *g* ebenfalls ausgefallen, und es blieb {aust}. Der nächste Kandidat für das Beil war das *s*, woraufhin man das Wort {aut} aussprach und *août* schrieb. {aut} wurde später zu {ut} verkürzt, und schließlich warf man das *t* über Bord … *et voilà, le mois d'août.*

Die Franzosen mögen die Techniken der Lautschrumpfung perfektioniert haben, aber sie sind keineswegs die einzigen Experten auf diesem Gebiet. Damit musste ich selbst einmal bittere Erfahrungen machen, als ich ein Semester an einer Universität in Dänemark verbrachte und dort in den Universitätschor eintrat, der vor allem den Gesang romantischer dänischer Lieder aus dem 19. Jahrhundert pflegte. Diese Lieder waren mir beim Erlernen der Sprache eine große Hilfe, aber es gab da ein bestimmtes Lied, das ich wirklich nicht in dem erforderlichen Tempo hervorstoßen konnte – meine Zunge kam einfach nicht mit den Versen mit. Die Schwierigkeit rührte daher, dass dieses Lied im Dialekt der Insel Fünen geschrieben war, von dem selbst die wohlwollendsten Betrachter sagen müssten, er sei konsonantisch minderbemittelt. Der Standardversion des modernen Dänisch ist es bereits gelungen, sich zahlreicher Konsonanten zu entledigen, die frühere Stufen der Sprache ungebührlich belasteten, aber dieser Dialekt schaffte es irgendwie, auch noch die wenigen kostbaren Konsonanten der Standardsprache über Bord zu werfen. So unternahm ich in dem verzweifelten Bemühen, nicht aufzufallen, vage Murmelversuche, während um mich herum die anderen Mitglieder des Chors – sonst ganz vernünftige Leute – eimerweise Laute wie 'e 'a 'o 'a 'e 'å 'a 'e 'æ 'e öffentlich von sich gaben, ohne dass ihnen das irgendwie peinlich gewesen wäre. Die letzte Zeile des Liedes beispielsweise bedeutet «alles hat sich verändert, oder bin ich es vielleicht nur?» und lautet folgendermaßen:

de   hele   æ'   fo'a're'   e'er   å   a'   de'   æ'   mej

Die Fassung in dänischer Standardorthographie vermittelt eine Vorstellung von den Konsonanten, die früher einmal da waren. Alles hat sich verändert, oder bin ich es vielleicht nur?

det	*hele*	*er*	*forandret*	*eller*	*og*	*at*	*det*	*er*	*mig*
das	Ganze	ist	verändert	oder	auch	dass	es	bin	ich

Während der Dialekt von Fünen die Mehrzahl seiner lästigen Konsonanten abgestoßen hat, kann in anderen Sprachen der Verlust in erster Linie die Vokale betreffen. Manche Sprachen sind dafür berüchtigt, dass sie recht konsonantenlastig sind, und der Grund hierfür ist oft ein drastischer Vokalverlust. Während des Krieges im ehemaligen Jugoslawien publizierte die amerikanische Satirezeitschrift *The Onion* folgende Meldung:

Clinton schickt Vokale in das ehemalige Jugoslawien

Erste Empfänger: die Stadt Sjlbvdnzv und die Insel Krk

Vor einer gemeinsamen Sondersitzung des Kongresses verkündete Präsident Clinton gestern Pläne, mehr als 75 000 Vokale in die vom Krieg zerrissenen Länder Ex-Jugoslawiens zu schicken. Diese Lieferung, die größte ihrer Art in der Geschichte der USA, wird die Region mit den dringend benötigten Buchstaben A, E, I, O und U versorgen, und man hofft, dass dadurch zahlreiche Namen leichter aussprechbar werden. «Sechs Jahre lang haben wir zugesehen, während Namen wie Ygrjvslmv, Tzlynhr und Glrm von Millionen von Menschen in aller Welt missbraucht worden sind», erklärte Clinton. «Heute müssen wir aufstehen und sagen: ‹Genug ist genug!›» Die Lieferung ist für den Beginn der kommenden Woche vorgesehen; erste Empfänger sollen die an der Adria gelegene Hafenstadt Sjlbvdnzv und die Insel Krk sein. Zwei Transportmaschinen, die jede mehr als 500 Kisten E's befördern, werden vom Luftwaffenstützpunkt Andrews über den Atlantik fliegen und die Buchstaben über den am schlimmsten heimgesuchten Gebieten abwerfen. Die Bewohner der betroffenen Städte erwarten die Vokale sehnsüchtig. «Mein Gott, ich glaube nicht, dass wir es noch einen Tag länger aushalten können», sagte Trszg Grzdnvc (44). «Ich habe sechs Kinder, und keines von ihnen hat einen Namen, den ich aussprechen kann.» Grg Hmphrs, ein Bewohner von Sjlbndzv, fügte hinzu: «Wenn ich nur ein paar Vokale hätte, könnte ich George Humphries sein. Das ist mein Traum.» Bei dieser Luftbrücke handelt es sich um die größte Lieferung von Buchstaben an ein fremdes Land seit 1984. Im Sommer dieses Jahres hatten die USA an den Tschad 92 000 Konsonanten als Hilfsgüter geliefert, die für die Stadt Ouaouaoua bestimmt waren.

Wie so häufig ist jedoch die Wirklichkeit besser als jede Erfindung. Der Satz «steck (den) Finger durch (den) Hals» lautet auf Tschechisch sehr passend: *strč prst skrz krk*.

•

Die gesammelten Beispiele für Abschwächung und Verlust haben bisher wie eine bloße Kuriositätensammlung ausgesehen, und dieser zwielichtige Eindruck wird nur noch dadurch verschärft, dass ihnen ein zweifelhaftes Motiv zugrunde liegt – der menschliche Hang zur Faulheit. Lassen wir uns aber durch die Trivialität dieser Dinge nicht in die Irre führen. So geringfügig diese «Kräfte der Zerstörung» auch aussehen mögen, ihre Wirkungen auf Strukturen können verheerend sein, denn im Laufe der Zeit wirkt die Erosion als eine Kraft, der nichts widersteht, als erbarmungsloser Feind, der die mächtigsten Bauwerke dem Erdboden gleichmachen kann, so dass nur noch Schutthaufen von Unregelmäßigkeiten zurückbleiben.

Am auffälligsten sind die Verheerungen der Erosion vielleicht bei den Kasussystemen, die unter allen monumentalen Strukturen anscheinend besonders verwundbar sind. Das Schicksal des Kasussystems in den indoeuropäischen Sprachen ist hierfür ein gutes Beispiel. Der prähistorische Vorläufer, das Proto-Indoeuropäische, hatte acht verschiedene Fälle, die als vollständiges System aber nur im Sanskrit erhalten geblieben sind, während in allen anderen Tochtersprachen die Erosion schon vor Einsetzen der schriftlichen Überlieferung ihre Spuren hinterlassen hatte. So waren im klassischen Latein von den acht verschiedenen Fällen nur noch sechs übriggeblieben, und in der Praxis hatte kein lateinisches Nomen im Singular mehr als fünf verschiedene Kasusendungen. In der zweiten Deklination beispielsweise fielen der Dativ und der Ablativ zusammen, so dass ein Substantiv wie *annus* («Jahr») nur noch folgende Formen im Singular hatte:

Nominativ	*ann-us*
Vokativ	*ann-e*
Genitiv	*ann-ī*
Akkusativ	*ann-um*
Dativ/Ablativ	*ann-ō*

Selbst diese fünf verschiedenen Endungen hielten sich jedoch nicht lange. Zunächst wurde das *-um* des Akkusativs zu *-u* und danach dann weiter zu einem schlafferen *-o* verkürzt; das lange *-ō* des Dativs und Ablativs wurde ebenfalls zu einem kurzen *-o* abgeschwächt; und der seltene Vokativ fiel mit dem Nominativ zusammen. Somit blieben um 300 n. Chr. nur noch drei verschiedene Endungen übrig:

Nominativ/Vokativ	*ann-us*
Genitiv	*ann-i*
Akkusativ/Dativ/Ablativ	*ann-o*

Und einige hundert Jahre später, als die frühesten Überlieferungen der romanischen Sprachen einsetzten, hatten nur noch zwei Formen überlebt: der Nominativ *ann-os* und die Form *ann-o* für alles andere. Später wurde selbst dieser Unterschied beseitigt. Im Spanischen fiel das -*s* des Nominativs ab, was zu *año* in allen Fällen führte, und im Französischen verschwand die ganze letzte Silbe, so dass in allen Formen nur *an* übrigblieb. Nur tausend Jahre nach Cicero war also das majestätische lateinische Kasussystem ganz vom Erdboden vertilgt.

Im germanischen Zweig des Indoeuropäischen erlitt das Kasussystem ebenso schwere Verluste. Gegen Ende des 1. Jahrtausends n. Chr., im Althochdeutschen, hatten Nomina im Singular noch höchstens vier verschiedene Kasusendungen:

Nominativ/Akkusativ	*tag*
Dativ	*tag-e*
Genitiv	*tag-es*
Instrumental	*tag-u*

Nicht einmal dieses reduzierte System vermochte jedoch dem Ansturm der Erosion standzuhalten, als die Schlusssilben abgeschwächt wurden und das gesamte Bauwerk zusammenzubrechen begann. Im heutigen Deutsch sind nur noch zwei(einhalb) verschiedene Formen übrig: *Tag*, *Tag-es* (Genitiv) und ein höchst morbider Dativ *Tag-e*.

•

Selbst wenn die Kräfte der Erosion eine Struktur nicht völlig beseitigen, können sie doch die Dinge durcheinanderbringen und Unregelmäßigkeiten in Formen einführen, die einst ganz und gar regelmäßig waren. Eines der extremeren Beispiele dafür, wie die Kräfte der Erosion eine elegante Struktur verwirren können, ist das Schicksal mancher Verben in den semitischen Sprachen. In Kapitel 1 sprach ich von der Architektur des semitischen Verbs mit seinem Aufbau aus rein konsonantischen

Wurzeln. Dort wurde das System von seiner besten Seite vorgeführt, aber wenn man die Einzelsprachen näher untersucht, dann zeigt sich ein nicht ganz so schmeichelhaftes Bild. Vom biblischen Hebräisch heißt es zum Beispiel gelegentlich, es habe so viele Unregelmäßigkeiten, dass dies Zweifel an der Existenz des Allmächtigen rechtfertige. In Wirklichkeit sind aber die Schwächen des Systems sehr menschlich, und sie lassen sich mehrheitlich auf einfache und mittlerweile vertraute Veränderungen zurückführen, die der Müheersparnis dienen. Betrachten wir beispielsweise das Schicksal der hebräischen Wurzel n-p-l («fallen»), die im Präsens und im Futur folgende Formen hat: n*a*p*a*l («er fiel») und *yi*npol («er wird fallen»). Oder vielmehr sollte ich sagen, dass dies die Formen sind, die das Verb hätte aufweisen *sollen*, denn in Wirklichkeit bedurfte es nur zweier gängiger Energiesparmaßnahmen, um das Verb zur Unregelmäßigkeit zu verdammen:

Ursprüngliche Form	mühesparender Wandel	spätere Form
*yi*npol («er wird fallen»)	np → pp	*yi*ppol
n*a*p*a*l («er fiel»)	p → f	n*a*f*a*l

Der erste mühesparende Wandel, der über die alten Israeliten kam, war das Prinzip der Assimilation, wodurch sich alle *n*-Laute an den folgenden Konsonanten anglichen, so dass die Futurform *yi*n̲pol («er wird fallen») zu *yi*ppol wurde. Jahrhunderte später ließ die verbreitete Abschwächung des *p* zu *f* auch die *p*'s des Hebräischen nicht ungeschoren, und sämtliche nicht verdoppelten *p*'s nach Vokal wurden zu *f* abgeschwächt, so dass die Vergangenheitsform n*a*p̲al zu n*a*f̲al wurde. Wenn sich der Sturm des Wandels verzogen hat, kommen die beiden Formen des Verbs «fallen», n*a*f*a*l und *yi*ppol, aus ihren Zelten heraus und schütteln den Staub von ihren müden Konsonanten, aber sie stellen fest, dass sie sich kaum noch als zwei Abwandlungen der Wurzel n-p-l wiedererkennen. Es bedurfte nur zweier simpler mühesparender Abänderungen, um ein solches Durcheinander anzurichten, dass die einzige Gemeinsamkeit der beiden Formen n*a*f*a*l und *yi*ppol der letzte Wurzelkonsonant l ist.

•

Hätte ich doch eine noch unbekannte Klage,

unübliche Formulierungen,

neue, ungebrauchte Wörter,

die nicht ständig wiederholt werden,

nicht nur überlieferte Aussprüche,

die schon die Ahnen gesagt haben!

Ich presse meinen Leib aus von allem, was in ihm ist,

und lasse alles fallen, was ich früher gesagt habe.

Alles, was man sagt, ist nichts als Wiederholung,

Denn alles Sagenswerte ist schon gesagt ...

Die Klagen des Cha-cheper-Re-seneb
Altägyptisches Gedicht (Mittleres Reich, 19. Jh. v. Chr)

Ebenso erbarmungslos wie Wind und Regen nagen die Kräfte der Erosion an der Sprachlandschaft. In welchen Schlupfwinkel der Sprache man auch blickt, immer entdeckt man das gleiche Bild des Zerfalls. Laute werden allmählich abgeschwächt, Wörter «rutschen ab, gleiten aus, gehen zugrund ...», Strukturen werden baufällig und stürzen ein. Optimisten könnten noch eine gewisse Hoffnung hegen, dass zumindest *ein* Bereich der Sprache, die Bedeutung der Wörter, ein sicherer Hort bleiben würde, dem das Nagen der Erosion nichts anhaben kann. Warum sollte schließlich die Bedeutung der Wörter jemals schwächer werden, da doch bei einem solchen Prozess nichts zu gewinnen wäre? Die ökonomischen Vorteile von Abkürzungen der Aussprache ergeben sich in diesem Fall ganz offensichtlich nicht, denn ein Wort wie «Desaster» ließe sich kaum leichter aussprechen, wenn es etwas weniger Desaströses bedeutete.

Leider sieht es jedoch so aus, als neige die Bedeutung ebensosehr zur Abnutzung wie die Laute. Und ironischerweise wird der Niedergang bei der Bedeutung nicht durch einen trägen Wunsch nach Kraftersparnis in Gang gesetzt, sondern eher durch das Gegenteil: durch das Bedürfnis, die Ausdruckskraft zu erhöhen. Sprecher holen oft weit aus, um die Wirkung ihrer Äußerungen zu verstärken und ihrer Rede mehr Gewicht und Nachdruck zu verleihen, wobei sie meist nach Wörtern mit immer kraftvollerer Bedeutung greifen. Kurzfristig mag ein solches Verfahren das gewünschte Ergebnis erzielen, aber auf lange Sicht erreicht diese Strategie das Gegenteil, einfach weil sie inflationär ist. Wie der ägyptische Dichter schon vor fast 4000 Jahren erkannte, ist es äußerst schwierig, neue, ungebrauchte Wörter zu finden und Wiederholung zu vermeiden (alles Sagenswerte ist schon gesagt). Und erprobte Wörter verlieren ihre Kraft, weil übermäßige Vertrautheit ihre Bedeutung abschwächt.

Selbsternannte Hüter der Sprache haben die Gewohnheit, sich darüber zu beklagen, dass Wörter wie «Desaster» oder «Katastrophe» heutzutage so leichthändig gebraucht werden, dass ihr Sinn entwertet wird und die Sprache als ganze mit ihm. Was sie mit «Entwertung» meinen, ist, dass ein Wort wie «Katastrophe», wenn man es nicht mehr nur für wirkliche Katastrophen verwendet (sondern für schlechte Konzerte oder nicht zueinander passende Kleidungsstücke), seine Eigenart und die ursprüngliche Kraft seiner Bedeutung verliert, und infolgedessen büßt die Sprache, so klagen sie, ihre Ausdruckskraft ein. Puristen anderer Sprachen haben ähnliches zu beanstanden. Französische Kritiker beispielsweise rümpfen die Nase über den exzessiven modernen Gebrauch von Verstärkern wie *extra-*, *super-* oder *hyper-* anstelle des einfacheren und gesetzteren *très*, und sie behaupten, dieser Overkill führe zu einer die Sprache entwertenden Redundanz.

In gewissem Sinne haben die Argumente der Puristen etwas für sich, denn ihre Beschreibung des Prozesses ist, was die Fakten angeht, durchaus treffend: Die Stärke der Bedeutung eines bestimmten Wortes hängt von seiner Unverwechselbarkeit ab, und so wird sein Eindruck auf uns um so schwächer, je häufiger wir ein Wort hören. Wenn ein bestimmtes Verstärkungslement immer öfter verwendet wird, dann ist es nur natürlich, dass ein inflationärer Prozess in Gang kommt, der zur Abnutzung seiner Bedeutung führt.

Allerdings irren die Hüter des guten Sprachgebrauchs in der Annahme, dieser Prozess sei etwas Neues und Bedrohliches, das durch den verderblichen Einfluss der nach Schlagzeilen gierenden Massenmedien hervorgerufen worden sei. Denn die Aushöhlung der Bedeutung ist uralt und so gewöhnlich wie nur etwas. Die französischen Puristen der heutigen Zeit brauchen nur die Geschichte ihrer eigenen Sprache in Augenschein zu nehmen, um zu sehen, dass es hier nichts Neues zu fin-

den gibt, da das gegenwärtige Schicksal von *extra, super* und *hyper* ein
genaues Abbild dessen darstellt, was in früheren Jahrhunderten mit ver-
gleichbaren Verstärkern wie etwa der Verneinungspartikel *pas* geschah.
Heutzutage mag *pas* einem höchst würdigen und von elegantem Under-
statement gekennzeichneten Stil angehören, den zu kritisieren keinem
Puristen je einfallen würde, aber das war nicht immer so. Vor tausend
Jahren lautete die Negation im Französischen einfach *ne*. Diese Andeutung einer Silbe wurde jedoch nicht für emphatisch genug gehalten, um das volle Ausmaß gallischer Lustlosigkeit zum Ausdruck zu
bringen, und so wurden diverse neuartige und phantasievolle Verstärker hinzugefügt, um klar zu machen, dass «nein» wirklich «nein» bedeutet. Das Wort *pas*, das «Schritt» bedeutete, war nur eines von ihnen,
und es wurde in Zusammenhängen wie «ich gehe nicht einen Schritt»
verwendet. Es gab aber noch viele andere Elemente, mit denen man
spielen konnte, so etwa *point* («Punkt»), *gote* («Tropfen»), *amende*
(«Mandel»), *areste* («Fischgräte»), *eschalope* («Erbsenschote») oder
mie («Krümel»):

altrement ne m'amerat il **mie**

«sonst wird er mich nicht einen Krümel lieben»

(*La Chanson de Roland*, um 1090 n. Chr.)

Man kann sich vorstellen, wie Puristen des 12. Jahrhunderts über Wendungen wie «er wird mich nicht einen Krümel lieben» oder «es küm-
mert mich keine Erbsenschote» die Stirn gerunzelt und sie als unnötig
bombastische und entwürdigende Übertreibungen verdammt haben
müssen. Selbst wenn sie das aber taten, zeigten ihre Einwände wenig
Wirkung, und diese farbenfrohen Verstärker verbreiteten sich immer
mehr. Im 16. Jahrhundert hatten *pas* und *point* die meisten anderen Varianten abgelöst und waren so häufig geworden, dass sie den größten
Teil ihrer ursprünglichen Kraft verloren hatten. Zum Schluss sah man
sie dann als notwendigen Bestandteil einer schlichten Verneinung an.
Im modernen Französisch schließlich ist nur noch eines der genannten
Elemente, *pas*, in regelmäßigem Gebrauch, und dieses Wort hat keine
Fischgräte emphatischer Kraft zurückbehalten. Es bedeutet einfach
«nicht».

Sollten Sie versucht sein zu glauben, diese Geschichte zeuge lediglich von gallischer Übertreibung, dann sind Sie vielleicht überrascht darüber, dass die deutsche Negation «nicht» das Ergebnis genau des gleichen inflationären Prozesses ist. Ursprünglich war die Negation im Deutschen ein einfaches *ni* oder *ne*, das ebenso wie das französische *ne* vor dem Verb stand. Beispielsweise hieß «sie wollte nicht» im Deutsch des 9. Jahrhunderts «ni wolta sih». Das moderne Wort «nicht» begann sein Dasein als der vollmundige Ausdruck *ni-êo-wiht* («nicht ein Wesen» oder «nicht irgendein Ding»). Im Althochdeutschen hatte sich *ni-êo-wiht* schon zu *niowiht* zusammengezogen, aber es bewahrte immer noch seine volle emphatische Bedeutung und konnte dem einfachen *ni* hinzugefügt werden, um eine nachdrückliche Verneinung vom Schlage eines «keineswegs» zu erzeugen. In dem Abschnitt aus der Tatianübersetzung, der im vorigen Kapitel zitiert wurde, lesen wir beispielsweise, dass Jesus zum Feigenbaum ging, aber «ni fand niowiht», das heißt, er fand überhaupt nichts (als Blätter). In den darauffolgenden Jahrhunderten fing man jedoch an, *niowiht* immer häufiger zu verwenden, um eine Negation zu verstärken, und infolgedessen setzte eine Erosion ein: in der Form wurde *niowiht* zu *niht* verkürzt, und neben dieser Reduzierung auf der Lautebene kam es zu einer inflationären Abschwächung der Bedeutung. Im 12. Jahrhundert wurde *niht* in der Konstruktion *ne … niht* so gängig, dass sich seine emphatische Kraft weitgehend verflüchtigt hatte; so hatte eine Phrase wie *i-ne weiz niht* allen Anspruch verloren, die Bedeutung «ich weiß überhaupt nichts» zu vermitteln, und wurde als einfaches «ich weiß nicht» aufgefasst. Das ursprüngliche *ne* empfand man dann als redundant und ließ es ganz fallen, so dass die moderne Konstruktion «ich weiß nicht» übrig blieb. «Nicht» ist somit ein erstklassiges Beispiel für materiellen wie sozialen Niedergang. Es nahm seinen Anfang als *ni-êo-wiht* («nicht irgendein Ding»), eine Phrase von üppiger Länge und gewichtiger Bedeutung. Seine Form wurde jedoch drastisch zu «nicht» reduziert (das dann in der Aussprache zu bloßem «nich» oder «nət» wurde), und in seiner Bedeutung schrumpfte es auf eine ganz schlichte Verneinung zusammen.

Heutzutage ist im britischen Englisch ein ganz ähnlicher Wandel bei der Phrase *at all* im Gange, wenn auch bei Fragen und nicht bei verneinten Aussagen. Wenn Sie das nächste Mal nach England fahren und einkaufen gehen, dann hören Sie hin, mit welchen Worten die Verkäuferin Ihnen eine Tüte anbietet. Höchstwahrscheinlich werden Sie hören «would you like a bag, at all?» oder sogar bloß «a bag, at all?» Warum aber «at all»? Gewiss ist die Entscheidung, ob man eine Tüte möchte oder nicht, eine der am wenigsten folgenschweren, die man im Leben treffen muss; warum sagt man also nicht einfach «would you like a bag?» Wahrscheinlich ist hier ein Wandel im Gange, bei dem ein ursprünglicher Ausdruck der emphatischen Verstärkung auf den Weg der Abnutzung gerät, diese Emphase verliert und zu so etwas wie einem bloßen erweiterten Fragezeichen wird. Die Briten sind bekanntlich außerordentlich höflich. Und was hinter dem Satz «would you like a bag at all?» steht, ist vermutlich eine höfliche Verstärkungsform wie: «Haben Sie auch nur den leisesten Wunsch, eine Tüte von mir zu erhalten? ... Dann wäre ich natürlich mehr als entzückt, Ihnen eine zu reichen.» Bei wiederholtem Gebrauch verliert jedoch dieses «at all» seinen spezifischen Charakter und wird als Markierung einer höflichen Frage konventionalisiert. Und wenn sich dieser Trend fortsetzt, dann ist es durchaus möglich, dass sich «at all» in eine allgemeine Fragepartikel verwandelt und dass sich dieser Ausdruck parallel dazu auch lautlich reduziert, zunächst vielleicht zu *tall*. So kann es sein, dass in ein oder zwei Jahrhunderten Dialoge wie der folgende keineswegs ungewöhnliches Englisch darstellen werden:

– Would you like a bag tall?
– Yes, please. Actually, could you give me two tall?
– Of course, Madam, plastic or paper tall?
– Paper will do, unless you have those strong ones with handles tall?

Alles in allem tragen somit die Veränderungen der Bedeutung nicht nennenswert dazu bei, das Dämmerlicht zu erhellen, das über Lauten und Strukturen liegt. Zwar mag es beruhigend erscheinen, dass selbst Veränderungen im Bereich der Bedeutung nicht ganz planlos verlaufen, sondern anscheinend immer wieder dieselbe Tendenz aufweisen und sich in ausgefahrenen Gleisen bewegen. Aber in welche Richtung? – Abnutzung und Verfall. Die Veränderungen der Bedeutung tragen also ebenfalls zu einem ganz und gar düsteren Bild des Sprachwandels bei: Zerfall von Lauten, Strukturen und Bedeutungen.

Viele Jahre lang war der anscheinend hoffnungslose Niedergang der Sprache nicht nur eine Quelle des Kummers für Sprachforscher, er stellte auch eine ernsthafte Bedrohung für das gesamte Unternehmen dar, zu einem Verständnis der Sprachgeschichte zu gelangen. Diese Bedrohung ging von dem aus, was ich als das Problem der unregelmäßigen Blumen bezeichnet habe, und sie fasst das Dilemma des 19. Jahrhunderts zusammen. Einerseits erlebte diese Epoche außerordentliche Triumphe, die das Verständnis der Sprachgeschichte und damit der Sprache selbst revolutionierten. Andererseits aber weckte das Bild, das sich vom Charakter der Veränderungen abzeichnete, tiefe Zweifel, da die Prozesse, die man entdeckte, allesamt in eine deprimierende Sackgasse zu führen schienen. Denn wenn die Kräfte des Wandels stets auf Zerstörung, aber nie auf Neuschöpfung versessen waren, wie konnten sie dann jemals all diese großartigen Strukturen hervorbringen?

Diese Herausforderung beschäftigte einige der großen Denker des 19. Jahrhunderts, und sie führte zu unterschiedlichen und bisweilen recht verzweifelten Versuchen, sich aus dieser misslichen Lage herauszuwinden. Unser vorrangiges Ziel im verbleibenden Teil dieses Kapitels wird sein, uns darüber klar zu werden, wie erfolgreich die Versuche waren. Es wäre jedoch unfair, ein Urteil über diese Gelehrten zu fällen, ohne die Größe ihrer Leistung zu würdigen. Um ihren Bemühungen gerecht zu werden, ist es notwendig, sich als erstes eine Vorstellung vom intellektuellen Klima der Epoche zu machen und die Umwälzung in der Erforschung der Sprache in Betracht zu ziehen, die in diesem bemerkenswerten Jahrhundert begann.

Der Neptun der Sprachwissenschaft

Vor dem 19. Jahrhundert war das Nachdenken über die Geschichte von Sprachen und die Beziehungen zwischen ihnen noch der Zeitvertreib von Dilettanten gewesen, die sich bei ihren Annahmen oft von sprachfremden Motiven leiten ließen. Im Jahre 1690 beispielsweise schrieb ein gewisser Père Louis Thomassin allen Ernstes, Französisch und Hebräisch stünden einander so nahe, dass «man zu Recht sagen kann, dass sie im Grunde nichts anderes als ein und dieselbe Sprache sind». Auch noch 1765, als das aufgeklärte 18. Jahrhundert schon weit fortgeschritten war, behauptete der Artikel über die Sprache in Diderots geachteter *Encyclopédie*, Französisch sei eng mit Hebräisch verwandt. Die Sprachwissenschaftler der damaligen Zeit hatten es somit nicht viel weiter gebracht als die Madame aus Versailles, die in Voltaires Gegenwart er-

Sir William Jones (1746–1794)

klärte: «Wie überaus schade, dass diese ärgerliche Geschichte mit dem Turm zu Babel die Sprache verwirrt hat; sonst hätten alle Menschen immer Französisch gesprochen.»

Innerhalb eines Jahrhunderts jedoch war die Szenerie nicht mehr wiederzuerkennen, und die Sprachforschung war zu einer regelrechten wissenschaftlichen Disziplin aufgestiegen, die sich verblüffender Leistungen rühmen konnte. Ausgelöst wurde die Revolution gegen Ende des 18. Jahrhunderts durch die Entdeckung einer echten, aber überraschenden Sprachverwandtschaft. Wie sich herausstellte, war Sanskrit, die Sprache des alten Indien, eng mit den klassischen europäischen Sprachen Latein und Griechisch verwandt. Der britische Orientalist Sir William Jones berichtete im Februar 1786 der Asiatic Society of Calcutta über diese Entdeckung, und er tat das in Worten, die in der Linguistik zur Legende werden sollten:

Die Sanskrit genannte Sprache ist, ganz gleich wie alt sie sein mag, von wunderbarem Bau; vollkommener als das Griechische, reicher als das Lateinische, und in ihrer Feinheit noch herrlicher als jede dieser beiden; beiden jedoch sowohl in den Wurzeln der Wörter als auch in den grammatischen Formen um so vieles näher stehend, als durch Zufall bewirkt sein könnte; so eng fürwahr, dass kein Philologe alle drei untersuchen könnte, ohne zu dem Schluss zu gelangen, dass sie einer gemeinsamen Quelle entstammen, die vielleicht nicht mehr existiert.

Diese Offenbarung war der Startschuss für ein Jahrhundert der Fortschritte. Nach und nach begannen Sprachforscher, ein detailliertes Bild der Verwandtschaftsbeziehungen zwischen Sprachen zusammenzufügen, und sie fanden heraus, dass die meisten europäischen Sprachen (mit Ausnahme einiger weniger – Baskisch, Ungarisch, Estnisch und Finnisch) über einen gemeinsamen vorgeschichtlichen Urahn nicht nur miteinander, sondern sogar mit einigen Sprachen Indiens und Persiens verwandt waren. Zum ersten Mal ging die Sprachwissenschaft über impressionistische Vergleiche hinaus und etablierte systematische Entsprechungen zwischen verwandten Wörtern in den verschiedenen Sprachen. Diese regelmäßigen Entsprechungen ließen nicht nur die familiären Beziehungen zwischen den Sprachen zutage treten, sondern auch noch etwas weit Wichtigeres: dass nämlich der Sprachwandel nicht immer unvorhersehbar und launenhaft ist, sondern häufig allgemeinen Regeln folgt und somit einer wissenschaftlichen Erforschung zugänglich ist. Die Regelmäßigkeit der aufgedeckten Veränderungen gestattete es den Sprachforschern sogar, den prähistorischen Vorfahren der indoeuropäischen Sprachen zu rekonstruieren (den sie als Proto-Indoeuropäisch bezeichneten) und eine Vorstellung davon zu gewinnen, wie diese vor mindestens 6000 Jahren gesprochene Sprache geklungen haben muss.

Jahr für Jahr fügten sich weitere Teile des Puzzles zusammen, scheinbare Ausnahmen von den Regeln wurden beseitigt, und die Umrisse der vorgeschichtlichen Ursprache präziser skizziert. Es war, als habe die Sprachwissenschaft in weniger als einem Jahrhundert den Sprung von müßiger Sternenschau zur ausgefeilten Wissenschaft der Astronomie getan, die mit ihren detaillierten Beobachtungen ferner Planeten ein Verständnis für die Kräfte gewinnt, welche deren Bewegungen bestimmen. So raffiniert waren die Linguisten in der Tat geworden, dass weniger als ein Jahrhundert nach dem bahnbrechenden Vortrag von William Jones ein weiterer Durchbruch stattfand, den man zu Recht als sprachwissenschaftliche Entsprechung zur gefeierten Entdeckung des Planeten Neptun in unserem Sonnensystem ansehen kann.

Nicht ganz unbekannt ist, dass der Mathematiker John Couch Adams im Jahre 1843 auf Grund von Abweichungen in der Bahn des Uranus die Existenz eines neuen Planeten, des Neptun, vorhergesagt hat. Ausgehend von Adams' Berechnungen des Ortes, an dem dieser Himmelskörper zu finden sein sollte, gelang es Astronomen schließlich, den schwer zu beobachtenden Neptun am Himmel zu entdecken. Kaum bekannt ist hingegen ein ebenso außerordentlicher Coup der Sprachforschung, den 30 Jahre später ein Schweizer Wunderkind namens Ferdinand de Saussure landete – der wahrscheinlich klügste Linguist, der je gelebt hat.

In den 1870er Jahren hatten die Sprachforscher bereits eine Reihe bemerkenswerter Entdeckungen in der Tasche, und sie hatten ein eingehendes Verständnis dafür entwickelt, wie die Konsonanten in verschiedenen indoeuropäischen Sprachen einander entsprechen. Das Grimm-

Ferdinand de Saussure
(1857–1913)

sche Gesetz war ein bemerkenswertes Beispiel, denn es erklärte, wie sich die germanischen Sprachen in systematischer Weise von den Mitgliedern anderer Zweige des Indoeuropäischen unterscheiden. Es gab aber noch viele weitere Fortschritte, die es Linguisten erlaubten, das Konsonantensystem der Ausgangssprache zu rekonstruieren. Das *Vokal*system des Proto-Indoeuropäischen hingegen blieb ein Rätsel, das den damaligen Forschern hartnäckig trotzte. Das Netz der verschiedenen Vokale in den Tochtersprachen war so tückisch verwirrt, dass niemand einen Ansatz fand, um daraus klug zu werden. Hinter der Verteilung der Vokale in den einzelnen Zweigen der Familie schien kein vernünftiges System zu stehen, und niemand war in der Lage, die Entsprechungen mit einem dem Grimmschen ähnlichen Gesetz zu erklären.

All das änderte sich jedoch, als sich 1878 ein junger Student aus Genf mit dem Problem befasste. Im unglaublichen Alter von 21 Jahren legte Ferdinand de Saussure eine revolutionäre Theorie vor, die mit einem Schlag die undurchdringliche Komplexität der Vokalverteilung in den Tochtersprachen in ein System von beinahe wundersamer Einfachheit verwandelte. Er vertrat die Auffassung, dass die Verben, auch wenn sie in den überlieferten Sprachen eine verwirrende Vielfalt des Vokalismus aufwiesen, in der Ausgangssprache nur einen einzigen Vokal, das *e*, besessen hätten. Nach dieser Hypothese hatten Verbwurzeln im Proto-Indoeuropäischen Formen wie *sek* («schneiden»), *bher* («tragen»), *bhewg* («fliehen»), *deyk* («zeigen») gehabt. (In den folgenden Ausführungen werde ich die Sternchen vor den hypothetischen proto-indoeuropäischen Wurzeln weglassen, da klar sein sollte, dass diese Formen rekonstruiert und nicht überliefert sind.) Bei einigen Verben blieb der Vokal *e* in den Tochtersprachen erhalten; so wird beispielsweise aus *bher* das deutsche «(ge-)bär(-en)», und *sek* erscheint im Lateinischen als *sec* (das in den deutschen Wörtern <u>Sek</u>tor und <u>Sek</u>tion auftaucht).

So weit so gut. Es gab aber auch unbändigere Verben wie etwa das von Saussure angenommene *bhewg* («fliehen»), das in den überlieferten Sprachen nicht das erwartete *e*, sondern ein *u* aufwies. Im Lateinischen, wo das proto-indoeuropäische *bh* durchgängig in *f* verwandelt wurde, erscheint die Wurzel als *fug* (daher das deutsche Wort Fuge, eigentlich «Flucht», das Davonlaufen der Stimmen voneinander). Wie erklärte Saussure diese problematischeren Fälle? Er behauptete, der Vokalwandel könne auf eine Reihe von ‹Lautstrolchen› wie *w* und *y* zurückgeführt werden, die in der proto-indoeuropäischen Wurzel ursprünglich unmittelbar auf den Kernvokal *e* gefolgt waren. Seine hypothetisch angenommene Wurzel *bhewg* erscheint in den Tochtersprachen nicht mit *e*, sondern mit *u*, weil die Folge *ew* zu bloßem *u* zusammengezogen wurde, oder mit anderen Worten, weil der Strolch *w* das *e* zu *u* «umfärbte».

Es gab jedoch eine letzte Gruppe von Verben, die erheblich ernstere Probleme bereiteten, da sie in den überlieferten Sprachen mit einem störenden *a* auftraten. Ein von Saussure angeführtes Beispiel war die Wurzel *pā* oder *pās* («schützen»), die sich in Sanskrit *pātar* («Beschützer») oder lateinisch *pāstor* («Hirt») findet. Wurzeln wie *pās* zeigten den erwarteten Kernvokal *e* in *keiner* der bezeugten Formen, aber andererseits wiesen sie auch keine Anzeichen für einen Strolch wie *w* auf, den man für eine Vokalfärbung hätte verantwortlich machen können. Wie konnte man sie wegerklären? Saussure stellte eine kühne Hypothese auf. Einstmals, so behauptete er, hatten Verben wie *pās* nach dem Kernvokal *e* tatsächlich einen Strolch besessen, und dieser Laut war dafür verantwortlich gewesen, dem *e* eine *a*-Färbung zu verleihen. In einem späteren Stadium jedoch und nachdem er all dies Unheil angerichtet hatte, verschwand dieser Strolch von der Bildfläche. Wollte man für die Wiedergabe dieses ungreifbaren Lautes das Symbol X verwenden, dann lautete Saussures Behauptung, dass *pās* ursprünglich als eine regelmäßige Wurzel von der Form *peXs* begonnen hatte, dass aber irgendwann in vorgeschichtlicher Zeit das X den Vokal *e* färbte, so dass er zu *a* wurde und sich *peXs* in *paXs* verwandelte. Später fiel der Strolch selbst infolge irgendwelcher anderer mühesparender Veränderungen aus, und die Folge *aX* wurde zu *ā* zusammengezogen, so dass sich *paXs* in *pās* verwandelte. Schematisch lässt sich die gesamte Entwicklung also als *peXs* → *paXs* → *pās* darstellen.

Selbstverständlich ist dieser Überblick über die Theorie Saussures etwas vereinfacht. Der Autor selbst brauchte für die detaillierte Darlegung seines Systems nicht weniger als 300 Seiten voller ausführlicher Argumentationen. Gleichwohl hätte der wesentliche Gedanke, der hinter seiner Hypothese stand, nicht einfacher sein können, da er mit einem Schlag an die Stelle der außerordentlichen Komplexität des gesamten Vokalsystems nur einen einzigen Kernvokal setzte, der in sämtlichen Wurzeln vorkam.

Die Brillanz der Saussureschen Theorie wurde auf der Stelle und fast allgemein mit Beifall bedacht. Lange Zeit jedoch waren seine Ideen für viele nicht viel mehr als ein exzentrisches Spiel mit abstrakten Symbolen. Schließlich versuchte Saussure niemals, Vermutungen darüber anzustellen, wie das rätselhafte X geklungen haben könnte – es genügte ihm, einfach zu postulieren, dass irgendetwas da gewesen sein musste. Ein Zeitgenosse Saussures jedoch, der dänische Philologe Hermann Möller, wollte sich damit nicht begnügen und stellte eine Hypothese auf, wie der Strolch X ursprünglich geklungen haben könnte. Er behauptete, es habe sich bei diesem Laut um einen «gutturalen» (oder «laryngalen») Konsonanten gehandelt, einen tief in der Kehle hervorgebrachten *h*-ähnlichen Laute, wie man sie noch heute im Arabischen hören kann, beispielsweise in dem Wort *Baḥrain*. Aber auch mit diesem spezifischeren Vorschlag wurde die «Laryngaltheorie» keineswegs Teil der herrschenden Meinung der Sprachwissenschaft, denn Belege für Laryngallaute gab es nicht in einer einzigen der überlieferten Tochtersprachen des Proto-Indoeuropäischen. Zumindest nicht zum damaligen Zeitpunkt.

Währenddessen begann jedoch ein kleines Dorf namens Boğazköy in der Zentraltürkei, weit entfernt von den Arbeitsfeldern europäischer Gelehrter, in zunehmendem Maße das Interesse von Reisenden und Abenteurern auf sich zu ziehen. Grund für die Aufregung waren die Ruinen einer gewaltigen alten Stadt hoch über dem Dorf in einer malerischen Berglandschaft. Nachdem einige Reisende von dort mit Zeichnungen von Felsritzungen und anderen vielversprechenden Funden zurückgekehrt waren, begann ein französischer Archäologe im Jahre 1893, an diesem Ort zu graben, und fand schon bald einige in Keilschrift beschriebene Tontafeln.

Die Keilschrift ist ein Schreibsystem, das vor 5000 Jahren von den Sumerern erfunden und von den Babyloniern und Assyrern übernommen wurde. Im 2. Jahrtausend v. Chr. hatte die Keilschrift im gesamten

Luftbild vom heutigen Hattuša

Künstlerische Vision von Hattuša in seiner Blütezeit

Alten Orient weite Verbreitung gefunden. Da sie gegen Ende des 19. Jahrhunderts bereits weitgehend entziffert war, konnten die Philologen die Zeichen auf den Tafeln von Boğazköy ohne allzu große Schwierigkeiten lesen. Das einzige Problem war, dass die Texte keinerlei Sinn ergaben. Die Sprache, in der sie geschrieben waren, ließ sich weder als Babylonisch noch als irgendetwas anderes identifizieren. So verging mehr als ein Jahrzehnt, ohne dass bei der Entzifferung dieser Texte nennenswerte Fortschritte gemacht wurden.

Dann aber, im Jahre 1906, grub eine deutsche archäologische Expedition in den Ruinen Tausende weitere Keilschrifttafeln aus, und darunter fanden sich zumindest einige, die in einer vertrauten Sprache beschriftet waren. Bei ihnen handelte es sich offenbar um Überreste einer ausgedehnten diplomatischen Korrespondenz (einschließlich von Briefen an die ägyptischen Pharaonen), und sie waren in Babylonisch abgefasst, der *lingua franca* der damaligen Zeit. Die Informationen in diesen diplomatischen Texten reichten aus, um klarzustellen, dass die Ruinenstadt Hattuša geheißen hatte und Königssitz der Hethiter sowie Hauptstadt eines mächtigen Reiches gewesen war. Allerdings schien die Sprache dieser hethitischen Herrscher keinerlei Ähnlichkeit mit irgendetwas Bekanntem zu haben, und so blieb die Bedeutung der Texte ebenso wie die Familienzugehörigkeit der Sprache ein Rätsel.

Fast ein weiteres Jahrzehnt verging ohne einen Durchbruch, bis der tschechische Linguist Bedřich Hrozný die Tafeln in die Hände nahm und sich der Entzifferung ihrer rätselhaften Sprache widmete. Als Hrozný die Texte durchforstete, kam ihm der Verdacht, dass das Hethitische in Wirklichkeit mit den indoeuropäischen Sprachen verwandt sein könnte. Zunächst erschien dieser Gedanke abwegig, denn wenn das Hethitische indoeuropäisch gewesen wäre, dann hätte man es gewiss schon früher entziffern können. Gleichwohl stieß Hrozný auf Dinge, die man nicht als bloßen Zufall abtun konnte. Einer der ersten Sätze, denen er eine Bedeutung abgewinnen konnte, lautete:

... NINDA-*an ezza-tteni watar-ma eku-tteni*

Hrozný wusste, dass die Hethiter die Keilschrift von den Babyloniern übernommen haben mussten, die häufig ein einziges Zeichen zur Wiedergabe eines ganzen Wortes benutzten. Da die Schrift bereits entziffert

Handkopie einer hethitischen Keilschrifttafel (mit Anleitung für Palastbeamte),
welche die von Hrozný entzifferte Phrase enthält (unterstrichen)

war, erkannte Hrozný NINDA als das Wortzeichen, das die Babylonier
für «Brot» verwendeten (und er nahm an, *-an* müsse irgendeine Endung
sein). Nun würde man in einem Satz, in dem das Wort «Brot» vorkommt,
ein ganz bestimmtes Verb erwarten, und zufällig hatte das Wort *ezza-*
tteni, das unmittelbar auf NINDA folgte, verdächtige Ähnlichkeit mit
dem naheliegendsten Kandidaten in verschiedenen indoeuropäischen
Sprachen wie etwa lateinisch *edere* oder althochdeutsch *ezzan*. War es
möglich, dass *ezza* das hethitische Wort für «essen» war, das mit einer
Endung *tteni* versehen war? Natürlich konnte die Ähnlichkeit bloßer
Zufall sein, aber wie stand es dann mit dem nächsten Wort, *watar* (sofern man annahm, dass *-ma* nur eine weitere Endung war)? Wenn die
ersten beiden Wörter etwas mit dem Essen von Brot zu tun hatten, dann
bedurfte es keiner großen Phantasie, um zu erraten, was *watar* bedeuten
könnte. Hrozný sah sich dann das letzte Wort *eku-tteni* an und kam zu
dem Schluss, wenn *ezza-tteni* das Verb «essen» mit einer Endung *-tteni*
war, dann musste *eku-tteni* ein anderes Verb mit der gleichen Endung
sein. Und da *eku-tteni* unmittelbar nach *watar* kommt, fiel es nicht
schwer, zwei und zwei zusammenzuzählen und sich zu überlegen, was
das Verb *eku* heißen könnte. Hrozný entschied also, in dem gesamten
Satz müsse es um das Essen von Brot und das Trinken von Wasser gehen.
Aus Verbalendungen in anderen indoeuropäischen Sprachen (wie etwa
Sanskrit *-thana*) schloss er, dass *-tteni* für die zweite Person Plural stehe,
und so gelangte er zu dem Schluss, der Satz müsse die Bedeutung haben:
«ihr werdet Brot essen, ihr werdet Wasser trinken».

Als dann Hrozný weitere derartige Passagen entzifferte, wurde aus seiner Ahnung vom indoeuropäischen Charakter des Hethitischen mehr als

nur ein hoffnungsvoller Verdacht, und so teilte er im Dezember 1915 seine Entdeckung schließlich der Welt mit. Die Sprache der Texte von Hattuša, die den Bemühungen der Forscher über zwei Jahrzehnte widerstanden hatte, war durch und durch indoeuropäisch, und der Hauptgrund, weshalb man so lange Zeit gebraucht hatte, um dahinter zu kommen, war der, dass das Hethitische fast 1000 Jahre älter war als die frühesten bekannten Texte in Schwestersprachen wie Griechisch und Latein.

In den darauffolgenden Jahren, als man immer mehr hethitische Texte entzifferte, wurde die Analyse Hroznýs soweit bestätigt, dass keinerlei Zweifel mehr möglich waren. Dennoch war das nur der Anfang, denn 1927 enthüllte der junge polnische Linguist Jerzy Kuryłowicz der Welt, dass das Hethitische Belege für das Vokalsystem des Indoeuropäischen lieferte, von denen niemand auch nur zu träumen gewagt hatte. Es war ein «nahezu unglaublicher Zufall», so schrieb er, aber im Hethitischen hatte sich anscheinend einer der Strolche erhalten, deren Vorhandensein Saussure hypothetisch angenommen hatte. Das Hethitische war so viel älter als die anderen überlieferten indoeuropäischen Sprachen (einige der Texte stammten aus dem 17. Jahrhundert v. Chr.), dass es noch einen bestimmten Konsonanten aufwies, den man als ḫ transkribierte und der – o Wunder – genau an den Stellen auftrat, an denen Saussure das Auftreten eines der Strolche erwartet hatte. Nehmen wir beispielsweise die Wurzel mit der Bedeutung «schützen», die in den anderen Sprachen als *pās* erschien, die aber Saussure zufolge früher *paXs* (und noch früher *peXs*) gelautet haben musste. In den hethitischen Texten tauchte diese Wurzel mit einem zusätzlichen Konsonanten auf, der genau an der Stelle stand, an der Saussure ein X erwartet hatte – sie wurde *paḫs* geschrieben. Was Saussure lediglich aus formalen Entsprechungen zwischen den anderen indoeuropäischen Sprachen abgeleitet hatte, wurde über 30 Jahre später, in Ton geritzt, aus dem anatolischen Erdboden gegraben.

Leider erlebte Saussure die Bestätigung seiner Hypothese nicht mehr. Er starb 1913 im Alter von 56 Jahren, bevor das Hethitische entziffert war. Aber was für ein Triumph zur Abrundung eines bemerkenswerten Jahrhunderts der Entdeckungen! Die Laryngale erwiesen sich als der Neptun der Sprachwissenschaft. Ihre Entdeckung Jahrzehnte nach der hypothetischen Annahme ihrer Existenz war der beste Beweis für die Leistungen, die die Sprachforscher seit William Jones' bahnbrechendem Vortrag über das Sanskrit erbracht hatten. Nachdem man jahrhundertelang im Dunklen getappt hatte, war es schließlich gelungen, den Weg zur wissenschaftlichen Untersuchung der Sprache zu finden. Endlich gab diese ihre Geheimnisse preis, und zwar in atemberaubendem Tempo.

Die Geschichte, jene Feindin der Sprache

Und doch schien es, als verschärften all diese Triumphe immer wieder nur dasselbe grundsätzliche Dilemma. So systematisch die Veränderungen auch verlaufen sein mochten, sie enthüllten ein Bild systematischer *Zerstörung*. Mächtige Strukturen waren eine nach der anderen zusammengebrochen, absolut regelmäßige Systeme in der Ausgangssprache waren von modernem Chaos in den Tochtersprachen abgelöst worden, an die Stelle der Regel war eine Menge von Ausnahmen getreten. War die nagelneue Wissenschaft Linguistik dazu verdammt, so etwas wie eine in die Länge gezogene Obduktion zu sein? Der Sprachwissenschaftler, der dieses Problem am prägnantesten formulierte, war ohne Zweifel August Schleicher, dessen Theorien über Geschichte und Sprachbildung ich in der Einleitung erwähnt habe. Es bestehe aller Grund zu der Annahme, schrieb Schleicher 1850, dass Sprachen im Laufe ihrer Geschichte Fortschritte machen und immer vollkommenere Strukturen ausbilden sollten, doch leider nehmen wir «auf den ersten Blick ... gerade das Gegentheil wahr. Je weiter zurück wir eine Sprache verfolgen können, desto vollkommener finden wir sie, das Latein z. B. ist reicher an Formen, als die jetzt lebenden romanischen Sprachen, noch tiefer sind die vom Sanskrit abstammenden jetzt noch lebenden Sprachen Indiens von der hohen Stufe sprachlicher Vollkommenheit ihrer Stammutter herabgesunken. In historischen Zeiten, das wissen wir aus Erfahrung, geht es mit den Sprachen als solchen abwärts.»

Dieses Bild des Verfalls ist für Schleicher nicht nur deprimierend, es stellt auch eine ernste Bedrohung für das Bemühen dar, die Funktionsweise der Sprache zu begreifen. Die Bedrohung ist das Dilemma der «unregelmäßigen Blumen»: Wenn Wandlungsprozesse immer nur zerstören, wie konnten dann die alten Sprachen ihre Strukturen überhaupt erst ausbilden? Und wenn Wandlungsprozesse in vorgeschichtlicher Zeit einen ganz anderen und konstruktiven Charakter hatten, was hätte dann wohl einen derart beschämenden Richtungswechsel hervorrufen können? Schleichers eigene Lösung für diese Fragen verband die Ideen Grimms und Humboldts mit hegelianischer Philosophie zu einem großen Schema, welches die Phantasie seiner Zeitgenossen gefangennahm. «Die Sprachen», erklärte er, «sind Naturorganismen, die, ohne vom Willen des Menschen bestimmbar zu sein, entstunden, nach bestimmten Gesetzen wuchsen und sich entwickelten und wiederum altern und absterben; auch ihnen ist jene Reihe von Erscheinungen eigen, die man unter dem Namen ‹Leben› zu verstehen pflegt.»

Demnach kennen Sprachen wie alle anderen lebendigen Organismen zunächst eine Periode des Wachstums, auf die dann eine Periode des Verfalls folgt. Und der Wendepunkt zwischen diesen beiden Perioden liegt exakt im Anbeginn der Geschichte. «Aber eben der Umstand, daß wir beim ersten Dämmern der Geschichte die Sprache bereits fertig vorfinden, liefert den Beweis, daß die Sprachbildung eben vor die Geschichte fällt. ... Geschichte und Sprachbildung sind sich ablösende Thätigkeiten des menschlichen Geistes.» In vorgeschichtlicher Zeit war ein Volk, so sah es Schleicher, damit beschäftigt, seine Sprache aufzubauen, und «[e]rst wenn ein Volk seine Sprache vollendet hat, vermag es in die Geschichte einzutreten». Nach dem Eintritt in das Stadium der Geschichte muss jedoch ein radikaler Richtungswandel stattfinden, denn von nun an wird die Kraft eines Volkes in das Unternehmen investiert, Geschichte zu machen. Sobald also die Geschichte, «jene Feindin der Sprache», in Gang kommt, schleift sich die Sprache mehr und mehr ab, sie beginnt zu zerfallen und zu entarten.

Es fällt schwer, von dem Mut, der Genialität und vor allem der Eleganz der Schleicherschen Theorie nicht beeindruckt zu sein. Nicht nur legt er den Finger auf das Problem, er bietet auch eine Lösung, die mit einem Schlag alle Schwierigkeiten auszuräumen vermag, vor denen er steht. In seiner Theorie fällt die beobachtbare Periode genau mit der Epoche des Verfalls in der Sprache zusammen, während die Phase des Aufbaus ebenso genau mit dem Stadium zusammenfällt, das sich unmöglich beobachten lässt, weil es vor dem «Dämmern der Geschichte» liegt, also in der Zeit vor Beginn der Aufzeichnungen. Schleicher hatte somit eine perfekte Erklärung dafür geliefert, weshalb der Verfall das einzige war, das je beobachtet wurde.

Selbstverständlich macht diese Genialität Schleichers Theorie nicht weniger absurd. Der Gedanke, dass die Sprache ein lebender Organismus ist, mag ganz offensichtlich ein Produkt seiner Epoche sein, aber uns kommt er ziemlich verrückt vor. Tatsächlich wuchs schon gegen Ende des 19. Jahrhunderts der Widerstand gegen diese Illusion: In zunehmendem Maße wiesen nun Sprachwissenschaftler darauf hin, dass die Sprache nur ein System von Konventionen ist, das von einer Gesellschaft zu Kommunikationszwecken benutzt wird. Ein frustrierter Forscher schrieb später: «Sprachen sind historische Schöpfungen und kein Gemüse.» Und da die Menschen vor und nach dem «Dämmern der Geschichte» miteinander ungefähr in derselben Weise kommuniziert haben müssen, besteht kein Grund dafür, dass die Kräfte, welche die Sprache in vorgeschichtlicher Zeit veränderten, gänzlich andere gewesen sein sollten als die, die in geschichtlicher Zeit und auch heute noch am Werk sind.

Wenn sich aber Schleicher grundlegend irrte und die Kräfte des Wandels vor dem Beginn der Geschichte und nach ihm gleich blieben, wie kann man dann das Goldene Zeitalter der Vollkommenheit wegerklären? Wie kommt es, dass sich in historischer Zeit nur Zerstörung und Auflösung beobachten ließen? Wo verstecken sich die Kräfte der Erschaffung?

•

Das erste dieser beiden Probleme, der angeblich perfekte Charakter vorgeschichtlicher Sprachen, ließ sich relativ leicht bewältigen, denn bei näherem Hinsehen erwies sich das Goldene Zeitalter der Vollkommenheit als optische Täuschung. Erinnern wir uns, dass die Idee eines vergangenen Zeitalters der Vollkommenheit auf eine einfache, aber anscheinend zwingende Logik zurückging: Die überlieferten Sprachen sind von Unregelmäßigkeiten (wie etwa *flos-floris*) übersät, aber wenn man derartige Unregelmäßigkeiten in frühere Zeit zurückverfolgt, dann lassen sie sich gewöhnlich auf ein regelmäßigeres Muster zurückführen, aus dem sie hervorgegangen sind (*flos-flosis*). Daraus ergibt sich somit der eindeutige Schluss, dass Sprachen um so regelmäßiger werden, je weiter man in der Zeit zurückgeht. Unangreifbare Logik, nicht wahr? Nun ja, einen Haken hat diese Argumentationsweise, und um ihn zu identifizieren, wollen wir ein weiteres einfaches Beispiel betrachten, diesmal aus dem Deutschen. Werfen wir einen Blick auf den zweiten Konsonanten in den beiden folgenden Verbformen: (ich) *war* – (wir) *waren*. Was aber ist daran bemerkenswert? Beide Formen weisen genau denselben Konsonanten *r* auf, und es gibt also keine Unregelmäßigkeit, die einer Erklärung bedürfte.

Das ist nun genau der Punkt, um den es geht. Man würde niemals ein Bedürfnis empfinden, hier den *r*-Laut zu rechtfertigen oder nach Erklärungen für ihn zu suchen, von der Annahme einer Unregelmäßigkeit hinter diesem gesitteten Paar ganz zu schweigen. Zufällig gibt es nun aber Denkmäler aus früheren Epochen des Deutschen, aus denen hervorgeht, dass die Form *war* in der Vergangenheit nicht ganz so rechtschaffen daherkam, wie es heute scheinen mag. Bis zum 15. Jahrhundert lautete nämlich die Singularform nicht *war*, sondern *was* (wie wir im vorigen Kapitel in dem Abschnitt aus der Mentelbibel sahen: «und do ihesus was genachent zů jherusalem ...»). Es stellt sich heraus, dass das deutsche Verb in seiner Jugend ziemlich unbändig war und einen *s-r*-Wechsel ganz ähnlich demjenigen des lateinischen *flos-floris* aufwies: *was-waren*. Einen Mantel der Ehrbarkeit erwarb das Verb erst zu Luthers Zeiten, als die Unregelmäßigkeit ausgebügelt und *was* durch *war* ersetzt wurde. Von den Jugendsünden im Deutschen haben wir nur deshalb Kenntnis, weil wir zufällig über historische Urkunden verfügen. Wäre das nicht der Fall, dann hätte niemand irgendeinen Grund zu dem Verdacht, dass die Form *war* eine derart wechselvolle Geschichte gehabt haben könnte.

Die Asymmetrie zwischen dem deutschen *war* und dem lateinischen *flos* veranschaulicht das Problem unserer Rekonstruktionsmethoden. Die Geschichte von *war* ist eine genaue Umkehrung der Entwicklung des lateinischen Paars *flos-floris*, das mit den anständigen Formen *flos* und *flosis* begann und erst in späterem Leben auf Abwege geriet. Während es jedoch selbst ohne die historischen Urkunden nicht schwer wäre, aus dem unregelmäßigen Muster *flos-floris* eine wohlgeformte Vorform *flos-flosis* zu erschließen, ist der Weg in entgegengesetzter Richtung eine ganz andere Sache. Das Paar *war-waren* würde uns niemals Anlass geben, einen unregelmäßigen Vorfahren *was-waren* zu rekonstruieren, wenn wir nicht zufällig ältere Urkunden aus dem Deutschen und aus verwandten Sprachen besäßen (im Niederländischen und im Englischen ist diese Unregelmäßigkeit nicht ausgebügelt worden: *ik was – wij waren; I was – we were*).

All das zeigt nun, dass unsere Rekonstruktionsmethoden, selbst wenn sie wirkungsvoll sind, doch zwangsläufig zu einer erheblichen Verzerrung führen, weil sie es uns häufig gestatten, aus gegenwärtigem Chaos eine vergangene Ordnung zu erschließen, aber nur selten das Umgekehrte. Unregelmäßigkeiten der Vergangenheit sind wie Fußspuren auf einer Düne. Sobald über sie auch nur ein Windhauch hinweggeweht ist, lässt sich oft nicht mehr sagen, dass sie jemals da waren. Während es also zutrifft, dass die einzelnen Unregelmäßigkeiten heutiger Sprachen in grauer Vorzeit allesamt weniger unregelmäßig gewesen sein können, hat diese Geschichte auch noch eine andere Seite, eine, die wir mit unseren Rekonstruktionen einfach nicht erfassen können. Vorgeschichtliche Sprachen müssen jede Menge Unregelmäßigkeiten besessen haben, die aber spurlos verschwunden sind. Somit zeigt sich, dass das Bild einer makellosen Sprache, die irgendwann in prähistorischer Zeit gesprochen wurde, hauptsächlich eine Fata Morgana war. In Wirklichkeit hat es ein Goldenes Zeitalter der Vollkommenheit nie gegeben.

Wenn wir die Illusion einer regelmäßigen Vergangenheit zerstreuen, dann mag das einen Teil des Dilemmas des 19. Jahrhunderts lösen. Dabei handelt es sich aber um den bei weitem leichteren Teil, denn es bleibt immer noch das schwierigere Rätsel: das scheinbare Fehlen von sprachlicher Neuschöpfung in historischer Zeit. Wie kommt es, dass in der beobachtbaren Zeit Strukturen anscheinend nur auseinandergebrochen sind? Wenn Schleicher auf dem Holzweg war, dann muss es neben den allgegenwärtigen Kräften der Zerstörung auch Kräfte gegeben haben, die in der Sprache neue Strukturen erschaffen; und diese Kräfte müssen nicht nur während der gesamten historischen Periode aktiv gewesen sein, sondern sie sollten auch heute noch damit beschäftigt sein, neue Strukturen hervorzubringen. Aber wo sind sie dann, und weshalb lassen sie sich so schwer ausfindig machen?

Wie wir in den folgenden Kapiteln sehen werden, sind die Kräfte der Erschaffung Linguisten deshalb so lange entgangen, weil sie den Kräften der Zerstörung so nahe sind und die Zerstörung den Blick verstellt hat. Weit davon entfernt, unversöhnliche Feinde zu sein, sind in der Sprache Erschaffung und Zerstörung eng miteinander verwandt. Im folgenden Kapitel werde ich die Ansicht vertreten, dass der Zusammenhang zwischen diesen scheinbaren Gegensätzen von einem Hauptelement gestiftet wird, das man auf den ersten Blick für ziemlich abseitig halten könnte. Dieses Element ist die Metapher.

Ein Riff aus toten Metaphern

In Antonio Skármetas Roman *Mit brennender Geduld* – auf dem der Film *Il Postino* basiert – versucht der chilenische Dichter Pablo Neruda dem jungen Briefträger Mario zu erklären, worum es bei der Dichtung geht.

«Metaphern, Mann.»
«Was ist das?»
Der Dichter legte dem Jungen eine Hand auf die Schulter. «Um es dir ungefähr klarzumachen: das ist eine Art, etwas auszudrücken, indem man es mit etwas anderem vergleicht.»
«Zum Beispiel?»
Neruda sah seufzend auf die Uhr. «Also gut, wenn du sagst, ‹der Himmel weint›, was willst du dann damit sagen?»
«Ist doch klar! Dass es regnet, natürlich.»
«Na also, das ist eine Metapher.»

Mario will unbedingt selbst Dichter werden, aber ihm fallen keine eigenen Metaphern ein, und so versucht Neruda, ihm ein wenig unter die Arme zu greifen.

«Jetzt gehst du am Strand entlang zur Bucht zurück, und beim Betrachten des Meeres kannst du dir ein paar Metaphern ausdenken.»
«Welche denn?»
«Zum Beispiel dieses Gedicht:

Hier an der Insel
das Meer,
und wieviel Meer,
immer wieder
tritt es aus sich heraus,
es sagt ja, nein,
nein, nein, nein,
es sagt ja, in Blau,
in Schaum, im Galopp,

es sagt nein, nein.
Es kann nicht ruhig bleiben,
ich heiße Meer, sagt es immer wieder
und schlägt an eine Klippe,
ohne sie überzeugen zu können,
da kommt es,
mit sieben grünen Zungen
von sieben grünen Hunden,
von sieben grünen Tigern,
von sieben grünen Meeren
fährt es über sie hin, küsst sie,
benetzt sie
und schlägt sich an die Brust,
nennt immer wieder seinen Namen.
...

Er machte zufrieden eine Pause. «Na, wie findest du das?»
«Seltsam.»
«Seltsam! Du bist aber ein scharfer Kritiker.»
«Nein, Don Pablo. Das Gedicht ist nicht seltsam. *Ich* fühlte mich seltsam, als ich Sie es aufsagen hörte. ... Wie soll ich es Ihnen erklären? Als Sie das Gedicht aufsagten, gingen die Worte so hin und her, von her nach hin ...»
«Wie das Meer eben.»
«Ja, genau. Sie bewegten sich wie das Meer.»
«Das macht der Rhythmus.»
«Und ich fühlte mich seltsam, weil mir von so viel Bewegung ganz schwindlig wurde.»
«Dir wurde schwindlig?»
«Genau. Ich fühlte mich wie ein Boot, das auf Ihren Worten schaukelte.»
Die Wimpern des Dichters hoben sich langsam: «Wie ein Boot, das auf meinen Worten schaukelt.»
«Ja, genau.»
«Weißt du, was du da gemacht hast, Mario?»
«Was?»
«Eine Metapher.»

Skármeta zeichnet hier das herkömmliche Bild der Metapher als «Sprache der Dichtung», als Gipfel der künstlerischen Phantasie. Von Inspiration beflügelt, entführt der Dichter einen Begriff aus seiner natürlichen Umgebung und versetzt ihn in ein ganz anders geartetes Reich. Marios zufällig ersonnene Metapher, welche die einander fremden Welten der Worte und des Meeres zusammenführt, ist vielleicht nicht das beeindruckendste aller poetischen Bilder, aber in den Händen begabterer Dichter kann das Verpflanzen eines Begriffes aus seinem natürlichen Umfeld erstaunlich bewegende Effekte erzielen: Man denke nur an Goethes Bitte um Erhellung in seiner Harzreise im Winter – «Öffne den umwölkten Blick über die tausend Quellen neben dem Durstenden in der Wüste» – oder an die folgenden Zeilen aus dem Gedicht *He Wishes for the Cloths of Heaven* von William Butler Yeats: «I have spread my dreams under your feet; Tread softly because you tread on my dreams» («Meine Träume breit ich aus vor deinen Füßen; geh sanften Schrittes, denn du trittst auf meine Träume.»)

So gesehen, als Inbegriff dichterischen Genies, mag die Metapher für die Geschichte der gewöhnlichen Alltagssprache zunächst irrelevant scheinen. Denn was könnte dieses Zaubermittel künstlerischer Inspiration wohl mit der Herausbildung gewöhnlicher Kommunikation zu tun haben? Tatsächlich besitzt die Metapher aber auch eine ganz andere Seite, die von dichterischer Phantasie meilenweit entfernt ist.

Umzugswagen in Athen wie der auf der folgenden Seite abgebildete tragen auf der Rückwand die Aufschrift ΜΕΤΑΦΟΡΕΣ (METAFORES) nicht, um Werbung für Schriftstellerkurse zu machen. Der Grund ist ein viel prosaischerer, nämlich einfach der, dass *meta-phora* im Griechischen «Hinüber-Tragen» heißt (*meta* = «hinüber», *phora* = «Tragen»). Oder um es mit dem lateinischen Äquivalent zu sagen, *meta-phora* bedeutet einfach *Trans-fer.*

Und man braucht gewiss kein angehender Dichter zu sein, um Begriffe aus einem sprachlichen Bereich in einen anderen zu versetzen. Selbst im allergewöhnlichsten Gespräch ist es kaum möglich, auch nur ein paar Schritte zu tun, ohne auf Dutzende von Metaphern zu treten. Denn Metaphern sind überall, nicht nur in der Sprache, sondern auch in unserer Vorstellungswelt. Weit davon entfernt, ein seltener Funke dichterischen Genies, die wunderbare Begabung weniger Auserwählter zu sein, ist die Metapher ein unentbehrliches Element in den Gedankenabläufen jedes Einzelnen von uns. Wie gleich deutlich wird, verwenden wir Metaphern nicht aus literarischen Neigungen oder künstlerischen Ambitionen heraus, sondern weil die Metapher der wichtigste Mechanismus ist, mit dem wir abstrakte Begriffe beschreiben, ja überhaupt erfassen können.

Das vorliegende Kapitel erläutert die Rolle der Metapher in der Entstehung sprachlicher Strukturen, indem es einen Strom von Metaphern verfolgt, der mitten durch die Sprache fließt und sich vom Konkreten

Umzugswagen in Athen

zum Abstrakten bewegt. Dieser stetige Sog reißt die einfachsten und robustesten Wörter mit sich und trägt sie eines nach dem anderen hin zu abstrakten Bedeutungen. Während diese Wörter stromabwärts treiben, werden sie ihrer ursprünglichen Vitalität entkleidet und verwandeln sich in blasse leblose Ausdrücke für abstrakte Begriffe – das Rohmaterial der Sprachstruktur. Wenn sich schließlich der Fluss ins Meer ergießt, dann lagern sich diese verbrauchten Metaphern ab, Schicht für Schicht, und so wächst die Struktur der Sprache als ein Riff aus toten Metaphern.

Auf Metaphern treten

Wenn Ihnen diese ehrgeizigen Behauptungen über die Allgegenwart der Metapher ziemlich weit hergeholt erscheinen, dann sehen Sie sich den folgenden Absatz an:

Auf der Kabinettssitzung waren vom Sozialminister bahnbrechende Pläne für härtere Gesetze vorgelegt worden, die eine erhebliche Beschneidung der Gewerkschaftsmacht bedeutet hätten. Dass die Gewerkschaften seine Vorschläge niemals mittragen würden, stand von vornherein fest, und sobald der Plan an die Presse durchsickerte, brach eine hitzige Kontroverse aus. Beim gestrigen Gewerkschaftskongress wurde dem Minister ein frostiger Empfang bereitet. Er versuchte klarzumachen, warum die überhandnehmende Macht der Gewerkschaften das Wirtschaftswachstum lähme. So wies er darauf hin, dass in den vergangenen Jahren zwar die Produktivität gesunken sei, die Löhne aber dennoch weiter anstiegen. Doch seine Worte gingen im heftigen Unmut der Zuhörer unter. Bald brach auch der letzte Anflug von Höflichkeit zusammen, als der Gewerkschaftsvorsitzende den Minister frontal anging und ihm vorwarf, er habe die reale Lage im Land aus den Augen verloren und bewege sich völlig jenseits der aktuellen Zahlen. Er stellte klar, dass die Gewerkschaften in Wahrheit gar keine Lohnerhöhungen verlangten, sondern nur weitere Einschnitte bei den Realeinkommen abzuwenden versuchten, indem sie dafür sorgten, dass die Löhne wenigstens mit der Inflation Schritt hielten.

Diesem Artikel kann man einiges vorwerfen, aber gewiss nicht, dass er an dichterischer Inspiration krankt. Seine platte Zeitungssprache macht einen kaum weniger langweiligen Eindruck als ein Einkaufszettel oder ein Telefonbuch. Und doch ist dieser Absatz mit Metaphern gespickt. Allein der erste Satz enthält nicht weniger als vier davon:

Auf der Kabinettssitzung waren vom Sozialminister *bahnbrechende* Pläne für *härtere* Gesetze *vorgelegt* worden, die eine erhebliche *Beschneidung* der Gewerkschaftsmacht bedeutet hätten.

Zum *Bahnbrechen* im wörtlichen Sinne verwendet man eine Planierraupe und keine Pläne. Und *hart* ist ja eigentlich eine Eigenschaft von greifbaren Dingen. Ein Stein kann hart sein oder auch ein Brot, das sich schwer kauen lässt, aber wie sehr man die Phantasie auch strapaziert, Gesetze sind nicht wirklich dazu bestimmt, gekaut zu werden. Das Wort *hart* ist hier aus seinem ursprünglichen Umfeld, der materiellen Welt, entführt und in die abstrakte Sphäre der Ideen versetzt worden. Und genauso wurden die Pläne für neue Gesetze von dem Minister niemals *vorgelegt*, denn dieser Ausdruck ist auch eine Metapher, die den physischen Akt, etwas nach vorn zu legen, in bildlicher Bedeutung verwendet. Die *Beschneidung* der Gewerkschaftsmacht ist ebenfalls metaphorisch zu verstehen, da der Minister trotz aller Meinungsverschiedenheiten sicher nicht beabsichtigte, den Gewerkschaftern mit einem Skalpell zu Leibe zu rücken.

Die verbleibenden Teile des Absatzes enthalten gleichfalls zahlreiche Metaphern, die im unten angeführten Abschnitt kursiv markiert sind. Wenn Sie sie noch einmal durchgehen, dann denken Sie daran, dass in

Wirklichkeit nicht Konflikte *ausbrechen,* sondern Vulkane; dass nicht Informationen *durchsickern,* sondern Flüssigkeiten; dass nicht die Wirtschaft *wächst,* sondern ein Baum; dass nicht die Worte des Ministers *untergehen,* sondern Schiffe; und dass ein *Anflug* von Höflichkeit schwerlich so *zusammenbrechen* würde wie ein Gebäude. Als Wichtigstes aber ist zu beachten, dass sich hier sämtliche Metaphern in ein und dieselbe Richtung, vom Konkreten zum Abstrakten, bewegen. In jedem einzelnen Fall sind Ausdrücke für Konkretes aus ihrem ursprünglichen Umfeld herausgeholt und in abstraktere Bereiche überführt worden.

Auf der Kabinettssitzung waren vom Sozialminister *bahnbrechende* Pläne für *härtere* Gesetze vorgelegt worden, die eine erhebliche *Beschneidung* der Gewerkschaftsmacht bedeutet hätten. Dass die Gewerkschaften seine Vorschläge niemals *mittragen* würden, *stand* von vornherein *fest,* und sobald der Plan an die Presse *durchsickerte, brach* eine *hitzige* Kontroverse *aus.* Beim gestrigen Gewerkschaftskongress wurde dem Minister ein *frostiger* Empfang bereitet. Er versuchte klarzumachen, warum die *überhandnehmende* Macht der Gewerkschaften das Wirtschafts*wachstum lähme.* So *wies* er darauf *hin,* dass in den vergangenen Jahren zwar die Produktivität *gesunken* sei, die Löhne aber dennoch weiter *anstiegen.* Doch seine Worte *gingen* im heftigen Unmut der Zuhörer *unter.* Bald *brach* auch der letzte *Anflug* von Höflichkeit *zusammen,* als der Gewerkschaftsvorsitzende den Minister *frontal anging* und ihm *vorwarf,* er habe die reale Lage im Land *aus den Augen verloren* und bewege sich völlig *jenseits* der aktuellen Zahlen. Er stellte klar, dass die Gewerkschaften in Wahrheit gar keine Lohnerhöhungen verlangten, sondern nur weitere *Einschnitte* bei den Realeinkommen *abzuwenden* versuchten, indem sie dafür sorgten, dass die Löhne wenigstens mit der Inflation *Schritt hielten.*

Bei der indischen Religionsgemeinschaft der Jainas führen die Mönche des Zweiges der Shvetambaras ständig einen Besen mit sich, mit dem sie beim Gehen den Boden vor ihren Füßen fegen, um nicht versehentlich auf irgendwelche Insekten zu treten und sie zu zerdrücken. Wollte man auf Metaphern in der Sprache die gleiche Rücksicht nehmen, dann brauchte man erheblich mehr als einen Besen. Man müsste schweben können oder ein lebenslanges Schweigegelübde ablegen, denn selbst in der langweiligsten Prosa wimmelt es nur so von Metaphern.

•

Gleichwohl besteht offenbar ein gewaltiger Unterschied zwischen den abgedroschenen Metaphern in dieser Passage und den eindrucksvollen

Bildern eines Yeats oder eines Neruda. Dichterische Metaphern können atemberaubend sein, aber in dieser Zeitungsmeldung nimmt man die Metaphern fast nicht einmal wahr, sofern nicht besonders auf sie hingewiesen wird. Warum ruft «harte Gesetzgebung» bei uns nicht dieselbe Reaktion hervor wie «auf Träume treten»? Die Antwort lautet schlicht: Vertrautheit. Wir stolpern über keine der Metaphern in dieser Passage, weil sie allesamt schon viele Male wiederverwendet worden sind. «Hart» mag einst ein bezaubernder Neuling in der Welt der Ideen gewesen sein, aber heute wird das Wort in dieser abstrakten Sphäre so häufig verwendet, dass es völlig assimiliert ist und es einer bewussten Anstrengung bedarf, sich daran zu erinnern, dass «hart» kein ursprünglicher Bewohner dieser Region, sondern ein Einwanderer aus der Welt des Materiellen ist. Bei «bahnbrechend» ist die Einbürgerung sogar noch weiter fortgeschritten, denn als «bahnbrechend» bezeichnet man heutzutage eher Vorschläge denn Schneisen, die durch den Wald geschlagen werden. Was einst eine kraftvolle Metapher war, hat sich somit als Hauptbedeutung etabliert, und an den buchstäblichen Sinn erinnert man sich kaum noch.

In der Literaturwissenschaft bezeichnet man Metaphern, die alltäglich geworden sind und ihre bildbeschwörende Kraft verloren haben, abschätzig als «verbraucht» oder «tot», und in der oben angeführten Passage sind sämtliche Metaphern unwiederbringlich gestorben. Sie sind mittlerweile in ihrem metaphorischen, abstrakten Sinn so häufig verwendet worden, dass jede Andeutung ihrer einstigen Lebenskraft verloren gegangen ist und sie sich fest im Repertoire der gewöhnlichen Sprache etabliert haben.

Vertrautheit bedeutet aber noch mehr als nur individuelle Bekanntschaft, denn die meisten Metaphern in der gewöhnlichen Sprache sind auch auf einer viel tieferen Ebene vertraut. Nehmen wir beispielsweise an, Sie lesen während eines Wahlkampfes in der Zeitung, dass ein Politiker das Programm einer Gegenpartei als «wunderbares Soufflé von Versprechungen» abtut. Diese Wendung ist ganz eindeutig metaphorisch, da Soufflés gewöhnlich aus Eiweiß hergestellt werden und nicht aus Versprechungen. Obgleich Sie aber gerade diese Metapher vielleicht noch nie gehört haben, ist es unwahrscheinlich, dass sie Ihnen wie eine poetische Meisterleistung oder wie eine völlig außergewöhnliche Wendung vorkommen wird. Der Grund hierfür ist, dass ein «Soufflé von Versprechungen» in einen breiteren Kontext gehört, der sehr wohl vertraut ist. Ihnen sind mit Sicherheit schon zahlreiche ähnliche Bilder begegnet, in denen Wörter aus der Welt der Ernährung dazu verwendet werden, abstrakte Ideen, Gedanken und Emotionen zu beschreiben. Leute sprechen davon, dass sich Unheil *zusammenbraut*, dass Wut *kocht*, Fanatismus *gärt* und die Stimmung der unzufriedenen Belegschaft *auf dem Siedepunkt* angelangt ist. Menschen haben an neuen Vorschlägen zu *kauen*, und sie *verdauen* neue Informationen; die Massen *schlucken* sämtliche Lügen, mit denen die Zeitungen sie *füttern*. In Prüfungen wird der Lernstoff von den Studenten *wiedergekäut*; Kinder *verschlingen* den neuesten Harry Potter; Fans *hungern* nach Berichten über das Privatleben ihrer Idole. Wir können *süße* Träume haben, *bitteren* Hass empfinden, eine *saure* Miene machen oder mit *unausgegorenen* Ideen umgehen; und all das kann dem Denken *Nahrung* geben. Es existiert demnach in unserem Denken eine feste Verknüpfung zwischen diesen beiden Sphären, die sämtliche Einzelbilder zu einer allgemeineren begrifflichen Metapher zusammenfasst: «Ideen sind Nahrung.» Wenn wir also eine Wendung wie «Soufflé von Versprechungen» hören, dann klingt ein derartiges Bild nicht so überraschend, weil es sich nahtlos in diesen vertrauten Rahmen einfügt.

Selbstverständlich beschränken sich derartige überwölbende begriffliche Übertragungen zwischen zwei Bereichen der Sprache nicht auf Nahrung und Ideen. Vielmehr durchziehen sie nicht nur unsere Alltagssprache, sondern unsere gesamte Weltwahrnehmung. Ein Beispiel, das veranschaulicht, wie tief derartige begriffliche Übertragungen sowohl in der Sprache als auch im Denken verwurzelt sind, ist das Bild «mehr ist aufwärts, weniger ist abwärts». In dem oben angeführten Zeitungsbericht gab es drei verschiedene Bilder, die von dieser übergreifenden Metapher abgeleitet waren: «Wirtschaftswachstum», «die Produktivität war gesunken» und «die Löhne stiegen an». Es gibt jedoch eine Vielzahl anderer Ausdrücke, die in dasselbe Bild passen: «der Euro ist gegenüber dem Dollar gestiegen», jemand ist «an der Untergrenze seiner Reserven» angelangt, man «dreht die Heizung hoch», ein Motor «hat eine niedrige Drehzahl», die Bevölkerungszahl wird «einen Höhepunkt erreichen», aber die Verbraucherausgaben «fallen»; sein Selbstwertgefühl «sank auf den Nullpunkt». Die Zahl solcher Beispiele lässt sich beliebig «steigern», und das zeigt, dass wir uns komplexere oder abstraktere Begriffe (wie etwa Selbstwertgefühl oder die Wirtschaft) durchgängig unter dem Aspekt der einfacheren räumlichen Richtungen aufwärts und abwärts denken.

An diesem Punkt lässt sich einwenden, die Aussage «der Euro ist gegenüber dem Dollar gestiegen» sei gewiss nicht bloß eine Redefigur. Kann man denn nicht in der Praxis sehen, wie der Euro steigt oder fällt, indem man sich die tägliche Kurve in der Zeitung ansieht? Und wenn die Zentralheizung «hochgestellt» werden soll, dann muss man dazu doch manchmal einen Griff nach oben schieben. Wie kann man also all das als bloße Metapher abtun? Versuchen wir aber einmal, die Sache so herum zu betrachten: Warum werden graphische Darstellungen so gezeichnet, dass mehr aufwärts ist und weniger abwärts? Theoretisch gibt es keinen bestimmten Grund, weshalb derartige Darstellungen nicht so gezeichnet werden sollten, dass «abwärts» «mehr» bedeutet und «aufwärts» «weniger», so wie in den beiden folgenden Diagrammen:

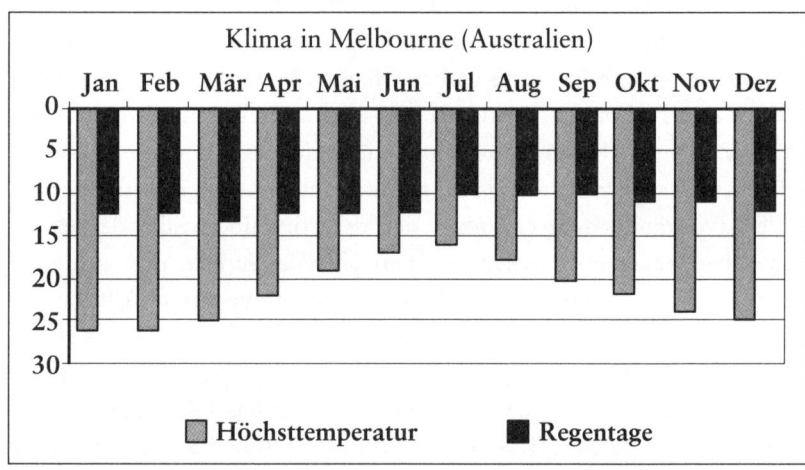

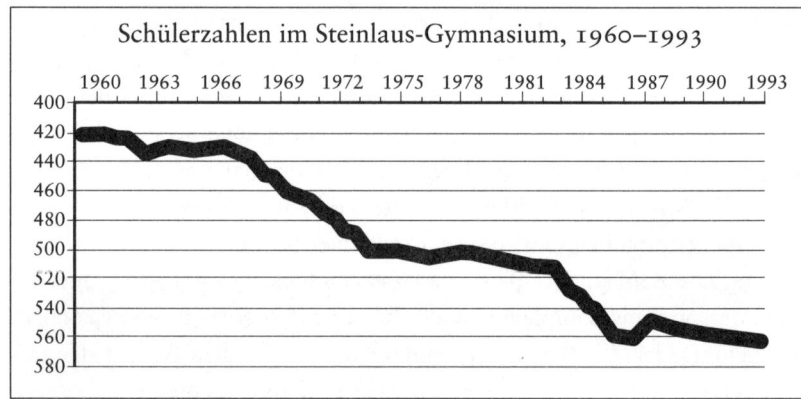

Diese beiden Tabellen mögen ziemlich seltsam aussehen, aber logisch gesehen ist gegen sie nichts einzuwenden. Sie sind nur deshalb so eigenartig, weil sie im Widerspruch zu der allgegenwärtigen Konvention «mehr ist aufwärts» stehen. Und ebenso wäre es mechanisch nicht unnatürlich, wenn man ein Bedienungsfeld hätte, auf dem man zum «Hochdrehen» der Heizung einen Griff nach unten schieben müsste. So hat die begriffliche Metapher «mehr ist aufwärts» eine Macht gewonnen, die durchaus nicht auf die Sprache beschränkt ist. Sie hat sich so fest in unserem Denken verankert, dass sie sogar Einfluss darauf ausübt, wie wir Diagramme zeichnen und Bedienungsfelder anlegen. Hier wie in zahllosen anderen Fällen hat das Bild eine unabhängige Existenz erlangt, und über unsere kulturellen Artefakte prägt es sogar die Welt, die uns umgibt.

Natürlich bedeutet dies alles nicht, dass das Bild «mehr ist aufwärts» *absolut* willkürlich ist. Wenn man beispielsweise Wasser in eine Flasche gießt, dann steigt der Wasserspiegel um so höher, je mehr Wasser sie enthält. Und wenn man in der Speisekammer Äpfel stapelt, dann wird der Haufen um so höher, je mehr Äpfel man hat. Demnach ist das Bild «mehr ist aufwärts» ganz eindeutig im wirklichen Leben verwurzelt, und es beruht auf Erfahrung. In der Sprache ist es dennoch weit über diese ursprüngliche Grundlage hinausgegangen. Der Direktor des Steinlaus-Gymnasiums mag sich damit brüsten, dass seine Schülerzahlen «gestiegen sind», aber nichts an dieser Lehranstalt wird tatsächlich höher, wenn sich mehr junge Leute dort anmelden; und ebensowenig wird irgendetwas tatsächlich niedriger, wenn die Arbeitslosigkeit «fällt». «Steigen» und «Fallen» sind hier lediglich Metaphern, allerdings ganz und gar tote.

•

MONSIEUR JOURDAIN: Ich bin verliebt in eine sehr vornehme Dame, und Sie sollen mir helfen, ihr etwas in einem kleinen Billett zu schreiben, das ich ihr zu Füßen legen will. [...]
PHILOSOPH: Sollen es Verse sein?
M. J.: Nein, nein, keine Verse.
PH.: Also Prosa?
M. J.: Nein, nein, weder Prosa noch Verse.
PH.: Eins von beiden muss es aber sein.
M. J.: Warum?

PH.: Weil es keine anderen Möglichkeiten gibt, seine Gedanken auszudrücken, als den Vers oder die Prosa.

M. J.: Es gibt also nichts außer Prosa und Versen?

PH.: Nein, mein Herr, alles, was nicht Prosa ist, sind Verse, und alles, was nicht Verse sind, ist Prosa.

M. J.: Und wenn wir sprechen, was ist denn das?

PH.: Das ist Prosa.

M. J.: Wie? Wenn ich sage: Nicole, bring mir meine Pantoffeln und gib mir die Nachtmütze – das ist Prosa?

PH.: Jawohl, mein Herr.

M. J.: Meiner Treu, da rede ich nun schon mehr als vierzig Jahre lang Prosa, ohne es zu wissen!

(Molière, *Der Bürger als Edelmann*, 2. Akt)

Ebenso wie Monsieur Jourdain, der schon sein Leben lang Prosa spricht, ohne es zu wissen, sprechen und denken wir alle in Metaphern. In gewöhnlicher Sprache trampeln wir ständig auf den Überresten von Metaphern herum und denken kaum auch nur einen Augenblick lang über sie nach.

Beim Ausgraben dieser Metaphern haben wir aber erst damit begonnen, an der Oberfläche der Sprache zu kratzen, denn bislang sind alle unsere Beispiele ganz jungen Schichten der Sprache entnommen worden. Die bisher behandelten Metaphern mögen für den flüchtigen Betrachter kaum als solche erkennbar sein, aber mit einer gewissen bewussten Anstrengung lässt sich ihre ursprüngliche Bedeutung zumindest noch erkennen. Wenn man sich nur einmal über diese Bilder Gedanken macht, dann wird einem klar, dass in Wirklichkeit Steine hart sind und nicht Gesetze oder dass das, was tatsächlich steigt, das Wasser ist und nicht die Arbeitslosigkeit. Graben wir jedoch ein wenig tiefer, dann werden wir Hunderte von Metaphern finden, bei denen es sich nicht einmal mehr um identifizierbare Überreste handelt, sondern lediglich um vertrocknete Skelette, deren ursprüngliche wörtliche Bedeutung längst verlorengegangen ist und sich nur aus vergilbenden historischen Wörterbüchern wieder zutage fördern lässt. Nehmen wir beispielsweise den folgenden Satz und versuchen wir, die Metaphern zu entdecken, die er enthält:

Nach einer Diskussion in der Zentrale erfuhr Sarah voll Wonne von der radikalen Entscheidung des Kontrollgremiums, ihren prominenten Rivalen – dessen Sarkasmus sie oft zur Verzweiflung gebracht hatte – zu suspendieren.

Sofern man nicht gerade ein begeisterter Etymologe ist, dürfte es einem schwerfallen, hier viele Metaphern ausfindig zu machen. Gleichwohl war fast jedes Wort in diesem Satz früher einmal ein ganz lebendiges Bild. Wenn man diese trockenen Knochen wieder mit Fleisch umkleidet und ihnen ihre ursprüngliche Lebenskraft zurückgibt, dann sieht das Ergebnis etwa folgendermaßen aus:

> Nach einer Zerlegung im Stachel durchreiste Sarah voll junger Laubzweige von der Abschneidung an der Wurzel des Schoßes-voll-Gegenrädchen, ihren vorspringenden Bachnachbarn – dessen Zerfleischung sie oft in zwei gespalten hatte – aufzuhängen.

So blödsinnig dieser Satz jetzt klingen mag, er zeigt lediglich den Ursprung der Wörter auf, die der vorangegangene enthält. Beispielsweise geht das Wort «Wonne» auf das althochdeutsche *wunna* zurück, das ursprünglich «Laubweide» oder «junger Laubzweig» bedeutete (und das geflügelte Wort vom «Wonnemonat Mai» bezeichnete einst einfach den «Weidemonat», in dem man die Tiere wieder auf die Weide trieb). Während also der «Wonne» ursprünglich ein wirklich kräftiges Wortbild zugrunde lag (wahrscheinlich leitete man von der Begierde, mit der Tiere junges Laub fressen, die übertragene Bedeutung «Freude» ab), wurde das Wort später zu einem vertrauten und eingebürgerten Ausdruck, die Metapher verblasste immer mehr, sie büßte ihre Vitalität ein, und am Ende blieb der ursprüngliche Sinn auf der Strecke. Somit ist «Wonne» heute nur noch ein Skelett, von dessen metaphorischen Ursprüngen kaum mehr eine Spur zu erkennen ist. Und auch die meisten anderen Wörter in dem oben angeführten Absatz haben eine ähnliche Geschichte hinter sich:

- «Diskussion» kommt vom lateinischen *discutere*, das eigentlich «zerlegen» bedeutet.
- «Zentral» stammt vom griechischen *kéntron* ab, das als «Stachel» den ruhenden Schenkel eines Zirkels bezeichnet.
- «Erfahren» hieß ursprünglich «reisen», «durchfahren», wurde aber schon früh im heutigen Sinn von «kennenlernen» gebraucht (vgl. «bewandert»).
- «Kontrolle» leitet sich vom französischen *contre-rôle* her und geht auf lateinisch *contra* und *rotulus* zurück; wörtlich bedeutet es eine «Gegen-Rolle», ein zweites Register in der Buchhaltung. Ursprünglich hat aber *rotulus* einfach die Bedeutung «kleines Rad».

- «Gremium» kommt vom lateinischen Wort für «Schoß» (die Bedeutung wandelte sich von «ein Schoß voll» zu «eine Handvoll Leute»).
- «Radikal» stammt vom lateinischen *radix* («Wurzel») ab.
- «Entscheiden» hieß einmal «teilen, voneinander trennen».
- «Prominent» kommt vom lateinischen *pro-minere* («hervor-treten»).
- «Rivale» geht auf das lateinische Wort *rivalis* zurück, das jemanden bezeichnet, mit dem man sich den heimischen Bach teilt. Diese Bedeutung wurde übertragen auf jemanden, mit dem man sich die Frau teilt, und schließlich wurde das Wort verallgemeinert.
- «Sarkasmus» kommt vom griechischen Wort für «zerfleischen» (*sárx* heißt «Fleisch»); es ist beispielsweise verwandt mit «Sarkophag» (wörtlich: «fleischfressend»).
- «Verzweiflung» kommt von «Zweifel», einem Kompositum aus «zwei» und «falt», das einen «zweifältigen», «gespaltenen» Eindruck bezeichnet.
- «Suspendieren» kommt vom lateinischen *sus-pendere* («aufhängen»).

Diese Wörter sind keineswegs Einzelfälle. Man kann jedes historische Wörterbuch durchblättern und wird auf Tausende solcher ausgetrockneter Knochen stoßen. Und das Deutsche bietet auch in dieser Hinsicht nichts Ungewöhnliches. Wenn es sich einer Besonderheit rühmen kann, dann ist es lediglich die, dass ein großer Teil seines abstrakten Wortschatzes aus dem Lateinischen entlehnt wurde, so dass in vielen Fällen die Übertragung vom Konkreten zum Abstrakten nicht auf heimischem Terrain stattfand, sondern schon vor der Entlehnung der Wörter. Vergleichbare Metaphern finden sich aber in Sprachen aus aller Welt.

Sehen wir uns zum Beispiel aus der oben angeführten Liste das Verb «entscheiden» an, dem im Deutschen das Bild des Trennens zugrunde liegt. Auf den ersten Blick mag dieses Bild ungewöhnlich aussehen, aber tatsächlich fungieren die physischen Aktivitäten des Schneidens oder Trennens in vielen Sprachen als Quelle für den Begriff des Entscheidens: das englische *decide* ist von dem lateinischen Verb *decidere* abgeleitet, das «abschneiden» bedeutet; das altgriechische *diairéō* bedeutet wörtlich «voneinander nehmen» oder «entzweispalten», wurde aber auch in der Bedeutung «entscheiden» verwendet; im Swahili bedeutet die für «entscheiden» gebrauchte Wendung -*kata shauri* wörtlich «Sache schneiden»; das baskische *erabaki* heißt eigentlich «(jemanden) schneiden lassen»; das indonesische *memutuskan* («entscheiden») leitet sich von dem Stamm *putus* («abgetrennt») her; im Endo, einer in Kenia gesprochenen südnilotischen Sprache, wird das Verb *til* («schneiden») auch in der Bedeutung «entscheiden» verwendet, und Gleiches gilt für das babylonische *parāsum*, das biblisch-hebräische *gazar* und das chinesische *jué*. Ähnliche Bilder finden sich in zahlreichen anderen Sprachen: jede hat ihre Leichen im Keller.

•

Chiedi al rio perché gemente
dalla balza ov'ebbe vita
corre al mar, che a sé l'invita,
e nel mar sen va a morir,

Frage doch, warum die Quelle,
Die dem Felsen schnell entspringet,
Hin zum Meere rieselnd dringet,
Wo der Tod sie kalt umfängt.

Gaetano Donizetti, *Der Liebestrank* (Libretto: Felice Romani)

Auf den ersten Blick mag die Allgegenwart von Metaphern selbst in schlichtester Rede verblüffend erscheinen, aber noch viel verblüffender ist ihr konstanter Drang in ein und dieselbe Richtung. Wie kommt es, dass sich für die meisten abstrakten Wörter ein konkreter Ursprung findet, wenn man auch nur ein wenig an der Oberfläche kratzt? Warum sollte der Strom der Metaphern immer vom Konkreten zum Abstrakten fließen und so selten in die entgegengesetzte Richtung? Weshalb bezeichnen wir Einwanderungsgesetze als «hart», aber nicht ein Brot als «erbarmungslos»?

Die Antwort auf diese Fragen ist ganz einfach. Stellen wir uns einmal vor, die Metapher «hart» stünde uns nicht zur Verfügung. Von «erbarmungslos» abgesehen, was für Alternativen hätten wir, um die Einwanderungsgesetze zu schildern? Wir könnten sagen, sie seien «scharf», «unnachgiebig», «harsch», «strikt», «repressiv», «unterdrückend», «restriktiv», «unflexibel», «eisern» oder «einengend». Aber da liegt der Haken – mit keiner dieser Alternativen käme man um eine Metapher herum, denn ebenso wie das Wort «hart» entstammen all diese festgemauerten Adjektive ursprünglich der stofflichen Welt. Allesamt haben sie ihr Dasein in der Sphäre des Materiellen begonnen. Manche wie etwa «scharf», «unnachgiebig», «unterdrückend», «eisern» oder «einengend» lassen noch Spuren ihrer alten Persönlichkeit erkennen. Doch auch bei Alternativen, deren Herkunft nicht ohne weiteres auszumachen ist, handelt es sich um Skelette einstiger Vollblutmetaphern aus der Welt des Materiellen. «Harsch» zum Beispiel geht auf das niederdeutsche Wort *harsk* zurück, das einst «rauh» oder «hart» bedeutete. Die Adjektive «strikt» und «restriktiv» kommen vom lateinischen *stringere* («[zusammen]schnüren»), «repressiv» ist von *reprimere* («zurückdrücken») abgeleitet, und «unflexibel» bedeutet einfach «nicht biegsam».

In Wahrheit bleibt uns nichts anderes übrig, als Metaphern zu verwenden, die vom Konkreten zum Abstrakten führen. Und wenn man einmal über die Sache nachdenkt, ist das auch gar nicht so überraschend, denn woher sonst könnten schließlich Ausdrücke für abstrakte Begriffe kommen, wenn nicht aus der physischen Welt? Eines ist gewiss, von nichts kommt nichts. Der Verstand kann Wörter für abstrakte Begriffe nicht einfach aus einem Vakuum fabrizieren – alles, was er vermag, ist eine Bearbeitung des bereits Vorhandenen. Und vorhanden sind physische Begriffe: Gegenstände, auf die man deuten kann (wie «Kopf» oder «Baum») und körperliche Handlungen (wie «schneiden» oder «rennen»).

Ein einfaches Experiment genügt, um zu beweisen, dass es keine Möglichkeit gibt, um eine vom Konkreten zum Abstrakten führende Metapher herumzukommen. Stellen Sie sich so abstrakte Abstraktionen wie möglich vor, und gehen sie dann ihrem Ursprung nach. Solange der Stammbaum der entsprechenden Ausdrücke bekannt ist, kann man damit rechnen, dass sie auf irgendwelche schlichten Wörter aus der physischen Welt zurückgehen. Das Wort «abstrakt» ist selbst ein Beispiel für dieses Phänomen, denn was könnte abstrakter sein als dieser Ausdruck? Heutzutage mag «abstrakt» zum täglichen Brot der Philosophen gehören. Der Ursprung dieses Wortes ist jedoch weitaus irdischerer Natur, denn es geht auf das lateinische Verb *abstrahere* zurück, das einfach «abziehen» bedeutet. Das Wort wurde also metaphorisch für Begriffe verwendet, die von der physischen Realität «abgezogen» sind.

Ein weiterer aussichtsreicher Kandidat für die Preisfrage «Was kann abstrakter sein?» ist der Begriff des Verstehens, das sich schließlich ganz und gar in unserer Geisteswelt abspielt; man kann es weder sehen noch hören oder anfassen. Nehmen wir nun an, unsere Sprache hätte kein Wort, um «verstehen» zu beschreiben, wie würde man dann vorgehen, um diesen Begriff auszudrücken? Wem es an Inspiration mangelt, der kann sich einige der Metaphern ansehen, die heutzutage als Synonyme für diesen Begriff verwendet werden: wir sprechen davon, den Sinn zu *erfassen*, eine Bedeutung *mitzukriegen*, die Schwierigkeiten zu *sehen*, einem Argument zu *folgen*, die Pointe zu *begreifen*, einen Gedanken zu *durchschauen* oder das Problem zu *durchdringen*. *Kommen* Sie noch *mit?* Und nicht nur diese farbenfroheren Synonyme lassen sich auf einfache physische Ursprünge zurückführen, selbst die Grundwörter des Verstehens haben eine ähnliche Geschichte. Das umgangssprachliche «kapieren» ist eine verbrauchte Metapher aus der Welt der Dinge und geht ursprünglich auf ein Wort zurück, das «ergreifen» bedeutet (lateinisch *capere*). Das Verb «verstehen» selbst mag heute ein trockenes altes Skelett sein, aber seine Herkunft schimmert immer noch durch: einstmals muss es entweder – wie sein englischer Halbbruder *under-stand* – «unter etwas treten» bedeutet haben (vermutlich ähnlich der heutigen Wendung «einer Frage auf den Grund gehen») oder aber möglicherweise «vor einem Objekt stehen» (um es besser wahrzunehmen).

Weitere Beispiele für abstrakte Begriffe gibt es zu Hunderten, und das Ergebnis ist immer dasselbe. Sie können nicht anders, als auf Begriffe aus der physischen Welt zurückzugehen. Metaphern bewegen sich also vom Konkreten zum Abstrakten, weil wir das ganz einfach so *brauchen*. Der Rückgriff auf Wörter für Konkretes ist das einzige Verfahren, über das wir verfügen, um unsere Ausdrucksskala auf abstrakte Begriffe zu erweitern.

In Kapitel 2 wurden drei Motive für die inhärente Rastlosigkeit der Sprache genannt: Ökonomie, Expressivität und Analogie. In den bisherigen Kapiteln hat die Expressivität nur eine ganz begrenzte Rolle gespielt, wenn von Verstärkung die Rede war, mit der beispielsweise einem einfachen «nicht» Nachdruck verliehen werden sollte. Aus den oben angeführten Beispielen geht nun hervor, dass die Expressivität weiter reicht als zur Untermauerung des Neinsagens. Sprecher empfinden das Bedürfnis, neuartige und abstrakte Ideen zum Ausdruck zu bringen oder bereits existierende Begriffe auf frische und originelle Weise auszudrücken, und für dieses Ausdrucksbedürfnis gibt es ganz allgemein nur ein einziges Ventil: Man muss bereits existierende Mittel – konkrete Begriffe – neuen Zwecken dienstbar machen. Der kognitive Mechanismus, der es uns gestattet, Verbindungen zwischen verschiedenen Sphären herzustellen, ist die Analogie (auf die wir in Kapitel 6 noch zurückkommen). Während die Analogie uns überhaupt erst gestattet, in Metaphern zu denken, ist das Motiv, das den Strom der Metaphern in Richtung Abstraktion lockt,

nichts anderes als unser Bedürfnis zur Erweiterung unserer Ausdrucksskala. Dieser Ausdrucksdrang veranlasst uns auch dazu, immer wieder
dieselben Bilder zu verwenden, nur verlieren die Metaphern durch ein
derartiges Überstrapazieren ihre ursprüngliche Vitalität, so dass sie
schließlich verblassen und sterben.

Haben und Halten

Mittlerweile sind wir weit genug vorgedrungen, um zu erkennen, dass
die Metapher weit mehr ist als ein schmückendes Beiwerk aus den Rand-
bezirken der Sprache. Schon die Dichte metaphorischer Ausdrücke selbst
in der lustlosesten Prosa mag überraschen, aber das tatsächliche Ausmaß von Metaphern in der gewöhnlichen Sprache tritt gerade erst an-
satzweise zu Tage. Viele der bisher behandelten Metaphern, von «sarkastisch» bis «suspendieren», weisen eine gewisse Distanz zum alltäglichen
Sprachgebrauch auf, und so kann der Eindruck entstehen, metaphorisches Denken beschränke sich auf eine gehobene Ebene des kultivierten
Diskurses und in schlichter Sprache gebe es weder einen Bedarf an Metaphern noch eine Neigung zu ihnen. Darum mag es um so verblüffender
erscheinen, dass Metaphern im simpelsten Alltagsgeplauder keineswegs
selten, sondern ebenso verbreitet sind wie in der hochgestochensten
Prosa.

Nehmen wir beispielsweise das Verb «haben». Sicherlich ist dieses Verb
kein ausgefallenes fakultatives Beiwerk der Sprache, sondern es gehört
zu ihrem unentbehrlichen harten Kern. Wir «haben» Hände und Beine
und Augen, wir «haben» Verwandte und Freunde, wir «haben» Kleidung
und Häuser, wir «haben» Schuppen und Grippe, und es fällt schwer,
auch nur das simpelste Gespräch ohne das Verb «haben» zu haben. Und
doch ist dieses Wort, auch wenn es zum Grundbestand der Alltagssprache gehört, ein durchaus abstrakter Begriff, nicht zu vergleichen mit
physischen Aktivitäten wie denen, einen Gegenstand zu «treten» oder
ihn irgendwo «hinzulegen». Betrachten wir die Sache einmal so: Was *tun*
wir eigentlich, wenn wir etwas «haben»? (Nicht viel vermutlich, wenn
das, was wir da haben, der Schwippschwager einer Cousine dritten
Grades in Castrop-Rauxel ist, mit dem wir seit langem keinen Kontakt
mehr pflegen.) Nehmen wir einmal an, es stünde kein Wort zur Verfü-

gung, mit dem wir das «Haben» von etwas beschreiben könnten. Wie würden wir dann vorgehen, um diesen Gedanken auszudrücken?

Das ist nun keineswegs eine akademische Frage, denn zahlreiche Sprachen der heutigen Welt (tatsächlich sogar die meisten) verfügen über kein Verb, das dem deutschen «haben» entspricht, und so benutzen sie zum Ausdrücken von Besitzverhältnissen andere Verfahren. Betrachten wir die folgenden Beispiele für einige ihrer Alternativen:

Russisch (Slawisch, Indoeuropäisch)

u   menja   kniga

bei   mir   Buch

«(ein) Buch (ist) bei mir» (= ich habe ein Buch)

Türkisch (Turksprache, Altaisch)

ben-de   bir   kitap   var

mir-an   ein   Buch   vorhanden

«an mir (ist) ein Buch vorhanden» (= ich habe ein Buch)

Irisch (Keltisch, Indoeuropäisch)

tá   leabhar   agam

ist   Buch   an.mir

«(ein) Buch ist an mir» (= ich habe ein Buch)

Russisch, Türkisch und Irisch haben sich in gleicher Weise für die Strategie entschieden, als Metapher für den Begriff des Besitzes die körperliche Nähe zu verwenden. Sie nehmen eine der möglichen physischen Manifestationen des «Etwas-Habens» – dass sich nämlich der Gegenstand *bei, auf* oder *an* jemandem befindet – und gebrauchen diesen einfacheren Sachverhalt als Bild für die allgemeinere abstrakte Vorstellung des Besitzes. Dieses Bild ist in Sprachen aus aller Welt außerordentlich verbreitet, und es tritt auch in farbenfroheren Formen auf. Hier einige Variationen über das Thema «Sitz ist Besitz»:

Altbabylonisch (Semitisch)

ṣibûtum   ina   qāti-ja

Wunsch   in   Hand-meine

«(ein) Wunsch (war) in meiner Hand» (= ich hatte einen Wunsch)

Tamil (Dravidisch; in Indien und Sri Lanka gesprochen)

eṇ-kiṭṭa   oru   nalla nāy   irukkiṟatu

mir-neben   ein   gut   Hund   ist

«neben mir ist ein guter Hund» (= ich habe einen guten Hund)

So (Kuliak, Nilosaharanisch; in Uganda gesprochen)

mek   Auca   eo-a   kusin

sind nicht   Auca   Haus-in   Kleider

«Kleider sind nicht in Aucas Haus» (= Auca hat keine Kleider)

Mupun (Tschadisch, Afroasiatisch; in Nigeria gesprochen)

war   kə   siwol

sie   mit   Geld

«sie (ist) mit Geld» (= sie hat Geld)

Auf den ersten Blick mögen derartige Metaphern kurios oder sogar poetisch klingen. Bei näherer Betrachtung sollte aber klar werden, dass unsere eigene Alltagssprache ganz ähnliche Bilder verwendet. Denken wir an einen Ausdruck wie «der Wunsch war durchaus vorhanden» (wörtlich: «vor den Händen»), der genau wie im Akkadischen eigentlich nichts anderes heißt, als dass ihn jemand gehabt hat. Und so wie im Mupun können wir sagen «ein Mann mit einer Menge Geld», was dasselbe bedeutet wie «ein Mann, der eine Menge Geld *hat*». Auch ein Ausdruck wie «etwas ist im Kasten» (der dem Bild der So-Sprache ja recht ähnlich ist) bedeutet letztlich, dass man dieses Etwas *hat*.

Neben physischer Nähe gibt es auch noch verschiedene andere Quellen, auf die Sprecher zurückgreifen können, um den Begriff des Habens auszudrücken. Die folgenden Sprachen verwenden ein weiteres gängiges Bild, das des Ziels. Die Vorstellung ist hier die, dass eine Sache, wenn sie *für* jemanden bestimmt ist, ihm gehört:

Quechua (Indianisch; in Bolivien gesprochen)

waska   tiya-pu-wa-n

Seil   existieren-für-mich-es

«(ein) Seil ist für mich» (= ich habe ein Seil)

Bretonisch (Keltisch, Indoeuropäisch; in der Bretagne gesprochen)

ur	*velo*	*c'hlas*	*am*	*eus*
ein	Fahrrad	blau	mir	ist

«mir ist ein blaues Fahrrad» (= ich habe ein blaues Fahrrad)

Selbst eine Sprache, die nicht über ein eigentliches Verb für «haben» verfügt, muss sich also beim Ausdrücken von Habsucht nicht übermäßig benachteiligt fühlen, denn es gibt jede Menge andere Mittel, um den Begriff des Besitzes zu vermitteln. Wenn nun aber eine Sprache sich tatsächlich ein richtiges Verb «haben» zulegen wollte – wo würde sie sich dann danach umsehen? Zufällig brauchen wir hier nicht über prähistorische Denkprozesse zu spekulieren, denn die Ursprünge des Verbs, das für «haben» verwendet wird, sind in vielen Sprachen auch heute noch durchsichtig:

Spanisch (Romanisch, Indoeuropäisch)

tenemos	*muchos*	*libros*
wir-halten	viele	Bücher

«wir halten viele Bücher» (= wir haben viele Bücher)

Dullay (Kuschitisch, Afroasiatisch; in Äthiopien gesprochen)

ló'ó	*an-sheega*
Kuh	ich-trage

«ich trage (eine) Kuh» (= ich habe eine Kuh)

Waata (Kuschitisch, Afroasiatisch; in Kenia gesprochen)

ani	*mín*	*k'awa*
ich	Haus	ergreife

«ich ergreife (ein) Haus» (= ich habe ein Haus)

Nama (Khoisan; in Namibia gesprochen)

kxoep ke	*'autosa*	*'uu hââ*
Mann	Auto	nahm

«(der) Mann nahm (ein) Auto» (= der Mann hat ein Auto)

Englisch (Germanisch, Indoeuropäisch)

he's got a gun

«er holte sich eine Waffe» (= er hat eine Waffe)

Die hier verwendeten Bilder sind einfach: Um zu vermitteln, was man «hat», wird das benutzt, was man hält oder trägt oder ergreift. Wer das wenig überzeugend findet und derartige Bilder als minderwertigen Ersatz für ein «anständiges» Wort für «haben» abtut, wird sich damit abfinden müssen, dass der Ursprung von «haben» im Deutschen ebenso greifbar ist wie in den anderen Sprachen. Dieses Verb geht auf eine durative Form der germanischen Wurzel *haf* zurück, die wiederum von der proto-indoeuropäischen Wurzel *kap* abgeleitet ist. (Erinnern wir uns an das in Kapitel 2 behandelte Grimmsche Gesetz, an die Serie von Lautverschiebungen, in deren Verlauf im Germanischen indoeuropäisches *k* zu *h* und *p* zu *f* abgeschwächt wurde, so dass sich *kap* zu *haf* entwickelte.) Und was bedeutete *kap* ursprünglich? Nun ja, ganz einfach «fassen» – eine Bedeutung, die sich noch im lateinischen Verb *capere* und seinen verschiedenen Ableitungen erhalten hat, so etwa im Substantiv *capacitas* («Fassungsvermögen»), von dem das deutsche «Kapazität» abgeleitet ist. Zwar weisen die entfernten Verwandten «haben» und «Kapazität» heute nicht mehr viel Ähnlichkeit miteinander auf, aber sie gehen doch auf dieselbe Wurzel zurück (von der auch die Wörter «Kapsel» und «okkupieren» abgeleitet sind).

Demnach scheint es zahlreiche Wege und Umwege zu geben, auf denen Sprachen den Begriff des Besitzens ausdrücken können. Welches Mittel auch immer sie jedoch verwenden – ein transitives Verb wie «nehmen», «ergreifen» oder «halten» oder aber ein Bild körperlicher Nähe –, sie kommen nicht umhin, eine Metapher aus der materiellen Welt zu verwenden. Die Details können von Sprache zu Sprache unterschiedlich ausfallen, aber der Gedanke ist immer derselbe: Man nehme eine einfache körperliche Situation, die für das «Haben» von etwas charakteristisch ist, und verwende sie als Bild für den abstrakten Begriff des Besitzens schlechthin.

Selbstverständlich ist «haben» nur ein einziges Wort aus dem reichhaltigen Lexikon der alltäglichen Kommunikation, und man könnte meinen, dass ein Maulwurfshügel noch keinen Berg macht. Aber die Rolle der Metapher für die Produktion von Wörtern für «haben» ist keineswegs ungewöhnlich – dieser Fall ist symptomatisch für zahllose andere ganz gewöhnliche Wörter, selbst diejenigen aus dem anspruchslosesten Wörterbuch und der langweiligsten Unterhaltung. In der Tat ist die Sprache, wie Jean Paul in seiner *Vorschule der Aesthetik* erklärt, nichts als ein «Wörterbuch erblasseter Metaphern». Während in der Dichtung Metaphern, die durch übermäßigen Gebrauch den Geist aufgegeben haben, als verblasste Klischees abgetan werden, geht die gewöhnliche Sprache mit ihnen nicht so verschwenderisch um. Der Tod von Metaphern tut ihrer Nützlichkeit nicht den geringsten Abbruch, sie bereichern einfach unseren Wortschatz.

Aber das ist noch nicht alles. Auf den folgenden Seiten werde ich die Auffassung vertreten, dass nicht einmal Jean Pauls radikale Charakterisierung der Schlüsselrolle der Metapher gerecht werden kann. Die Metapher ist nämlich nicht nur eine wesentliche Produzentin für unseren Wortvorrat, sondern sie liefert auch das Rohmaterial für die Struktur der Sprache selbst.

Raumzeit

Die *Encyclopædia Britannica* beginnt ihren Artikel über den «Raumzeit»-Begriff in der Einsteinschen Relativitätstheorie mit folgender Feststellung:

> *Space-time.* In physical science, single concept that recognizes the union of space and time, posited by Albert Einstein in the theories of relativity (1905, 1915). Common intuition previously supposed no connection between space and time …

> (*Raumzeit.* In der Physik ein einheitlicher Begriff, der die Einheit von Raum und Zeit anerkennt und von Albert Einstein in seinen Relativitätstheorien [1905, 1915] postuliert wurde. Die Alltagsintuition hatte bis dahin keinen Zusammenhang zwischen Raum und Zeit angenommen …)

Trifft es aber wirklich zu, dass die «Alltagsintuition» den Zusammenhang nicht schon vor Einstein erkannt hätte? Physiker hatten vielleicht die Beziehung zwischen Raum und Zeit bis vor einem Jahrhundert noch nicht identifiziert, aber die Umgangssprache beweist, dass die «Alltagsintuition» diese Verknüpfung in Wirklichkeit schon seit Tausenden von Jahren kennt (wenngleich nicht exakt im Sinne Einsteins). Denn in der Sprache – in jeder Sprache – gibt es keine zwei Bereiche, die enger miteinander verbunden wären als Raum und Zeit. Selbst wenn wir uns dessen nicht immer bewusst sind, sprechen wir von der Zeit durchgängig in räumlichen Ausdrücken, und darin spiegelt sich die Tatsache wider, dass wir uns die Zeit in räumlichen Begriffen *denken*. Sehen wir uns einige der einfachsten Wörter an, die wir zur Beschreibung räumlicher Beziehungen verwenden: es sind Präpositionen wie «in», «bei», «an», «durch», «um», «vor», «hinter», «nach». Die folgenden Beispiele zeigen, dass alle diese Wörter für räumliche Verhältnisse ebenso gut im Bereich zeitlicher Beziehungen funktionieren:

Raum	*Zeit*
von Berlin bis Paris	von Montag bis Freitag
im Libanon	im Januar
an der Tür	an Sonntagen
der König ritt vor seiner Armee	vor der Schlacht
nach der fünften Ampel	nach fünf Uhr
beim Fenster	bei seinem Kommen
zu Tisch	zu Weihnachten
innerhalb der Höhle	innerhalb einer Woche
außerhalb von Afrika	außerhalb der Sprechzeiten
durch den Dschungel	durch das Jahr
um München	um halb zwölf
gegen Norden	gegen Mittag

Diese Parallelen sind keineswegs zufällig. Mehr noch, würde man das gleiche Experiment mit räumlichen Begriffen in einer anderen Sprache wiederholen, dann wäre das Ergebnis dasselbe, denn es ist keine Sprache bekannt, in der nicht räumliche Ausdrücke auch für zeitliche Beziehungen verwendet werden. Somit zeigt die Sprache, dass die Alltagsintuition schon lange vor den Physikern die Beziehung zwischen Raum und Zeit erkannt hat, und das Wesen dieses intuitiv erfassten Zusammenhangs ist nichts anderes als die Metapher. Alle oben angeführten Präpositionen hatten ursprünglich eine räumliche Bedeutung, und alle wurden metaphorisch auf die Sphäre der Zeit ausgeweitet.

Die Verbindung zwischen Raum und Zeit ist ein weiteres Beispiel einer überwölbenden begrifflichen Übertragung zwischen zwei Bereichen der Sprache (so wie wir sie im Falle von Nahrung und Ideen sahen). Die Bewegung verläuft fast immer in ein und dieselbe Richtung, vom Raum zur Zeit, denn die Zeit ist ein abstrakter Begriff, der sich nur mit der Vorstellung von etwas Handfesterem begreifen lässt. So denken wir uns die Zeit als eine Linie im Raum, auf der das «jetzt» «hier» ist, die Vergangenheit den Teil bildet, der «hinter» uns liegt, und die Zukunft sich «vor» uns erstreckt. Ein Zeitraum (wie etwa ein Jahr) lässt sich demnach als ein Abschnitt dieser Linie auffassen, und so können wir davon sprechen, «darin» zu leben, ihn «durchzumachen» und so weiter.

Dieser Zusammenhang zwischen Raum und Zeit ist in unserem Erkenntnisvermögen so fest verankert, dass es uns außerordentlich schwer fällt, uns davon freizumachen und zur Kenntnis zu nehmen, dass die Zeit, wörtlich genommen, nicht «lang» oder «kurz» wie Stöckchen oder Zwirnsfäden sein kann und auch nicht «vorbeigeht» wie ein Fußgänger. Die Zeit kann sich noch nicht einmal vorwärts und rückwärts bewegen, genauso wenig wie sie seitwärts, schräg oder abwärts laufen kann. Eigentlich geht die Zeit nirgendwohin.

Da diese Bilder so tief verwurzelt sind, könnte es seltsam erscheinen, sie gemeinsam mit der Art poetischer Metaphern vom Beginn dieses Kapitels zu erörtern. Der Zusammenhang zwischen Raum und Zeit wird so instinktiv empfunden, und die übertragene Bedeutung ist in ihrer neuen Sphäre so gründlich eingebürgert, dass wir nur unter beträchtlichen Anstrengungen zur Kenntnis nehmen, dass selbst rein funktionale Präpositionen wie «nach», «zu» oder «in» metaphorisch gebraucht werden können. Und doch gilt: Selbst wenn zwischen «bis Montag» und «auf Träume treten» Welten zu liegen scheinen, sind im Grunde beide Fälle Beispiele für denselben Mechanismus: die Überführung eines Begriffs aus seinem ursprünglichen Umfeld in eine andere Sphäre.

Damit ist jedoch immer noch nicht das letzte Wort gesprochen, denn die Metapher spielt nicht lediglich mit ein paar räumlichen Präpositionen hier und da. Wir werden sehen, dass sie in der Struktur der Sprache heimisch ist und dass der Übergang vom Raum zur Zeit in Wirklichkeit nur ein Teilelement einer viel verbreiteteren Tendenz ist.

•

Außer dem Hund ist das Buch des Menschen bester Freund.
In dem Hund ist es zu dunkel zum Lesen.
(Groucho Marx)

Groucho hat sich diesen Kalauer natürlich nicht auf deutsch, sondern in amerikanischem Englisch ausgedacht, und da lautet er: *Outside of a dog, a book is a man's best friend. Inside of a dog, it's too dark to read.* Warum aber lässt sich dieser Wortwitz überhaupt ins Deutsche übersetzen – selbst wenn er ein bisschen gezwungen klingt? Wie kommt es, dass sowohl Grouchos *outside of* und das deutsche *außer* dieselbe Doppelbedeutung haben: «auf der Außenseite von» (wie in «außer Haus») und «mit Ausnahme von»? Wir brauchen hier keine spezielle deutsch-amerikanische Verschwörungstheorie zu entwickeln, denn dieser Wortwitz funktioniert auch in vielen anderen Sprachen. Der Grund dafür ist einfach, dass der Wechsel von einer räumlichen Beziehung – «sich außerhalb befinden» – zu der abstrakten, logischen Beziehung des Ausschlusses ein häufig begangener metaphorischer Pfad ist, wie die Wörter für «Ausnahme» in vielen Sprachen bezeugen: englisch *except* (von lateinisch *excipere* «heraus-nehmen»), französisch *hormis* (wörtlich «heraus-gestellt»), norwegisch *utenom* («außerhalb») und so fort. Dabei müssen wir nicht einmal allzu weit schweifen, um zu sehen, dass diese Metapher mehr als ein Zufallsbefund ist, denn die diversen Synonyme für «außer» im Deutschen verraten eine ähnliche räumliche Herkunft: «neben» («neben einem Hund»), «beiseite» oder «Ausnahme». Hätte Groucho auf deutsch gedacht, dann wäre ihm vielleicht eine andere Version eingefallen: «Mit Ausnahme des Hundes ist das Buch des Menschen bester Freund; mit der Einnahme des Hundes sollte man allerdings vorsichtig sein.»

Demnach sieht es so aus, als dienten räumliche Begriffe nicht nur als Quellen für Zeitbegriffe, sondern als lauerten sie auch hinter anderen komplexen Begriffen wie dem der logischen Ausschließung. Der Übergang vom Raum zur Zeit ist somit nur ein Teil einer viel weiter reichenden Tendenz, die vom Raum auch in andere abstrakte Sphären führt. Wir brauchen nur zu räumlichen Präpositionen wie «von», «durch» oder «um» zurückzukehren, um weitere Verschiebungen zu entdecken. Wie die folgenden Beispiele zeigen, haben viele dieser räumlichen Ausdrücke nicht nur eine temporale Bedeutung angenommen, sondern sie sind auch in noch abstraktere Bereiche übergewechselt und werden zur Beschreibung von Ursachen verwendet:

Raum	Zeit	Ursache
vor dem Haus	vor der Schlacht	er zittert vor Kälte
um München	um halb zwölf	es geht um die Kanzlerschaft
durch den Dschungel	durch das Jahr	durch unsere Mithilfe
an der Tür	an Sonntagen	an Krebs sterben
aus Buxtehude	aus dem Mittelalter	aus Verzweiflung

Ebenso wie die meisten Metaphern, die uns bereits begegnet sind, wurzeln die Bilder hier letztlich in unserer Lebenserfahrung. Denken wir an einen Satz wie «Die Reisenden erkrankten durch das verseuchte Wasser an Typhus.» Der physische Ursprung der Krankheit ist gleichzeitig ihr Grund – die Krankheit brach *wegen* des Wassers aus, aber sie gelangte auch, im physischen Sinne, *durch* das Wasser in den Körper. Im Zuge der Verallgemeinerung der Metapher haben wir dieses Bild jedoch von seiner Grundlage in der Lebenserfahrung abgelöst und können nun ungehindert davon sprechen, dass eine Sache «von» einer anderen kommt, «aus» ihr hervorgeht oder «durch» sie verursacht wurde; das heißt, wir können sie dazu benutzen, abstrakte Folgen von Ursache und Wirkung auszudrücken.

Der Übergang vom Räumlichen zu abstrakten Sphären beschränkt sich jedoch keineswegs auf Präpositionen, und er kann ungeahnte Bezirke der Sprachstruktur erfassen. Ein gutes Beispiel sind «Zeigewörter» (oder Demonstrativa, wie der linguistische Terminus lautet), etwa das hinweisende «das», mit dem wir auf einen Gegenstand deuten und ihn damit herausheben. Wenn man beispielsweise in einem Schaufenster ein Hemd sieht, kann man darauf zeigen und sagen: «Das gefällt mir.» Zunächst erscheint es unwahrscheinlich, dass die Handlung des Deutens je zu einer Metapher würde, denn welchen Sinn könnte es haben, auf ein Hemd oder einen anderen Gegenstand «metaphorisch zu deuten»? Betrachten wir aber den folgenden ehelichen Wortwechsel: «Liebling, hast du eine Ahnung, wo mein blaues Pilotenhemd von C&A geblieben ist, du weißt schon, wo an dem einen Ärmel der Knopf fehlt?» – «Ach, *das* hab ich schon vor Ewigkeiten weggeschmissen, das war doch so gammelig!» Man könnte schwerlich so tun, als erfüllte das Wort «das» hier eine echte Zeigefunktion – auf ein Hemd, das nicht mehr da ist, kann man nicht mit dem Finger zeigen. Was das Wort «das» in diesem Zusammenhang leistet, ist, dass es auf die vorangegangene Erwähnung dieses Hemdes im Gespräch verweist. Der Akt des Zeigens ist somit aus der Sphäre des physischen Raumes in den abstrakten «Gesprächsraum» übertragen worden, um auf bereits erwähnte Akteure zu verweisen (ein Vorgang, den Linguisten als Anapher bezeichnen). Ein «metaphorisches Zeigen» ist daher in der Sprache nicht nur außerordentlich verbreitet, es ist auch höchst sinnvoll, denn es hilft, über weite Strecken eines Gesprächs hinweg den Zusammenhang aufrechtzuerhalten, und es ermöglicht uns, knapp und sicher auf Personen und Gegenstände Bezug zu nehmen. Man stelle sich nur einmal vor, wie langwierig das sich anschließende eheliche Gespräch werden würde, wenn man nicht einfach sagen könnte: «Aber *das* war mein Lieblingshemd, *das* haben mir doch damals meine Kommilitonen zur Prüfung geschenkt», sondern jedesmal wiederholen müsste «mein blaues Pilotenhemd, wo an dem einen Ärmel der Knopf fehlt». Das metaphorische Deuten ermöglicht uns also ganz einfach, zum Wesentlichen zu kommen.

Zum Übertragen von Bedeutung aus der Sphäre des Räumlichen in abstrakte Bereiche könnte man – und manche tun das – Monographien von tausend Seiten schreiben, in denen dieser Vorgang für eine Sprache nach der anderen in allen Einzelheiten verfolgt wird. Man braucht aber nicht sämtliche Details zu durchforsten, um sich ein allgemeineres Bild von der sprachlichen Landschaft zu verschaffen und zu erkennen, dass sich der Übergang von Metaphern aus dem Bereich des Räumlichen überall in der Sprache bemerkbar macht und selbst in die Fundamente ihrer Struktur hineinsickert.

Bislang habe ich beim Nachzeichnen des Verlaufs der metaphorischen Abstraktion jeden Abschnitt mit dem Refrain «aber das ist noch nicht alles» beschlossen. Im gegenwärtigen Stadium erscheint es jedoch schwierig, in diesem Sinne fortzufahren. Wenn Metaphern, wie ich behauptet habe, aus der Sphäre des Räumlichen in wirklich alle Bezirke der Sprache vorgedrungen sind, was bliebe dann noch weiter zu erfassen? Und doch ist noch ein entscheidender Aspekt dieses Prozesses zu entdecken, denn wir haben den Strom noch nicht bis zu seiner Quelle zurückverfolgt.

Den Raum im Rücken

Bislang sind räumliche Beziehungen wie «in», «durch» oder «hinter» als Quelle einer metaphorischen Ausweitung in die abstrakten Sphären Zeit, Ursache und so fort aufgetreten. Stellen aber Ausdrücke für Räumliches wirklich den Ursprung dieser Strömung dar? Schließlich beinhalten räumliche Beziehungen bereits ein gewisses Maß an Abstraktion, denn es handelt sich bei ihnen nicht um stoffliche Dinge, die sich unmittelbar beobachten lassen. (Man kann beispielsweise nicht auf ein «durch» deuten und ebensowenig ein «in» unmittelbar wahrnehmen.) Könnte es daher sein, dass sich Wörter für räumliche Beziehungen in Wirklichkeit aus etwas noch Einfacherem und Handfesterem entwickelt haben? Und wenn ja, woraus? Langsam gehen uns die potentiellen Fundstellen aus, aber die folgenden Beispiele aus dem Ewe, einer Sprache, die in Togo und Ghana gesprochen wird, können uns die richtige Richtung weisen:

I.   **Ewe** (Kwa, Niger-Kongo)

    épé   **megbé**   *fá*

    sein   Rücken   ist.kalt

    «sein Rücken ist kalt»

II. *é-le*   *xɔ-á*   **megbé**

    er-ist   Haus-das   Rücken

    «er ist im Rücken des Hauses» (= hinter dem Haus)

III. *é-ku*   *le*   *é-***megbé**

    er-starb   war   sein-Rücken

    «er starb im Rücken von ihm» (= nach ihm)

IV. *é-tsí*   **megbé**

    er-bleibt   Rücken

    «er bleibt zurück» (= ist geistig zurückgeblieben)

Diese Beispiele veranschaulichen vier Stadien des Übergangs zur Abstraktion, von denen uns die letzten drei mittlerweile völlig vertraut sein sollten, da sie von der Sphäre des Raumes («hinter») über die der Zeit («später») in den abstrakten Bereich der geistigen Fähigkeiten verlaufen. Das Ewe zeigt aber, dass der räumliche Ausdruck «hinter» selbst eine Metapher ist, und es lässt den letztlichen Ursprung des Wortes *megbé* zutage treten: ein handgreifliches Substantiv, einen Teil des menschlichen Körpers.

Die Teile des Körpers sind die nächstgelegenen und am unmittelbarsten gegebenen Dinge in unserer physischen Umgebung, und darum haben sie sich tief in unser Erkenntnisvermögen eingegraben; somit ist es kein Wunder, dass sie in so vielen Sprachen die Quelle von Ausdrücken für alle möglichen abstrakteren Begriffe bilden. Auch im Deutschen hat ja der «Rücken» einen ähnlichen Weg genommen wie das Ewe-Wort *megbé*, denn «zurück» bedeutete ursprünglich einfach «zum Rücken». Die konkrete Bedeutung fängt im 12. Jahrhundert an zu verblassen und geht auf «rückwärts» über. Und genau wie im Ewe lässt sich «zurück» sogar zur Beschreibung von Geisteszuständen verwenden («zurückgeblieben»). Bei der Entwicklung von «Rücken» zu «hinter» und «nach» handelt es sich also keineswegs um eine Eigentümlichkeit tropischer Sprachen, sondern um einen Teil einer weltweiten Wanderung von Gliedern und Gelenken in Richtung Abstraktion.

Hier noch ein Beispiel aus einer anderen Sprache, in denen es um einen anderen Körperteil geht:

Neuhebräisch (Semitisch)

I.   ***pney***   *ha-yeled*
     Gesicht.von   das-Kind
     «das Gesicht des Kindes»

II.   *hi omedet*   *li-**pney***   *ha-bayit*
     sie steht   zu-**Gesicht.von**   das-Haus
     «sie steht zum Gesicht des Hauses» (= vor dem Haus)

III.   *hi barḥa*   *li-**pney***   *ha-milḥama*
     sie floh   zu-Gesicht.von   der-Krieg
     «sie floh zum Gesicht des Krieges» (= vor dem Krieg [zeitlich])

IV.   *hi barḥa*   *mi-**pney***   *še-hithila*   *ha-milḥama*
     sie floh   von-Gesicht.von   dass-begann der-Krieg
     «sie floh vom Gesicht dass der Krieg begann» (= weil der Krieg begann)

Wem der Übergang von «Gesicht» zu «vor» ein wenig bemüht vorkommt, der denke nur an das deutsche «frontal» oder an das englische *in front of*, welche auf das französische *front* («Stirn») zurückgehen. Wie die folgenden Beispiele veranschaulichen, gibt es kaum einen Körperteil, der nicht als Metapher für räumliche und abstraktere Begriffe genutzt worden ist.

Bauch → Mitte: Albanisch (Indoeuropäisch)

në	*bark*	*të*	*javës*
in	Bauch	der	Woche (= in der Mitte der Woche)

Eingeweide → Inneres: Ungarisch (Finnougrisch)

bel-ügy-minisztérium

Eingeweide-Angelegenheit-Ministerium (= Ministerium für innere Angelegenheiten)

Herz → in: Nahuatl (Uto-Aztekisch [Indianisch]; in Mexiko gesprochen)

huēi	*āltepētl*	*i-yōllò-co*
groß	Stadt	ihr-Herz-in (= in der großen Stadt)

Hand → neben: Hebräisch (Semitisch, Afroasiatisch)

le-yad	*ha-bayit*
zu-Hand.von	das-Haus (= neben dem Haus)

Brust → vor: Walisisch (Keltisch, Indoeuropäisch)

ger	*fy*	*mron*
bei	meine	Brust (= vor mir)

Lippe → entlang: Albanisch

buzë-s	*së*	*detit*
Lippe-durch	das	Meer (= am Meer entlang)

Ferse → hinter → wegen: Hebräisch

be-iqvot	*ha-mašber*
auf-Fersen.von	die-Krise (= nach / wegen der Krise)

Kopf → **vor (räumlich)** → **vor (zeitlich)**: Englisch
he is a mile a-head of us
he is an hour a-head of us

Mund → **vor**: Mursi (Nilosaharanisch; in Äthiopien gesprochen)
dori   tutuo
Haus   Mund.des (= vor dem Haus)

Rücken → **über**: Mixtekisch (Oto-Mangueanisch [Indianisch];
in Mexiko gesprochen)
saà   ndéčé   sɨkɨ   itú
Vogel   fliegen   Rücken   Kornfeld
(= der Vogel fliegt über das Kornfeld)

Einige dieser Metaphern, so etwa «Mund» für «vor» oder «Rücken» für «über», erscheinen uns möglicherweise etwas gewunden. Warum sollten beispielsweise mixtekische Sprecher sagen «ein Vogel fliegt Rücken des Kornfelds», wenn sie «über das Feld» meinen und nicht «hinter dem Feld»? Selbstverständlich verfügen aber nicht nur Menschen über Körperteile, die als Metaphern dienen können, und einige Sprachen greifen zum «zoomorphen Modell», wie es die Linguisten nennen. Wenn wir uns von unseren anthropozentrischen Vorurteilen befreien und statt dessen an Vierbeiner denken, dann wird klar, weshalb die Ausdrücke «Mund» oder «Kopf» für «vor» stehen können und wie es möglich ist, dass «Rücken» zu «über» wird und «Bauch» zu «unter».

•

Dieses Kapitel begann mit einem Blick auf die Metapher als Schmuckfigur der Dichtung, aber als wir dann den Gegenstand weiterverfolgten, wandelte sich das Bild bis zur Unkenntlichkeit. Überall tauchten Metaphern auf, bald tote, bald lebendige, sie versteckten sich selbst hinter den schlichtesten Wörtern der Alltagssprache. Es stellte sich heraus, dass die Metapher ein wesentliches Werkzeug des Denkens ist, eine unentbehrliche Technik der Begriffsbildung, die es uns gestattet, abstrakte Begriffe unter dem Bild einfacherer konkreter Dinge zu denken. Tatsächlich ist sie unser einziges Verfahren, um mit Abstraktionen umzugehen. Es ist also der Drang nach Mitteilung abstrakter Ideen, der hinter dem unerbittlichen Sog vom Konkreten zum Abstrakten steht: von Körperteilen zu räumlichen Beziehungen, von physischer Nähe zu Besitz, von Ergreifen zu Verstehen. Faktisch gibt es keinen Bezirk der Sprache, den diese Strömung nicht erfaßt, keine Parzelle, die sie nicht bewässert.

Die zuletzt genannten Beispiele für diese Bewegung in Richtung Abstraktion, in denen Körperteile räumliche Beziehungen beschreiben, sehen vielleicht nicht so aus, als unterschieden sie sich erheblich von den zuvor angeführten Metaphern. Sicher ist das Prinzip dasselbe: einfache Begriffe – in diesem Falle Körperteile von «Kopf» bis «Ferse» und von «Brust» bis «Eingeweide» – werden aus ihrem ursprünglichen Umfeld herausgerissen und in den Bereich der räumlichen Beziehungen versetzt. Im Vergleich zu einigen Metaphern, die uns zu Beginn des Kapitels begegnet sind (etwa denjenigen, bei denen sich die Bedeutung vom «Bach-Nachbarn» zum «Rivalen» oder vom «Durchreisen» zum «Erfahren» gewandelt hat), kommt uns die Bedeutungsverschiebung von «Rücken» zu «hinter» oder von «Lippe» zu «entlang» nicht einmal so dramatisch vor.

In einem entscheidenden Sinn sind diese Körperteil-Beispiele jedoch von allem verschieden, was wir bislang betrachtet haben, denn diese Metaphern haben irgendwie die Grenze zwischen «Inhaltswörtern» und «grammatischen Elementen» überschritten. Erinnern wir uns, dass Inhaltswörter die Ziegel der Sprache sind, während grammatische Elemente wie Präpositionen, Hilfszeitwörter oder Konjunktionen nur den Mörtel darstellen, den Klebstoff, der dazu dient, die Inhaltswörter zu bedeutungsvollen Sätzen zusammenzufügen. Sehen wir uns aber noch einmal an, was diese Körperteil-Metaphern bewerkstelligt haben. Ihren Ausgangspunkt bildeten handfeste Substantive wie «Rücken» oder «Kopf» – ganz normale Inhaltswörter. Doch nach einem metaphorischen Sprung, der nicht groß zu sein scheint, finden sich diese Körperteile in grammatische Elemente verwandelt wieder. Auf dem Wege der Metapher haben daher diese stabilen Substantive die Grenze zwischen Inhalt und Struktur überschritten und sich in Präpositionen verwandelt. Die Metapher verändert also nicht nur die Bedeutung *bereits existierender* grammatischer Elemente, sondern sie ist durch ihre Fähigkeit, Inhalt in Struktur zu verwandeln, auch daran beteiligt, diese grammatischen Elemente überhaupt erst zu schaffen.

So lässt schließlich der Fluss von Metaphern in Richtung Abstraktion allmählich erkennbar werden, wie Leben und Tod in der Sprache miteinander verflochten sind. Während sich in der Dichtung Metaphern, nachdem sie durch übermäßigen Gebrauch abgestorben sind, in leere Klischees verwandeln, stellen in der Alltagssprache tote Metaphern den Schwemmsand dar, aus dem grammatische Strukturen aufsteigen. Wie ein Riff, das sich aus zahllosen Schichten abgestorbener Korallenskelette bildet, können sich in der Sprache neue Strukturen aus den Schichten toter Metaphern bilden, die der Fluss in Richtung Abstraktion abgelagert hat.

Wie diese Metamorphose von Inhalt zu Struktur in der Praxis abläuft, behandelt das folgende Kapitel. Dafür unterbrechen wir kurz unsere normale Übertragung und schalten live zum George Orwell Centre auf der South Bank in London, wo eine internationale Konferenz über Orwells Sprachphilosophie schon in vollem Gange ist. Erörtert wird hier das Thema «Der Zustand der Sprache», und wir begeben uns jetzt zu den Delegierten in den großen Konferenzsaal, in dem gleich die Nachmittagsvorträge beginnen werden.

Die Kräfte der Erschaffung

Ein Sitzungssaal. An der Wand hinter dem Redner hängt das Logo der Konferenz: **SPRACHE, WOHIN?** *An einem Ende des Tisches sitzt der Vorsitzende, ein bedeutender Kolumnist. Neben ihm bastelt ein junger Akademiker an dem Projektor und schiebt sein erstes Dia ein:*

> ‹Lasset uns also dem ewigen Geiste vertrauen,
> der nur deshalb zerstört und vernichtet,
> weil er der unergründliche und
> ewig schaffende Quell alles Lebens ist.
> Die Lust der Zerstörung ist zugleich
> eine schaffende Lust!›
>
> Michail Alexandrowitsch Bakunin, 1842

Der Vorsitzende wirft über die Schulter einen besorgten Blick auf die Leinwand, setzt dann aber eine offiziell-optimistische Miene auf und erhebt sich, um den Redner vorzustellen.

VORSITZENDER: Meine Damen und Herren, ich begrüße Sie zur Nachmittagssitzung der internationalen Konferenz über George Orwells Sprachphilosophie. Im Namen der Veranstalter möchte ich noch einmal den zahlreichen Delegierten aus aller Welt danken, welche hier zusammengekommen sind, um eines der Themen zu erörtern, die dem großen Autor ganz besondere Sorge bereiteten, nämlich den Zustand der Sprache – wohin ihr Weg führt und wie es mit ihr so weit kommen konnte. Ich hoffe, Sie alle haben die Mittagspause genutzt, um nach den trüben Meldungen des Vormittags etwas für die Aufhellung Ihrer

Stimmung zu tun. Denn ich glaube, wir werden alle uns zur Verfügung stehenden Geisteskräfte benötigen, wenn wir dem Redner des heutigen Nachmittags zuhören. Wie Sie vermutlich schon ahnen, verspricht er so etwas wie den Advocatus diaboli zu spielen. Ohne weitere Umschweife möchte ich Ihnen nun zu meiner großen Freude unseren Gastredner Chris de Mont vorstellen. Die Theorien Dr. de Monts haben in jüngster Zeit, wie ich anzunehmen Grund habe, sowohl in der akademischen Welt als auch in breiteren Kreisen Wellen geschlagen. Sein kürzlich erschienenes Buch [*wühlt hastig in seinen Notizen*] *Bakunianische Linguistik: Auf dem Weg zu einer Dialektik der kategorischen Dekonstruktion* hat ihn als führenden Fachmann auf dem Gebiet der … ähem, auf seinem Gebiet ausgewiesen. Er wird zu uns heute über das Thema «Erschaffung durch Zerstörung» sprechen.

DR. DE MONT: Danke. Ich kann nur hoffen, dass ich Ihre diabolischen Erwartungen nicht erfüllen werde … aber wenn Sie befürchten, mit einer andersartigen Betrachtungsweise der Sprache konfrontiert zu werden, dann werde ich Sie gewiss nicht enttäuschen. Als ich heute vormittag hörte, wie die Redner die betrübliche Verfassung der Sprache erörterten und ihren Verfall und Niedergang beklagten, habe ich mich gefragt, wie ich wohl eine höfliche Form für den Anfang meines Vortrags finden könnte. Aber ehrlich gesagt, die einzige Formulierung, die mir einfiel, war: «Jungs, ihr seid auf dem Holzweg. Ihr begreift überhaupt nicht, worauf es ankommt.» Denn, sehen Sie, ohne diese vielgeschmähten Kräfte der Zerstörung hätte sich die Sprache überhaupt nicht entwickelt. Ohne die Vorgänge, die Sie als bloßen Verfall abtun, wären wir über Grunz- und Ächzlaute nicht weit hinausgekommen. Ich würde sogar so weit gehen zu sagen, wenn Michail Bakunin seinen Eifer nur auf die Erforschung der Sprache gerichtet hätte anstatt auf ständige Revolution, dann wäre er als ein Denker von außerordentlichem Scharfsinn in die Geschichte eingegangen, seiner Zeit weit voraus. Denn was die Sprache angeht, ist Bakunin ganz auf der Höhe: Diejenigen Kräfte in der Sprache, die grammatische Strukturen erschaffen, sind nichts anderes als Nebenprodukte der Zerstörung.

Die Hauptstoßrichtung meiner Argumentation ist ziemlich einfach: mein Ausgangspunkt, auf den wir uns wohl alle einigen können, ist, dass grammatische Elemente nicht einfach aus dem Nichts auftauchen. Und wenn Dinge wie Präpositionen, Kasusendungen oder Tempuskennzeichen nicht mit Bedacht erfunden wurden, dann müssen sie sich aus Elementen entwickelt haben, die schon da waren. Aber aus welchen? Nun ist es nicht gerade etwas Neues, wenn ich sage, dass grammatische Elemente letztlich auf normale Substantive oder Verben wie «Rücken» oder «gehen» zurückzuführen sind. Und ich verrate auch kein Geheimnis, wenn ich Ihnen erkläre, dass die Metapher das Rohmaterial für grammatische Elemente liefert. Überraschender ist jedoch vielleicht die genaue Art und Weise, in der sich die Transformationen von Inhalt zu Grammatik abspielen. Was ist dafür verantwortlich, dass Substantive und Verben in grammatische Elemente verwandelt werden? Ich glaube, an diesem Punkt kann die Bakunianische Theorie einen tatsächlichen Durchbruch bieten, denn meine These wird heute sein, dass die Erbauer neuer grammatischer Strukturen keine anderen sind als die Kräfte der Zerstörung, die in den Vorträgen des heutigen Vormittags so begeistert verunglimpft wurden.

Mir ist klar, dass diese Behauptung weit hergeholt erscheinen mag, und deshalb möchte ich jetzt ein paar praktische Beispiele dafür anführen, wie diese Transformationen im Einzelnen ablaufen. Das erste Beispiel ist relativ einfach; dabei geht es um das englische Verb «go». Ich werde zu zeigen versuchen, wie die Kräfte der Zerstörung von der Wendung «going to» Besitz ergriffen und wie sie diese Phrase, die auf ihre Weise einfach, solide und feststehend war, in etwas ganz anderes verwandelten, nämlich in ein grammatisches Element zur Bezeichnung des Futurs. Und nachdem wir «going to» dekonstruiert haben, werde ich dann zu einigen ausgesuchteren grammatischen Strukturen übergehen und zeigen, dass es sich auch dort in Wirklichkeit um die Ergebnisse von Zerstörung handelt.

Das nächste Dia bitte. Werfen Sie einen Blick auf diese beiden englischen Sätze:

Are you **going to** the concert this evening? No, I'm **gonna** stay at home.

Versuchen Sie – zumindest vorläufig – von allen Vorurteilen abzusehen, die Sie möglicherweise gegenüber korrektem und inkorrektem Sprachgebrauch haben, und betrachten Sie einfach bloß die Transformation, die die Wendung «going to» durchgemacht hat. Im ersten

Satz ist «going» noch ein ganz normales Verb, im zweiten hingegen «geht» niemand irgendwohin – ganz im Gegenteil, jemand hat die Absicht, dort zu bleiben, wo er ist. Somit hat «gonna» im zweiten Satz seinen Status als Verb der Bewegung verloren und fungiert als bloßes grammatisches Element – der Satz bedeutet nicht mehr als «ich werde zu Hause bleiben». Irgendwie hat es «going to» geschafft, sich in einen Teil der Sprachstruktur zu verwandeln. Diese Transformation mag auf den ersten Blick seltsam erscheinen, aber wie ich zeigen werde, steht hinter diesem Vorgang nichts anderes als die Metapher sowie die vielgeschmähte Erosion von Bedeutung und Lauten. Sie brauchen eigentlich nur die beiden Sätze miteinander zu vergleichen, um zu sehen, dass die Metapher etwas damit zu tun gehabt haben muss, denn beim ersten «going to» geht es um Bewegung im Raum, während sich das zweite auf die Zeit bezieht. Die Erosion von Bedeutung hat ebenfalls mitgespielt, denn das erste «going to» hat eine vollständige, ihm eigene Bedeutung, während das zweite seinen unabhängigen Sinn verloren hat, so dass «gonna» keine eigenständige Handlung mehr bezeichnet. Und schließlich kam ganz eindeutig eine Erosion des Lautbilds hinzu, denn während das erste «going to» seine ursprüngliche volle Form beibehalten hat – kein englischer Muttersprachler würde sagen «are you *gonna* the concert» –, ist das zweite «going to» auf «gonna» zusammengestutzt worden.

Ein Vertreter der Royal Society for the Protection of the English Language, der in der Vormittagssitzung einen liebevollen Nachruf auf das Pronomen «whom» vorgetragen hatte, kann sich nicht mehr zurückhalten.

MITGLIED DER RSPEL: Aber Dr. de Mont, Sie wollen doch wohl nicht behaupten, dass sich «going to» nur wegen einer simplen Metapher und einer recht nachlässigen Aussprache in ein strukturelles Element verwandelt habe? Ich sehe nicht, wie Metapher oder Erosion das Verb in eine andere syntaktische Kategorie hätten verschieben können und aus einem gewöhnlichen Inhaltswort ein grammatisches Funktionswort hätten machen können.

DE MONT: Nun, anstatt über diese Frage mit leerem Magen zu philosophieren, werden Sie vielleicht nichts dagegen haben, wenn wir uns erst einmal einige Details zu Gemüte führen und uns ansehen, was für ein Schicksal die Wendung «going to» in den vergangenen Jahrhunderten tatsächlich gehabt hat. Denn nach einem Überblick über die Geschichte dieser Phrase können wir besser die Faktoren erörtern, die diese Transformation verursacht haben.

MITGLIED DER RSPEL *(macht etwas zögernd ein Zeichen des Einverständnisses).*

DE MONT: OK. Wie man erwarten würde, bedeutete «going to» ursprünglich einfach, dass man irgendwohin geht oder fährt: «going to London», «going to the market» und dergleichen. Die Wendung «going to *do* something» kommt anscheinend erstmals im 15. Jahrhundert vor. Eines der frühesten Beispiele findet sich in einem Gesuch, das die Bürger der Stadt Scropton 1439 an das englische Parlament richteten; darin versuchten sie die Verhaftung eines Ausreißers namens John Forman zu erwirken. In ihrer Bittschrift behaupten sie, Forman sei zuvor für eine Reihe schwerer Verfehlungen rechtmäßig verhaftet und unter Bewachung in die nahegelegene Burg geführt worden. Unterwegs lauerten dem Konvoi jedoch Guerillas im Stil Robin Hoods auf: «as they **were goynge** to bringe hym there» («als sie darangingen, ihn dorthin zu bringen»), gerieten sie in einen Hinterhalt von Bewaffneten, die ihnen den Gefangenen entrissen.

Derartige Beispiele lassen ziemlich deutlich erkennen, dass «going to do something» einfach als eine Art Kurzform für «*irgendwohin* gehen, *um* etwas zu tun» begann.

In den darauffolgenden Jahrzehnten fängt «going to» jedoch langsam an, die lange schiefe Ebene in Richtung Abstraktion hinunterzugleiten. Etwa 40 Jahre später, im Jahre 1482, finden wir ein weiteres Beispiel für «going to», auf das ein Verb folgt, und dies ist vielleicht das erste Anzeichen dafür, dass die Dinge wirklich in Bewegung geraten sind. Das Beispiel entstammt einem der frühesten Bücher, die auf englisch gedruckt wurden, den *Revelations of St Nicholas to a Monk of Evesham.* Die Geschichte handelt von der Reise eines Mönches durch das Fegefeuer und seinen Begegnungen mit verschiedenen Menschen, die von ihren Leiden berichten. In einem der Kapitel wird geschildert, wie sich die heilige Margarete für die gepeinigte Seele einer sündigen Frau einsetzte, die in einem großen Konvoi

was **goyng to be broughte** into helle for the synne and
onleful lustys of her body.

(«ging um in die Hölle gebracht zu werden wegen der Sünde und
der rechtswidrigen Lüste ihres Leibes».)

Zum Glück werden die Schreie der gequälten Frau von der heiligen
Margarete erhört, sie erbarmt sich der armen Seele und rettet sie.

MITGLIED DER RSPEL: Aber ich sehe wirklich nicht, wie sich dieses
Beispiel von dem unterscheidet, das Sie zuvor angeführt hatten. Die
Wendung «going to» bezieht sich hier doch gewiss immer noch auf
den physischen Akt des Gehens – haben Sie nicht eben gerade gesagt,
die Frau sei auf dem Weg zur Hölle in einer Prozession *unterwegs* gewesen?

DE MONT: Sicher, aber wenn Sie genau hinsehen, werden sie feststellen,
dass die Betonung hier auf etwas anderem liegt. Die Passivform des
Verbs, «to be brought», also «gebracht werden», verschiebt den Fo-
kus fort von jeglicher Intention auf seiten der Frau – schließlich kann
sie nicht wirklich die Absicht gehabt haben, zur Hölle zu fahren, nicht
wahr? Demnach dient die physische Bewegung in erster Linie dazu,
die abstraktere Implikation hervorzuheben: die Tatsache, dass die
Frau bald in die Hölle gebracht und dort für ihre Sünden gepeinigt
werden wird.

MITGLIED DER RSPEL: Das klingt mir alles recht impressionistisch.

DE MONT: Das ist nicht zu vermeiden, denn diese Situation beinhaltet
sowohl den physischen Aspekt der Fortbewegung als auch die abstrakte Dimension der Zeit. Aber das ist schon an sich aufschlussreich,
denn in den Metaphern der Alltagssprache hat die Verschiebung vom
Konkreten zum Abstrakten gewöhnlich eine Grundlage in der Erfahrung, und genau diese Grundlage sehen wir hier nun vor uns: Die Frau
bewegt sich – wenngleich ziemlich widerwillig – in Richtung auf ihr
Leiden fort, und das bedeutet, dass sie im Begriff ist zu leiden.

*Ein deutscher Journalist, der sich eifrig Notizen gemacht hat, mischt sich
jetzt ein.*

DEUTSCHER JOURNALIST: Ich dachte aber, man könne nur dann
behaupten, dass ein tatsächlicher Wandel stattgefunden hat, wenn das

ursprüngliche Bild von dieser Erfahrungsgrundlage sozusagen fortgeflogen und in einem völlig neuen Umfeld gelandet ist. Im Deutschen
beispielsweise können wir ebenfalls das Verb «gehen» verwenden, um
eine Absicht des Sprechers deutlich zu machen, beispielsweise in einem
Satz wie «ich gehe Bier holen». Aber das zeigt für sich allein noch
nicht, dass «gehen» seine ursprüngliche Bedeutung der Fortbewegung
verloren hat. Tatsächlich können wir im Deutschen das Verb «gehen»
nur dann verwenden, wenn dabei wirklich eine Fortbewegung stattfindet.

DE MONT: Einverstanden. Das Beispiel, das ich gerade angeführt habe,
ist sicher noch kein Beweis für den Wandel. Der kommt gleich. Mir
kommt es aber auf den Punkt an, dass sich die Veränderungen ganz
allmählich abgespielt haben. Das englische «going to» ist nie wirklich
von seiner Erfahrungsgrundlage fortgeflogen – es hat mehr so etwas
wie ein langsames Fortkriechen von dieser Grundlage stattgefunden.
Tatsächlich sehen wir mindestens ein Jahrhundert nach diesem Beispiel keine Anzeichen für dramatische Veränderungen; «going to»
tritt nur etwas häufiger in Fällen auf, in denen der abstrakte Sinn der
Absicht im Vordergrund steht. Alles in allem hielt die Phrase jedoch
immer noch an dem Sinn der körperlichen Fortbewegung fest. Selbst
in den Stücken Shakespeares, Ende des 16. Jahrhunderts, wird «going
to» nach wie vor nur dann verwendet, wenn wirklich eine Bewegung
stattfindet – mit anderen Worten, nur in solchen Kontexten, in denen
man das Verb auch im Deutschen benutzen könnte. Hier ein Beispiel
aus *Die beiden Veroneser*:

DUKE: Sir Valentine, whither away so fast?
VALENTINE: Please it your Grace, there is a messenger that stays to bear my
letters to my friends, and I am **going to deliver** them.

(*Herzog:* Freund Valentin, wohin in solcher Eil?
Valentin: Mit Eurer Gnaden Gunst, ein Bote wartet, / Um meinen Freunden
Briefe mitzunehmen, / Und jetzo geh ich, sie zu übergeben.)

Ein harter Beweis dafür, dass die Metapher wirklich Flügel bekommen
hat, tritt tatsächlich erst im Laufe des 17. Jahrhunderts auf. Als er
aber kommt, beglaubigt ihn die Autorität von nichts Geringerem als
königlichen Lippen. Im April 1642 wurde König Karl I., der bekannt-

lich seine Regierungszeit einen Kopf kürzer beendete, als er sie begonnen hatte, daran gehindert, die nordenglische Stadt Hull zu betreten und Zugang zu dem dortigen Waffenlager zu erhalten. Einige Wochen später rief er den örtlichen Adel zusammen und versuchte, ihn auf seine Sache einzuschwören, indem er darüber jammerte, dass man auf allen Seiten Verrat an ihm übe:

To be short, You see that My Magazine **is going to** be taken from Me, being My Own proper Goods, directly against My will; the Militia, against Law and My Consent, **is going to** be put in execution. ... All this considered, none can blame Me to apprehend Dangers.

(«Um es kurz zu machen, Ihr seht, dass Mein Waffenlager Mir jetzt fortgenommen zu werden geht, welches Mein eigener rechtmäßiger Besitz ist, ganz gegen Meinen Willen; die Miliz geht, gegen das Recht und Meine Zustimmung, eingesetzt zu werden. ... Zieht man all das in Betracht, dann kann mir niemand Vorwürfe machen, wenn ich Gefahren fürchte.»)

DEUTSCHER JOURNALIST: Nun ja, das Waffenlager konnte vermutlich wirklich nicht irgendwohin auf Wanderschaft gehen. Und auf deutsch können wir allerdings nicht sagen «das Waffenlager geht fortgenommen zu werden».

DE MONT: Und bei diesem Beispiel handelt es sich auch nicht bloß um eine isolierte Seltsamkeit königlicher Rede. Aus der gleichen Zeit gibt es noch einige weitere Beispiele ähnlicher Art, und als Beweis dafür haben wir sogar die ausdrückliche Bemerkung eines zeitgenössischen Sprachwissenschaftlers. In einem Handbuch aus dem Jahre 1646 beschreibt Joshua Poole die Wendung «going to» als ein «Zeichen des Futurs». Um die Mitte des 17. Jahrhunderts haben wir es also nicht mehr mit vagen Eindrücken zu tun. Wir verfügen über ziemlich klare Belege dafür, dass «going to» als Kennzeichen des Futurs verwendet werden konnte, ohne dass von der ursprünglichen Bedeutung der Fortbewegung noch etwas übrig geblieben wäre.

DEUTSCHER JOURNALIST: Wie steht es nun aber mit der erodierten Form «gonna»?

DE MONT: Leider lässt sich kaum mit Sicherheit sagen, wann diese Form erstmals aufgetreten ist, da in den schriftlichen Quellen eine solche umgangssprachliche Aussprache meist nicht erfasst wird. Die frühesten überlieferten Beispiele kommen offenbar aus Schottland und sind zu Beginn des 19. Jahrhunderts bezeugt. Die ersten Beispiele, die das Oxford English Dictionary anführt, stammen aber aus dem amerikanischen Englisch und sind ein volles Jahrhundert jünger. Eines davon ist der Jazzsong «I ain't gonna give nobody none o' this jelly roll» aus dem Jahre 1919. Es ist aber wirklich sehr schwer zu sagen, wie lange es diese Aussprache schon gab, bevor sie Eingang in die Schriftsprache fand.

●

MITGLIED DER RSPEL: Dr. de Mont, Sie haben mit uns einen faszinierenden historischen Spaziergang unternommen und uns eine rührende Geschichte über unmerkliche Veränderungen der Bedeutung erzählt. Ich warte aber immer noch auf eine Antwort auf meine ursprüngliche Frage: Wie kam es genau dazu, dass ein ganz gewöhnliches Verb wie «go» in ein Hilfsverb, ein bloßes Element der Grammatik, verwandelt wurde? Bisher haben wir noch nicht ein einziges Wort über die wirkliche Chemie der Übergänge von der einen syntaktischen Kategorie in eine andere gehört. Wann genau entschloss sich «go», sein Dasein als Inhaltswort aufzugeben und sich in ein grammatisches Element zu verwandeln, und wie ging diese Metamorphose wirklich vonstatten?

DE MONT: Aber sehen Sie denn nicht – das ist genau der Grund, weshalb ich auf die Geschichte von «going to» so detailliert eingegangen bin. Mir ging es darum zu zeigen, dass es keine dramatische Kehrtwendung, keinen plötzlichen Sprung über die Grenze zwischen Inhalt und Struktur gegeben hat. Zwischen Inhaltswörtern und grammatischen Elementen gab es keine Berliner Mauer, noch nicht einmal einen Kontrollpunkt. Wenn Sie sich genauer ansehen, was im wirklichen Leben mit «going to» passiert ist, dann werden Sie nicht mehr finden als eine friedliche Geschichte von einer ganz allmählichen Erosion der Bedeutung, auf die eine Erosion der Laute folgte.

MITGLIED DER RSPEL: Aber Sie wollen doch wohl nicht behaupten, dass es keinen Unterschied zwischen Inhaltswörtern und grammatischen Elementen gibt?

DE MONT: Nein, aber Wörter tragen ja keine T-Shirts, auf denen entweder «Inhaltswort» oder «Grammatisches Element» steht. Natürlich unterscheiden wir zwischen Inhaltswörtern und grammatischen Wörtern, wenn wir *über* eine Sprache reden, aber bei näherer Betrachtung stellen wir fest: Der einzige triftige Grund für diese Unterscheidung ist die Bedeutung. Wir bezeichnen einige Wörter als Inhaltswörter, weil sie eine unabhängige Bedeutung haben, und wir nennen andere Wörter grammatische Wörter, weil sie keine haben. Um die Wendung «going to» aus dem Lager der Inhaltswörter in das der grammatischen Elemente zu verschieben, bedurfte es also lediglich der Erosion ihrer ursprünglichen Bedeutung im Sinne einer unabhängigen Handlung.

DEUTSCHER JOURNALIST: Trotzdem sehe ich nicht, weshalb Sie nicht den Zeitpunkt angeben können, an dem genau sich der Wandel abgespielt hat. Warum können Sie nicht sagen, wann der Ausdruck seine unabhängige Bedeutung verlor?

DE MONT: Weil es bei der Frage, ob ein Ausdruck eine unabhängige Bedeutung hat, nicht immer einfach um schwarz oder weiß geht. Natürlich hat ein Wort wie «Baum» eine einfache Bedeutung, die ihm ganz eigen ist, während es einem Wort wie «welcher» an fast jeder unabhängigen Bedeutung mangelt. Betrachtet man diese beiden Extreme, dann erscheint der Unterschied zwischen den beiden Lagern ganz klar. Befasst man sich aber mit der Sache im Einzelnen und sieht sie sich näher an, dann stellt man fest, dass es dazwischen eine beträchtliche Grauzone gibt. Um nur ein Beispiel zu nennen, denken wir an Präpositionen wie «unter» oder «mit». Sie haben vielleicht keine unabhängige Bedeutung wie «Baum», aber sind sie tatsächlich so inhaltsleer wie «welcher»? Und ebenso verhält es sich mit «going to». Mir lag daran, die Geschichte dieser Phrase im Detail zu behandeln, weil ich Ihnen zeigen wollte, dass es nie einen plötzlichen Umschwung von Schwarz zu Weiß gegeben hat. Je nach Hintergrund, Vordergrund, Intention und Implikation durchlief der Ausdruck verschiedene Grautöne.

DEUTSCHER JOURNALIST: Ich verstehe einfach nicht, was «Intention» oder «Implikation» mit der Frage zu tun haben, ob ein Ausdruck über eine unabhängige Bedeutung verfügt.

DE MONT: Oh, da gibt es einen ganz engen Zusammenhang. Ich habe hier ein etwas absurdes Beispiel, das uns vielleicht helfen wird. Ich weiß nicht, ob Sie schon einmal die jüdische Geschichte über die beiden Kaufleute in Polen gehört haben, die sich eines Morgens auf dem Bahnhof in Warschau treffen. Beide sind Konkurrenten, und so beäugen sie sich gegenseitig voller Argwohn. Schließlich fragt einer von ihnen: «Wohin fährst du denn heute?» «Nach Minsk», kommt die vorsichtige Antwort. «So, nach Minsk?» entgegnet der erste skeptisch. «Ich weiß ganz genau, dass du mir das nur erzählst, um mich glauben zu machen, dass du in Wirklichkeit nach Pinsk fährst. Aber – zufällig weiß ich, dass du *tatsächlich* nach Minsk fährst …» Und nach einer kleinen Pause fügt er hinzu: «Sag mir also: warum versuchst du, mich hinter's Licht zu führen?»

Sie sehen, im wirklichen Leben reicht die tatsächliche Bedeutung des Gesagten oft weiter als der wörtliche Sinn der geäußerten Wörter. Das, was Sie sagen, ist möglicherweise nicht genau das, was Sie damit meinen. Wie der Hörer das interpretiert, was Sie gesagt haben, ist unter Umständen nicht genau das, was Sie Ihrer Ansicht nach gemeint haben, und so weiter. In dem Witz wird das bis zum grotesken Extrem getrieben. Als wir aber vorhin die Frage erörterten, was Leute genau *meinten*, wenn sie «going to» sagten, standen wir vor dem gleichen Problem: Wir mussten den Kontext, die Intention, das, was im Vordergrund stand, und das, was im Hintergrund lag, in Betracht ziehen. Das Fazit der Geschichte von «going to» war, dass die ursprüngliche wörtliche Bedeutung allmählich in den Hintergrund trat und der abstrakte Sinn mehr und mehr an Gewicht gewann. Es ging jedoch nie darum, dass der Ausdruck «going to» über Nacht verwandelt worden wäre, so dass er die Bedeutung der Fortbewegung, die er zuvor gehabt hatte, mit einem Schlag verlor.

Man könnte natürlich einen bestimmten Punkt nehmen und einfach beschließen, er sei *der* Zeitpunkt, an dem «going to» über die Grenze zwischen Inhalt und Struktur hüpfte. Man könnte sich beispielsweise auf den Standpunkt stellen, dieser Vorgang habe in dem Moment stattgefunden, in dem die Wendung «going to» erstmals in einem Zusammenhang gebraucht wurde, in dem eine Fortbewegung nicht mehr möglich war, also beispielsweise in Karls Erklärung, dass sein Waffenlager «is going to be taken». Sieht man sich aber die Geschichte als ganze an, dann wird deutlich, dass diese Wahl ein wenig willkürlich wäre, denn einen katastrophalen Bruch hat es weder zu diesem Zeitpunkt noch zu irgendeinem anderen gegeben. Das «going to» in Karls Rede war nur einer von vielen Schritten in einem langen und allmählich verlaufenden Prozess, der durch eine bestimmte Kombination von

Metapher und Erosion sowohl der Bedeutung als auch der Lautgestalt hervorgebracht wurde.

VORSITZENDER: Ich würde gern eine ganz andere Frage stellen, wenn Sie gestatten. Nehmen wir an, man akzeptiert Ihre Analyse, der zufolge es hier lediglich um eine «bestimmte Kombination», wie Sie es gerade formuliert haben, von Metapher und Erosion geht. Ist aber diese bestimmte Kombination – wie soll ich es ausdrücken – nicht ein wenig zu bestimmt? Es ist recht merkwürdig, dass sich Metapher und Erosion der Bedeutung genau in der richtigen Weise zusammentun sollten und dass die Erosion der Laute wissen sollte, wann der richtige Zeitpunkt für ein Eingreifen gekommen ist. Ein derartiges Zusammentreffen sieht einfach zu schön aus, um wahr zu sein – finden Sie nicht?

DE MONT: Ich weiß, was Sie meinen, aber wenn Sie glauben, dass «gonna» ein Einzelfall ist, können Sie mir dann bitte erklären, wie sich genau der gleiche Einzelfall in Dutzenden von Sprachen aus aller Welt wiederholen konnte? Sehen Sie sich nur die folgenden Beispiele an:

Französisch: *je*   *vais*   *dire*
ich   gehe   sagen («ich werde sagen»)

Baskisch: *kanta-tze-ra*   *noa*
sing-en-zu   ich.gehe («ich werde singen»)

Tamil: *Kumār*   *oru*   *vīṭu*   *kaṭṭa-p*   *pōkiṟāṉ*
Kumar   ein   Haus   bauen   er.geht
(«Kumar wird ein Haus bauen»)

Zulu: *Ba-ya-ku-fika*
sie-gehen-zu-ankommen («sie werden ankommen»)

VORSITZENDER: Jetzt sieht die Sache allmählich eher wie eine Verschwörung aus.

DE MONT: Ich wette, Bakunin hätte über die paranoide Furcht der Bourgeoisie vor Verschwörungen in den Niedergangsphasen des Kapitalismus einiges zu sagen gehabt. Aber im Ernst, an dieser «bestimmten Kombination» von Metapher und Erosion ist nichts besonders

Mysteriöses. Das, was mit den Verben des Gehens in allen diesen Sprachen passiert, ist das Ergebnis zweier verbreiteter Motive, die *immer* hinter den Kulissen lauern: Da ist einerseits der Wunsch, unsere Ausdrucksskala zu erweitern, und andererseits die Faulheit. Die Tendenz zur Abstraktion ist eine Folge des Ausdrucksbedürfnisses: Selbst wenn eine Sprache bereits über ein Futurkennzeichen verfügt, werden die Sprecher weiter nach neueren Verfahrensweisen suchen, um zu betonen, dass etwas tatsächlich geschehen wird. Beispielsweise haben sie vielleicht den Wunsch zu betonen, dass etwas wirklich sehr bald stattfinden wird. Denken wir nur an ein Versprechen von der Form «ich gehe jetzt gleich und mache es» – klingt das nicht viel verheißungsvoller als ein bloßes «ich werde es machen»?

VORSITZENDER: Wie weiß denn aber nun die Erosion der Laute, wann sie ansetzen muss?

DE MONT: Sie weiß es nicht. Sie geht rücksichtslos ans Werk und versucht ständig, an allen Formen herumzuhacken. Einige Konstruktionen sind aber für solche Attacken anfälliger, während andere mehr Widerstand leisten. Solange das «going to» sich seine unabhängige Bedeutung bewahrte, war es viel widerstandsfähiger, und das ist der Grund, weshalb kein Mensch sagt: «I'm gonna bed». Als aber diese Phrase ihren unabhängigen Inhalt verlor, wurde sie erheblich verwundbarer, denn man gebrauchte sie jetzt häufiger, unter stärker vorhersagbaren Umständen und mit weniger Betonung. So war es ganz natürlich, dass man jetzt, als sich die Gefahr von Missverständnissen verringerte, eher in Versuchung geriet, bei der Aussprache zu Abkürzungen zu greifen. Unter solchen Umständen neigte «going to» stärker zur Erosion als je zuvor, und so überrascht es nicht, dass diese Form in der verblassten Futurbedeutung zu «gonna» verkürzt wurde.

•

Ein Delegierter der Académie française setzt mit einer theatralischen Geste den Kopfhörer ab, mit dem er die Simultanübersetzung verfolgt hat, zuckt verächtlich die Achseln und sagt mit spöttischem Grinsen:

DELEGIERTER DER ACADÉMIE FRANÇAISE: Dr. de Mont, haben Sie Dank für diesen entzückenden Überblick über die Geschichte der englischen Phrase «going to». Ohne Zweifel haben Sie mit Ihrer Erklärung, wie sich die grammatische Markierung «gonna» infolge von Erosion herausgebildet hat, unser aller Herz gerührt. Und Sie haben interessante Belege für Ihre These von einer «Erschaffung durch Zerstörung» geliefert. Aber bei allem gebührenden Respekt, den ich Ihnen und meinen geschätzten angelsächsischen Kollegen schulde, das umgangssprachliche englische Wort «gonna» ist von der «Struktur der Sprache» doch noch weit entfernt! Es ist nur ein einziges grammatisches Kennzeichen, und zwar – wenn ich das so sagen darf – auch noch ein recht unbedeutendes. Sollen wir wirklich glauben, diese «Kräfte der Zerstörung» könnten auch die wahrhaft majestätischen architektonischen Gebilde der Sprache hervorbringen?

DE MONT: Nun, Sie wissen ja, Rom ist nicht an einem Tage zerstört worden. Ich verstehe, was Sie sagen wollen: dass «gonna» so aussieht, als gehöre es zu einer Art «Babygrammatik»; aber dieselben Kräfte, die «gonna» hervorgebracht haben, können auch erheblich eindrucksvollere Strukturen erschaffen. Übrigens wollte ich eben ein weiteres Beispiel anführen, und zwar gerade Ihr französisches Verbsystem. Ich bin mir sicher, dass keiner der Anwesenden einer Erläuterung der komplexen Konjugation des französischen Verbs mit seinen Dutzenden von verschiedenen Endungen bedarf. Nur um darauf hinzuweisen, dass es ihr nicht an Komplexität mangelt, habe ich die Haupttempora des Verbs *aimer* («lieben») auf einem Dia zusammengefasst, und ich denke, Sie werden mir zustimmen, dass wir es hier nicht mehr mit «Babygrammatik» zu tun haben.

	Präsens	Imperfekt	Konditional	Konjunktiv	Hist. Perfekt	Futur
je (ich)	aim-*e*	aim-*ais*	aim-*erais*	aim-*e*	aim-*ai*	aim-*erai*
tu (du)	aim-*es*	aim-*ais*	aim-*erais*	aim-*es*	aim-*as*	aim-*eras*
il (er)	aim-*e*	aim-*ait*	aim-*erait*	aim-*e*	aim-*a*	aim-*era*
nous (wir)	aim-*ons*	aim-*ions*	aim-*erions*	aim-*ions*	aim-*âmes*	aim-*erons*
vous (ihr)	aim-*ez*	aim-*iez*	aim-*eriez*	aim-*iez*	aim-*âtes*	aim-*erez*
ils (sie)	aim-*ent*	aim-*aient*	aim-*eraient*	aim-*ent*	aim-*èrent*	aim-*eront*

DELEGIERTER DER ACADÉMIE FRANÇAISE: Das ist gewiss kein «gonna». Aber Sie wollen doch wohl nicht sagen, dass Zerstörung ein dermaßen großartiges Gebäude hervorgebracht haben könnte?

DE MONT: Das will ich sehr wohl. Aber ich möchte Sie hier nicht mit der Geschichte jeder einzelnen Endung langweilen und werde deshalb nur zur Illustration einen Blick auf die Endungen einer dieser Spalten werfen: auf die des Futurs. Das nächste Dia zeigt noch einmal die Futurendungen von *aimer*, und daneben habe ich eine andere Reihe von Endungen aufgeführt, die des Präsens von *avoir* («haben»):

j'aimerai	ich werde lieben	*j'ai*	ich habe
tu aimeras	du wirst lieben	*tu as*	du hast
il aimera	er wird lieben	*il a*	er hat
nous aimerons	wir werden lieben	*nous avons*	wir haben
vous aimerez	ihr werdet lieben	*vous avez*	ihr habt
ils aimeront	sie werden lieben	*ils ont*	sie haben

DEUTSCHER JOURNALIST: Die Ähnlichkeit erkenne sogar ich, wenn es das ist, worauf Sie hinaus wollen. Soll das aber heißen, dass sich das Futur im Französischen aus dem Verb «haben» entwickelt hat?

DE MONT: Genau das meine ich, und tatsächlich möchte ich Ihnen zeigen, wie diese beiden Reihen von Formen historisch miteinander zusammenhängen. Im Spätlatein, dem Vorfahren des Französischen, konnte man das Verb *habere* («haben») dazu benutzen, eine Verpflichtung auszudrücken: eine Wendung wie *amare habeo* bedeutete «ich habe zu lieben», *amare habes* bedeutete «du hast zu lieben» und so weiter.

SPÄTLATEIN

amare habe-o	ich habe zu lieben
amare habe-s	du hast zu lieben
amare habe-t	sie hat zu lieben
amare habe-mus	wir haben zu lieben
amare habe-tis	ihr habt zu lieben
amare hab-unt	sie haben zu lieben

MITGLIED DER RSPEL: Wollen Sie damit sagen, dass sich «ich habe zu lieben» in «ich werde lieben» verwandelt hat? Nach meiner Erfahrung beginnt niemand, einen Menschen einfach deshalb zu lieben, weil er das tun muss.

DE MONT: Sie haben recht, «lieben» ist vielleicht nicht gerade das beste Beispiel. Gleich sehen wir aber ein viel besseres. Hier kommt das, was man zu tun hat, dem, was man tun *wird*, tatsächlich sehr nahe. Auf dem nächsten Dia können Sie einen kurzen Auszug aus einem Dokument sehen, das im Jahre des Herrn 715 von den Kirchenbehörden in Italien abgefasst wurde. Die Vernehmungsbeamten sollten einen Eigentumsstreit zwischen den Bischöfen von Siena und Arezzo untersuchen, und ihr Bericht erwähnt die Aussage eines Priesters, der ihnen brav erzählte, wie einer der an dem Streit Beteiligten – ein lombardischer Herzog namens Warnefrit – ihn zu einer Falschaussage zu nötigen versucht hatte:

Der Herzog Warnefrit fragte mich: wenn du befragt wirst ...

quomodo	dicere	habes?
wie	zu.sprechen	du.hast?

Ich antwortete: wenn ich befragt werde, ...

ueritatem	dicere	habeo
Wahrheit	zu.sprechen	ich.habe

In der selbstgefälligen Antwort des Priesters – *ueritatem dicere habeo* («Wahrheit zu.sagen ich.habe») – können wir ein perfektes Beispiel für diese Basis in der Erfahrung sehen, bei dem «haben zu» und «werden» faktisch ein und dasselbe sind. Wenn man den Kirchenoberen bei einer Befragung die Wahrheit zu erzählen *hat*, dann ist es einigermaßen wahrscheinlich, dass man das auch tun *wird*. Was diesen Wortwechsel aber noch aufschlussreicher macht, ist die Frage des Herzogs im vorangegangenen Satz. Darin ist der Sinn der Verpflichtung völlig verblasst: Wenn der Herzog fragt *quomodo dicere habes* (wörtlich: «was hast du zu sagen?»), dann ist das, was die Moral diktiert, das letzte, woran er dabei denkt – schließlich ist er gekommen, um den Priester dazu zu überreden, *nicht* die Wahrheit zu sagen. Demnach ist die Bedeutung der Verpflichtung hier verschwunden: Die Frage des Herzogs bedeutet einfach nur «was wirst du sagen?»

MITGLIED DER RSPEL: Ich sehe, das wird jetzt wieder zu einer Geschichte von allmählichen Übergängen bei der Bedeutung. Aber wenn ich Sie vorhin richtig verstanden habe, hatten Sie versprochen, uns zu zeigen, wie sich diese Verbalendungen herausgebildet haben.

DE MONT: Zu diesem Punkt wollte ich gerade kommen. Als die Konstruktion mit «haben zu» in zunehmendem Maße mit dieser verblassten Futurbedeutung verwendet wurde, fand noch etwas anderes statt: ihre Form erfuhr einen erheblichen Schwund. Das erste unverkennbare Anzeichen für eine Veränderung taucht in den Schriften eines Mannes namens Fredegar auf. Von ihm weiß man nicht viel mehr, als dass er im 7. Jahrhundert auf dem Gebiet des heutigen Frankreich lebte und dass er eine umfangreiche, weitschweifige Geschichte der Frankenreiche schrieb. Der arme alte Fredegar hat nicht gerade eine besonders gute Presse gehabt. Eine Autorität vom Rang der *Encyclopedia Britannica* tut seine *Chronik der fränkischen Königreiche* als ein Werk ab, das «in barbarischem Latein geschrieben und überaus langweilig» ist.

MITGLIED DER RSPEL: Oh Gott, das hat uns gerade noch gefehlt …

DE MONT: Aber sehen Sie, gerade diese sogenannte «barbarische Sprache» vermittelt uns den ersten Blick auf die neue, reduzierte Form des «Habens-zu» in den romanischen Sprachen. In einem seiner zahlreichen Exkurse schildert Fredegar eine Schlacht zwischen dem byzantinischen Kaiser Justinian und dem persischen König Kavadh, die um eine Grenzstadt namens *Daras* geschlagen wurde. Fredegar bietet eine eigenartige Erklärung für den Stadtnamen *Daras* an. Nachdem Justinian die Perser besiegt hatte, ließ er Kavadh gefesselt vor sich führen und verlangte von ihm die Abtretung ausgedehnter Gebiete. Davon wollte Kavadh aber nichts wissen. Er sagte immer wieder *non dabo* («ich werde nicht geben»), und Justinian entgegnete stets von neuem *daras* («du wirst geben»). Und wie Fredegar schreibt, wurde die Stadt Daras genau an dem Ort gegründet, an dem diese Auseinandersetzung stattgefunden hatte.

VORSITZENDER: Wie Sie sicher wissen, Dr. de Mont, ist *daras* nicht die lateinische Form für «du wirst geben». Es sollte *dabis* heißen.

DE MONT: Aber genau darum geht es. Fredegar schrieb zwar auf Latein, aber in diesem Fall wählte er ein Wort aus seiner «barbarischen» Umgangssprache, um den Namen der Stadt zu erklären. *Daras* ist in der Tat das erste überlieferte Beispiel einer Futurform in den romanischen Sprachen: Es ist die zusammengezogene Form der Phrase *dare habes* («zu.geben du.hast»).

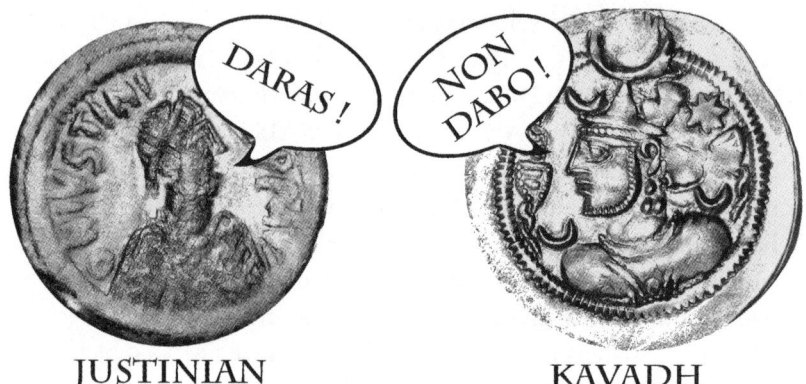

JUSTINIAN   KAVADH

DELEGIERTER DER ACADÉMIE FRANÇAISE: Wollen Sie sagen, dass die ganze Phrase *dare habes* auf nicht mehr als *daras* reduziert wurde? Das ist doch wohl ziemlich drastisch?

DE MONT: Nicht so drastisch wie im Falle des Monats *Augustus*, der als bloßes «u» endete. Im Vergleich dazu ist *daras* eine ziemlich zurückhaltende Reduzierung, finden Sie nicht?

DEUTSCHER JOURNALIST: Aber spielt sich denn hier nicht etwas anderes ab? Angefangen haben wir mit zwei Wörtern, *dare habes*, aber die sind nun irgendwie zu einem einzigen verschmolzen!

DE MONT: Sicher, aber daran ist nun auch nichts Ungewöhnliches. Gleiches passiert beim Übergang des englischen «going to» zu «gonna» oder in deutschen Wörtern wie «hamwa» (haben wir) oder «issa» (ist er), und wenn Sie über diese Sprachebene erhaben sind, wie steht es dann mit Fällen wie «im», «zur» oder «übers»? In flüssiger Rede machen wir keine Pausen zwischen den Wörtern, und die Laute stoßen einfach direkt aneinander. Bedenken Sie nur, wie schwierig es ist, in einer fremden Sprache herauszufinden, wo das eine Wort endet und das nächste anfängt. Wenn Sie die Wortgrenzen nicht kennen, ist es oft unmöglich, sie zu hören, weil sie in den Lauten selbst nicht wirklich vorhanden sind.

Treten demnach zwei Wörter außerordentlich häufig zusammen auf, dann kann die Grenze zwischen ihnen ihre Relevanz verlieren, und wenn die Phrase abgeschliffen wird, verschmelzen sie zu einem einzigen Wort. Wenn sich also *habes* mit der vorangehenden Verbform verbindet und zu einer Endung wird, dann ist daran wirklich nichts Geheimnisvolles. Und die anderen Futurendungen sind genau auf die gleiche Weise entstanden. Für die «Erschaffung durch Zerstörung» kann ich mir kein besseres Beispiel vorstellen.

	SPÄTLATEIN →	(mögliche → Zwischen- stufe)	ALT- FRANZÖSISCH (9. Jahrhundert)	→	HEUTIGES FRANZÖSISCH (Aussprache)
(ich werde lieben)	amare **habeo**	amar-**ayo**	aimer**ai**		emre
(du …)	amare **habes**	amar-**ays**	aimer**as**		emra
(er …)	amare **habet**	amar-**ayt**	aimer**a**		emra
(wir …)	amare **habemus**	amar-**aymus**	aimer**ons**		emrō
(ihr …)	amare **habetis**	amar-**aytis**	aimer**ez**		emre
(sie …)	amare **habunt**	amar-**awnt**	aimer**ont**		emrō

VORSITZENDER: Und auf diese Weise haben sich die Endungen in allen anderen Tempora des Französischen entwickelt?

DE MONT: Im Prinzip ja. Sie sind natürlich nicht alle aus dem Verb für «haben» hervorgegangen, aber der grundlegende Mechanismus muss derselbe gewesen sein.

•

DELEGIERTER DER ACADÉMIE FRANÇAISE: Ich will ja nicht kleinlich sein, aber hat Ihre Argumentation nicht einen Schönheitsfehler? Sie meinen offenbar, die verschiedenen Endungen hätten sich allesamt aus Hilfsverben wie *habere* entwickelt. Setzt aber Ihre Theorie nicht voraus, dass *einige* Verben von vornherein schon über Personalendungen verfügten? Der einzige Grund, weshalb wir am Ende so viele Futurendungen bekommen haben, ist schließlich der, dass es zunächst einmal so viele verschiedene Personalendungen des Verbs *habere* gab. Mit anderen Worten, die Endungen des einen Verbs haben die des anderen hervorgebracht. Wo sind aber nun die ursprünglichen Endungen des Verbs *habere* selbst hergekommen?

DE MONT: Sie haben vollkommen recht – es muss diese Kennzeichen von irgendwo her haben. Der tatsächliche Ursprung der Endungen des lateinischen Verbs *habere* liegt leider zu weit zurück in vorgeschichtlicher Zeit, als dass wir über genauere Informationen verfügten. Wenn Sie aber eine Vorstellung davon bekommen möchten, was wohl die letztliche Quelle war, dann brauchen Sie nicht Tausende von Jahren in die Vergangenheit zurückzugehen. Sie können in der Gegenwart und sogar in Ihrer eigenen Sprache bleiben.

DELEGIERTER DER ACADÉMIE FRANÇAISE: Ich muss gestehen, ich sehe nicht, wie das heutige Französisch hier von Nutzen sein kann.

DE MONT: Dann versuchen wir es doch mit einer kleinen Übung in kreativer Geschichtsschreibung. Stellen wir uns einen Augenblick vor, die Entwicklung des Kolonialismus hätte sich ganz anders abgespielt. Wir schreiben das Jahr 2000. Eine kleine Gruppe von verwegenen Missionaren verlässt den Vatikan in Nairobi und begibt sich auf eine lange und gefahrvolle Reise gen Norden. Schließlich gelingt es ihnen, erstmals einen Fuß in die undurchdringlichen Wälder an der Seine, tief im Innern der unerforschten Regionen des europäischen Subkontinents, zu setzen. Die Missionare versuchen, Kontakt mit den wilden Stämmen aufzunehmen, die diese dunklen Wälder durchstreifen. Nachdem der erste Versuch für einen von ihnen ein ziemlich böses Ende im Kochtopf genommen hat – *flambé dans son jus* –, gelingt es ihnen schließlich, freundschaftliche Beziehungen zu den Eingeborenen aufzunehmen. Da diese Wilden kein einziges Wort Swahili sprechen, können sie das Neue Testament natürlich nicht im Original verstehen. Darum beschließen die Missionare, es wäre besser, eine Übersetzung in Frãsé anzufertigen, wie die Eingeborenen dort ihre Sprache nennen. Und um sich ihre Aufgabe zu erleichtern, schreiben die Missionare zunächst einmal eine Grammatik des Frãsé. Wenn sie dabei nun die Formen des Verbs *em* («lieben») im Präsens vorstellen, dann entwerfen sie eine Tabelle, die ungefähr folgendermaßen aussieht und in der die Präfixe des Verbs für die einzelnen Personen aufgeführt sind:

mwa	*jem*	ich liebe
twa	*tem*	du liebst
lüi	*ilem*	er liebt
el	*elem*	sie liebt
…		

MITGLIED DER RSPEL: Für mich sieht das eher wie Türkisch aus.

DE MONT: Das *Aussehen* der Wörter ist natürlich eigenartig, weil sie so geschrieben sind, wie sie in der gesprochenen Sprache klingen, und nicht in der höchst archaischen französischen Standardrechtschreibung. Sieht die folgende Darstellung weniger seltsam aus?

moi,	j'aime
toi,	tu aimes
lui,	il aime
elle,	elle aime
...	

MITGLIED DER RSPEL: Selbstverständlich, aber hier sind die Pronomina *tu, il, elle* klar als unabhängige Wörter dargestellt, während in
Ihrer komischen phonetischen Schreibung so getan wird, als seien sie
Teil des Verbs.

DE MONT: Nein, ich fürchte, das So-Tun-als-ob findet ausschließlich auf
Seiten der archaisierenden Schriftsprache statt, die die Verhältnisse
nicht so darstellt, wie sie heute sind, sondern wie sie vor Jahrhunderten waren. In der gesprochenen Sprache ist die Verschmelzung der Pronomina mit dem Verb bereits weit fortgeschritten: In Sätzen wie *Jean,
il aime* («Jean, er liebt») oder *lui, il aime* («er, er liebt») hat das Pronomen *il* die Fähigkeit, für sich allein zu stehen, völlig verloren. Wenn also
das Französische niemals schriftlich festgehalten worden wäre, dann
hätten unsere Missionare allen Grund zu der Annahme, dass es sich bei
diesen «Pronomina» einfach um Präfixe des Verbs handelt. Sie würden
das Kennzeichen der 3. Person Singular als ein Präfix *il-* hören oder
sogar nur als *i-*, wenn das Verb mit einem Konsonanten beginnt wie in
i-fe («er tut»). Natürlich werden die Pronomina des modernen Frãsé
zu Vorsilben und nicht zu Endungen. In einer Sprache, in der die Pronomina gewöhnlich nach dem Verb stehen, würden sie sich stattdessen in Endungen verwandeln.

•

VORSITZENDER: Dr. de Mont, ich bin sicher, keiner der Anwesenden
würde bestreiten wollen, dass Ihre Beispiele eindrucksvoll sind. Und
ich wenigstens fange sicherlich an, mich für Ihre Theorie zu erwärmen, dass Zerstörung komplexe neue Strukturen erschaffen kann.
Doch alles, was Sie uns bis jetzt erzählt haben, hat mit Verben zu tun:
Es ging um Personalendungen, die aus abgeschliffenen Pronomina

hervorgehen, und um Tempuskennzeichen, die aus Hilfsverben entstehen. Wir haben aber noch nicht ein einziges Wort über die majestätischen Bauwerke gehört, die es im Bereich der Nomina gibt. Wollen Sie denn sagen, dass es nur Erosion war, die beispielsweise das gesamte lateinische Kasussystem hervorgebracht hat?

DE MONT: Das will ich schon, aber das Problem bei der Ausarbeitung der Details des lateinischen Kasussystems ist, dass es so alt ist – es ist von der proto-indoeuropäischen Ausgangssprache ererbt und muss sich vor mindestens 6000 Jahren herausgebildet haben. Selbst wenn aber die Einzelheiten unklar sind, sind die Prinzipien ziemlich klar, besonders da sich in anderen Sprachen in jüngeren Epochen ähnliche Entwicklungen beobachten lassen. Nehmen wir beispielsweise das Ungarische, eine Sprache, die für die große Zahl ihrer Kasus berühmt ist. Zum Glück haben sich einige dieser Kasus erst im Laufe des vergangenen Jahrtausends entwickelt, so dass wir ihre Entstehung unmittelbar beobachten können. Hier ist ein moderner ungarischer Satz, in dem zweimal die Kasusendung *-ra* vorkommt, die «nach» oder «auf» bedeutet:

Ungarisch (21. Jahrhundert)

*Fehérvá**rra***	*menő*	*hadi*	***út**ra*
Fehérvár-**nach**	gehend	militärisch	Straße-auf

(«auf die Heerstraße, die nach Fehérvár führt»)

Springen wir nun aber 1000 Jahre zurück und sehen uns denselben Satz in einem Text aus dem 11. Jahrhundert an:

Ungarisch (11. Jahrhundert)

Feheuuaru	***rea***	*meneh*	*hodu*	*utu*	*rea*
Fehérvár	**nach**	gehend	militärisch	Straße	**auf**

(«auf die Heerstraße, die nach Fehérvár führt»)

Sie können sehen, dass die moderne Kasusendung *-ra* als unabhängiges Wort begonnen hat, als eine Postposition *-rea*. Und das ist keineswegs ein isolierter Fall – für derartige Postpositionen, die abgeschliffen werden und mit dem Nomen verschmelzen, um zu Kasusendungen zu werden, gibt es Beispiele in zahlreichen anderen Sprachen.

VORSITZENDER: Ja, aber wie verhält es sich mit dem Lateinischen? Kann es wirklich sein, dass sich das gesamte Kasussystem in dieser Weise, aus Postpositionen, entwickelt hat?

DE MONT: So muss es gewesen sein. Eine der wenigen Kasusendungen, die noch etwas von ihrem Ursprung verraten, ist die Endung *-ibus* des Ablativ Plural. Dieses *-ibus* enthält wahrscheinlich Spuren einer proto-indoeuropäischen Postposition **bhi*, die mit der Form verwandt ist, aus der dann schließlich im Deutschen die Präposition «bei» hervorging. Selbstverständlich ist all das jedoch spekulativ, weil wir es mit einer so fernen Zeit zu tun haben.

VORSITZENDER: Das ist verständlich. Aber gibt es nicht noch ein weiteres Problem, auf das Sie nicht eingegangen sind? Im Lateinischen haben nicht alle Nomina die gleichen Kasusendungen. Verschiedene Nomina haben auch verschiedene Kasusschemata, und das macht das System so bedeutend komplizierter. Wenn aber diese Kasusendungen, wie Sie behaupten, sämtlich aus Postpositionen hervorgegangen sind, sollten dann nicht alle Nomina genau dieselben Endungen haben?

DE MONT: Allerdings ist es durchaus wahrscheinlich, dass es in den frühesten Stadien des Indoeuropäischen wirklich nur eine einzige Reihe von Endungen für alle Nomina gab – eine Einheitsgröße sozusagen. Dafür, dass das System soviel komplexer wurde, waren aber nichts anderes als die Kräfte der Erosion verantwortlich. Die Postpositionen verschmolzen mit den Nomina und wurden zu Kasusendungen, aber damit war die Erosion noch nicht beendet. Im Zuge der Reduzierung verschmolzen die Kasusendungen auch mit der letzten Silbe der Nomina, und das ist schließlich der Faktor, der eine so große Vielfalt entstehen ließ. Die tatsächlichen Einzelheiten dieser Entwicklung sind furchtbar vertrackt, aber hier nur ein Beispiel. Sehen Sie sich die Dativendungen in den beiden folgenden Deklinationen lateinischer Nomina an:

2. Deklination	3. Deklination
lupō	*pedī*
(«dem Wolf»)	(«dem Fuß»)

Obgleich die beiden Deklinationsendungen *-ō* und *-ī* ganz verschieden aussehen, gibt es gute Gründe für die Annahme, dass sie beide auf ein

und dieselbe proto-indoeuropäische Endung, nämlich *-ei*, zurückgehen. Diese Endung spaltete sich in *-ō* und *-ī* auf, weil sie unterschiedliche Wege der Erosion und Verschmelzung zurücklegte, je nach
dem Auslaut des betreffenden Wortes. Wenn *-ei* an Nomina angehängt
wurde, die auf einen Konsonanten ausgingen, also etwa an *ped-*, dann
wurde die sich ergebende Form *pedei* einfach zu *pedī* abgeschwächt.
Wurde aber die Endung *-ei* an Nomina angehängt, die auf den Vokal
-o ausgingen, dann schlug die Erosion einen anderen Weg ein. Die
ursprüngliche Form *lupoei* wurde zunächst zu *lupōi* reduziert, und so
erschien sie auch noch in den ältesten lateinischen Texten; später fiel
dann das schließende *-i* ab, und es blieb nur noch *lupō* übrig. In Wirklichkeit handelt es sich also bei dem, was man ziemlich großartig als
«Zweite Deklination» bezeichnet, einfach um die Nomina, die ursprünglich auf den Vokal *-o* endeten, während die «Dritte Deklination» diejenigen Nomina umfasst, die ursprünglich auf einen Konsonanten ausgingen.

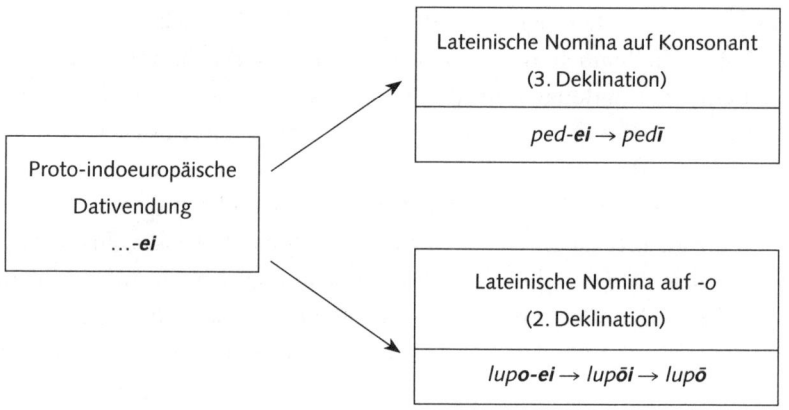

DEUTSCHER JOURNALIST: Das heißt also, dieses riesige Netz von
   Formen des lateinischen Kasussystems wurde durch Erosion hervorgebracht? Sie wollen sagen, dass die Kräfte, die später das ganze System zum Einsturz gebracht haben, in Wirklichkeit dieselben sind, die
   es zunächst einmal erschaffen haben?
DE MONT: Genau. Sehen Sie, es ist ein einziges Abwärtsgefälle. Zuerst
   bringt die Erosion Kasusendungen hervor, indem sie Postpositionen

mit den Nomina verschmelzen lässt, und später schleift sie diese dann wieder ab:

•

DEUTSCHER JOURNALIST: Sie werden entschuldigen, wenn ich ein bisschen schwer von Begriff bin, aber eine Sache irritiert mich noch. Wenn hinter allem die Erosion steht und wenn selbst die Geburt neuer Endungen tatsächlich nur ein Teil desselben Reduktionsprozesses ist, wie kommt es dann, dass Wörter nicht einfach immer kürzer und kürzer werden, bis sie sich völlig auflösen?

DE MONT: Das ist eine sehr gute Frage. Tatsächlich beschäftigte den großen Sprachwissenschaftler August Schleicher im 19. Jahrhundert genau dasselbe Problem: Als er ringsum nichts als Erosion sah, kam er zu dem düsteren Schluss, wir würden in Zukunft alle nur noch in einsilbigen Grunzlauten miteinander kommunizieren. Dabei vergaß er jedoch eine Kleinigkeit. Sehen Sie, Sie brauchen dem Diagramm lediglich noch einen weiteren Pfeil hinzuzufügen, der vom Ende wieder zum Anfang zurückführt, und dann entsteht ein Kreislauf. Es trifft zu, dass die Erosion die Wörter immer kürzer werden lässt, aber die Sprecher fangen dann auch wieder an, zwei Wörter miteinander zu verketten, indem sie beispielsweise eine neue Postposition hinter das Substantiv setzen. Und wenn danach die neuen Postpositionen mit dem Substantiv verschmelzen, kann der gesamte Kreislauf wieder von vorne beginnen.

DEUTSCHER JOURNALIST: Aber was hat man davon, dass man Wörter miteinander verkettet? Warum macht man sich die Mühe?

DE MONT: Häufig geht es nur darum, eine Aussage hervorzuheben, sich mit mehr Nachdruck zu äußern. Denken Sie sich die Sache folgendermaßen: Mit mehreren Wörtern kann man einfach so viel mehr anfangen als mit einem einzigen. Es gibt übrigens in der Autobiographie von Golo Mann eine nette Anekdote, die diesen Sachverhalt veranschaulicht. Im Jahre 1923, als Golo 14 Jahre alt war, hatte man ihn eingeladen, die Weihnachtsferien bei einem Schulfreund zu verbringen. Das war allerdings kein gewöhnlicher Schulfreund, sondern der Sohn des Fürsten Lichnowsky, des ehemaligen deutschen Botschafters in London. Golo war von seinen Eltern nie in Fragen der Etikette unterrichtet worden, und so kam es während seines Aufenthalts auf dem angestammten Schloss der Lichnowskys zu einigen Fauxpas. Der peinlichste Vorfall spielte sich ganz zum Schluss seines Aufenthalts ab, als der Junge den Versuch unternahm, dem Grafen förmlich für seine Gastfreundschaft zu danken. Golo Mann schreibt: «Der Abschied. Ich wußte, dass ich zu danken hatte. Aber wie? Ein paar Jahre später schon hätte ich es korrekt hingebracht: ‹Darf ich Ihnen für Ihre generöse Gastfreundlichkeit, für all die unvergeßlichen Erlebnisse ...› usw.» Anstatt sich aber in langatmigen Ausführungen zu ergehen, wie es die Etikette erfordern würde, versucht es der junge Golo mit einer anderen Strategie: «Mich verbeugend und dem Fürsten die Hand bietend, sprach ich, mit so ernsthaftem Ausdruck, wie ich in sie legen konnte, die zwei Worte: vielen Dank.» Dieser Versuch war natürlich ein ziemlicher Schlag ins Wasser. «Die Antwort kam prompt und kalt, und zwar lautete sie: ‹Bitte sehr.›»

MITGLIED DER RSPEL: Ach ja, die gute alte Zeit, in der wenigstens einige Menschen noch Wert auf Formen legten.

DE MONT: Sie würden überrascht sein, aber der Grund, weshalb ich Ihnen dies alles erzähle, ist, dass die Alltagssprache auch heute noch nach ganz ähnlichen Prinzipien funktioniert. Mit einem einzigen Wort kann man nur Begrenztes erreichen. Man kann es mit Leidenschaft ausstoßen oder mit Ernsthaftigkeit intonieren, aber der Nachdruck, den Sie auf diese Weise hineinlegen können, hat Grenzen. Was tut man also, wenn man einer Sache mehr Gewicht geben möchte? Man fügt weitere Wörter hinzu. Man kombiniert sie, häuft sie auf und bildet längere Sätze. Und nur um zu zeigen, dass das nicht nur mit diplomatischer Höflichkeit zu tun hat, habe ich hier ein sehr proletarisches Beispiel. Was glauben Sie, was der Ausdruck «am Tag von am Tag von diesem Tag» bedeuten könnte?

MITGLIED DER RSPEL: Das klingt beunruhigend nach einer Ihrer dialektischen Dekonstruktionen.

DE MONT: Oh, ich fürchte, es ist in Wirklichkeit etwas viel Prosaischeres. Wir wollen einmal sehen, was Sie mit der Geschichte des französischen Wortes für «heute» anfangen. Einstmals, in den Tagen, bevor die ersten Aufzeichnungen des Lateinischen einsetzen, muss es eine Phrase *hoc die* gegeben haben, die «(an) diesem Tage» bedeutete. In den ältesten lateinischen Überlieferungen war diese Phrase bereits erodiert und zu einem einzigen Wort, *hodie* («heute»), verschmolzen. Später, im Altfranzösischen, wurde *hodie* zu einem mageren *hui* abgeschliffen, aber die Franzosen stellten schon bald fest, dass sie diese mickrige Silbe nicht mit genügendem Nachdruck aussprechen konnten, und so häuften sie mehr Wörter auf und sagten jetzt *au jour d'hui*, was wörtlich «am Tag von diesem-Tag» bedeutet. Dies wurde jedoch durch wiederholten Gebrauch zu einer stehenden Redewendung, deren Teile dann erneut zu einem einzigen Wort verschmolzen: zu *aujourd'hui*. Und heutzutage beginnt im Umgangsfranzösischen der gleiche Kreislauf von neuem. Ein bloßes *aujourd'hui* wirkt nicht genügend nachdrücklich, und um es zu betonen, haben die Franzosen begonnen, *au jour d'aujourd'hui* zu sagen – wörtlich «am Tag von am-Tag-von-diesem-Tag». Wie Sie sich denken können, runzeln Puristen über diesen Gebrauch die Stirn, aber die Dinge sind jetzt so tief gesunken, dass man diese Phrase in faktisch jedem französischen Wörterbuch finden kann, auch wenn sie immer noch als «umgangssprachlich» bezeichnet wird.

Latein   **Altfranzösisch**   **modernes Französisch**

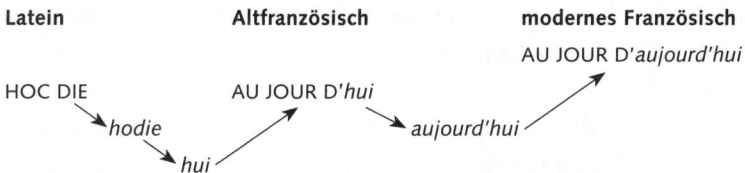

DEUTSCHER JOURNALIST: Die spinnen, die Römer …

DE MONT: Das mag schon sein, aber sie sind nicht die Einzigen. Nehmen wir nur die Phrase «am heutigen Tag» in Ihrer eigenen Sprache. *Heute* ist eine zusammengezogene Form des germanischen Ausdrucks *hiu dagu*, der «an diesem Tag» bedeutete. Demnach heißt «am heutigen Tag» wörtlich «am diesemtagigen Tag». Und wenn Sie meinen, das sei immer noch ganz etwas anderes als das französische *au jour d'aujourd'hui*, dann betrachten Sie das mittelhochdeutsche Wort *nihtesniht* «nichtesnicht» (das heißt «überhaupt nichts»). Wenn wir daran denken, dass *niht* selbst eine kontrahierte Form von *ni-eo-wiht* ist, was «nicht irgendein Ding» bedeutet, dann bedeutet *nihtesniht* wörtlich nichts Geringeres als «nicht irgendeines Dinges nicht irgendein Ding».

•

Wie sieht es denn aus, wieviel Zeit habe ich noch?

Der Vorsitzende schaut auf seine Uhr und wirft ihm einen ziemlich endgültigen Blick zu.

DE MONT: OK, ich glaube, ich sollte jetzt lieber zum Abschluss kommen. Nun, ich weiß, Sie könnten sagen, diese albernen kleinen Beispiele wie *au jour d'aujourd'hui* sind von marginaler Bedeutung. Aber die Prinzipien, für die sie stehen, beschränken sich keineswegs auf die Randbezirke der Sprache. Sie stehen ganz und gar im Mittelpunkt. Ähnliche Kreisläufe können wir beispielsweise bei Postpositionen sehen, die zunächst mit dem Substantiv verschmelzen und zu Kasusendungen werden, welche dann völlig abgeschabt werden, woraufhin eine neue Runde von Postpositionen wiederum mit diesem Prozess beginnen kann. Und ebenso sieht es mit Hilfsverben aus, die an das Verb gequetscht werden, wo sie zu Tempuskennzeichen werden, und die dann völlig abfallen, nur um einer neuen Welle von Verschmelzungen Platz zu machen.

Um diese Kreisläufe von Anhäufung, Verschmelzung und Erosion zu verstehen, ist es demnach vielleicht am einfachsten, wenn wir uns die Kräfte, die auf die Sprache einwirken, als eine unermüdliche Kompressionsmaschine vorstellen. Fortwährend hämmert die Erosion auf die Wörter ein und lässt sie immer kürzer werden. Verkürzte Wörter werden dann jedoch zu längeren Ausdrücken zusammengefügt, und daraufhin schlagen dieselben Kräfte der Erosion auf diese Masse ein, verschmelzen die Wörter miteinander und verdichten sie erneut zu einem kompakteren Wort. Und so beginnt wieder ein neuer Kreislauf.

Um auf mein ursprüngliches Thema Erschaffung und Zerstörung zurückzukommen: Was ich zu zeigen versuchte, war, dass die Erosion Veränderungen hervorrufen kann, die sich von dem «Verfall», der heute Vormittag so viel Kritik auf sich gezogen hat, ganz erheblich unterscheiden. Die Erosion ist nicht nur eine negative Kraft, die existierende Strukturen einreißt und zerlegt. In Verbindung mit dem Zusammenfügen von Wörtern ist die Erosion auch eine regenerative Kraft, die ständig aus übergewichtigen Viel-Wort-Phrasen neue und schlankere Strukturen schafft. Die Erosion ist ein überaus nützlicher Verdichtungsmechanismus, der es uns erlaubt, Gedanken schneller und effizienter zum Ausdruck zu bringen. Die Erosion beschneidet die Exzesse der Expressivität, genau wie die Expressivität die Exzesse der Erosion repariert.

DEUTSCHER JOURNALIST: Nun gut, all das hört sich ja jetzt allmählich sinnvoll an. Aber wenn die Dinge so einfach und geradlinig sind, dann muss ich mich doch fragen, warum die Linguisten so lange gebraucht haben, um sich mit diesem Gedanken anzufreunden. Kannten Leute wie Schleicher die Beispiele nicht, die Sie hier angeführt haben?

DE MONT: Das Komische ist, dass sie zumindest von einigen dieser Beispiele Kenntnis gehabt haben müssen, aber sie vermochten einfach ihre Bedeutung nicht zu begreifen, weil sie zu sehr geblendet waren von ihrer Bewunderung für die klassischen Sprachen. Tatsächlich gab es einige Sprachwissenschaftler, die schon recht früh auf der richtigen Spur waren. Hermann Paul beispielsweise schrieb bereits 1880 ganz im Sinne Bakunins: «Das, was man Aufbau nennt, kommt ja … nur durch einen Verfall zu Stande, und das, was man Verfall nennt, ist nur die weitere Fortsetzung dieses Prozesses.» Den meisten Sprachforschern wurde das aber erst viel später klar. Noch im Jahre 1933 konnte Leonard Bloomfield, der in jeder Hinsicht eine Koryphäe auf seinem Gebiet war, etwas schreiben, das uns heute in seiner Kurzsichtigkeit staunen lässt: «Es ist äußerst selten, dass zwei Wörter in einem aufgehen; das bekannteste Beispiel ist der Ursprung der Futurformen in den romanischen Sprachen aus der Wendung Infinitiv + ‹haben›: lateinisch *amare habeo* … → französisch *aimerai*. … Diese Entwicklung muss unter sehr ungewöhnlichen Bedingungen eingetreten sein.»

DEUTSCHER JOURNALIST: Und waren es wirklich ungewöhnliche Bedingungen?

DE MONT: Etwa so ungewöhnlich wie Regen in Hamburg. Wenn Sie wollen, kann ich Ihnen unzählige Beispiele liefern, aus jeder beliebigen Sprache unter den Wolken.

VORSITZENDER: Ähem, ich möchte das Gespräch nicht abwürgen, aber meine Uhr sagt mir, dass wir jetzt schon überziehen. Falls es also nicht sehr starke Einwände gibt, dann denke ich, wir sollten uns lieber vertagen.

MITGLIED DER RSPEL: Ich habe aber immer noch keine vollständige Antwort auf die Frage erhalten, die ich zu Anfang gestellt habe, nämlich nach dem Übergang zwischen syntaktischen Kategorien!

VORSITZENDER: Es tut mir schrecklich leid, aber ich fürchte, wir müssen uns wirklich an unseren Zeitplan halten. Das heißt natürlich nicht, dass man die Diskussion nicht zwanglos in der Kaffeepause fortsetzen kann. Sicher können wir alle eine flüssige Erfrischung gebrauchen, um über die zahlreichen Verschmelzungen von Wörtern und Neubildungen von Endungen nachzudenken, mit denen wir heute Nachmittag bombardiert worden sind. Im Augenblick bleibt mir nur noch, Dr. de Mont dafür zu danken, dass er heute seine destruktiven Kräfte auf uns losgelassen hat.

Es ertönt höflicher Beifall.

Die nachfolgende Diskussion über syntaktische Kategorien kann leider nicht zur Hauptsendezeit übertragen werden, aber interessierte Zuschauer können sie in Anhang A («Kategorienwechsel») *nachverfolgen.*

Das Verlangen nach Ordnung

Nach der hitzigen Debatte im Sitzungssaal begrüße ich Sie nun wieder im Studio. Nachdem ich mir die Ausführungen de Monts über die Vorzüge der Zerstörung angehört habe, muss ich zugeben, dass sein Argument schwer zu widerlegen ist, ein großer Teil der Neuschöpfung in der Sprache sei nur ein Nebenprodukt der Erosion. Auszusetzen wäre allenfalls etwas an dem triumphalistischen Ton der Vollständigkeit, der in seinen Worten mitschwingt. Indem er die Kräfte der Vernichtung herausstellt und damit prahlt, wie viel sie bewirken können, mag de Mont den Eindruck erweckt haben, *sämtliche* kunstvollen Strukturen der Sprache seien auf Erosion zurückzuführen. Hier bin ich anderer Meinung. Auch wenn die Kräfte der Zerstörung eine gewaltige Menge erklären können, sind sie doch nicht für alles verantwortlich zu machen. Und einige der Strukturen, deren Ursache nicht allein die Erosion sein kann, gehören nun gerade zu den beeindruckenden Architekturen in den Sprachen der Welt.

Ein besonders eklatantes Beispiel ist ein Gebäude, das in Kapitel 1 erwähnt wurde, nämlich das Verbsystem in den semitischen Sprachen. Sie erinnern sich vielleicht, dass die Wurzel eines semitischen Verbs keine Kette von Konsonanten und Vokalen ist, die sich aussprechen lässt wie etwa «frag-» oder «wirk-» im Deutschen, sondern ein abstraktes Gebilde, das ausschließlich aus Konsonanten besteht. Im Allgemeinen haben die Wurzeln genau drei Konsonanten, so etwa das arabische s-l-m «in Frieden sein» oder das hebräische š-b-t «ruhen» (š steht für *sch*). Diese Wurzeln erwachen erst dann zum Leben, wenn man sie in ein Vokalschema einfügt: in eine Lautfolge mit Slots für die drei Wurzelkonsonanten. Das hebräische Schema ◯a◯a◯ zum Beispiel steht für die 3. Person Maskulinum der Vergangenheit; wenn also die Wurzel š-b-t in dieses Schema eingefügt wird, dann ergibt sich die Form *šabat* «er ruhte» (so erklärt die Bibel das Wort «Sabbat» als den Tag, an dem «Er ruhte»).

Wird dieselbe Wurzel in andere Schemata eingefügt, dann führt das zu verschiedenen anderen Nuancen des Verbs. In dem Schema ◯o◯e◯ zum Beispiel bringt die Wurzel die Form *šobet* («er ruht») hervor; das Schema *hu*◯◯*e*◯*a* ergibt *hušbeta* («sie wurde dazu veranlasst zu ruhen»); und das Schema *na*◯◯*i*◯ ergibt *našbit* «wir werden ruhen lassen» oder «wir werden zum Stillstand bringen», eine Äußerung, die typischerweise von streikenden Arbeitern zu hören ist. Dies sind nur ein paar einfache Beispiele, aber wie ich schon sagte, gibt es Dutzende derartiger Schemata, mit denen die semitischen Sprachen alle nur denkbaren Schattierungen des Verbs zum Ausdruck bringen können.

Ist es denn nicht möglich, dass die Kräfte der Erosion allein ein derartiges System hervorgebracht haben? Sahen wir nicht schließlich gerade, dass der durch Erosion bewirkte Verschleiß fein gemusterte Strukturen hervorbringen kann wie etwa das französische Verbsystem mit seinen sich überschneidenden Endungen für verschiedene Personen, Zeiten und andere Nuancen? Warum könnte sich eine Struktur wie die des semitischen Verbs nicht auf ganz ähnliche Weise entwickelt haben? Tatsächlich kann die Erosion Endungen hervorbringen, und zwar haufenweise, aber die Struktur, die uns hier entgegentritt, gehört in eine ganz andere Kategorie. Nicht so sehr die schiere Masse der Schemata macht die Architektur des semitischen Verbs zu etwas derart Besonderem, sondern vielmehr das bemerkenswerte Konzept hinter ihrer Konstruktion: das System der dreikonsonantigen Wurzeln und der vorgefertigten Schemata. Es gibt einfach keinen Weg, auf dem die Erosion für sich allein je zu einem derart abstrakten algebraischen System hätte führen können – zu einem begrifflichen Muster von Wurzeln, die sich nicht einmal aussprechen lassen, die aber über vokalische Schemata gestülpt werden und auf diese Weise jede denkbare Nuance des Verbs hervorbringen. In der Tat, wenn in der Sprache etwas immer noch nach einer bewussten Erfindung schreit, dann ist es sicherlich diese Struktur. Denn wenn sie nicht erfunden wurde, wie könnten Menschen dann je auf eine derart ungewöhnliche Idee verfallen sein?

Und doch gibt es dafür noch eine andere Erklärung. Um den Ursprung des semitischen Verbsystems zu erläutern, brauchen wir weder einen Deus ex machina noch die gestaltende Hand eines Architekten zu bemühen. Auf den folgenden Seiten werde ich zu zeigen versuchen, dass wir nicht weit davon entfernt sind zu verstehen, wie abstrakte sprachliche Muster von selbst entstanden sein könnten. Wenn dieses Unternehmen aber eine Chance auf Erfolg haben soll, dann dürfen wir unsere Hoffnungen nicht allein auf die Erosion setzen. Wir müssen vielmehr noch ein weiteres wesentliches Element heranziehen, eines, das in den bisherigen Kapiteln eher vernachlässigt worden ist.

In Kapitel 2 war von einer Trias von Motiven für die inhärente Rastlosigkeit der Sprache die Rede: Ökonomie, Expressivität und Analogie. Bislang haben jedoch nur die ersten beiden Motive eingehendere Beachtung gefunden: die Ökonomie, die zur Erosion von Lauten führt, und die Expressivität, die zur inflationären Erosion von Bedeutung führt und den Strom der Metaphern vom Konkreten zum Abstrakten antreibt. Die Rolle der Analogie wurde nur pauschal (in Kapitel 4) gewürdigt, als der kognitive Mechanismus hinter unserer Fähigkeit, Ähnlichkeiten zwischen verschiedenen Bereichen zu entdecken – also hinter unserer Fähigkeit zu metaphorischem Denken. Wenn wir jedoch zu verstehen versuchen, wie sich in der Sprache abstrakte Muster herausbilden können, dann wird sich genau dieses vernachlässigte dritte Element der Trias als entscheidend erweisen: die Analogie oder das Verlangen nach Ordnung.

In diesem Kapitel soll daher das Gleichgewicht wieder hergestellt und die Kraft der Analogie untersucht werden. Letztere wird sich schon bald als das wichtigste Element der «Erfindung» im Zuge des Sprachwandels herausstellen. Gleichwohl kommt diese Art von Erfindung nicht aus dem Entwurf eines Architekten, und sie folgt auch keinem vorbedachten Plan. Das Element der Erfindung geht auf Tausende spontaner gedanklicher Versuche zurück, die in einer Generation nach der anderen von nach Ordnung verlangenden Menschen unternommen werden, um ihrer chaotischen Umwelt einen Sinn abzugewinnen. Und wie wir sehen werden, kann sich die Kraft von solchen spontanen Innovationen manchmal zu imposanten sprachlichen Strukturen akkumulieren. Mit der Erforschung der Rolle der Analogie im Sprachwandel werden wir auch den Überblick über die wesentlichen Mechanismen der sprachlichen Neuschöpfung zum Abschluss bringen und so auf unser letztendliches Ziel zusteuern: wir werden unsere Befunde auf die ferne Vergangenheit projizieren, um herauszufinden, wie sich die Komplexität der Sprache allmählich entwickelt haben könnte.

«Denken heißt, Unterschiede vergessen»

In seiner Geschichte «Das unerbittliche Gedächtnis» erzählt der argentinische Schriftsteller Jorge Luis Borges von einem Mann namens Funes, der von einem Pferd abgeworfen wurde und das Bewusstsein verlor. Als er wieder zu sich gekommen war, stellte er fest, dass er nichts vergessen konnte, was er je gesehen oder gehört hatte. «Er kannte genau die Formen der südlichen Wolken des Sonnenaufgangs vom 30. April 1882 – und vermochte sie in der Erinnerung mit der Maserung auf einem Pergamentband zu vergleichen, den er nur ein einziges Mal angeschaut hatte ...» Diese ungewöhnliche Begabung bewirkt aber, dass Funes zu keinem echten Gedanken fähig ist – er ertrinkt einfach in Einzelheiten:

> Nicht nur machte es ihm Mühe zu verstehen, dass der Allgemeinbegriff «Hund» so viele Geschöpfe verschiedener Größe und verschiedener Gestalt umfasst; es störte ihn auch, dass der Hund von 3 Uhr 14 Minuten (den er im Profil sah) denselben Namen führen sollte wie der Hund von 3 Uhr 15 Minuten (den er von vorn gesehen hatte). ... Ich vermute ..., dass er zum Denken nicht sehr begabt war. Denken heißt, Unterschiede vergessen, heißt verallgemeinern, abstrahieren. In der vollgepfropften Welt von Funes gab es nichts als Einzelheiten, fast unmittelbarer Art.

Borges verstand, dass die Fähigkeit, Muster zu erkennen, Analogien zwischen ungleichen und doch ähnlichen Dingen zu ziehen – kurz: «Unterschiede zu vergessen» –, zum Kernbereich unserer Intelligenz gehört. Und der Prozess der Aneignung einer Sprache ist eine gute Illustration für die Rolle, welche die Analogie dabei spielt, uns zur Bewältigung einer überwältigenden Detailfülle zu befähigen. Jeder, der einmal versucht hat, eine fremde Sprache zu erlernen, weiß es: Je mehr Ordnung und Regelmaß erkennbar wird, desto geringer ist die Zahl der Formen, die man einzeln auswendig lernen muss. (Wie das alte Sprichwort sagt: wer Ordnung hält, ist nur zu faul zum Suchen.) Wäre es nicht möglich, wiederkehrende Muster in der wachsenden Masse an neuen Informationen ausfindig zu machen, dann würde unser Verstand einfach an Details ersticken.

Die Fähigkeit, Muster zu erkennen, ist nicht nur für das Lernen einer Fremdsprache entscheidend; ebenso lebenswichtig ist sie auch für kleine Kinder, die mit ihrer Muttersprache ringen. Babys nehmen ihre Sprache nicht mit der Muttermilch auf, sie müssen aus dem ganzen vertrackten System selbst schlau werden, und die Masse der Informationen, die sie verarbeiten müssen, ist atemberaubend. Die Last wird jedoch umso leichter, je mehr wiederkehrende Muster sie identifizieren können. So ist es kein Wunder, dass Kinder von der Annahme ausgehen, in der Sprache sollten so viele Dinge wie möglich einfachen Regeln folgen. Daher rühren dann diese netten Fehler wie «er ist gespringt», «ich bin gegeht», «zwei Fußen» und so weiter.

Diese «Fehler» sind nichts anderes als absolut sinnvolle Versuche, Ordnung in unübersichtliche und unregelmäßige Bezirke der Sprache zu bringen. So erklärte beispielsweise ein Mädchen, das sein Frühstück nicht essen wollte: «Ich bin nicht appetitlich.» Dabei folgte es tatsächlich einer unangreifbaren Logik: wenn man «keinen Hunger» hat, ist man «nicht hungrig», «keinen Durst» zu haben ist dasselbe wie «nicht durstig» zu sein, und daher ist es vollkommen vernünftig, dass jemand, der «keinen Appetit» hat, «nicht appetitlich» sein sollte. Manchmal gelingt es Kindern, sinnvolle Muster in Wörtern zu finden, in denen man sie überhaupt nicht vermuten würde. Ein berühmter Fall ist der eines gewitzten englischen Kleinkinds, das einmal eine Gabel mit nur drei Zinken in die Hände bekam. Es untersuchte diese ungewöhnliche «fork» eingehend und erklärte sie dann ganz spontan zu einer «threek». Kindermund tut Logik kund.

Wenn Kinder älter werden, lernen sie allmählich, welche Bereiche ihrer Sprache keinen überschaubaren Regeln folgen, so dass die Mehrzahl der «Fehler» korrigiert wird: «Fußen» wird durch «Füße» ersetzt, «gegeht» durch «gegangen» und so fort. Allerdings können derartige Fehler, wenn sie über die Kindheit hinaus erhalten bleiben, manchmal an Boden gewinnen und schließlich gut etablierte Formen verdrängen. In Kapitel 2 erwähnte ich beispielsweise, dass Verben wie «bellen», «pflegen», «salzen» und «backen» ursprünglich unregelmäßige Vergangenheitsformen hatten. Zu irgendeinem Zeitpunkt setzten sich jedoch die «falschen» Formen «bellte», «pflegte», «salzte» und «backte» fest und verdrängten schließlich die ursprünglichen Formen.

Zwar sind die auffälligsten Fehler sicherlich diejenigen, die von kleinen Kindern gemacht werden; analogische Neuerungen können aber auch von Erwachsenen kommen. Hier ein neueres Beispiel aus dem Englischen, das eher aus der Sprache von Teenagern stammen dürfte als aus der von Kleinkindern, das aber nichtsdestoweniger auf ganz ähnlichen analogischen Prinzipien beruht. Zu Beginn der 1960er Jahre fand eine neue Prägung Eingang in das britische Englisch und verbreitete sich rasch, nachdem sie in dem Beatlesfilm *A Hard Day's Night* vorgekommen war. In einer Szene hält ein wichtigtuerischer Werbeagent George Harrison fälschlich für ein Mitglied einer Testgruppe und befragt ihn nach seiner Meinung über einige neue Hemdenmuster:

AGENT: Now, you'll like these. ... They're «fab» and all the other pimply hyperboles.
GEORGE: I wouldn't be seen dead in them. They're dead grotty.
AGENT: Grotty?
GEORGE: Yeah, grotesque.
AGENT (to secretary): Make a note of that word. ... I think it's rather touching really.

(AGENT: Also die hier werden Ihnen gefallen, ... die sind «toll» und alles, was es sonst an pickligen Übertreibungen gibt.
GEORGE: In denen möchte ich mich nicht mal als Leiche sehen lassen. Die sind absolut grottig.
AGENT: Grottig?
GEORGE: Ja, grotesk.
AGENT [zu seiner Sekretärin]: Notieren Sie dieses Wort. ... Ich finde es ziemlich ergreifend.)

Das englische Adjektiv «grotty» begann also als modische Abkürzung von «grotesque» – ein einfacher Fall von entspannter Müheersparnis. An diesem Punkt der Geschichte macht sich jedoch der ordnungssüchtige Verstand bemerkbar. Es dauerte nicht lange, da war die Verbindung des neuen Adjektivs «grotty» zu seinem Vorfahren, dem Adjektiv «grotesque», vergessen, und «grotty» etablierte sich als eigenständiges Wort mit der Bedeutung «dreckig» oder «heruntergekommen». Und zufällig passte nun das neue Wort «grotty» genau in ein einfaches regelmäßiges Muster des Englischen, nach dem durch Anhängen der Endung *-y* Adjektive aus vielen Substantiven gebildet werden:

SUBSTANTIV	→	ADJEKTIV
blood («Blut»)		blood**y** («blutig»)
ice («Eis»)		ic**y** («eisig»)

So zogen irgendwann zu Beginn der siebziger Jahre einige Sprecher des Englischen den völlig vernünftigen Schluss: wenn Adjektive wie *bloody* und *icy* von den Substantiven *blood* und *ice* abstammen, wie könnte dann das Substantiv, das zum Adjektiv *grotty* gehört, anders lauten als …

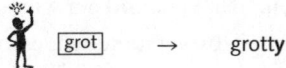

Und so wurde das Substantiv *grot* geboren, das so etwas wie «Dreck» oder «Abfall» bedeutet.

Linguisten bezeichnen den Typ von Analogie, der zu *grot* geführt hat, als Rückbildung, weil dieser Vorgang strikt historisch gesehen rückwärts verlaufen ist. Anders als beispielsweise *bloody*, das tatsächlich das Substantiv *blood* als Vorfahren hatte, entstand *grotty* als Abkürzung eines anderen Adjektivs, des Wortes *grotesque*. Aus historischer Sicht verdankte *grotty* demnach seine Existenz nicht einem Substantiv *grot*, und die Analogie, die zu *grot* führte, war nicht korrekt. Doch den Sprechern, die diesen Schluss zogen, war die historische Perspektive völlig schnuppe. Sie sahen lediglich ein Muster (SUBSTANTIV + y → ADJEKTIV) und wendeten es, wenngleich in umgekehrter Richtung, auf ein neues, scheinbar passendes Adjektiv an.

Sie mögen dies für eine eigentümlich englische Art von Wahnsinn halten, aber genau der gleiche Prozess der Rückbildung hat eine nicht geringe Zahl von anständigen deutschen Substantiven hervorgebracht, zu denen nicht zuletzt das Wort «Wahnsinn» selbst gehört. Dieses Substantiv ging aus dem bereits existierenden Adjektiv «wahnsinnig» hervor (welches direkt als Adjektiv entstand und an die Stelle der früheren Form «wahnwitzig» trat). Die Sprecher wendeten jedoch die Formel (SUBSTANTIV + ig → ADJEKTIV) in umgekehrter Richtung an und zogen den (historisch unzutreffenden) Schluss, dass «wahnsinnig» von einem Substantiv «Wahnsinn» abgeleitet sein müsse. Andere Substantive, die auf diese Weise entstanden, sind «Niedertracht» (von dem älteren Wort «niederträchtig» abgeleitet), «Zack» (wie in «auf Zack») von «zackig», «Langmut» von «langmütig», «Zwiespalt» von «zwiespältig» und «Sorgfalt» von «sorgfältig».

All dies zeigt nun, dass hinter sprachlichen Wandlungsprozessen mehr steht als die blinden Kräfte der Müheersparnis, die sich um nichts anderes kümmern als um die lautliche Umgebung. Der Verlauf des Wandels wird auch durch das Verlangen nach Ordnung bestimmt, mit dem eine Generation nach der anderen an die Sprache herangeht. Der Verstand ist ständig auf der Suche nach Anzeichen für wiederkehrende Muster, denn je mehr Regelmaß er erkennen kann, desto leichter wird seine Aufgabe, die Masse sprachlicher Details zu bewältigen. Wenn der Verstand ein wiederkehrendes Muster wahrnimmt, versucht er ganz selbstverständlich, es auf alle Bereiche auszudehnen, auf die es zu passen scheint. Und da Sprecher selten etwas über frühere Sprachstufen wissen und ihnen daran auch kaum gelegen ist, können sie unbekümmert ein Muster auch auf diejenigen Formen ausdehnen, die damit ursprünglich nie etwas zu tun hatten.

Die Geburt des englischen Wortes «grot» war das Ergebnis einer äußerst simplen Abfolge von Müheersparnis und Analogie: auf eine coole Verkürzung folgte die Ausweitung des Musters SUBSTANTIV + *y* → ADJEKTIV auf das «unpassende» Adjektiv «grotty». Es braucht einiges an Phantasie, um einen derart einfachen Kreislauf mit der Erschaffung abstrakter sprachlicher Muster oder gar hochkomplizierter Konstruktionen in Verbindung zu bringen. Und doch wird im Folgenden die Ansicht vertreten, dass eine Serie derartiger Kreisläufe zu großen Leistungen fähig ist. Insbesondere muss das Wechselspiel von Erosion und Analogie die treibende Kraft gewesen sein, die hinter der Herausbildung des semitischen Verbsystems stand.

•

Bevor wir uns nun in dieses Verbsystem vertiefen, sind allerdings einige Worte über die Kulturgeschichte der Sprachfamilie angebracht. Die schriftliche Überlieferung der semitischen Sprachen umfasst einen Zeitraum von über 4500 Jahren. Das ursprüngliche Kernland der Semiten war, so scheint es, die arabische Halbinsel, von der aus sich semitischsprachige Stämme in mehreren Wellen über große Gebiete des Vorderen Orients und Nordafrikas ausbreiteten (siehe die Karte S. 302).

Das älteste bekannte Mitglied der Sprachfamilie ist das Akkadische, das seit etwa 2500 v. Chr. bezeugt ist und somit eine der frühesten schriftlich fixierten Sprachen überhaupt darstellt (nur Sumerisch und Altägyp-

tisch brechen diesen Rekord). Akkadisch wurde in Mesopotamien gesprochen, in dem Gebiet zwischen den Flüssen Euphrat und Tigris, das
ungefähr dem heutigen Irak entspricht. Ihren Namen verdankt die Sprache der Stadt Akkad, die im 23. Jahrhundert v. Chr. als Reichshauptstadt
des ersten Welteroberers, des Königs Sargon, gegründet wurde. Später,
nach 2000 v. Chr., spaltete sich das Akkadische in zwei Hauptvarianten,
das Babylonische im Süden Mesopotamiens und das Assyrische im Norden, die beide zu Sprachen mächtiger Reiche werden sollten. Sprecher
des Akkadischen beherrschten den politischen und kulturellen Horizont
des Vorderen Orients bis zum 6. Jahrhundert v. Chr. Mochte auch ihr
politischer Stern bald im Steigen, bald im Sinken begriffen sein, so bean-
spruchten doch viele mesopotamische Herrscher, von Sargon im 3. Jahrtausend v. Chr. bis zu Sanherib und Nebukadnezar im 1., den Titel eines
«Königs des Universums» und herrschten über die «vier Ecken (der
Erde)». Stabiler als die Macht des Schwertes war allerdings die kulturelle
Hegemonie, die Mesopotamien über die gesamte Region ausübte. Die akkadische Sprache formte den maßgeblichen Kanon für Religion, Künste,
Naturwissenschaft und Recht in großen Teilen des Vorderen Orients und
wurde zur *lingua franca*. Statthalter kleiner Vorposten in der kanaanäischen Provinz, mächtige anatolische Könige und selbst ägyptische Pharaonen korrespondierten miteinander auf akkadisch. Überall im Vorderen
Orient übernahmen Sprachen zahlreiche wissenschaftliche und kulturelle
Begriffe aus dem Akkadischen, von denen einige sogar heute noch erkennbar sind. Der jüdische Ausdruck *mazel tov* beispielsweise enthält
das hebräische Wort *mazal* («Glück»), das auf den akkadischen astrolo-
gischen Terminus *mazzaltu* («Stand [eines Gestirns]») zurückgeht.

Doch nach fast zweitausendjähriger kultureller Vorherrschaft läutete
der politische Niedergang Assyriens und Babylons im 6. Jahrhundert
v. Chr. eine Epoche des raschen Verfalls ein, und innerhalb weniger Jahrhunderte gerieten sowohl die akkadische Sprache als auch ihr Schriftsystem in Vergessenheit. Hunderttausende von Tontafeln, das Produkt einer
zweitausendjährigen Zivilisation, lagen über zwei Jahrtausende vergessen im Wüstensand und wurden erst im 19. Jahrhundert wiederentdeckt
und entziffert. Seither hat man einen nahezu unglaublichen Reichtum
von Texten aus dem Boden des Irak und seiner Nachbarländer geholt,
und das hat einzigartige Einblicke in eine der größten Kulturen der Geschichte ermöglicht. Unter den Textzeugnissen sind fast alle nur denk-

baren Gattungen vertreten, von Dich-
tungen (wie dem Gilgameschepos) bis
zu juristischen Dokumenten (wie dem
Gesetzbuch des Hammurabi), und darüber hinaus gibt es religiöse Beschwörungen, Geschichtsdarstellun-
gen, königliche Inschriften, diploma-
tische Korrespondenz, einsprachige
und mehrsprachige Wörterbücher, ma-
thematische und astronomische Texte,
medizinische Abhandlungen und eine
scheinbar unendliche Masse von Ver-

*Ein Brief aus der altakkadischen
Periode, 23. Jahrhundert v. Chr.*

waltungsdokumenten. Eine der aufschlussreichsten Textgattungen bilden
jedoch die gewöhnlichen Privatbriefe, in denen es um alltägliche Themen
geht, vom Feilschen zwischen Händlern bis zu häuslichen Streitigkeiten.
Als ein Beispiel folgt hier der vielleicht älteste aufgezeichnete Versuch,
familiäre Spannungen zu mildern. Das kurze Schreiben auf dem obigen
Bild wurde im 23. Jahrhundert v. Chr. abgefasst und zeigt, dass sich während der letzten 4000 Jahre in manchen Fragen fast nichts geändert hat:

enma Babi ana Šārtim	Dies ist, was Babi zu Schartum sagt:
aṣeḫḫammi	Ich bin sehr beunruhigt.
ana mīnim atti u Ibbi-ilum	Warum habt ihr, du und Ibbi-ilum,
in bītim tasa"alā	zu Hause Streit?
ištēniš šibā	Lebt miteinander!
šamnam šūbilim	Schickt mir Öl!

Die anderen Sprachen der semitischen Familie sind erst aus viel späterer
Zeit bezeugt. Als nächster in der Reihe ist der kanaanäische Zweig des
Semitischen zu nennen, zu dem das Hebräische und andere eng mit ihm
verwandte Sprachformen wie Phönizisch, Moabitisch und Ammonitisch
gehören. Irgendwann im 2. Jahrtausend v. Chr. entwickelten die Kanaa-
näer das allererste Schriftsystem für den Durchschnittsbürger, das Al-
phabet. (Welche Gruppe unter ihnen hier die erste war, ist immer noch
umstritten.) Das Hebräische wurde von den Judäern und Israeliten bis in
die letzten Jahrhunderte v. Chr. gesprochen, als es durch das Aramäische
abgelöst wurde, aber es überlebte als religiöse und literarische Sprache

der Juden und wurde im 20. Jahrhundert als die Sprache des modernen Israel wiederbelebt. Das Phönizische war die Sprache der seefahrenden Bevölkerung der libanesischen Küstenstädte Tyrus, Sidon und Byblos. Der unternehmerische Geist der Phönizier ist unter anderem für die Weitergabe des kanaanäischen Alphabets an die Griechen sowie für das Wort «Bibel» verantwortlich. (Die Griechen bezeichneten aus Papyrus hergestelltes Papier als *byblos* nach der Stadt, aus der sie diese Ware importierten. Das Wort nahm dann die Bedeutung «Buch» und schließlich «*das* Buch» an.) Die Phönizier gründeten zahlreiche Handelsniederlassungen in Europa und Nordafrika, darunter auch *Kart-ḥadasht* (Karthago), dessen Name im Phönizischen «Neustadt» bedeutet.

Ein weiteres Mitglied der semitischen Familie, das Aramäische, hat seine Wurzeln im heutigen Syrien. Im 1. Jahrtausend v. Chr. waren Sprecher des Aramäischen jedoch über ein viel ausgedehnteres Gebiet verbreitet, so dass diese Sprache schließlich zum Straßenjargon in Palästina und selbst in Assyrien und Babylon wurde. Im 6. Jahrhundert v. Chr., nach dem Fall Babylons, wurde Aramäisch sogar zur Amtssprache des (persischen) Achämenidenreiches. Einige Teile des Alten Testaments wie etwa das Buch Daniel sind überwiegend auf aramäisch geschrieben, und ein späterer Dialekt, das Syrische, wurde zum Medium wichtiger Werke der christlichen Literatur und Exegese. Varianten des Aramäischen werden in einigen Städten und Dörfern Syriens und des Nordiraks auch heute noch gesprochen.

Das klassische Arabisch ist erst aus viel späterer Zeit überliefert; es ist die Sprache des Qur'an (7. Jahrhundert n. Chr.). Viele Wörter in europäischen Sprachen, insbesondere solche, die mit Naturwissenschaften, Medizin und Mathematik zu tun haben, wurden aus dem Arabischen entlehnt. Beispielsweise gehen das deutsche Wort «Ziffer» und das französische *zéro* beide auf verschiedenen Wegen letztlich auf dasselbe arabische Wort *ṣifr* zurück, welches «nichts» bedeutet. Das Wort «Algebra» ist ebenfalls eine Entlehnung aus dem Arabischen: *al-jabr* bedeutet «das Zusammensetzen [von Bruchstücken]». Mit der Expansion des Islam verbreitete sich das Arabische von der arabischen Halbinsel her auf große Teile des Nahen Ostens und Nordafrikas und wird heutzutage von etwa 150 Millionen Menschen gesprochen.

Schließlich gibt es auf der Südspitze der arabischen Halbinsel noch semitische Sprachen, die sich stark vom Arabischen unterscheiden und

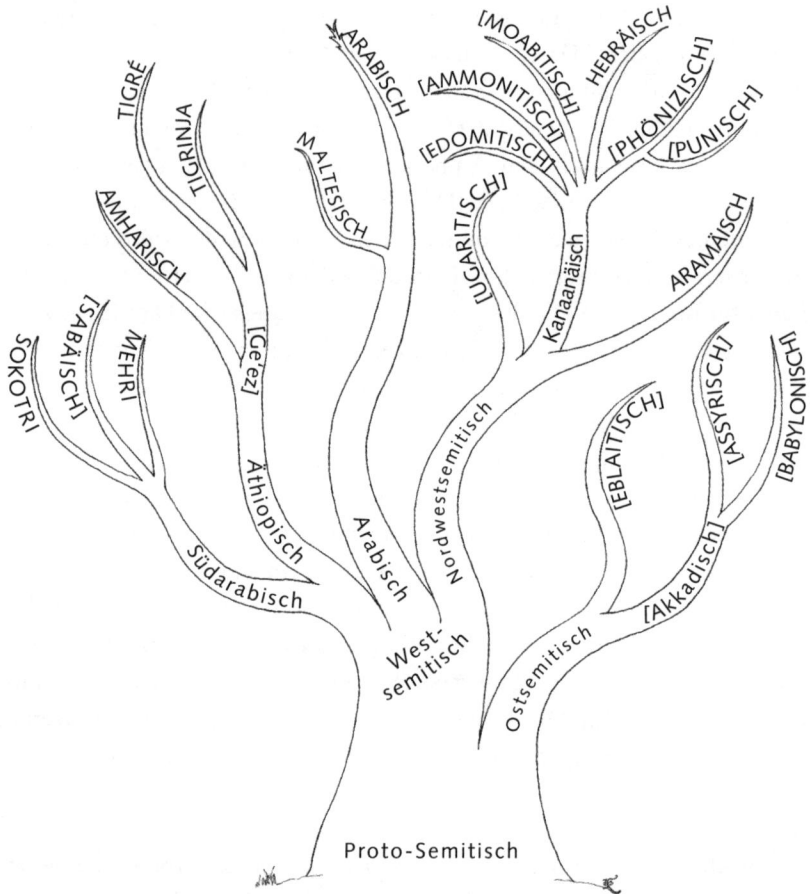

Stammbaum der semitischen Sprachen

die zu einem anderen Zweig der Familie gehören. Das sind die südarabischen Sprachen, von denen eine im Königreich von Saba (dem biblischen Scheba) gesprochen wurde. Sprecher südarabischer Sprachen sind auch über die Meerenge zwischen dem Roten Meer und dem Indischen Ozean hinweg nach Afrika ausgewandert; ihre Nachfahren sprechen die semitischen Sprachen Äthiopiens wie das Amharische und das Tigré.

Eine Kriminalgeschichte in fünf Teilen

Man könnte sich nun durchaus vorstellen, dass sich bei einem derartigen Stammbaum – keine andere lebende Sprachfamilie ist seit so früher Zeit bezeugt – ohne Schwierigkeiten herausfinden ließe, wie das semitische Verbsystem entstanden ist. Gewiss brauchte man sich nur die schriftliche Überlieferung aus den vergangenen 4500 Jahren genau anzusehen und könnte so den Vorgang der allmählichen Herausbildung des Verbsystems auf frischer Tat beobachten. Leider liegen die Dinge in Wirklichkeit nicht annähernd so einfach, denn als die semitischen Sprachen im 3. Jahrtausend v. Chr. die Bühne der Geschichte betraten, waren die charakteristischen Merkmale ihres Verbsystems, die konsonantischen Wurzeln und die abstrakte Konstruktion der Vokalschemata, bereits voll ausgebildet. Obgleich also die geschriebene Geschichte der semitischen Sprachen so früh einsetzt, liegt der Ursprung ihres Verbsystems doch im Dunkel der Vorgeschichte verborgen.

Das bedeutet jedoch nicht, dass wir schon alle Hoffnung fahren lassen müssen. Wenn wir bereit sind, uns mit etwas weniger als absoluter historischer Gewissheit zufriedenzugeben, dann sieht die Lage schon erheblich besser aus, denn glücklicherweise verfügen wir über diverse versteinerte Relikte, die sich im Untergrund der semitischen Sprachen finden und die uns entscheidende Hinweise auf frühere Epochen im Leben ihres Verbsystems liefern können. Indem wir also diese Überreste identifizieren und zu einem Bild zusammensetzen, können wir uns zumindest im Prinzip eine recht gute Vorstellung davon verschaffen, wie das gesamte Gebäude entstanden sein könnte.

Ich lade Sie daher zu einer historischen Überraschungsreise ein, die uns von Afrika nach Nordeuropa und von der Gegenwart bis in die Zeit vor 8000 Jahren führen wird. Zu gewinnen gibt es ein Verständnis dafür, wie sich ein System herausbilden konnte, das vielleicht von allen sprachlichen Strukturen am lautesten nach einem Erfinder und einem begnadeten Baumeister zu schreien scheint.

Um zu diesem Ziel zu gelangen, werden wir fünf Hauptspuren aus semitischen wie auch aus näher liegenden Sprachen verfolgen. Die erste Spur, der «Flattervokal» der semitischen Sprachen, wird die einfachen Ursprünge des semitischen Verbs zutage treten lassen und nahelegen, dass der vorgeschichtliche Vorfahr der semitischen Sprachen früher einmal völlig «normale» Verbwurzeln gehabt haben muss: aus Konsonanten und Vokalen bestehende Lautfolgen, die sich aussprechen lassen. Die zweite Spur, «Mutierende Vokale und hohle Verben», wird nahelegen, dass der erste Schritt des prähistorischen Vorfahren in Richtung auf eine rein konsonantische Wurzel möglicherweise der Wandel eines einzigen Vokals im Innern der Wurzel war, der dann eine grammatische Funktion übernahm (vergleichbar dem Vokalablaut in deutschen Verbformen wie «singen» und «sangen»). In Verfolgung der dritten Spur, «Gänse, Gäste, Generäle», werden wir anhand einer parallelen Entwicklung im Deutschen herausfinden, was diesen Vokalablaut im Innern der Wurzel wahrscheinlich hervorgerufen hat. Die vierte Spur, «Wirken, wirklich und verwirklichen», wird erkennen lassen, wie Verben mit genau drei Konsonanten zu einer dominierenden Stellung aufgestiegen sein können. Und die letzte Spur, «Die Synkope und die Befreiung der Konsonanten», wird schließlich die Kreisläufe von Erosion und Analogiebildungen aufdecken, die einige der Vokalschemata ausgebrütet und dabei das Konzept einer rein konsonantischen Wurzel hervorgebracht haben müssen.

Bevor es aber losgeht, noch ein warnendes Wort. Was komplexe Strukturen angeht, ist das semitische Verbsystem unschlagbar. Der Versuch, seinen Ursprung aufzudecken, eignet sich daher nicht als leichte Bettlektüre. Die Entwicklungen, um die es hier geht, sind – um es vorsichtig zu formulieren – knifflig, und ihnen zu Leibe zu rücken ist nichts für Müde oder Mutlose. Wenn Sie möchten, können Sie den Rest dieses Kapitels ruhig überspringen und unmittelbar zum nächsten übergehen. Falls Sie mir aber die Stange halten und sich auf ein Terrain vorwagen, vor dem selbst viele Philologen zurückschrecken, dann winkt als Belohnung die Befriedigung, eine der schwierigsten Nüsse der Sprache zu knacken.

Spur 1: Der Flattervokal

In den komplexen Systemen der Sprache gibt es kaum einen Bereich ganz ohne Makel und Schönheitsfehler, und das semitische Verb ist hier keine Ausnahme. Für Lernende können diese Unregelmäßigkeiten ein Alptraum sein, aber für Linguisten, die hinter dem Ursprung des Systems her sind, können sie ein Gottesgeschenk darstellen, da sie in dunkle, unberührte Ecken voll von alten Sprachfossilien führen und so entscheidende Hinweise auf die Frühzeit des Verbsystems liefern können. In den semitischen Sprachen ist vielleicht der «Flattervokal» am auffälligsten, der auf den ersten Blick die klaren Umrisse des Verbsystems zu verunzieren scheint. Die Sprache, welche das beste Bild dieses Flattervokals vermittelt, ist das älteste Mitglied der semitischen Familie, das Akkadische.

Ich sprach bereits davon, dass die Wurzel semitischer Verben nur Konsonanten enthält und dass die Vokale lediglich den Schemata angehören, mit denen die verschiedenen grammatischen Abwandlungen des Verbs festgelegt werden. Hier folgen nun ein paar einfache Schemata aus dem Akkadischen, in denen wie schon bisher die fiktive Wurzel ⓩ-ⓦ-ⓚ (mit der ebenso fiktiven Bedeutung «zwicken») die drei Konsonanten *jeder beliebigen* Wurzel vertreten soll.

aⓩⓦ*u*ⓚ	Einfaches Präteritum:	«ich zwickte»
aⓩⓩ*a*ⓦ*i*ⓚ	Präteritum Passiv:	«ich wurde gezwickt»
ušaⓩⓦ*a*ⓚ	Futur Kausativ:	«ich werde zwicken lassen»
uⓩ*a*ⓦⓦ*a*ⓚ	Futur Intensiv:	«ich werde intensiv zwicken»
ⓩ*a*ⓦⓚ*um*	Verbaladjektiv:	«gezwickt»

Diese Tabelle sieht sauber und ordentlich aus, wie ein perfektes Modell der abstrakten Architektur, die man nach den Angaben der Immobilienprospekte erwartet hat. Sobald man aber vor Ort ist, braucht man nicht allzu intensiv zu suchen, um die ersten Risse in den Wänden ausfindig zu machen. Obwohl die Vokale im semitischen Verb im Allgemeinen nur dazu da sind, die jeweilige Nuance festzulegen, gibt es eine Verbform, die dieser Regel zu widersprechen scheint. In der obigen Tabelle ist das erste Feld schraffiert, denn das für das Präteritum verwendete Schema *a*ⓩⓦ*u*ⓚ zeigt nicht die ganze Wahrheit. Um genauer zu sein, hätte ich sagen sollen, dass zwar viele Wurzeln im Präteritum tatsächlich dem Schema *a*ⓩⓦ*u*ⓚ folgen, dass es aber auch Wurzeln gibt, die mit einem anderen Schema, *a*ⓩⓦ*i*ⓚ, verbunden werden, in dem zwischen den Konsonanten kein *u*, sondern ein *i* steht:

WURZEL	PRÄTERITUM	
ⓚ-ⓣ-ⓜ («bedecken»)	*a*ⓩⓦ*u*ⓚ	*a*ⓚⓣ*u*ⓜ («ich bedeckte»)
ⓟ-ⓣ-ⓛ («winden»)	*a*ⓩⓦ*i*ⓚ	*a*ⓟⓣ*i*ⓛ («ich wand»)

Auf den ersten Blick sieht es nicht so aus, als hätte der Wechsel zwischen *a*ⓩⓦ*u*ⓚ und *a*ⓩⓦ*i*ⓚ etwas besonders Nachteiliges an sich. Schließlich beruht das gesamte System der Schemata auf der Verwendung unterschiedlicher Vokale in den Zwischenräumen zwischen den Wurzelkonsonanten, und so scheint ein Vokalwandel mehr nicht weiter von Belang zu sein. Der Wechsel zwischen *u* und *i* im Präteritum hat jedoch einen anderen Charakter als alle anderen. In den übrigen Schemata wird ein Vokalwechsel dazu benutzt, eine grammatische Unterscheidung zu treffen und eine bestimmte Nuance wie Tempus oder Person zu kennzeichnen. Die hier vorliegende Variation spielt jedoch keine grammatische Rolle, denn der Wechsel zwischen den Vokalen *u* und *i* führt nicht zu irgendeiner anderen Bedeutungsnuance: er verändert das Tempus nicht, und er kennzeichnet das Verb auch nicht als Passiv, Intensiv oder sonst etwas dergleichen. Die Wahl des Vokals ist hier völlig willkürlich: Wenn man die Sprache lernt, muss man sich einfach einprägen, welche Wurzel sich im Präteritum mit welchem Vokal verbindet, so wie man als Fremdsprachler das Geschlecht jedes französischen oder deutschen Substantivs auswendig lernen muss.

Dieser anscheinend willkürliche Vokal im Präteritum aller akkadischen Verben ist der «Flattervokal», wie ich ihn genannt habe. Was aber hat ein derart beliebig auftretender Vokal mitten in dem auf Wurzeln und Schemata aufgebauten System zu suchen, in dem Vokale nur dazu da sind, die jeweilige grammatische Nuance zu markieren? Man ist versucht, den Flattervokal einfach als dumme Unregelmäßigkeit abzutun, die zu nichts anderem dient als dazu, den Lernenden das Leben unnötig schwer zu machen. Es stellt sich jedoch heraus, dass hinter dem Flattervokal noch viel mehr steckt. Es gibt nämlich allen Grund zu der Annahme, dass es sich bei ihm um eine außerordentlich alte Eigenschaft handelt, deren Unberechenbarkeit entscheidende Hinweise auf den Ursprung des gesamten semitischen Verbsystems enthält.

Der erste Grund für den Verdacht, dass der Flattervokal ein sehr altes Inventarstück im System darstellt, ist seine Position. Dieser Vokal taucht nämlich nicht in ausgefallenen Nuancen wie «ich werde zwicken lassen» oder «ich wurde dazu veranlasst, intensiv zu zwicken» auf. Vielmehr erscheint er in der grundlegendsten und verbreitetsten Nuance: im Präteritum «ich zwickte». Und wenn Linguisten auf eine Situation stoßen, in der sich die einfachsten Formen unvorhersehbar verhalten und elaboriertere Formen sich gleichzeitig besser benehmen, dann schrillen bei ihnen schnell die Alarmglocken, denn die einfachsten und verbreitetsten Wörter sind häufig diejenigen, die an alten Eigenschaften festhalten konnten, welche in anderen Bereichen der Sprache verloren gegangen sind.

Ein gutes Beispiel für einen Konservatismus eben dieser Art kann man im englischen Verbsystem antreffen. In früheren Stufen des Englischen bewahrten die Verben im Präteritum des Verbs eine Unterscheidung zwischen Singular- und Pluralformen, so wie sie es im Deutschen auch heute noch tun: *he herde* («er hörte»), aber *they herden* («sie hörten»). Im heutigen Englisch ist diese Unterscheidung längst beseitigt, so dass Verben im Präteritum jetzt nur noch eine einheitliche Form haben: *he/they heard*. Allerdings gibt es eine einzige, aber bemerkenswerte Ausnahme: das vielleicht verbreitetste aller Verben, das allgegenwärtige *be*, hat an der längst vergessenen Unterscheidung festgehalten, und es macht immer noch einen Unterschied zwischen *he **was*** und *they **were***.

Der Grund, weshalb solche verbreiteten Wörter manchmal an überholten Eigenschaften festhalten, die an anderer Stelle längst aufgegeben worden sind, ist ihre außerordentliche Vertrautheit. Die verbreitetsten Wörter werden so häufig gehört, dass sie sich dem Gedächtnis neuer Generationen von Lernenden schnell unauslöschlich einprägen können und somit selbst drastischen Umgestaltungen im Rest der Sprache widerstehen. Und da der Flattervokal im Semitischen in den einfachsten und verbreitetsten Nuancen auftritt, ist schon der Boden für den Verdacht bereitet, dass sich hinter der Fassade der Unregelmäßigkeit ein Überbleibsel aus sehr alter Zeit verbirgt.

Mehr noch, der Flattervokal ist nicht nur eine Laune des Akkadischen, sondern taucht auch in anderen semitischen Sprachen auf. Betrachten wir die beiden entsprechenden Verben im Arabischen:

ⓚ-ⓣ-ⓜ («bedecken»)   *a*ⓚⓣ*u*ⓜ
ⓕ-ⓣ-ⓛ («winden»)   *a*ⓕⓣ*i*ⓛ

Da das Arabische kein Abkömmling des Akkadischen, sondern eine Schwestersprache ist, kann es den Flattervokal nicht vom Akkadischen ererbt haben. Das legt nahe, dass dieser Vokal eine Eigenschaft mit einer sehr langen Vorgeschichte ist und dass er schon vor mindestens 5000 Jahren im Proto-Semitischen vorhanden war, bevor die semitischen Sprachen sich auseinanderzuentwickeln begannen.

•

Aber selbst wenn sich der Flattervokal nicht als beliebige Marotte, sondern als ein sehr altes Merkmal der Sprache erweisen sollte, stellt sich die Frage, wie uns das bei unserer Suche hilft. Entwerfen wir ein einfaches Gedankenexperiment und nehmen einmal an, die einzig bekannte Form des semitischen Verbs sei dieses einfache Präteritum mit dem Flattervokal. Wenn wir nichts über alle anderen Schemata wüssten und nur über Formen wie *aktum* oder *aptil* verfügten, hätten wir dann irgendeinen Grund zur Annahme, dass das semitische Verb etwas Ungewöhnliches sei? Und gäbe es einen Grund für den Verdacht, dass Wurzeln nur aus Konsonanten bestehen? Keineswegs. Wenn die einzigen verfügbaren Belege die Formen des Präteritums wären, dann würde die überzeugendste Analyse sicherlich lauten, dass die Verbform *a-ktum* «ich bedeckte» aus der Wurzel *ktum* und einem Präfix *a-* («ich») besteht und dass sich die Form *a-ptil* in ähnlicher Weise aus *a-* und der Wurzel *ptil* zusammensetzt. Genau wie etwa im Deutschen, wo Vokale ein Teil der Wurzel sind (*ruf, zwick, kleb* usw.), würden wir dann behaupten, dass die Vokale *u* und *i* Teil der Wurzeln *ktum* und *ptil* sind.

(Die Vorsilbe *a-* in Formen wie *a-ktum* und *a-ptil* wäre dann auch leicht zu erklären. Man könnte einfach sagen, dass das *a-* auf ein abgeschliffenes Pronomen zurückgehen muss, das mit dem Verb verschmolz – wie die im vorigen Kapitel behandelten Pronomina des umgangssprachlichen Französisch, die mit dem Verb verschmolzen und zu Präfixen wurden: *je + aime → jem*.)

Kurz, wenn die einzig vorhandene Verbform im Semitischen das Präteritum wäre, dann hätte ihr Bau wirklich überhaupt nichts Ungewöhnliches an sich. Die naheliegendste Erklärung für den Flattervokal wäre einfach, dass dieser Vokal schon immer ein Bestandteil von Wurzeln wie *ktum* oder *ptil* gewesen wäre.

Mittlerweile wird das Ziel dieses Gedankenexperiments vielleicht deutlicher: Es kann uns möglicherweise etwas über den Urzustand des semitischen Verbs erzählen. Da der Flattervokal ein so altes sprachliches Merkmal darstellt, ist seine wahrscheinlichste Erklärung, dass er ein Relikt aus einer viel früheren Stufe der Sprache ist, aus einer Zeit *vor* Beginn der Herausbildung des auf Wurzeln und Schemata aufgebauten Systems. Mit anderen Worten, die beste Erklärung dafür, wie der Flattervokal an seine Stelle kam, ist, dass er zuerst da war. Er muss schon vorhanden gewesen sein, bevor man an die Konstruktion der konsonantischen Wurzel auch nur im Traum dachte, in einer Zeit, in der die Ausgangssprache über Wurzeln wie *ktum* oder *ptil* verfügte. Wenn nun eine Wurzel eine solche Lautfolge ist, die sich aussprechen lässt, dann wird sie manchmal als Stamm bezeichnet, und deshalb werde ich zur Vermeidung von Missverständnissen von jetzt an für die Wurzeln aus vorgeschichtlicher Zeit, die noch sowohl Konsonanten als auch Vokale enthielten, die Bezeichnung «alte Stämme» verwenden.

Zusammenfassend lässt sich also sagen, dass der ferne Vorfahr der semitischen Sprachen ein ziemlich «normales» Verbsystem mit Stämmen wie *ktum* und *ptil* besessen haben muss. Der unregelmäßige Flattervokal ist einfach ein Relikt aus jener fernen Zeit – der ursprüngliche Vokal dieser alten Stämme. In einem späteren Sprachstadium und auf eine Weise, die wir noch klären müssen, erfuhr das Verbsystem jedoch eine vollständige Umgestaltung, in der diese alten Stämme durch rein konsonantische Wurzeln abgelöst wurden. Die komplizierteren Schemata des Semitischen gehen auf jenes spätere Stadium zurück, als der Vokal des alten Stammes nahezu beseitigt worden war und der abstrakten Konstruktion der rein konsonantischen Wurzel Platz gemacht hatte. So wird beispielsweise in der Nuance «ich werde intensiv zwicken» bei allen Wurzeln ohne Rücksicht auf den Flattervokal nur ein einziges Schema, $u(z)a(w)(w)a(k)$, verwendet.

Aus der Perspektive des ausgebildeten Systems mag daher der Flattervokal wie eine unmotivierte Unregelmäßigkeit aussehen, die nur von der klaren Schönheit der Architektur ablenkt. Dieser Vokal gestattet uns jedoch, einen Blick zurück in die trüben Tage der Vorgeschichte zu werfen, als man an die konsonantische Wurzel noch nicht einmal dachte. Das Präteritum war eine derart verbreitete Form, dass es gewissermaßen als Unterschlupf fungierte, und so wurde der Flattervokal vor der Beseitigung während des drastischen Umbaus des restlichen Systems bewahrt.

Spur 2: Mutierende Vokale und hohle Verben

Was konnte die alten Stämme, diese sowohl aus Konsonanten als auch aus Vokalen bestehenden Lautbrocken, in das abstrakte algebraische System rein konsonantischer Wurzeln verwandeln? Zum Glück gibt es im Bereich des semitischen Verbs noch einige andere Relikte, die uns Hinweise auf die Frühzeit seiner Entwicklung liefern. Sie deuten darauf hin, dass der lange Marsch hin zu den konsonantischen Wurzeln möglicherweise schon vor 8000 Jahren begonnen hat, und zwar mit nur einem einzigen kleinen Schritt. Im Vokal des alten Stammes ist es zu einer einzigen Mutation gekommen, welche die Funktion einer Tempusunterscheidung übernahm. Solch eine Mutation nennt man im sprachwissenschaftlichen Jargon «Ablaut»; etwas Ähnliches findet sich in deutschen Verbformen wie «finde» / «fand» oder «trinke» / «trank».

Um die Spuren dieses frühen Vokalablauts ausfindig zu machen, müssen wir wieder in Unregelmäßigkeiten wühlen, und zwar diesmal bei Verben mit einer abweichenden Zahl von Konsonanten. Oben sprach ich davon, dass Wurzeln in den semitischen Sprachen im Allgemeinen drei Konsonanten umfassen. Die Einschränkung «im Allgemeinen» war erforderlich, weil es einige Wurzeln gibt, die hinter diesem regelmäßigen Muster zurückbleiben und nur zwei Konsonanten haben, beispielsweise ⓜ-ⓣ «sterben». Solche Verben bezeichnet man bisweilen als «hohl», weil der Platz für ihren mittleren Konsonanten leer ist.

Im Präteritum des Akkadischen weichen diese hohlen Verben nur geringfügig von der Norm ab. Genau wie die normalen Fälle *a-ktum* oder *a-ptil* weisen die hohlen Verben im Präteritum den Flattervokal *u* oder *i* auf, und so zeichnen sie sich nur dadurch aus, dass sie einen Konsonanten weniger besitzen: *a-mūt* «ich starb»; *a-ṣīḫ* «ich lachte». Geht man jedoch zum Futur über, dann zeigen die hohlen Verben viel heftigere Abweichungen. Die regelmäßigen Verben bilden ihre Futurformen mit dem komplizierten Schema *a*ⓩ*a*ⓦⓦ*a*ⓚ, bei den hohlen Verben hingegen hat das Futur ein viel einfacheres Muster: Sie verwandeln ihren Flattervokal einfach in *a*:

PRÄTERITUM   FUTUR

a-mūt («ich starb»)   *a-māt* («ich werde sterben»)

a-ṣīḥ («ich lachte»)   *a-ṣāḥ* («ich werde lachen»)

Das Verhalten der hohlen Verben im Futur kann man als *a*-Ablaut bezeichnen: Der Vokal des alten Stammes (*i* oder *u*) verwandelt sich in *a*.

Auf den ersten Blick mögen die hohlen Verben lediglich wie eine weitere Exzentrizität in der eleganten Architektur des semitischen Verbs erscheinen. Anstatt sich an das ordentliche Schema für das Futur zu halten, bequemen sich diese Verben dazu, ihren einzigen Vokal in *a* zu verwandeln. Man sollte diese Unregelmäßigkeiten aber nicht allzu leicht nehmen, denn wiederum gibt es gute Gründe für die Annahme, dass der *a*-Ablaut ein besonders altes Muster darstellt, ein Relikt aus der Zeit der ersten Schritte, die der Vorfahr der semitischen Sprachen auf dem Weg zu den rein konsonantischen Wurzeln unternahm.

In den semitischen Sprachen selbst finden sich diverse Hinweise, die auf das ausgesprochen hohe Alter des *a*-Ablauts schließen lassen, aber die vielleicht zwingendsten Beweise kommen aus weiter entfernten Sprachen. Die semitischen Sprachen sind von ferne mit einigen Sprachfamilien in Afrika verwandt, zu denen die Berbersprachen Marokkos und die kuschitischen Sprachen Äthiopiens und Somalias gehören. Semitisch, Berberisch und Kuschitisch gehören zu einer Familie, die man heutzutage als afroasiatische Sprachen bezeichnet. Niemand kann mit Sicherheit sagen, wann sich der semitische Zweig des Afroasiatischen vom kuschitischen Zweig abzuspalten begann, aber angesichts des Abstands zwischen den Sprachen meinen Linguisten, dass dieser Zeitpunkt mindestens 8000 Jahre zurückliegt. Während keine der übrigen afroasiatischen Sprachen ein auf Wurzeln und Schemata aufgebautes System besitzt, das genau dem des Semitischen entspricht, weisen viele von ihnen einen verdächtig vertrauten Vokalablaut auf. In der kuschitischen Sprache Somali beispielsweise stößt man auf Formen wie die Folgenden:

Somali (Kuschitisch, Afroasiatisch)

imid «ich kam»   *imādd* «ich komme / werde kommen»

iqīn «ich wusste»   *aqān* «ich weiß / werde wissen»

Tatsächlich sind Philologen ausgehend von den Belegen solcher Verben in verschiedenen kuschitischen Sprachen zu dem Schluss gelangt, dass es in der Vorfahrensprache des Kuschitischen (und vielleicht auch anderer Zweige des Afroasiatischen) einen Vokalablaut von *u* oder *i* im Präteritum zu *a* im Präsens-Futur gegeben hat. Demnach sieht es so aus, als reichte der *a*-Ablaut sogar noch vor die Frühphase des Semitischen zurück in eine Zeit, bevor sich das Proto-Semitische vom Proto-Kuschitischen abzutrennen begann.

Das Material legt somit nahe, dass es sich bei dem *a*-Ablaut um ein außerordentlich altes Muster handelt. Wenn dem aber so ist, warum findet sich dieser Ablaut dann nur in einigen wenigen exzeptionellen hohlen Verben? Wie kommt es, dass die regelmäßigen Verben ihre Futurformen nach einem ganz anderen Muster, mit der Schablone *a*ⓩ*a*ⓦⓦ*a*ⓚ, bilden? Die plausibelste Erklärung hierfür ist, dass der *a*-Ablaut ursprünglich weitaus verbreiteter und auch unter den normalen dreikonsonantigen Verben üblich war. So hätte beispielsweise das Futur des Verbs *a-ktum* «ich bedeckte» einfach *a-ktam* gelautet. In einem späteren Stadium wurde jedoch der *a*-Ablaut durch das elaboriertere Schema für das Futur verdrängt. Die wenigen akkadischen Verben, die noch den *a*-Ablaut aufweisen, sind lediglich die letzten Überlebenden, diejenigen, welche sich am längsten gegen das neue Schema behaupten konnten. Selbst wenn also der *a*-Ablaut aus der späteren Perspektive des ausgebildeten semitischen Systems so aussehen mag, als sei er nicht mehr als eine unmotivierte und eher peinliche Unregelmäßigkeit, kam er wahrscheinlich bereits zu einer Zeit vor, in der man an die anderen Schemata noch nicht im entferntesten gedacht hatte.

Fassen wir nun zusammen, was wir bislang herausgefunden haben: Irgendwann in vorgeschichtlicher Zeit muss der Vorfahr der semitischen Sprachen mit «normalen» Verben angefangen haben, mit stabilen Stämmen wie *mūt*, *ktum* oder *ptil*, die sowohl über Konsonanten als auch über Vokale verfügten. Der erste Schritt in der Herausbildung der auf Wurzeln und Schemata basierenden Konstruktion wurde vielleicht schon vor 8000 Jahren getan, als aus irgendeinem seltsamen Grund im Futur ein Vokalablaut auftauchte: der Vokal des alten Stammes verwandelte sich in *a*:

ALTER STAMM	PRÄTERITUM	FUTUR
ktum («bedecken»)	*a-ktum* («ich bedeckte»)	*a-ktam* («ich werde bedecken»)
mūt («sterben»)	*a-mūt* («ich starb»)	*a-māt* («ich werde sterben»)
ptil («winden»)	*a-ptil* («ich wand»)	*a-ptal* («ich werde winden»)

Für sich allein genommen mag dieses Ablautmuster nicht so aussehen, als stelle es einen derart gewaltigen Sprung vorwärts dar. Dennoch ist der *a*-Ablaut ein entscheidendes Moment in der Evolution des semitischen Verbsystems, denn damit ist der Kern eines neuen Konzepts geschaffen, aus dem später die Idee der konsonantischen Wurzel hervorgehen wird: der Gedanke, dass das Verb seine Konsonanten beibehalten kann, dabei aber die zwischen ihnen stehenden Vokale abändert, um Bedeutungsnuancen wie etwa Tempora zu markieren.

Das ist nun alles schön und gut, aber die Behauptung, dass der erste Schritt das Auftauchen eines einzigen vokalischen Ablauts war, sagt noch nichts darüber aus, *wie* dieser Schritt je unternommen werden konnte. Was hätte Anlass zu einem Vorgang geben können, bei dem sich der Vokal im Futur schlagartig aus *i* oder *u* in *a* verwandelte? Die nächste Spur wird uns dabei helfen, genau dieser Frage nachzugehen.

Spur 3: Gänse, Gäste, Generäle

Alle bislang verfolgten Spuren haben sich in erster Linie auf Belege gestützt, die der einen oder anderen semitischen Sprache entstammen. Wenn man aber herausfinden will, wie sich der *a*-Ablaut entwickelt haben könnte, findet man die besten Spuren tatsächlich in näherliegenden Parallelen. Gibt es irgendwelche bekannteren Sprachen mit einem Muster ähnlich dem des *a*-Ablauts? Das erste Beispiel, das einem einfällt, sind natürlich die deutschen Verben mit Formpaaren wie *trinken / tranken*. Leider ist jedoch auch der letztliche Ursprung des Vokalablauts bei den deutschen Verben ziemlich unklar, da er in die Frühphasen des Proto-Indoeuropäischen zurückreicht. Wir sollten das Deutsche aber deshalb noch nicht ad acta legen, denn zufällig weist es ein anderes, sehr verbreitetes Muster eines Vokalwandels auf, dessen Entstehung jüngeren Datums ist und sich daher besser verstehen lässt. Betrachten wir die folgenden Formpaare, in denen der Vokalwandel einen Numeruswechsel andeutet:

Gast   –   Gäste
Hals   –   Hälse
Nacht –   Nächte
Fuß   –   Füße

Das Herumspielen mit ein paar deutschen Substantiven mag nach einem ziemlichen Umweg aussehen, wenn man auf der Suche nach den Ursprüngen des semitischen Verbs ist. Gleichwohl wird uns die Wanderung durch das Unterholz der germanischen Philologie schon bald an unser Ziel führen. Denn ob im Germanischen oder im Semitischen, ob bei Substantiven oder bei Verben, unser Ziel ist es zu verstehen, wie sich ein Vokalwandel herausbilden kann, der eine *grammatische* Funktion erfüllt. Und sobald wir uns darüber klar sind, wie der eine Vokalwandel in einer bestimmten Familie als Kennzeichen für irgendeine Art von grammatischer Funktion auftreten konnte, werden wir erheblich leichter verstehen, wie ein anderer Vokalwandel in einer anderen Familie eine grammatische Funktion übernehmen konnte.

Die Geschichte des deutschen Umlauts kennt man ziemlich gut. Vergleichsmaterial legt nahe, dass das Substantiv *gast* anfangs nichts Besonderes an sich hatte und dass der Plural des Wortes einfach **gast-iz* lautete (*-iz* war eine normale Pluralendung des Proto-Germanischen). Irgendwann vor dem Auftreten der frühesten Denkmäler des Deutschen im 8. Jahrhundert n. Chr. wurden jedoch mühesparende Mechanismen in Bewegung gesetzt, und es kam zu einem Lautwandel, den man als eine Art Vokalassimilation auffassen kann. In dem Wort **gastiz* standen zwei verschiedene Vokale nahe beieinander, und für sie brauchte man zwei ganz verschiedene Mundstellungen. Wenn man die Zunge rasch von einer Form, in der sie ein *a* hervorbringt, in die für ein *i* verlagern muss, dann ist das wirklich ziemlich lästig, und daher wurde zur Müheersparnis der erste Vokal *a* durch das nachfolgende *i* «gefärbt» und verwandelte sich in ein Mittelding zwischen beiden, nämlich in *e*. So wurde **gastiz* zu **gestiz*. Linguisten bezeichnen diesen Vorgang als *i*-Umlaut (Umlaut und Ablaut bedeuten im Wesentlichen dasselbe: einen Vokalwandel).

Das auslautende *-z* von **gestiz* fiel irgendwann ebenfalls ab, so dass der Plural *gesti* entstand, und das ist die Form, die wir in den ersten deutschen Sprachdenkmälern vorfinden. Das heitere Mühesparen war an diesem Punkt jedoch noch nicht zuende. Im 11. Jahrhundert wurde das auslautende *-i* von *gesti* noch weiter zu einem bloßem Schwa abgeschwächt (Schwa ist ein reduzierter undeutlicher Vokal, der in phonetischer Transkription *ə* geschrieben wird). Und auf diesem Wege endete *gesti* dann als *gestə*, so dass sich das Formenpaar *gast* – *gestə* ergab. Nachdem also die Endung *-iz* die Dinge durcheinandergebracht hatte, indem sie **gastiz* in **gestiz* verwandelte, fiel sie selbst den Kräften der Erosion zum Opfer und verschwand hinter einem bloßen Schwa.

Bis zu diesem Punkt stellten die beiden genannten Veränderungen gänzlich mechanische mühesparende Abläufe dar. Sie standen in keinem Zusammenhang mit der *Bedeutung* des Plurals – tatsächlich hatten sie nichts mit irgendeiner Art von Bedeutung zu tun. Es handelte sich um blinde Veränderungen, die nur durch die lautliche Umgebung beeinflusst wurden. Gleichwohl schuf die Kombination dieser blinden Veränderungen das Potential für die Herausbildung eines neuen, bedeutungsvollen Musters. Die Pluralform *gestə* war in der Mitte mit einem *e* anstelle des ursprünglichen *a* versehen, aber es gab nichts mehr, was Sprecher daran erinnern konnte, warum dieses *e* dort ursprünglich aufgetreten war. Der ordnungssüchtige Verstand einer neuen Generation von Sprechern stürzte sich also auf das Muster *gast* – *gestə* und nahm an, dass der Vokalwandel hier einen Zweck haben müsse und dass dieser Zweck darin bestehe, die Pluralität anzuzeigen.

Und sobald dann der Übergang von *a* zu *e* als ein bedeutungsvolles Muster wahrgenommen wurde, konnten ihn Sprecher auf dem Wege der Analogiebildung auch auf andere Substantive ausdehnen, selbst auf diejenigen, die aus historischer Sicht nicht als Kandidaten in Frage kamen. Das Substantiv *hals* beispielsweise hatte im Plural ursprünglich eine andere Endung, *-az*. Hier bestand also kein Grund zu einem *i*-Umlaut, und wäre es nur um mühesparende Veränderungen gegangen, dann hätte der Plural **halsaz* als *halsə* enden müssen. Doch die neue Generation von Sprechern scherte sich keinen Deut um die «historische Sicht» und bildete nach Analogie von Substantivformen wie *gast* – *gestə* das Paar *hals* – *helsə*. Dieses Phänomen wird als «analogischer Umlaut» bezeichnet:

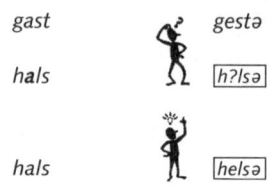

gast		gestə
hals		$\boxed{\text{h?lsə}}$
hals		$\boxed{\text{helsə}}$

Selbst neuere, anderen Sprachen entlehnte Substantive wurden dieser Analogie unterworfen. Die Wörter *Kardinal* und *General* beispielsweise fanden erst im 13. Jahrhundert Eingang ins Deutsche, als der ursprüngliche Auslöser des *i*-Umlauts (die Endung -*iz*) schon längst verschwunden war. Wenn aber der Plural von «Gast» «Gäste» lautet und der Plural von «Hals» jetzt die Form «Hälse» hat, wie sollte dann der Plural der Neuerwerbungen «Kardinal» und «General» anders lauten als «Kardinäle» und «Generäle»?

Fassen wir also zusammen: Der Vorgang, der das Muster des Umlauts als Kennzeichen von Pluralformen hervorbrachte, war ein Kreislauf von Erosion und Analogie. Mühesparende Veränderungen schufen die Bedingungen für das Auftreten dieses Musters, aber es war nicht die Erosion für sich allein, die diese blinden Veränderungen in eine *bedeutungsvolle* Unterscheidung verwandelte. Die grammatische Funktion des Musters war das ideelle Kind des ordnungssüchtigen Verstands.

Nun habe ich oben versprochen, dass die deutschen Substantive uns genau an unser Ziel führen werden: zu verstehen, wie sich die Architektur des semitischen Verbs mit seinem abstrakten System rein konsonantischer Wurzeln und vokalischer Schemata von allein entwickeln konnte. Wir haben gesehen, dass der Vorfahr der semitischen Sprachen ein ziemlich «normales» Verbsystem besessen haben muss, das Stämme wie *ktum, ptil* oder *mūt* umfasste, die sowohl aus Konsonanten als auch aus Vokalen bestanden. Das ganze imposante Gebäude des semitischen Verbs hat möglicherweise recht bescheiden angefangen: mit dem Auftreten einer einzigen Vokalveränderung, die wir als *a*-Ablaut bezeichnet haben. Der Vokal *u* oder *i* des alten Stammes verwandelte sich im Futur in *a*, was dann zu Paaren wie *aktum – aktam* («ich bedeckte» – «ich werde bedecken») und *amūt – amāt* («ich starb» – «ich werde sterben») führte. Danach beschäftigten wir uns mit den deutschen Substantiven, weil wir herausfinden wollten, wie sich ein solcher Ablaut überhaupt entwickelt und wie er eine grammatische Funktion übernommen haben könnte.

Mittlerweile sollte klar sein, dass wir genau an dem Punkt angelangt sind, der unser Ziel war. Der *a*-Ablaut in semitischen Verben muss sich in ähnlicher Weise entwickelt haben wie der *i*-Umlaut in deutschen Substantiven, auch wenn die Details natürlich andere waren. Zunächst einmal konnte der *a*-Ablaut im Semitischen einfach deshalb nie auf eine Endung wie *-iz* zurückgehen, weil ein *iz* den Vokal *u* nie in ein *a* verwandeln wird. Gleichwohl muss das Prinzip genau dasselbe gewesen sein: ein Kreislauf von Erosion und Analogie. Irgendein Strolch muss dafür gesorgt haben, dass sich der Vokal im Futur veränderte, und er muss dann später infolge von mühesparenden Veränderungen verschwunden sein. Daraufhin nahmen Sprecher den Vokalwandel als bedeutungsvolles Muster wahr und dehnten dieses daher auf dem Wege der Analogie auf andere Verben aus. Der Wechsel, der zunächst durch eine Reihe blind mühesparender Veränderungen hervorgerufen worden war, übernahm also jetzt eine grammatische Funktion – die Kennzeichnung des Futurs.

Wie dieser Strolch auf der Vorstufe der semitischen Sprachen genau aussah, werden wir nie erfahren. Dafür ist der *a*-Ablaut einfach zu alt. Gute Gründe sprechen jedoch für die Vermutung, dass nicht ein Vokal sondern eher Konsonanten im Spiel waren, und zwar keine anderen als die «Laryngale», denen wir in Kapitel 3 im Zusammenhang mit Saussures gefeierter Hypothese über das Vokalsystem des Proto-Indoeuropäischen begegnet sind. Im Indoeuropäischen sorgte ein Laryngallaut dafür, dass sich der Vokal *e* in *a* verwandelte. Im Semitischen kommen Laryngallaute immer noch vor, und es kann durchaus sein, dass sie für den mühesparenden Wandel verantwortlich waren, der den Anstoß zum *a*-Umlaut gegeben hat. Anhang B («Noch einmal Laryngale?») bietet ein Szenario dafür, wie sich dieser Vorgang abgespielt haben könnte. Da aber die allgemeinen Prinzipien klar sind, können wir zunächst einmal fortfahren und herausfinden, wie das Konzept der konsonantischen Wurzel hier seinen Ausgang genommen haben könnte.

Spur 4: Wirken, wirklich und verwirklichen

Nach dem, was wir bislang zusammengetragen haben, mag das Konzept einer rein konsonantischen Wurzel mit dem Auftreten eines einzigen Vokalablauts angefangen haben, der den Stammvokal des Verbs im Futur in *a* verwandelte. Natürlich stellt ein einziger Ablaut immer noch ein ganz einfaches Muster dar, aber er ist doch ein entscheidender Eckstein für das neue Konzept. Der Ablaut innerhalb des Stammes bringt die Vorstellung ins Wanken, dass der Stammvokal zum permanenten Inventar gehört, und präsentiert diesen Vokal nicht als unwandelbare Konstante, sondern vielmehr als eine Variable, deren Veränderungen unterschiedliche grammatische Funktionen markieren können. Der Vokalablaut macht Sprecher mit einem innovativen Schema vertraut, in dessen Rahmen ein Wandel grammatischer Nuancen nicht nur durch das Hinzufügen einer Vorsilbe oder einer Nachsilbe zum Verb, sondern auch durch eine Veränderung des darin enthaltenen Vokals markiert werden kann. Ganz offensichtlich ist der *a*-Ablaut ein Schritt in die richtige Richtung zur Idee der rein konsonantischen Wurzel.

Wir brauchen jetzt nur noch zwei weitere Schritte, um von diesem einfachen *a*-Ablaut zur Konstruktion der konsonantischen Wurzeln zu gelangen. Der erste dieser Schritte besteht darin zu verstehen, wie es zu einer Verblandschaft gekommen sein könnte, in der Wurzeln mit genau drei Konsonanten dominieren. Es besteht kein Grund zu der Annahme, dass im Semitischen dreikonsonantige Wurzeln schon immer vorherrschend waren. Tatsächlich gibt es, wie wir sahen, auch in den überlieferten Sprachstufen noch Verben mit nur zwei Konsonanten: das sind die «hohlen» Verben wie *mūt* und *ṣīḥ*. Diese Verben sind zwar in historischer Zeit zu einer kleinen Minderheit von Ausnahmen geworden, aber es besteht Anlass zu der Vermutung, dass diese hohlen Verben in vorgeschichtlicher Zeit zahlreicher waren. (Auf sämtliche Gründe brauchen wir an dieser Stelle nicht einzugehen; erwähnt sei nur, dass sie sowohl auf internen semitischen Erwägungen beruhen als auch auf Parallelen zu anderen afroasiatischen Sprachen, in denen es eine größere Zahl von Verben mit zwei Konsonanten gibt.) Jedenfalls können wir nicht davon ausgehen, dass dreikonsonantige Verben seit den frühesten Anfängen die Regel waren. Daher müssen wir als erstes erklären, warum in der Vorstufe der semitischen Sprachen dreikonsonantige Verben die Bühne beherrschen konnten.

Weshalb kommt es aber darauf an, ob das Verbsystem von dreikonsonantigen Verben dominiert wird oder nicht? Der Grund hierfür ist einfach der, dass die ausgebildeten semitischen Schemata allesamt eine komplette Folge von drei Konsonanten erfordern, wenn sie richtig funktionieren sollen. Während es für den alten *a*-Ablaut gleichgültig ist, wie viele Konsonanten die Wurzel enthält (er funktioniert ebenso mit zweien – *amūt / amāt* – wie mit dreien – *aptil / aptal*), haben alle elaborierten Schemata des ausgebildeten Systems genau drei ‹Slots› (Leerstellen) für die drei Konsonanten. Wurzeln mit nur zwei Konsonanten lassen sich einfach nicht mit Schemata wie ⓩaⓦiⓚ oder uⓩaⓦⓦaⓚ vereinbaren, weil nicht genügend Konsonanten zur Verfügung stehen. Es ist daher unwahrscheinlich, dass sich diese Schemata auf der Vorstufe der semitischen Sprachen je hätten entwickeln können, solange nicht die Verblandschaft von Wurzeln mit drei Konsonanten dominiert wurde.

Wie konnte es also dreikonsonantigen Wurzeln gelingen, das System zu übernehmen, wenn es ursprünglich mindestens ebensoviele Verben mit zwei Konsonanten gab wie solche mit dreien? Wieder können uns Parallelen aus vertrauteren Sprachen auf die richtige Fährte bringen. Ein Weg, auf dem längere Verben Eingang in die Sprache finden können, ist das «Aufblähen» älterer kurzer Verben. Sehen wir uns an, wie die folgenden deutschen Wörter in der linken Spalte schlank anfangen, auf dem Weg nach rechts dann aber immer mehr zunehmen:

VERB	→	ADJEKTIV	→	VERB
deut(en)		deutlich		verdeutlich(en)
mög(en)		möglich		ermöglich(en)
wirk(en)		wirklich		verwirklich(en)

Was sich hier abspielt, ist eine Art Kreislauf, der vom Verb zum Adjektiv und dann wieder zurück zum Verb führt. Eine Nachsilbe wie *-lich* wird dazu benutzt, ein einfaches schmales Verb in ein Adjektiv zu verwandeln, und eine Vorsilbe kann dieses Adjektiv dann wieder zu einem Verb machen, wobei das neue Verb durch Nachsilben und Vorsilben an Umfang zugenommen hat. Ähnliche Kreisläufe lassen sich in den semitischen Sprachen beobachten, aber dort wird das Aufblähen meist nur durch

Vorsilben bewirkt. Und es gibt gute Gründe für die Annahme, dass viele derartige Kreisläufe auch in vorgeschichtlicher Zeit stattgefunden haben, so dass Verben, die mit zwei Konsonanten begannen, zu dreikonsonantigen anschwollen. Ein derartiger Kreislauf kann ungefähr folgendermaßen ausgesehen haben:

VERB	→	ADJEKTIV	→	VERB
pil?		*ša-pil*		*a-šapil*
liegen?		tiefliegend, demütig		ich wurde niedrig, ich demütigte mich

Nehmen wir einmal an, dass ein vorgeschichtliches Verb wie *pil*, das vielleicht «liegen» bedeutete, mit Hilfe einer Vorsilbe *ša-* in ein Adjektiv *šapil* verwandelt wurde, das «tiefliegend» bedeutete. Und von diesem Adjektiv wurde dann wieder eine neue Verbform *a-šapil* («ich wurde niedrig») gebildet. (Im wirklichen Leben treten Adjektive im Semitischen übrigens im allgemeinen mit Kasusendungen auf, so dass das Adjektiv *šapil* ungefähr die Form *šapil-um* hätte. Im Augenblick brauchen wir uns um diese Endung nicht zu kümmern, aber sie sollte nicht völlig unter den Tisch fallen, da sie später noch eine Rolle spielen wird.)

Natürlich ist dies nicht der einzige Weg, auf dem neue aufgeblähte Verben Eingang in die Sprache hätten finden können, aber wir brauchen uns nicht in Details zu verlieren. Das, worauf es uns wirklich ankommt, ist nur, dass sich dreikonsonantige Verben im Laufe der Zeit vermehrt haben können, während einige der älteren hohlen Verben allmählich in Vergessenheit gerieten, wie das mit alten Wörtern häufig geschieht. Und so ließen zu irgendeinem Zeitpunkt die bloßen Zahlenverhältnisse das Gleichgewicht umkippen, so dass dreikonsonantige Verben die Bühne zu beherrschen begannen. Sie wurden dann als die Norm aufgefasst, während die alten hohlen Verben nur als Ausnahmen erhalten blieben.

Spur 5: Die Synkope und die Befreiung der Konsonanten

Bei unserem Ansturm auf die Festung des semitischen Verbs haben wir schon beträchtlich an Boden gewonnen. Hinter uns liegt das Wissen darüber, wie es dazu kommen konnte, dass ein Ablaut die grammatische Funktion eines Futurkennzeichens übernahm, und wie sich eine von dreikonsonantigen Verben dominierte Landschaft entwickelt haben könnte. Dennoch erscheint die Architektur des semitischen Verbs immer noch beunruhigend fern. Insbesondere ist dieser eine simple Ablaut noch weit von dem ausgebildeten System mit seiner Vielzahl von Schemata und Nuancen entfernt.

Trotzdem sind wir zumindest der Grundstruktur des semitischen Verbs, der rein konsonantischen Wurzel, schon viel näher, als es auf den ersten Blick aussehen mag. Tatsächlich liegt sie nur noch einen Steinwurf entfernt, denn um zu verstehen, wie der Gedanke der konsonantischen Wurzel konzipiert wurde, brauchen wir nicht wirklich all die Dutzende von ausgefallenen Schemata wie «ich werde zwicken lassen» (*uša*ⓩⓦ*a*ⓚ) oder «sie zwickt immer wieder intensiv» (*u*ⓩ*tana*ⓦⓦ*a*ⓚ). Um das Wesen des Systems zu erfassen, ist nicht mehr erforderlich als eine Handvoll der einfachsten Schemata nach Art der drei folgenden:

aⓩⓦ*i*ⓚ	Präteritum	«ich zwickte»
aⓩⓦ*a*ⓚ	Futur	«ich werde zwicken»
ⓩ*a*ⓦⓚ*um*	Verbaladjektiv	«gezwickt»

Ich behaupte, dass uns die Idee einer rein konsonantischen Wurzel frei Haus geliefert werden wird, wenn wir lediglich die Entstehung dieser drei Schemata erklären können. Und die noch bessere Nachricht ist: die ersten beiden Schemata sind bereits abgeleitet. Wir haben die Hypothese aufgestellt, dass ein Kreislauf von Erosion und Analogie den *a*-Ablaut als Kennzeichen des Futurs hervorbrachte und dass dieser *a*-Ablaut ursprünglich nicht nur für die hohlen Verben galt, sondern auch für dreikonsonantige Verben wie *aptil / aptal*. Die Schemata *a*ⓩⓦ*i*ⓚ und *a*ⓩⓦ*a*ⓚ sind aber tatsächlich nur eine andere Darstellungsweise für genau dasselbe Muster des *a*-Ablauts in allgemeinerer Form. Somit sind wir jetzt wirklich nur noch ein Schema weit vom Ziel entfernt. Wenn es uns gelingt, den Ursprung des dritten oben aufgeführten Schemas zu erklären, das Verbaladjektiv ⓩ*a*ⓦⓚ*um*, dann ist die konsonantische Wurzel zum Greifen nahe.

Was aber ist denn an ⓩ*a*ⓦⓚ*um* so besonders, und wodurch unterscheidet es sich so stark von *a*ⓩⓦ*i*ⓚ oder *a*ⓩⓦ*a*ⓚ? Das wirklich Neue an ⓩ*a*ⓦⓚ*um* ist der Vokal *a* zwischen den ersten beiden Konsonanten. Das Verbaladjektiv weicht von dem Paar *a*ⓩⓦ*i*ⓚ und *a*ⓩⓦ*a*ⓚ

deshalb ab, weil sich in diesen Formen die ersten beiden Konsonanten wie eine untrennbare Folge verhalten, ganz ähnlich wie in den deutschen Verben «braten» oder «springen».

Die deutschen Verben haben drei oder noch mehr Konsonanten, die aber immer in zwei Gruppen zusammenbleiben. Der Vokal zwischen den Gruppen kann sich ändern, was dann zu Formen wie «br̲ate», «br̲ät» oder «br̲iet» führt, aber man erhält niemals Formen wie «barät», «buriet» oder «bartum». In ⓩaⓦⓚum hat sich jedoch irgendwie in die erste Konsonantenfolge ein Vokal eingeschlichen, so dass seine beiden Konsonanten voneinander «befreit» worden sind. Zu erklären bleibt also, wie das passieren konnte.

Was für ein Prozess könnte einen Vokal in eine Konsonantenfolge einführen? Viel leichter wäre es, eine Veränderung in die andere Richtung zu verstehen und zu erklären, wie ein Vokal zwischen zwei Konsonanten *ausgefallen* ist – die Erosion bewerkstelligt solche Dinge schließlich mit links. Das Gegenteil ist jedoch etwas anderes, da es weit weniger leicht ist, einen Prozess zu finden, der einen Vokal nimmt, ihn zwischen zwei Konsonanten setzt und ihm sogar eine grammatische Funktion zuweist. Das einzige, was einen derartigen Wandel zuwege bringen kann, ist – ein weiteres Mal – ein Kreislauf von Erosion und Analogie, das Wechselspiel von blinden Veränderungen und dem Verlangen nach Ordnung.

Der mühesparende Wandel, der diesen Kreislauf in Gang setzt, ist recht einfach. Es handelt sich dabei um einen Vorgang, der als «Synkope» bezeichnet wird: die Ausstoßung eines Vokals in der Mitte eines Wortes. Die Auswirkungen der Synkope werden an Wortpaaren wie «gestern / gest(e)rig» oder «zittern / zitt(e)re» deutlich, in denen der ursprüngliche Vokal im Wortinnern nicht mehr ausgesprochen wird. Wenn ein Wort anwächst und daraufhin allzu viele kurze Vokale aufeinander folgen, ist die Versuchung groß, einen von ihnen fallen zu lassen.

Um festzustellen, zu welchen Ergebnissen die Synkope in unserem Fall führen kann, kehren wir an den Punkt zurück, an dem wir mit dem vorgeschichtlichen Vorfahren der semitischen Sprachen stehengeblieben sind. Es kommen dort zwei Arten von dreikonsonantigen Verben vor. Einerseits sind da jene Verben von altem Adel wie *a-ptil* («ich wand»), die schon immer drei Konsonanten hatten. Andererseits aber gibt es die aufgeblähten Emporkömmlinge wie *a-šapil* («ich wurde demütig»), die ihren dritten Konsonanten erst in neuerer Zeit von dem Präfix *ša-* übernommen haben. Stellen wir uns nun vor, dass auf diese Sprache die Synkope losgelassen wird und dass sie immer dann, wenn drei kurze Vokale in Folge stehen, den mittleren Vokal beseitigt. (Diese Art von Synkopierung hat in der Geschichte des Semitischen tatsächlich sehr häufig stattgefunden.) Welche Auswirkungen hat die Synkope auf die beiden Klassen von Stämmen? Die alte Verbklasse bleibt unbeeinträchtigt, da *a-ptil* nur zwei Vokale besitzt. Für die Emporkömmlinge sieht die Lage aber ganz anders aus: *a-šapil* hat drei aufeinanderfolgende Kurzvokale und ist somit ein Kandidat für die Synkope. Der mittlere Vokal wird also ausgestoßen, so dass nur *a-špil* übrigbleibt.

Außerdem hört die Synkope an diesem Punkt noch nicht auf. Wir sahen, dass *a-šapil* aus einem Adjektiv *šapil* «niedrig» hervorgegangen war. Wie ich aber schon sagte, verbinden sich im wirklichen Leben die Adjektive mit Kasusendungen wie *-um*, und in Verbindung mit der Kasusendung ist das Adjektiv *šapil-um* selbst ein Kandidat für Synkopierung, weil es drei Kurzvokale in Folge enthält. Somit wird der mittlere Vokal fallengelassen, und es ergibt sich *šapl-um*. Die Auswirkungen der Synkope auf das Adjektiv und das aus ihm hervorgegangene Verb sind in folgendem Diagramm zusammengefasst:

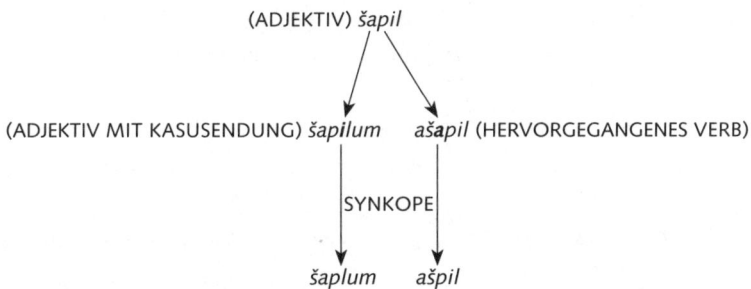

Soweit war das nur ein blindes Bemühen um Mühesparen, eine Synkope, die in einer Folge von drei Vokalen den mittleren beseitigt. Nun aber tritt der ordnungssüchtige Verstand auf den Plan. Das soziale System, mit dem neue Generationen von Sprechern konfrontiert werden, sieht ganz anders aus als die frühere, in Schichten gegliederte Gesellschaft, weil die Synkope einige der alten Klassenunterscheidungen eingeebnet hat. Für das aufstrebende Verb *ašpil* ist der Wandel wirklich ein Segen gewesen:

Nachdem die Synkope den verräterischen Vokal des ursprünglichen Präfixes *ša-* beseitigt hat, ist das Verb *a-špil* jetzt von den althergebrachten Verben wie *a-ptil* fast nicht mehr zu unterscheiden. Nachdem also die Synkope ihr Werk vollbracht hat und etwaige Erinnerungen an die früheren Unterscheidungen nahezu verblasst sind, zeigen die ehemaligen Emporkömmlinge ein eigenartiges Muster: das Adjektiv, von dem sie abgeleitet waren (*šaplum*), bewahrt das verräterische *a* zwischen *š* und *p*, aber im Präteritum ist dieses *a* vergessen. So kommt es, dass sich im Denken der Sprecher folgendes Muster festsetzt:

ADJEKTIV   →   PRÄTERITUM

šaplum «niedrig»   *a-špil* «ich wurde niedrig»

Als Linguisten erkennen wir, dass dieses Muster das Ergebnis einer verwickelten Folge historischer Entwicklungen darstellt. Wir wissen, dass der Vokal *a* im Adjektiv *šaplum* ursprünglich von einem Präfix *ša-* herrührt und dass die blinde Synkope dieses *a* im Präteritum der Emporkömmlinge beseitigt hat. Eine neue Generation von Sprechern hat jedoch von alledem keine Ahnung. Sie nimmt einfach ein Muster wahr, bei dem ein Adjektiv einen Vokal *a* zwischen den ersten beiden Konsonanten aufweist, während das Präteritum ihn nicht hat. Und sobald Sprecher dieses Muster erkannt haben, was könnte da natürlicher sein, als den Versuch zu unternehmen, dieses Muster auf andere Verben auszudehnen?

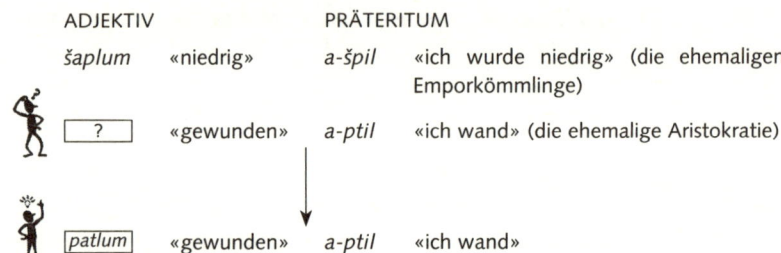

ADJEKTIV   PRÄTERITUM

šaplum   «niedrig»   *a-špil*   «ich wurde niedrig» (die ehemaligen Emporkömmlinge)

[?]   «gewunden»   *a-ptil*   «ich wand» (die ehemalige Aristokratie)

patlum   «gewunden»   *a-ptil*   «ich wand»

Und so ist für die Rückbildung alles vorbereitet. Neue Generationen haben von den alten Unterscheidungen der Vergangenheit keine Ahnung. Sie wissen nicht, dass dieses Muster (<u>Adjektiv:</u> $\bigcirc a \bigcirc \bigcirc um$ → <u>Präteritum:</u> $a \bigcirc \bigcirc i \bigcirc$) aus historischer Perspektive *ausschließlich* für die Aufsteigerverben gelten sollte, die aus Adjektiven hervorgegangen sind.

Neue Sprecher dehnen einfach das Muster (in umgekehrter Richtung) auf alles andere aus, was in den Kram zu passen scheint: Wenn das Adjektiv, das zu *a-špil* gehört, *šaplum* lautet, wie sollte dann das Adjektiv aussehen, das zu *a-ptil* gehört? Es muss selbstverständlich *patlum* heißen.

Die Rückbildung, die zu *patlum* geführt hat, erscheint nicht außergewöhnlich. Bei der Ausweitung und Regularisierung dieses Musters haben die Sprecher aber zwei bedeutende Neuerungen eingeführt. Zum einen haben sie ein «Verbaladjektiv» geschaffen – ein Adjektiv, das von einem Verb abgeleitet ist und nicht umgekehrt. Und zum anderen haben die Sprecher die ersten beiden Konsonanten der alten Klasse dreikonsonantiger Verben befreit und zwischen den beiden Konsonanten der anlautenden Folge *pt* in *ptil* ein *a* eingefügt. Mehr noch, dieser neue Vokal ist nicht einfach nur zur Dekoration da – er hat eine Bedeutung, einen grammatischen Zweck, der darin besteht, das Verbaladjektiv zu markieren. Und so haben alle drei Konsonanten ihre Unabhängigkeit erlangt.

Wir sind fast am Ziel. In dem immer noch vorgeschichtlichem Stadium, das wir erreicht haben, gibt es für jedes Verb drei verschiedene Formen (die drei Punkte in den Präteritum- und Futurformen stehen für die Personenkennzeichen, die Präfixe *a-* «ich», *ni-* «wir» und so weiter):

(ALTER STAMM)	PRÄTERITUM	FUTUR	VERBALADJEKTIV
(*ptil*) «winden»	…-*ptil*	…-*ptal*	*patlum*
(*šapil*) «niedrig werden»	…-*špil*	…-*špal*	*šaplum*

Was allein noch fehlt, ist das Konzept der rein konsonantischen Wurzel. Tatsächlich wohnt aber dieses Konzept dem System, zu dem wir gelangt sind, bereits inne. In der obigen Tabelle habe ich noch den alten Stamm mit seinen ursprünglichen Vokalen angeführt, aber in gewissem Sinne ist das bereits ein Anachronismus. Denn wenn man die drei verschiedenen, jetzt gebräuchlichen Formen des Verbs in Augenschein nimmt (Präteritum, Futur und Verbaladjektiv), dann stellt sich heraus, dass die einzige verbliebene Gemeinsamkeit dieser drei Formen die Konsonanten sind. Keiner der ursprünglichen Stammvokale taucht mehr in allen drei Formen auf. Der Vokal *i* von *ptil* und *šapil* hat sich nur im Präteritum erhalten, und der Vokal *a* zwischen den ersten beiden Konsonanten des früheren Emporkömmlings *šapil* ist nur noch im Verbaladjektiv vorhanden.

Der reine Stamm tritt nun in gesprochener Sprache niemals für sich allein auf – die Formen, die von Sprechern tatsächlich verwendet werden, sind das Präteritum, das Futur und das Verbaladjektiv. Da neue Generationen von Sprechern den Stamm in den verwendeten Verbformen nicht einmal mehr erkennen können und da sie die Vokale des ursprünglichen Stammes nicht mehr als gemeinsamen Nenner wahrzunehmen vermögen, bleibt in ihrer Sicht als einigender Faktor für die verschiedenen Verbformen nichts anderes mehr übrig als die drei Konsonanten. Für neue, mit dieser Situation konfrontierte Sprecher ist das, was die Kernbedeutung «wind-» trägt, nicht mehr eine aussprechbare Lautfolge *ptil*, sondern es sind nur die drei Konsonanten p-t-l. Und an dieser Stelle wird es wirklich sinnvoll, von konsonantischen Wurzeln wie p-t-l oder š-p-l zu sprechen. Somit wäre es in Wirklichkeit angemessener, die oben angeführte Tabelle anders, mit konsonantischen Wurzeln und Vokalschemata, zu präsentieren:

KONSONANTISCHE WURZEL	PRÄTERITUM	FUTUR	VERBALADJEKTIV
p-t-l	...-pt*i*l	...-ptal	pat*l*um
š-p-l	...-šp*i*l	...-špal	šap*l*um
ⓩ-ⓦ-ⓚ	...-ⓩⓦ*i*ⓚ	...-ⓩⓦaⓚ	ⓩaⓦⓚum

Also haben wir schließlich das Wesen des semitischen Verbsystems herausgearbeitet! Dieses System ist immer noch recht einfach, und es entspricht nicht in vollem Umfang den Verhältnissen selbst der frühesten überlieferten Periode des Akkadischen. Aber wir haben damit den Begriff einer rein konsonantischen Wurzel und die Basis für die Vokalschemata. In Wirklichkeit ist die aus Wurzel und Schema bestehende Konstruktion nur eine Form, das herausgebildete Muster darzustellen, wonach die Vokale durch die jeweilige grammatische Nuance bestimmt werden und nicht durch die Zufälligkeiten des Stammes. Die drei Verbformen, die wir abgeleitet haben, genügen bereits, um in der Wahrnehmung der Sprecher die Idee aufsteigen zu lassen, die hinter dem Konstrukt steht. Sie zeigen, dass der Gedanke einer rein konsonantischen Wurzel nicht durch einen Blitz himmlischer Eingebung ausgelöst worden

sein muss. Alles, was man brauchte, um diese bemerkenswerte Konstruktion hervorzubringen, war eine ziemlich erdverbundene, wenngleich
ungewöhnliche Situation: die Entstehung einer Reihe von Verbnuancen,
die nicht mehr irgendwelche Vokale, sondern nur noch ihre Konsonanten
miteinander gemeinsam hatten. Die Vokale des ursprünglichen Stammes
müssen in der Wahrnehmung der Sprecher ihre Stellung als Träger der
Kernbedeutung des Verbs verloren haben, und man betrachtete sie
schließlich nur noch als Elemente, welche die jeweilige grammatische
Nuance markierten. Und so wurde das Konzept einer rein konsonantischen Wurzel geboren.

•

> Ich will Gottes Gedanken kennen.
> Der Rest ist Nebensache …
> (Albert Einstein)

Zu Beginn des Kapitels schien die Struktur des semitischen Verbs meilenweit von allem entfernt zu sein, was die planlosen Kräfte des Wandels
aus eigenem Antrieb hervorgebracht haben konnten. Es war fast nicht
zu glauben, dass eine solche algebraische Anordnung auf andere Weise
zustande gekommen sein könnte als durch Erfindung in einem Sprach-
planungslabor. Nachdem wir aber die Trümmer alter Formen durch-
wühlt haben, ist es uns gelungen, zumindest im Prinzip zu verstehen, wie
eine derartige Anordnung über verschiedene Kreisläufe von Erosion und
Analogie entstanden sein könnte. Bei der Herausarbeitung dieser Erkenntnis haben wir, das darf man sagen, eine der härtesten Nüsse der
Sprache geknackt.

Gewiss wäre es töricht, so zu tun, als sei mit den drei oben angeführten
einfachen Schemata schon alles erklärt. Weit gefehlt – es gibt Dutzende
von Schemata, die ich nicht einmal erwähnt habe, und selbst die angesprochenen Beispiele wurden in einem Maße vereinfacht, angesichts dessen vielen Philologen die Haare zu Berge stehen würden. Unsere Parole
hieß jedoch immer «im Prinzip» – und im Prinzip wissen wir jetzt, auf
welche Weise ein so unwahrscheinliches Gebilde entstanden sein könnte.
Der Rest ist Nebensache …

Wenn Sie über diese Nebensache mehr erfahren möchten, können Sie zu Anhang C («Der Teufel im Detail») greifen; hier wird skizziert, wie sich einige der ausgefalleneren Schemata entwickelt haben könnten. Falls Ihnen aber das Prinzipielle genügt, gibt es nur noch einen weiteren Punkt, der an dieser Stelle angeführt werden sollte und der sich darauf bezieht, wie das System der Schemata an Komplexität zugenommen haben könnte. Ich sprach davon, dass es im ausgebildeten semitischen System Dutzende von Schemata gibt, von denen oben nur eine Handvoll betrachtet worden ist. Von diesen wenigen hatte jedes seine eigene Geschichte zu erzählen, da es durch seinen eigenen Kreislauf von Erosion und Analogie entstand. Aus dieser Beschreibung könnte man leicht den Eindruck gewinnen, dass jedes einzelne der vielen Schemata des ausgebildeten Systems durch seinen eigenen, unabhängigen Kreislauf von Erosion und Analogie entstanden ist. In diesem Fall müsste es auf einen spektakulären Zufall zurückzuführen sein, dass all die Dutzende von Kreisläufen irgendwie in ein und derselben Sprache zusammentrafen und auf diese Weise das kunstvolle System mit seiner Vielzahl von Schemata hervorbrachten.

Das wäre nun aber eine ganz falsche Betrachtungsweise. Wenn sich eine Reihe von Schemata herauszubilden beginnt, können die Sprecher dazu übergehen, Analogien auf höherer Ebene zu bilden, indem sie bereits existierende Schemata übereinanderlegen. Wenn also beispielsweise in einem Tempus eine bestimmte Nuance entsteht, dann können neue Schemata für dieselbe Nuance durch Analogie in allen anderen Tempora gebildet werden. Verschiedene Nuancen können sich überdies auch miteinander verflechten. So erklärt beispielsweise Anhang C, wie das moderne Hebräisch in jüngster Zeit ein ziemlich preziöses Schema geprägt hat, das Passiv des Reflexivs («er wurde veranlasst, sich zu zwicken») – und zwar dadurch, dass man ein Passivschema über ein Reflexivschema legte. Ähnliche Prozesse könnten sich in vorgeschichtlicher Zeit abgespielt haben, wobei neue Nuancen bei ihrer Entstehung mit bereits existierenden wie in einem Netz in Wechselbeziehung getreten sind, was dann zur Entstehung einer ganzen Reihe neuer Schemata Anlass gegeben hat. Die Zunahme der Komplexität des Systems ist somit ein sich selbst verstärkender Prozess, und sobald sich eine kritische Masse von Schemata entwickelt hatte, könnte es zu einer Explosion der Anzahl neuer Schemata gekommen sein, was dann zu den Dutzenden von überlieferten Formen führte.

Endlich ist es so weit, dass wir Atem holen und das bisher Erreichte reflektieren können. Dieses Kapitel hat gezeigt, dass im Laufe der Evolution der Sprache die Erosion häufig mit dem Verlangen nach Ordnung in Wechselwirkung tritt. Jede neue Generation von Sprechern muss die Sprache neu erlernen, und mit jeder neuen Generation wird das System erneut der Suche nach regelmäßigen Mustern ausgesetzt. Die Wechselfälle der Erosion verleihen Wörtern nach Belieben neue Formen, die rein zufällig Elemente enthalten können, auf die sich der ordnungssüchtige Verstand sodann stürzt. Und wenn Sprecher solche Muster ausfindig machen, deuten sie diese wahllos erzeugten Elemente als bedeutungstragend und können sie somit durch Analogie auf alles ausweiten, das zu passen scheint. So verwandelte beispielsweise eine zufällige Abfolge mühesparender Wandlungsvorgänge (die nicht das Geringste mit Bedeutung zu tun hatten) die deutsche nominale Pluralform *gastiz* in *gestə*. Der ordnungssüchtige Verstand nachfolgender Generationen war jedoch der Ansicht, er hätte in Formpaaren wie *gast / gestə* ein Muster identifiziert, und er nahm an, dieses Muster müsse einen bestimmten Zweck erfüllen – die Unterscheidung zwischen Singular und Plural. Infolgedessen dehnten Sprecher späterer Zeit dieses Modell auf andere Substantive aus und schufen ein regelmäßigeres Muster.

Wenn es in der Sprache ein Element der Erfindung gibt, dann ist es mit Sicherheit dieses. Die hier beschriebene Erfindung ist jedoch nicht der Entwurf eines einzelnen Architekten, und sie folgt auch nicht den Vorschriften eines Gesamtplans. Sie ist das Ergebnis Tausender kleiner, spontaner analogischer Neuerungen, die im Laufe der Zeiten von Menschen mit ordnungssüchtigem Verstand eingeführt wurden. Auch wenn also die Sprache vielleicht nie erfunden worden ist, wurde sie doch durch die Versuche von Generationen von Sprechern geprägt, der Masse von Details, die sie in sich aufnehmen mussten, einen Sinn abzugewinnen. Und wie dieses Kapitel gezeigt hat, kann die Kraft der Analogie große Bauten aufrichten, selbst solche, bei denen es zunächst so aussah, als trügen sie am trotzigsten das Markenzeichen eines bewussten Planers.

Mit der Erkundung der Kraft der Analogie hat dieses Kapitel den Überblick über die zentralen Mechanismen sprachlicher Erschaffung abgerundet. Begegnet sind wir den wichtigsten Motiven, die hinter den Veränderungen stehen, und den bedeutendsten Prozessen, durch die in der Sprache neue grammatische Strukturen entstehen: den komprimie-

renden Kreisläufen von Erosion und Expressivität und den schöpferischen Kreisläufen von Erosion und Analogie. Die letzten drei Kapitel
haben auch eine stattliche Sammlung grammatischer Beispiele zusammengetragen und den Ursprung verschiedener Typen sprachlicher Strukturen enthüllt, vom lateinischen Kasussystem bis zu den Tempus- und
Personenkennzeichen beim französischen Verb, von Präpositionen im
Ewe bis zu englischen Hilfsverben und von besitzanzeigenden Konstruktionen bis hin zum anaphorischen Verweis (dem Zeigen im Gesprächsraum). Und so sind wir endlich so weit, dass wir all diese Befunde zu
einem kohärenten Ganzen zusammensetzen, sie auf die ferne Vergangenheit projizieren und Mutmaßungen darüber anstellen können, wie sich
ausgehend von ganz bescheidenen Anfängen die volle Komplexität der
Sprache entwickelt haben könnte.

Die Entfaltung der Sprache

mann höhle schlaf

tochter frucht sammel   kopf dreh   mammut seh

tochter renn   baum komm   kletter   mammut baum schüttel

tochter kreisch kreisch   vater renn   speer werf

mammut brüll   fall

vater stein nehm   fleisch schneid   tochter geb

tochter ess

Diese Geschichte erklimmt vielleicht nicht gerade die höchsten Gipfel der Beredsamkeit, aber es sollte Ihnen kaum schwergefallen sein, sie zu verstehen. Selbst wenn ihre Ausdrucksskala ziemlich beschränkt ist, gelingt es ihr durchaus, eine spezifische Ereignisfolge zu vermitteln. Mehr noch, ihr Stil hat im Vergleich zu einer Geschichte in gewöhnlichem Deutsch einen bemerkenswerten Vorteil: Sprecher jeder beliebigen Sprache können ihr ohne Probleme folgen, solange sie nur die Bedeutung jedes einzelnen Wortes verstehen. Um die Geschichte begreiflich zu machen, braucht man nicht mehr zu tun, als die entsprechenden Wörter in jeder beliebigen Sprache nachzuschlagen und sie ohne die geringste Rücksicht auf grammatische Feinheiten wie Tempora, Partikeln, Kasus, Präpositionen, Konjunktionen usw. in genau derselben Reihenfolge anzuordnen.

Der Grund für die universelle Transparenz dieser Geschichte liegt darin, dass sie nicht nach irgendwelchen Regeln der deutschen oder einer anderen Grammatik zusammengefügt ist. Vielmehr sind die Wörter nach einigen wenigen natürlichen Prinzipien miteinander verkettet, die in den tiefsten Schichten unseres Erkenntnisvermögens verankert sind. Und demzufolge könnte eine ganz ähnliche Geschichte von unseren fernen Vorfahren in grauer Vorzeit erzählt worden sein, in dem Stadium der Sprachevolution, das ich frei als «Ich-Tarzan»-Ära bezeichnet habe.

Im Vergleich zu diesem rudimentären Erzählstil gestatten es heutige

Sprachen ihren Sprechern, die gleichen einfachen Geschehnisse mit einem bemerkenswerten Reichtum von Einzelheiten und Nuancen zu schildern. Die folgende Paraphrase ist auch nicht gerade Goethe, aber sie gibt die Ereignisse doch mit einem ganz anderen Verfeinerungsgrad wieder:

> Während ein Mann eines Tages in einer Höhle lag und schlief, sammelte seine Tochter draußen Früchte. Plötzlich hörte sie hinter sich eine Bewegung. Als sie sich umdrehte, sah sie ein riesiges Mammut, das geradewegs auf sie losging. Sie rannte zu dem nächsten Baum und kletterte hinauf, aber das Mammut schüttelte den Baum so heftig, dass die verängstigte Tochter fürchterlich zu kreischen anfing. Ihr Vater, der aus dem Wald laute Schreie hörte, erkannte, dass seine Tochter in Gefahr sein müsse, und so ergriff er seinen Speer und rannte zu ihr hin. Er warf den Speer geradewegs nach dem Mammut, das ein markerschütterndes Gebrüll ausstieß und auf die Erde fiel. Mit einem scharfen Stein schnitt er einige Stücke Fleisch für seine Tochter ab, die sie aufaß.

Auf den ersten Blick erscheint die Kluft zwischen diesen beiden Versionen der Geschichte so tief, dass die Reise von der ersten zur zweiten Fassung wie ein hoffnungsloses Unterfangen aussehen mag. Und doch möchte ich behaupten, dass wir dem Ziel inzwischen schon recht nahe sind. Die Prozesse der Erschaffung, die wir in den vorangegangenen Kapiteln verfolgt haben, ermöglichen es uns zu skizzieren, zumindest in groben Strichen, wie sich die komplizierten Merkmale der modernen Fassung herausgebildet haben könnten. Dafür wird das vorliegende Kapitel mit Ihnen eine imaginäre Reise im Zeitraffertempo durch die Entfaltung der Sprache unternehmen, angefangen mit dem «Ich-Tarzan»-Stadium und fortschreitend bis hin zur Ausgefeiltheit neuzeitlicher Sprachen.

Bevor es losgeht, bedarf jedoch die Wahl unseres Ausgangspunkts einer gewissen Rechtfertigung. Man könnte durchaus die Frage stellen, weshalb wir an einem so späten Punkt der Sprachevolution beginnen müssen, in einer Zeit, in der es wie in der oben angeführten Mammut-Geschichte schon Wörter gab für «Tochter», «Baum», «klettern» und so weiter. Warum sollten wir nicht ganz am Anfang beginnen, als unsere menschenähnlichen Vorfahren ihre ersten bedeutungsvollen Grunzlaute von sich gaben, und beispielsweise behaupten, dass die frühesten Wörter lautliche Untermalungen von Handgesten waren, oder uns eine andere vergleichbar plausibel klingende Geschichte ausdenken? Wie ich in der Einleitung ausgeführt habe, ist das Problem bei derartigen Szenarien, dass es für sie keine wirklichen Beweise gibt. Knochen, Scherben und

Werkzeuge können uns nichts darüber erzählen, wie sich die ersten Wörter herausgebildet haben, und sie sagen nicht einmal viel zu der Frage, wann sich dieser Vorgang abgespielt hat. Außerdem gibt es heutzutage weder unter Menschen noch unter Tieren ein Kommunikationssystem, das gerade im Begriff ist, seine ersten artikulierten Wörter auszubilden, und somit gibt es keine Parallelen aus der Gegenwart, an die man sich halten könnte. Solange sich kein Camcorder findet, den vergessliche Außerirdische bei einem früheren Besuch zurückgelassen haben, kann das erste Auftreten der Sprache bei Hominiden schwerlich mehr sein als Stoff von Phantasiegeschichten.

Die Belege, auf die sich dieses Buch stützt, werden nicht von Fossilien oder Werkzeugen geliefert, sondern vom Verhalten der Sprache selbst, wie wir es in der Gegenwart und der schriftlich bezeugten Epoche beobachten. Wie wir sahen, geht diese Verwendung der Gegenwart zum Nachzeichnen einer weit zurückliegenden Vorgeschichte von der grundlegenden Annahme aus, dass die Gegenwart der Schlüssel zur Vergangenheit ist. Mit anderen Worten, die zugrundeliegende These lautet, dass die Prinzipien und Abläufe des sprachlichen Wandels in weit entfernter Vergangenheit denjenigen ähnlich gewesen sein müssen, die sich für die vergangenen 5000 Jahre in Aktion beobachten lassen. Die Methode der Rekonstruktion besteht deshalb darin, die Gegenwart rückwärts auf die ferne Vergangenheit zu projizieren und beispielsweise anzunehmen, dass sich die ersten grammatischen Elemente in grauer Vorzeit durch die gleichen Prozesse herausgebildet haben, die in jüngerer Zeit zu neuen grammatischen Elementen geführt haben. Diese Methode ist außerordentlich leistungsfähig, aber sie ist in ihrer Reichweite auch zwangsläufig eingeschränkt, denn wir sind in ihrer Anwendung auf denjenigen Teil der Vergangenheit beschränkt, den die Gegenwart wirklich enthüllen kann: die Zeit, in der die Sprache bereits eine hinreichende Ähnlichkeit mit gegenwärtiger Sprache aufwies. Wenn wir also die Parallelen plausibel machen sollen, können wir erst dort beginnen, wo einige der grundlegenden Konstruktionsmerkmale der Sprache bereits vorhanden waren.

Vielleicht das wichtigste Merkmal der Sprache, das wir als gegeben annehmen müssen, ist ihr symbolischer Charakter: die Verwendung willkürlich gewählter Zeichen, die nur infolge einer Konvention etwas bedeuten und nicht, weil sie tatsächlich so klingen wie der Gegenstand, den sie bezeichnen. Ebenso müssen wir annehmen, dass diese willkürlichen Zeichen lautlich übermittelt wurden, unter Verwendung von Vokalen und Konsonanten, die nicht an sich eine Bedeutung tragen, sondern ihren Sinn daraus beziehen, dass sie zu Wörtern verbunden werden. Und schließlich müssen wir als gegeben annehmen, dass diese Wörter im Wesentlichen zu denselben Zwecken verwendet wurden, die uns heutzutage motivieren: also dazu, nicht nur um Dinge zu bitten («Wasser!»), sondern auch durch Aussagen über die Welt («mammut fall») Informationen zu übermitteln. Alle diese Merkmale mögen selbstverständlich und kaum erwähnenswert sein. Sie sind aber nur deshalb so naheliegend, weil wir von Vertrautheit geblendet sind. Man braucht sich nur die Kommunikationssysteme anderer Tiere anzusehen, um zu erkennen, dass jedes dieser Merkmale für sich allein schon eine gewaltige Errungenschaft dargestellt hat.

Das «Ich-Tarzan»-Stadium ist das einfachste Niveau der Sprache, auf dem diese wesentlichen Merkmale bereits vorhanden sind, und es ist somit die früheste Stufe, für die die Gegenwart immer noch einen Schlüssel darstellt. Die Frage ist nun, wann genau man diesen Punkt zeitlich ansetzen sollte: vor 40 000 Jahren, vor 100 000 Jahren oder sogar noch viel früher? Davon hat unglücklicherweise kein Mensch eine Vorstellung (oder genauer gesagt, allzu viele Leute haben davon allzu viele Vorstellungen). Für die Zwecke unserer evolutionären Hochgeschwindigkeitsreise spielt jedoch die «Echtzeit» keine allzu große Rolle, weil es hier nicht um eine exakte Chronologie geht, sondern nur darum, die allgemeine Richtung der Entwicklung zu verstehen. Daher wird sich dieses Kapitel stattdessen in einer Art idealisierter «Sprachzeit» bewegen, in der das «Ich-Tarzan»-Stadium als Nullpunkt fungiert: als das früheste Stadium, auf das sich unsere Rekonstruktionsmethode ausdehnen lässt.

Nun ist es natürlich schön und gut zu sagen, dass die Ausgangsbasis bereits *einige* Wörter besitzen sollte – aber welche sollten das sein? Ich behaupte, dass als anfängliches Rohmaterial nicht mehr als drei Gruppen ausreichend sind: Wörter für materielle Dinge (wie Körperteile, Tiere, Gegenstände, Menschen), Wörter für einfache Handlungen (wie «werfen», «rennen», «essen», «fallen») und eine dritte kleine Gruppe, die aus den Zeigewörtern «hier» und «da» besteht. Für den Anfang brauchen wir keine Wörter für abstrakte Begriffe einzubeziehen, und ebensowenig sind grammatische Wörter und Elemente (Präpositionen, Konjunktionen, Artikel, Endungen, Präfixe und dergleichen) erforderlich. Alle diese Dinge können sich in der Folge aus dem Rohmaterial entwickeln, das die drei genannten Gruppen enthalten.

Noch ein weiterer Punkt an dieser Ausgangskonstellation, an dem man vielleicht Anstoß nehmen könnte, ist die Einteilung von Wörtern in Dinge und Handlungen. Warum sollte eine derartige Unterscheidung schon zu Beginn in das System eingebaut sein? Sollte sie sich nicht von unserem Evolutionsszenario auf irgendeine Weise erklären lassen? Es wäre jedoch unvernünftig, wenn wir von unserem Szenario verlangten, dass es die Herausbildung der Unterscheidung zwischen Dingen und Handlungen erklärt, denn die begriffliche Basis dieser Unterscheidung reicht viel tiefer als die Sprache, und sie muss sich lange vor der Sprache verfestigt haben. Um eine mentale Repräsentation davon zu haben, wer was wem antut, bedarf es einer klaren Unterscheidung zwischen Gegenständen und Handlungen. Da diese mentale Repräsentation ein Teil sozialer Intelligenz ist, die bei nichtmenschlichen Primaten (und sogar bei anderen Tieren) gut entwickelt ist, muss sie schon vor Jahrmillionen ein Bestandteil des Erkenntnisvermögens unserer Vorfahren gewesen sein. Wenn also die Sprache für Handlungen und Dinge getrennte Wörter hat, dann spiegelt sich darin einfach eine begriffliche Unterscheidung, die bereits vorlag. (Übrigens werde ich aus Gründen, die später noch deutlicher werden, bei der Beschreibung unserer primitiven Sprache nicht die syntaktischen Etiketten «Substantiv» und «Verb» verwenden, sondern einstweilen nur eine auf der Bedeutung beruhende Einteilung in «Dingwörter» und «Handlungswörter».)

Ein erheblich schwerwiegenderer Einwand, der sich gegen den vorgeschlagenen Ausgangspunkt der Mammutgeschichte erheben lässt, könnte etwa folgendermaßen aussehen: Es ist ja schön und gut, mit Wörtern zu beginnen, und seien es auch unterschiedliche Wörter für Dinge und für Handlungen, aber warum sollte man zu einem Zeitpunkt beginnen, an dem unsere Vorfahren bereits in der Lage waren, diese Wörter miteinander zu verketten? Wie konnte die Mammutgeschichte Wörter zu einem zusammenhängenden Ganzen verknüpfen, wenn sie sich nicht schon auf irgendwelche grammatischen Prinzipien stützte? Geht die Geschichte nicht eher von Dingen aus, die erst noch zu beweisen wären, indem sie genau die Regeln der Grammatik voraussetzt, die wir erklären sollen? Meine Entgegnung darauf würde lauten, dass die Mammutgeschichte tatsächlich nach gewissen Prinzipien zusammengesetzt wurde, dass es sich dabei aber nicht um die grammatischen Prinzipien handelt, wie wir sie in heutigen Sprachen verstehen. Insbesondere verwendet die Geschichte keine grammatischen Wörter oder sonstigen grammatischen Elemente, und um einen Zusammenhang zu erzielen, stützt sie sich ausschließlich auf eine einzige Strategie: die Reihenfolge ihrer Wörter. Überdies beruht die Wahl der Wortfolge nicht auf den Regeln des Deutschen oder irgendeiner anderen bestimmten Sprache, sondern sie geht direkt auf natürliche und transparente Prinzipien der Kohärenz zurück, die tief in der Art und Weise verankert sind, in der Menschen die Welt wahrnehmen.

Wörter wie «natürliche» und «transparente» Prinzipien der Kohärenz mögen auf den ersten Blick ziemlich abstrakt erscheinen, aber das, was mir vorschwebt, ist ganz konkret. Bevor wir uns also auf den Hauptteil unserer Reise begeben, wollen wir rasch einen Blick auf diese natürlichen Prinzipien werfen und abschätzen, wieviel sie an der Mammutgeschichte erklären können.

Monsieur Jourdains Prinzip

Das wichtigste der natürlichen Anordnungsprinzipien erscheint so naheliegend, dass es schwer fällt, es nicht als völlig selbstverständlich zu betrachten. Der Gedanke ist einfach, dass Dinge, die in der Realität zusammengehören, in der Sprache nebeneinander auftreten sollten. Es war beispielsweise kein Zufall, dass die folgende Passage der Mammutgeschichte lautete:

	vater … *speer werf*	mammut brüll
und nicht etwa	vater mammut *werf*	*speer* brüll
oder gar	vater *speer* mammut	brüll *werf*

In der Realität betraf die Handlung des Werfens den Speer, und darum stehen die Wörter *werf* und *speer* in der Sprache dicht nebeneinander. Und ganz allgemein ist es nur natürlich, dass das Wort, das eine Handlung beschreibt, nahe bei den Wörtern auftritt, welche die an dieser Handlung Beteiligten bezeichnen. Die Verbindung eines Handlungswortes mit den zentralen Beteiligten der Handlung ist nämlich in allen Sprachen einfach der Kern des Satzes. Bei einigen Handlungen wie «brüll» gibt es nur einen Beteiligten, den Akteur, während bei anderen wie «werf» zwei zentrale Beteiligte auftreten: der Akteur und das Ziel. Linguisten bezeichnen eine Widerspiegelung der Wirklichkeit in der Sprache als «Ikonizität», aber man könnte diesen besonderen Typ von Ikonizität auch als «Monsieur Jourdains Prinzip» bezeichnen, weil der natürliche Hang dieses Herrn zur Prosa hierfür ein perfektes Beispiel abgibt. Als wir Monsieur Jourdain in Kapitel 4 begegneten, hatte er gerade herausgefunden, dass er schon seit 40 Jahren Prosa sprach, ohne es zu wissen. Von dieser Entdeckung in Hochstimmung versetzt, beschließt er, an eine vornehme Dame einen kurzen Liebesbrief in Prosa zu schreiben, und er bittet seinen Philosophielehrer um Hilfe bei der Abfassung dieses Schriftstücks. Bald entdeckt er jedoch, dass er aufgrund seiner natürlichen Beredsamkeit der Hilfe nicht bedarf:

JOURDAIN: … Ich will ihr nun in jenem Billett schreiben: «Schöne Marquise, Ihre schönen Augen machen mich vor Liebe sterben.» Ich möchte aber, dass dies in einer galanten Manier ausgedrückt wird, dass es sich hübsch macht.
PHILOSOPH: Man könnte vielleicht sagen, das Feuer ihrer Augen verbrenne Ihr Herz zu Asche, Sie litten um ihretwillen Tag und Nacht unter der Gewalt …
JOURDAIN: Nein, nein, das alles mag ich nicht. Ich will nur, was ich Ihnen gesagt habe: «Schöne Marquise, Ihre schönen Augen machen mich vor Liebe sterben.»
PHILOSOPH: Man könnte es immerhin etwas ausschmücken.
JOURDAIN: Nein, sage ich. Ich will nur diese Worte im Billett haben, aber modisch gewendet, schön arrangiert, wie sichs gehört. Sie sollen mir sagen, wie man das auf verschiedene Art ausdrücken kann.
PHILOSOPH: Man kann die Worte so fassen, wie Sie es zuerst getan haben: Schöne Marquise, Ihre schönen Augen machen mich vor Liebe sterben.
Oder:
Vor Liebe sterben machen mich, schöne Marquise, Ihre schönen Augen.
Oder:
Ihre schönen Augen machen vor Liebe, schöne Marquise, mich sterben.
Oder:
Sterben, schöne Marquise, machen vor Liebe mich Ihre schönen Augen. …
JOURDAIN: Welche von allen diesen Wendungen ist nun aber die beste?
PHILOSOPH: Ihre erste:
Schöne Marquise, Ihre schönen Augen machen mich vor Liebe sterben.
JOURDAIN: Da hab ich noch gar nicht studiert und es gleich auf Anhieb richtig gemacht.

Monsieur Jourdains ursprüngliche Formulierung ist die beste, weil das, was in der Wirklichkeit zusammengehört, auch in dem Satz nahe beieinander steht. Nehmen wir beispielsweise die beiden Wortpaare (*vor*) *Liebe-sterben* und **Augen-machen**. Jedes der beiden Paare fasst Begriffe zusammen, die in der Realität eng zueinander gehören. In der ursprünglichen Formulierung treten sie auch nahe beieinander auf:

> Schöne Marquise, Ihre schönen **Augen machen** mich *vor Liebe sterben*.

In den Fassungen des Philosophielehrers werden sie jedoch voneinander getrennt:

> *Vor Liebe sterben* **machen** mich, schöne Marquise, Ihre schönen **Augen**.
> Ihre schönen **Augen machen** *vor Liebe*, schöne Marquise, mich *sterben*.
> *Sterben*, schöne Marquise, **machen** *vor Liebe* mich Ihre schönen **Augen**.

Monsieur Jourdains Prinzip erscheint so absolut selbstverständlich, das Sie sich vielleicht fragen, weshalb es derart großer Beachtung bedarf. Aber die Selbstverständlichkeit dieses Prinzips unterstreicht nur, wie tief es in unserem Erkenntnisvermögen verankert ist und wie entscheidend es demnach für einen sinnvollen Satz ist. Es wäre keine Übertreibung zu sagen, dass dies das entscheidende Prinzip ist, auf dem die gesamte Struktur der Sprache beruht. Ohne dieses Prinzip stürzt das gesamte aufragende Gebäude der Sprache auf der Stelle wie ein Kartenhaus zusammen.

Cäsars Prinzip

Auch beim zweiten natürlichen Anordnungsprinzip hat man Mühe, es nicht als völlig selbstverständlich zu betrachten. Dabei geht es um den Gedanken, dass die Reihenfolge, in der Ereignisse in der Sprache ausgedrückt werden, die Reihenfolge widerspiegelt, in der sie sich in Wirklichkeit abspielen. Das kann man als «Cäsars Prinzip» bezeichnen, denn es wird durch die berühmten prahlerischen Worte illustriert, die er nach seinem Sieg über König Pharnakes von Pontos sprach: *veni vidi vici*, «ich kam, ich sah, ich siegte». Warum gebrauchte Cäsar diese Reihenfolge, anstatt etwa *vidi vici veni* zu sagen? Ganz einfach deshalb, weil er in der Realität *zuerst* kam, *dann* sah und *danach* siegte. (Linguisten witzeln bisweilen, dass er bei anderer Gelegenheit tatsächlich *vidi vici veni* gesagt haben soll, allerdings nach einer Eroberung anderer Art.) Aus dem gleichen Grund enthält die Mammutgeschichte die Abfolge «tochter frucht sammel, kopf dreh, mammut seh ...», weil sie *zuerst* Früchte sammelte, sich *dann* umdrehte und *danach* das Mammut sah. Dies ist wiederum eine natürliche und durchsichtige Abbildung der Wirklichkeit in der Sprache.

«Sei kein Langweiler»

Bei dem dritten natürlichen Prinzip geht es darum, welche Wörter in die Erzählung überhaupt einbezogen werden müssen. Dabei handelt es sich um eine Variante des vertrauten Ökonomie-Themas: das, was entweder unwichtig ist oder sich leicht aus dem Kontext erschließen lässt, braucht nicht (noch einmal) gesagt zu werden. Nehmen wir an, ich hätte die Mammutgeschichte folgendermaßen angefangen:

mann höhle schlaf tochter frucht sammel tochter kopf dreh
tochter mammut seh tochter renn tochter baum komm
tochter baum kletter

Selbst unsere fernen Vorfahren hätten mich bei einer derartigen Wiederholung eindeutiger Informationen mit Sicherheit unterbrochen. Man braucht nicht jedesmal zu wiederholen, dass es die *Tochter* war, die den Kopf drehte, die *Tochter*, die das Mammut sah, und so fort, denn der Hörer kann die fehlenden Beteiligten aus dem Kontext ergänzen. Es genügte also zu sagen:

mann höhle schlaf tochter frucht sammel kopf dreh mammut seh
tochter renn baum komm kletter

Natürlich können Sprecher nicht immer davon ausgehen, dass die Identität der Beteiligten für den Hörer selbstverständlich ist. Hätte ich beispielsweise in dieser Abfolge nicht «tochter renn» geschrieben, dann wäre nicht klar, ob die Tochter gerannt ist oder das Mammut. Wie wir gleich sehen werden, haben neuzeitliche Sprachen wirksame Verfahren entwickelt, mit denen sie die Beteiligten verfolgen, ohne sie bei jeder Erwähnung von neuem vollständig zu nennen, indem sie Pronomina wie «sie» oder «es» verwenden. Doch selbst in den Sprachen der Gegenwart stützen sich Sprecher in beträchtlichem Umfang auf das Prinzip, dass das, was der Hörer dem Kontext entnehmen kann, im Satz ausgelassen werden kann. (Und Sprecher, die dieses Prinzip missachten, stellen häufig fest, dass sie nur noch Selbstgespräche führen.)

«Ich zuerst» und «Akteur zuerst»

Die drei genannten natürlichen Prinzipien erklären bereits zu einem Großteil, auf welche Weise die Wörter in der Mammutgeschichte aneinandergereiht worden sind. Was die drei Prinzipien noch nicht ganz erklären, ist die Wortfolge in jedem einzelnen der primitiven Sätze. Monsieur Jourdains Prinzip erklärt, weshalb beispielsweise die Beteiligten «Vater» und «Speer» normalerweise gleich neben der Handlung «werfen» erscheinen würden. Warum aber «vater speer werf» und nicht etwa «werf speer vater»? In der Mammutgeschichte habe ich eine Reihenfolge verwendet, die in Übereinstimmung mit einer offenbar starken natürlichen Präferenz steht: dass man den Akteur zuerst erwähnt, vor dem Handlungswort und dem Ziel der Handlung. Einer der Gründe für diese Präferenz lässt sich vielleicht durch Cäsars Prinzip erklären. Selbst wenn es streng genommen nicht sinnvoll ist zu sagen, dass in der Wirklichkeit «vater» eher kommt als «speer» und «werf» (schließlich beschreiben diese drei einen einzigen zeitlich zusammenhängenden Ablauf), wird doch der Vater – der Initiator der Handlung – in gewissem Sinne als jemand aufgefasst, der sowohl der Handlung als auch dem beeinflussten Gegenstand vorausgeht.

Das Prinzip «Akteur zuerst» scheint durch natürliche Tendenzen des Informationsflusses verstärkt zu werden. Im wirklichen Leben sind die beiden Beteiligten einer Handlung für den Sprecher selten von gleicher Wichtigkeit. Beispielsweise wurde in der Mammutgeschichte der Satz «vater speer werf» geäußert, um die Taten des Vaters zu preisen, und nicht, um das Schicksal des Speers zu beklagen. Im allgemeinen berichten Sprecher von einem Ereignis nicht als bloße klinische Übung in distanzierter Beschreibung, vielmehr möchten sie gewöhnlich etwas über einen der Beteiligten sagen, über das «Thema» der gesamten Äußerung. Und es besteht eine starke natürliche Präferenz, das Thema als erstes zu erwähnen und erst dann alle neuen Informationen darüber hinzuzufügen: was es tut, was mit ihm geschieht und so weiter.

Das wirft eine naheliegende Frage auf: Welche Beteiligten werden mit größter Wahrscheinlichkeit als Thema des Gesprächs ausgewählt werden? Ganz offensichtlich muss die Antwort lauten, dass das Thema der Beteiligte ist, den man für würdig hält, dass von ihm geredet wird; derjenige, den die Sprecher als den wichtigsten ansehen. Und wer entscheidet darüber, was wichtig ist? Nun ja, nach neuesten, über alle Zweifel erhabenen linguistischen Forschungsergebnissen ist das wichtigste Ding in der ganzen weiten Welt … «ich». Und von diesem Gipfel der Wichtigkeit ausgehend gibt es eine eindeutige Hackordnung, die bis hinunter zu unbelebten Gegenständen führt: «ich» → «du» → «Frau» / «Mann» → «Schlange» / «Hund» → «Speer» / «Stein».

Um zu sehen, wie tief diese Hierarchie in unserer Wahrnehmung verankert ist, denken Sie nur daran, wie schwer es Kindern fällt zu lernen, nicht «ich, Hans und Sarah» zu sagen, sondern «Hans, Sarah und ich». Es ist so schwierig, an die höfliche Formel zu denken, weil einem gerade dieser Typ von Höflichkeit eine höchst unnatürliche Reihenfolge aufzwingt. Und wenn man nicht durch die Gebote der Höflichkeit gezwungen ist, etwas anderes zu heucheln, dann ist gar keine Frage, was als erstes kommen sollte. Selbst der pedantischste Pädagoge wird wahrscheinlich nichts an einem Satz aussetzen wie «ich und mein Goldfisch (haben gemeinsam ferngesehen)» und ihn in «mein Goldfisch und ich …» korrigieren.

Das Wichtigste an alledem ist, dass die Präferenz «ich zuerst» (womit ich tatsächlich «das Wichtigere zuerst» meine) häufig mit «Akteur zuerst» zusammenfällt. In unserer Weltsicht sind Menschen meist sowohl die Akteure als auch die wichtigen Beteiligten, während Speere und Goldfische meist nur als zusätzliche Informationen in den Handlungen auftreten. Die beiden Präferenzen «Akteur zuerst» und «ich zuerst» verstärken sich somit gegenseitig, und darum überrascht es nicht, dass es die überwältigende Mehrheit der Sprachen der Welt vorzieht, im einfachen Satz den Akteur vor dem Ziel der Handlung zu nennen; eine große Mehrheit entscheidet sich außerdem dafür, den Akteur auch vor dem Handlungswort zu erwähnen. (Nur etwa zehn Prozent der Sprachen stellen das Handlungswort voran wie in «*werf* mann speer», darunter Walisisch, biblisches Hebräisch und Maori.) Demnach erscheint die Annahme vernünftig, dass dieselbe Präferenz «Akteur zuerst» unsere Vorfahren im «Ich-Tarzan»-Stadium geleitet hat (das heißt, sofern sie nicht biblisches Hebräisch sprachen).

Selbst wenn aber der Akteur zuerst kommt, gibt es immer noch zwei Möglichkeiten, die anderen beiden Elemente, Handlungswort und Ziel, anzuordnen: «mann speer *werf*» und «mann *werf* speer». Tatsächlich sieht die eine Ordnung ganz genauso natürlich aus wie die andere, und beide sind in den Sprachen der Welt gleich weit verbreitet. «Mann speer *werf*» ist die Grundfolge im Japanischen, Türkischen, Koreanischen, Baskischen und Hindi, um nur einige Beispiele zu nennen, während «mann *werf* speer» im Chinesischen, Englischen, Finnischen, Swahili und Thai die Regel ist. Das Deutsche verwendet übrigens regelmäßig beide Abfolgen: «Hier darf man keine *Speere werfen*, aber sie *werfen Speere* trotz allem.» In der Mammutgeschichte habe ich mich willkürlich dafür entschieden, die erste Option, «mann speer *werf*», zu verwenden. Ich hätte aber ebensogut die zweite Variante verwenden können, und die Geschichte wäre in dieser Form nicht weniger natürlich:

mann schlaf höhle

tochter sammel frucht   dreh kopf   seh mammut

tochter renn   komm baum   kletter   mammut schüttel baum

tochter kreisch kreisch   vater renn   werf speer

mammut brüll   fall

vater nehm stein   schneid fleisch   geb tochter

tochter ess

•

Wenn wir uns nun die Geschichte noch einmal ansehen, dann sollte klar sein, dass die vier oben skizzierten Anordnungsprinzipien hinreichen, um die Anordnung der Wörter zu erklären. Mehr als diese natürlichen Prinzipien braucht die Erzählung nicht, um sinnvoll zu sein. Zugegebenermaßen ist das Spektrum der Informationen, die man mit diesem Stil zum Ausdruck bringen kann, relativ beschränkt, aber in ihrem engen Umfeld erfordert der Zusammenhang der Geschichte keine grammatischen Wörter oder Elemente und auch keine anderen komplexen grammatischen Konventionen. Da die vier Anordnungsprinzipien so intuitiv naheliegend und transparent sind und so tief in unserem Erkenntnisvermögen verankert zu sein scheinen, kann man plausiblerweise annehmen, dass sich auch die Sprecher im «Ich-Tarzan»-Stadium von ihnen leiten ließen.

An diesem Punkt ließe sich jedoch folgender Einwand vorbringen: Wenn diese Prinzipien tatsächlich so natürlich und universell sind, dann könnte man erwarten, dass sich selbst heutige Sprachen immer ohne Ausnahme an sie halten. Und doch ist das ganz offensichtlich nicht der Fall, denn in den Sprachen der Gegenwart lassen sich mühelos Sätze finden, die ohne die geringste Schwierigkeit im Widerspruch zu mehreren dieser Prinzipien stehen. Hier ein Beispiel, in dem die meisten Anordnungsprinzipien auf die eine oder andere Weise missachtet werden:

> Bevor er von Cäsar besiegt wurde, beobachtete König Pharnakes die Ankunft der im Gleichschritt marschierenden stolzen und gut bewaffneten römischen Truppen.

Cäsars Prinzip wird ganz offensichtlich verletzt, denn «besiegt» wird zuerst erwähnt und «Ankunft» erst danach, obgleich in der Realität die Abfolge der Ereignisse umgekehrt war. Monsieur Jourdains Prinzip wird anscheinend auch nicht befolgt, da Dinge, die in Wirklichkeit zusammengehören wie etwa «Ankunft» und «Truppen», ganz weit voneinander entfernt stehen. «König Pharnakes» und «besiegt» stehen sogar in verschiedenen Sätzen. Und um das Maß voll zu machen, wird der Akteur des ganzen Dramas (Pharnakes) nicht am Anfang, sondern erst in der Mitte des *zweiten* Satzes genannt.

Wenn also diese Anordnungsprinzipien derart natürlich sind, wie kommt es dann, dass sich neuzeitliche Sprachen straflos über sie hinwegsetzen? Der Grund hierfür liegt eben in unserem Untersuchungsgegenstand: in der Herausbildung komplexer grammatischer Strukturen. Im Laufe der Zeit haben Sprachen ein System immer ausgefeilterer Konventionen entwickelt, und die besagten natürlichen Prinzipien haben eine beeindruckende Folge von *-ierungen* erfahren: Habitualisierung, Konventionalisierung, Routinisierung, Automatisierung, Fossilisierung, Sedimentierung. Die ursprünglichen einfachen Prinzipien haben sich zu immer stärker verfeinerten Regeln entwickelt, die manchmal ganz losgelöst von den transparenten Motiven zu sein scheinen, welche sie ursprünglich in Gang gesetzt hatten. Und durch diese komplexen Konventionen der Grammatik sind moderne Sprachen der sklavischen Abhängigkeit von den natürlichen Anordnungsprinzipien entwachsen und haben eine Flexibilität erlangt, die ihnen ein viel breiteres Ausdrucksspektrum verleiht. Um nur ein Beispiel zu nennen: Sprecher können sich jetzt die Freiheit nehmen, «die Ankunft der Truppen» erst *nach* «besiegt» zu nennen, weil ihnen eine Konjunktion wie «bevor» zur Verfügung steht, die anzeigt, dass die Reihenfolge in Wirklichkeit umgekehrt war. Diese Flexibilität ermöglicht es, eine Menge zusätzlicher Informationen zum Ausdruck zu bringen, die weit über die zeitliche Abfolge der Ereignisse hinausgehen. Nehmen wir beispielsweise den folgenden Satz:

> König Pharnakes warf einen Blick auf seine Truppen und kapitulierte (… da ihm klar war, dass er zahlenmäßig unterlegen war)

Mit der Konjunktion «bevor» kann man die Reihenfolge der Teilsätze umkehren (und somit Cäsars Prinzip zuwiderhandeln) und doch die korrekte Abfolge der Ereignisse in der Realität zum Ausdruck bringen, dem Satz dabei aber eine völlig andere Note geben:

> Bevor er kapitulierte, warf König Pharnakes einen Blick auf seine Truppen (… und rief: «Ich liebe euch alle!»)

Übrigens ist der Gebrauch von unterordnenden Konjunktionen wie «bevor», «nachdem», «weil» und so fort möglicherweise eines der wenigen Gebiete der Sprachstruktur, die sich erst in relativ junger Vergangenheit voll ausgebildet haben. In der Einleitung sagte ich, dass die verfügbaren schriftlichen Aufzeichnungen von Sprachen maximal 5000 Jahre in die Vergangenheit zurückreichen und dass die Sprachen zu dieser Zeit schon weitgehend über das vollständige Repertoire von komplexen grammatischen Merkmalen verfügten. Der Gebrauch von unterordnenden Konstruktionen scheint eine der wenigen Ausnahmen von dieser Behauptung zu sein, denn die frühesten Texte weisen in dieser Hinsicht durchaus erhebliche Unterschiede zu dem auf, woran wir in modernen schriftsprachlichen Stilen gewöhnt sind. Die Verwendung von unterordnenden Konjunktionen war in den frühesten Stadien antiker Sprachen wie Sumerisch, Akkadisch, Hethitisch oder Griechisch viel weniger ausgebildet, und infolgedessen musste man sich viel konsequenter an Cäsars Prinzip halten. Das ist der Grund, weshalb uns der Stil einiger antiker Texte so monoton vorkommen kann. Betrachten wir beispielsweise den folgenden Bericht des Hethiterkönigs Muršili II. (14. Jh. v. Chr.), in dem er beschreibt, wie er von einer schweren Krankheit (vielleicht Aphasie?)

Siegel des Hethiterkönigs Muršili II.

heimgesucht wurde, die seine Sprechfähigkeit beeinträchtigte. Für moderne Ohren steht die dramatische Substanz des Berichts in krassem Gegensatz zum monotonen Stakkato des Stils:

Dies ist, was «meine Sonne», Muršili, der Großkönig, sagte:

Kunnuwa nannaḫḫun	Ich fuhr nach Kunnu
nu *ḫaršiḫarši udaš*	**und** ein Unwetter kam
namma *Tarḫunnaš ḫatuga tetḫiškit*	**da** donnerte der Sturmgott immer wieder schrecklich
nu *nāḫun*	**und** ich fürchtete mich
nu-mu-kan *memiaš išši anda tepawešta*	**und** die Sprache im Mund wurde mir klein
nu-mu-kan *memiaš tepu kuitki šarā iyattat*	**und** die Sprache kam ein wenig hoch
nu-kan *aši memian arḫapat paškuwānun*	**und** ich vergaß diese Sache vollständig
maḫḫan-ma *uēr wittuš appanda pāir*	**danach aber** kamen die Jahre und gingen
nu-mu *wit aši memiaš tešḫaniškiuwān tiyat*	**und** diese Sache erschien mir wiederholt im Traum
nu-mu-kan *zazḫia anda keššar šiunaš araš*	**und** im Traum ergriff mich die Hand Gottes
*aišš-**a**-mu-kan tapuša pait*	**und da** ging mir der Mund zur Seite
nu …	**und** …

Heutzutage würden wir dazu neigen, unterschiedliche Konjunktionen wie «als», «darauf» oder «aber» zu verwenden, und auf diese Weise brauchten wir die Abfolge der Ereignisse nicht so pedantisch einzuhalten, um den Zusammenhang zu wahren. Beispielsweise könnten wir sagen: «Es gab einmal ein schreckliches Unwetter, als ich nach Kunnu fuhr. Ich war so erschrocken über das Donnern des Sturmgottes, dass ich die Sprache verlor, und meine Sprache kam nur ein wenig hoch. Eine Zeitlang vergaß ich die Sache vollständig, aber im Laufe der Jahre fing diese Episode an, mir im Traum zu erscheinen, und während ich träumte, wurde ich von der Hand Gottes [d. h. von einer Krankheit] geschlagen, und der Mund ging mir zur Seite.»

Neuzeitliche Sprachen haben somit ein ausgefeiltes System grammatischer Konventionen entwickelt, das sie dazu befähigt, die Beziehungen zwischen Wörtern und Teilsätzen deutlicher zu machen und so selbst dort den Zusammenhang sicherzustellen, wo die natürlichen Prinzipien nicht eingehalten werden. Was sie dadurch gewannen, war eine viel breitere und verwickeltere Ausdrucksskala. Wie könnten sich aber alle diese sprachlichen Mittel herausgebildet haben? Auf den folgenden Seiten werde ich die Ansicht vertreten, dass sich grammatische Strukturen durch genau die Prozesse entwickelt haben, welche die vorangegangenen Kapitel zu veranschaulichen suchten: die metaphorische Tendenz vom Konkreten zum Abstrakten, die Erosion von Bedeutung und Lauten und das Verlangen nach Ordnung. So haben wir mittlerweile tatsächlich alle notwendigen Werkzeuge in der Hand, um die vollständig entwickelte Grammatik der neuzeitlichen Sprache aus dem Rohmaterial des «Ich-Tarzan»-Stadiums herauszuarbeiten.

Das Kleingedruckte

Bevor wir fortfahren, ist es jedoch erforderlich, dass Leser sich mit dem folgenden Gewährleistungsausschluss für den Inhalt dieses Kapitels vertraut machen und sich mit den hier aufgeführten Klauseln und Anwendungsbedingungen einverstanden erklären. Die Nichtannahme dieser Bedingungen kann jegliche Verantwortung des Autors, sei es ausdrücklich, stillschweigend oder von Gesetzes wegen, beschränken für den Fall, dass im Zusammenhang mit der Nutzung direkt oder indirekt, mittelbar oder unmittelbar aus welcher Ursache auch immer Missverständnisse oder falsche Eindrücke auftreten.

1. Es kann nicht nachdrücklich genug betont werden, dass die Darstellung des «Ich-Tarzan»-Stadiums in fast jeder Hinsicht eine extreme Idealisierung darstellt. Um

nur ein Beispiel zu nennen: Es mag durchaus sein, dass zu der Zeit, in der Menschen schon so viele verschiedene Wörter besaßen, wie sie in der Mammutgeschichte vorkommen, die Herausbildung grammatischer Elemente bereits begonnen hatte. Es geht hier jedoch nicht darum, eine exakte Chronologie dafür zu liefern, welche Wörter sich vor welchen Regeln gebildet haben. Das Ziel ist lediglich die Behauptung, dass es im Prinzip möglich ist zu verstehen, wie sich das gesamte Gebäude der komplexen Grammatik aus einer überschaubaren Menge von Prinzipien entwickelt haben könnte.

2. Ganz offensichtlich muss die Darstellung hier äußerst selektiv vorgehen, denn in einem einzigen Kapitel kann unmöglich jedes einzelne Merkmal auch nur einer einzigen Sprache abgehandelt werden, ganz zu schweigen von der Behandlung aller Sprachen. Wenn ich also behaupte, dass man bis zur Komplexität neuzeitlicher Sprachen gelangen kann, dann meine ich damit nur die Möglichkeit, mit einer hinreichend weit ausgeführten Skizze die Auffassung plausibel zu machen, dass die fehlenden Details in ganz ähnlicher Weise folgen könnten. Bei der Auswahl der zu berücksichtigenden Bereiche werde ich mich in erster Linie auf grundlegende Eigenschaften konzentrieren, die allen Sprachen gemeinsam sind, jedoch lege ich bei der Darstellung der Details oft den Schwerpunkt auf die Struktur des Deutschen. Allerdings bedeutet diese praktische Entscheidung auf keinen Fall, dass es ein unvermeidliches Fortschreiten vom «Ich-Tarzan»-Stadium bis hin zu den Feinheiten nur der deutschen Grammatik und nicht etwa derjenigen des Swahili gebe. Wäre das Buch in Swahili geschrieben, dann hätten die Details etwas anders ausgesehen, aber die Prinzipien wären dieselben gewesen.

3. Die Reihenfolge, in der die verschiedenen Merkmale vorgestellt werden, ist insofern von Bedeutung, als sie ein wohlbegründetes System darzustellen versucht, in dem bei der Ableitung neuer Elemente nur bereits abgeleitete grammatische Elemente verwendet werden. Ich versuche hier jedoch nicht zu behaupten, dass die gewählte Anordnung die einzig mögliche Abfolge der Herausbildung struktureller Merkmale ist. Tatsächlich können sich verschiedene grammatische Elemente gleichzeitig auf verschiedenen Achsen entwickelt haben. Die Entscheidung darüber, welche Elemente man zuerst präsentiert, muss demnach bis zu einem gewissen Grade willkürlich bleiben, aber das beeinträchtigt in keiner Weise den Zweck dieser Übung. Wie gesagt ist das Ziel nicht die Aufstellung einer exakten Chronologie, sondern nur die Behauptung, dass es *möglich* ist, eine komplexe Grammatik aus den Materialien des Anfangsstadiums abzuleiten.

4. Vielleicht der wichtigste vorab zu erwähnende Vorbehalt betrifft die Frage der Angeborenheit. Die Einleitung enthielt die Vorwarnung, dass dieses Buch zwar keineswegs die Kontroverse über das Thema Angeborenheit behandelt, dass diese Frage aber unweigerlich irgendwo im Hintergrund lauern würde. Das ist nirgends offensichtlicher als im gegenwärtigen Kapitel, denn hinter dem hier vorgetragenen Szenario stehen grundlegende Fragen zur Funktionsweise des Gehirns. Alle im Folgenden erkundeten Entwicklungen setzen Sprecher mit einem neuzeitlichen menschlichen Gehirn voraus, die komplexe sprachliche Strukturen erlernen und mit ihnen umgehen können. Am deutlichsten wird diese Voraussetzung vielleicht im letzten Abschnitt dieses Kapitels, in dem die Herausbildung der «Unterordnung» beschrieben ist – der Mechanismen, mit denen Teilsätze auf unterschiedlichen Ebenen zu komplexen hierarchischen Strukturen verknüpft werden. Wenn das Gehirn von Sprechern nicht dazu fähig wäre, mit hierarchisch organisierten Informationen umzugehen, dann wäre kei-

ner der Schritte, die im folgenden als «natürlich» dargestellt werden, überhaupt natürlich oder auch nur möglich. Soviel ist unstrittig, aber nicht so klar ist die Frage, wie die Fähigkeit, mit komplexen hierarchischen Strukturen umzugehen, tatsächlich im Gehirn codiert ist. Sind die spezifischen sprachlichen Mechanismen selbst Teil unseres angeborenen, genetischen Erbes? Oder ist das Vermögen des Gehirns, hierarchische sprachliche Strukturen zu lernen und mit ihnen umzugehen, lediglich die Folge einer allgemeineren kognitiven Fähigkeit, die sich auch in der Art und Weise manifestiert, in der wir beispielsweise visuelle Informationen verarbeiten? Die Antwort lautet, dass das kein Mensch wirklich weiß, und das bietet endlose Gelegenheiten zur Diskussion. Es gibt jedoch eine Annahme, die nicht allzu strittig sein sollte und die die Grundlage der folgenden Ausführungen bildet: dass nämlich selbst ein Gehirn, welches von vornherein dazu ausgerüstet ist, komplexe Strukturen zu erlernen und mit ihnen umzugehen, die Mechanismen zu ihrer Übermittlung nicht einfach aus dem Nichts erfindet. Das im Folgenden vorgestellte Szenario ist somit als Illustration dafür gedacht, wie sich die tatsächlichen Konventionen für die Mitteilung komplexer Informationen entwickelt haben könnten.

•

Wenn Sie mit den oben angeführten Klauseln und Bedingungen einverstanden sind, können wir uns unserer eigentlichen Aufgabe des Grammatikzüchtens zuwenden, und ein guter Anfang hierfür ist das «ich» in «ich Tarzan». Bisher habe ich diesen Ausdruck als praktische, etwas freie Bezeichnung für unser Anfangsstadium verwendet. Diesen Spitznamen sollte man aber aus mehreren Gründen nicht allzu wörtlich nehmen. Zunächst einmal hat es die unsterbliche «Ich Tarzan, du Jane»-Episode aus der Tarzan-Geschichte nie wirklich gegeben – zumindest nicht in Edgar Rice Burroughs' ursprünglichem Roman *Tarzan of the Apes* (1914; dt. *Tarzan bei den Affen*). In dem Buch wird die Art und Weise, in der Tarzan die Sprache erlernte, etwas anders dargestellt. Die Affen, bei denen Tarzan aufwächst, sprechen bereits eine recht verwickelte Sprache, und Tarzan ist mit der überlegenen Intelligenz eines englischen Lords praktisch schon ein Intellektueller, bevor er Jane zu Gesicht bekommt. Als Kind hatte er sich mit Hilfe der Kinderbücher aus der Hütte seiner verstorbenen Eltern beigebracht, englische Texte zu lesen. Tarzans erste Botschaft an Jane lautet also in Wirklichkeit nicht «du Jane, ich Tarzan», sie ist vielmehr ein rührender Liebesbrief, der alle Feinheiten der Grammatik, von der Konkordanz des Verbs bis hin zu Nebensätzen, zur Schau stellt: «Ich bin Tarzan von den Affen. Ich brauche dich. Ich gehöre dir. Du bist die meinige. Wir leben für immer hier zusammen in meinem Haus. Ich werde dir die schönsten Früchte, das zarteste Wildbret, das wohlschmeckendste Fleisch bringen, das der Dschungel bietet. ... Ich werde für dich kämpfen. Ich bin der mächtigste der Dschungelkämpfer. ... Wenn du das hier siehst, wirst du erkennen, dass es für dich ist und dass Tarzan von den Affen dich liebt.»

Es gibt jedoch noch einen ernsthafteren Grund, weshalb man die Rede von der «Ich-Tarzan»-Ära nicht allzu wörtlich nehmen sollte. Sonst würde man nämlich Pronomina wie «ich» zu dem Rohmaterial zählen, das man am Ausgangspunkt unserer Reise durch die Sprachentwicklung als gegeben annimmt. Nun ist es aber so, dass Pronomina wie «ich», «du» oder «sie» bereits recht ausgeklügelte grammatische Mechanismen erfordern. Pronomina mögen in heutigen Sprachen so allgegenwärtig sein, dass man kaum einen Augenblick über sie nachdenkt, aber in Wirklichkeit verbirgt sich hinter diesen kleinen Wörtern eine fortgeschrittene Technik: ein Mechanismus zum Wechseln des Bezugsgegenstandes.

Wandelbare Wörter, oder wie man «Ausländer» wird

Es gibt eine Geschichte von einem deutschen Touristen, der in Südfrankreich in einem Restaurant sitzt und mit einigen Feinheiten der Speisekarte kämpft. Der aufmerksame Ober bemerkt seine Schwierigkeiten und fragt höflich: «Monsieur est étranger?» Der Deutsche sieht ihn entsetzt an und antwortet mit gewisser Würde: «Étranger? Mais non, je suis allemand!»

Als der Deutsche Anstoß daran nahm, dass man ihn als Ausländer bezeichnete, war er sich natürlich nicht darüber im Klaren, dass sich bei einigen Wörtern der Bezugsgegenstand verschiebt, je nachdem wer sie ausspricht und an welchem Ort er dies tut. Das Wort «Ausländer» (oder *étranger, foreigner* und so weiter) mag ein ziemlich marginaler Vertreter der Gruppe der wandelbaren Wörter sein, aber die wichtigsten Mitglieder dieser Klasse sind jene kleinen Pronomina wie «ich» und «du». Im Gegensatz zu Wörtern mit fester Bedeutung (wie «Baum» oder «treten») verändern Pronomina ihre Bedeutung in Abhängigkeit davon, wer sie ausspricht: dein «ich» ist mein «du». Tatsächlich ist es nicht nur unser Tourist, der diesen Verschiebemechanismus ziemlich anstrengend findet. Kleine Kinder haben mit wechselnden Bezugsgegenständen gewöhnlich echte Schwierigkeiten, und es fällt ihnen schwer, sich die Pronomina «ich» und «du» anzueignen. Wenn man gerade erst mit dem Leben anfängt, dann ist es alles andere als selbstverständlich, dass sich «du» auf einen selbst bezieht, wenn Mama es sagt, aber auf Mama, wenn man es selbst sagt. Meine Tochter hatte beispielsweise eine Phase, in der sie das Wort «meins» in der Bedeutung gebrauchte: «etwas, das nicht mir, sondern jemand anderem gehört.» Die Logik dahinter war ganz einfach: irgendwann musste jemand auf einen Gegenstand gezeigt und gesagt haben: «nein, du kannst nicht damit spielen, das ist meins»; daraus zog sie den simplen Schluss, dass sich «meins» auf Dinge bezieht, die jemand anderem gehören.

Dieser Verschiebemechanismus ist also alles andere als trivial; er ein recht ausgeklügeltes Verfahren, das unser eigenes Koordinatensystem in die Bezugnahme einbaut und den Hörern signalisiert, dass sie diese Bezugnahme in ihre Koordinaten übersetzen müssen. Der Gewinn aus all dieser Wandelbarkeit liegt darin, dass Pronomina es uns gestatten, auf Menschen und Dinge knapp und effizient Bezug zu nehmen. Wie hat sich aber dieser wirksame Mechanismus überhaupt entwickeln können? Der Schlüssel findet sich vielleicht in einem bestimmten Typ von Wechselwörtern:

«Hier» und «da» sind ganz eindeutig Wechselwörter, denn ihre Bezugsgegenstände hängen von dem Ort ab, an dem sie geäußert werden. Auf dem obigen Bild ist beispielsweise Tarzans «da» Janes «hier». Zu Beginn dieses Kapitels habe ich «hier» und «da» in die Liste der Rohmaterialien für unser Anfangsstadium – also der primären Begriffe, die man als gegeben annehmen muss – aufgenommen. Mit Blick auf das oben Gesagte könnte es jedoch so aussehen, als sei ihre Einbeziehung nicht gerechtfertigt, denn «hier» und «da» verkörpern bereits den Verschiebemechanismus. Gleichwohl sind «hier» und «da» nicht einfach irgendwelche ganz beliebigen Wechselwörter. Sie sind etwas Besonderes, weil sie so eng mit dem Akt des physischen Zeigens verknüpft sind – sie sind Zeigewörter *par excellence*. Der enge Zusammenhang zwischen «hier» / «da» und dem physischen Zeigen tritt vielleicht am deutlichsten im Verhalten kleiner Kinder zutage, die Zeigewörter zunächst nur als Begleitung einer tatsächlichen Zeigegeste verwenden. Erst später emanzipieren sich die Zeigewörter von der Geste der Hand und werden dann selbständig gebraucht.

Den zwingendsten Grund dafür, dass man die Zeigewörter als primäre Begriffe auffaßt, liefert jedoch nicht das Verhalten von Kindern, sondern die Betrachtung der Sprachgeschichte. Wie sehr man sich auch anstrengt, den historischen Ursprung der Zeigewörter zu verfolgen, sie gehen anscheinend niemals auf einen Ausdruck zurück, der nicht bereits ein Zeigewort war. Anders als grammatische Wörter, die sich immer wieder als aus Substantiven und Verben entwickelt verfolgen lassen, sind Zeigewörter anscheinend immer schon Zeigewörter gewesen. (Die wichtigsten Entwicklungen, die wir bei Zeigewörtern allerdings beobachten können, sind diejenigen, bei denen sich der eine Typ von Zeigewörtern – etwa «hier» / «da» – aus einem anderen Typ von Zeigewörtern – etwa «dies» / «das» – entwickelt, oder umgekehrt. Näheres zu derartigen Entwicklungen findet sich in der Anmerkung auf S. 352.)

Das legt nahe, dass sich Zeigewörter unmittelbar als stimmliche Begleitung einer tatsächlichen Zeigegeste herausgebildet haben müssen. Und es ist ebenfalls wahrscheinlich, dass Zeigewörter als Brücke zwischen dem Verarbeitungssystem für optische Informationen und der Sprache fungiert haben können. Wenn Tarzan feststellen möchte, wohin Jane genau deutet, muss er die Richtung, in die Janes Hand weist, in sein eigenes optisches Koordinatensystem verschieben – ein Akt, der ein erhebliches Maß an Berechnung erfordert, den aber das leistungsfähige optische Verarbeitungssystem unseres Gehirns so instinktiv vollzieht, dass wir die Komplexität dieses Vorgangs nie auch nur bemerken. Die Wörter «hier» und «da» könnten den visuellen Verschiebemechanismus in die Sprache eingeführt haben, als sie sich von der physischen Geste emanzipierten und dann für sich allein die Bedeutungsverschiebung verkörperten.

Und wenn der grundlegende Verschiebemechanismus, der hinter «hier» und «da» steht, erst einmal etabliert ist, wird es möglich, davon die gesamte Skala anderer Wechselwörter und insbesondere Pronomina wie «ich», «du» oder «er» abzuleiten. Der Zusammenhang zwischen Zeigewörtern und Pronomina leuchtet vielleicht nicht sofort ein, kann aber durchsichtiger werden, wenn man berücksichtigt, dass viele Sprachen nicht einfach nur eine zweistellige Unterscheidung zwischen «hier» und «da» kennen, sondern eine dreistellige: «hier» – Deuten auf etwas in der Nähe des Sprechers; «da» – Deuten auf etwas in einiger Entfernung vom Sprecher und näher am Angesprochenen; und «dort drüben» – Deuten auf etwas vom Sprecher und vom Angesprochenen weit Entferntes. Im Japanischen finden wir beispielsweise die Unterscheidung zwischen *koko* («hier»), *soko* («da») und *asoko* («dort drüben»). (Tatsächlich ist behauptet worden, dass zumindest in einigen Varianten des Deutschen mit «hier – da – dort» ein derartiges dreiteiliges System existiert.) Anhand dieses dreigliedrigen Systems lässt sich viel leichter vorstellen, wie sich das Dreieck «ich – du – er» entwickelt haben könnte, und in manchen Sprachen wird dieser Zusammenhang auch ganz durchsichtig. Im Vietnamesischen ist es beispielsweise nicht ungewöhnlich, dass ein Sprecher «hier» sagt, wenn er sich selbst meint, und «da», wenn er den Angesprochenen meint:

Vietnamesisch

đó	*có*	*chơi*	*với*	*đây*	*không?*
da		spielen	mit	hier	nicht?

«will ‹da› nicht mit ‹hier› spielen?»

(d. h. «willst du nicht mit mir spielen?»)

Etwas Ähnliches findet sich in der Umgangssprache der frühen lateinischen Komödien. In Terenz' *Andria* drängt ein Sklave seinen Herrn dazu, seine Liebe zu einer Frau aufzugeben, die er niemals wird heiraten dürfen. Der Herr antwortet philosophisch, dass man leicht Ratschläge erteilen kann, aber:

Latein

tu	*si*	*hic*	*sis*	*aliter*	*sentias*
du	wenn	hier	du.wärst	anders	du.würdest.empfinden

(d. h. «wenn du **ich** wärst, …»)

Pronomina der 3. Person wie «er» und «sie» sind im allgemeinen nichts anderes als Zeigewörter für entfernte Gegenstände, die man ihrer emphatischen Kraft beraubt hat. Ein bekanntes Beispiel ist das lateinische *ille* («der da drüben»), das im Französischen einfach als *il* («er») endete.

Natürlich steckt in den Pronomina noch erheblich mehr. Neuzeitliche Sprachen treffen bei ihnen eine Vielzahl von Unterscheidungen wie etwa Kasus (*ich – mich – mir – mein*), Genus (*er – sie – es*) und Numerus (*ich – wir*), die allesamt dazu beitragen, die Aufgabe des «Zeigens im Gesprächsraum» fein abzustimmen und die Ambiguität bei der Identifizierung früherer Bezugsgegenstände zu reduzieren. Die Sprachen der Gegenwart haben auch einige spezialisierte Arten von Pronomina entwickelt, so etwa Reflexivpronomina wie «sich», die Bezugsgegenstände noch eindeutiger identifizieren können. In Anhang D («Der Kontrapunkt des Kochs») wird beschrieben, wie sich derartige Reflexivpronomina entwickeln.

Da nun aber die grundlegenden Pronomina bereits zur Verfügung stehen, können wir uns dem Unternehmen zuwenden, ausgefeiltere grammatische Strukturen zu «züchten». Und der naheliegendste Ausgangspunkt hierfür besteht darin, die Zahl der Beteiligten im Satz zu erhöhen.

Den Satz erweitern

Betrachten wir die folgenden Sätze der Mammutgeschichte, in denen hier sämtliche Handlungswörter hervorgehoben sind:

vater ... **nehm** stein   **schneid** fleisch   **geb** tochter

Vergleichen wir das nun mit einem normalen deutschen Satz:

Mit einem scharfen Stein **schnitt** der Vater einige Stücke Fleisch für die Tochter **ab**

Zwischen den beiden Versionen bestehen natürlich zahlreiche Unterschiede, aber der auffälligste ist vielleicht der, wie viele Beteiligte sich um jedes einzelne Handlungswort scharen. Im minimalistischen Stil der «Ich-Tarzan»-Erzählung kann jedes Handlungswort nur einen oder allenfalls zwei Beteiligte bewältigen: den Akteur und einen weiteren. Im deutschen Satz kann jedoch das eine Verb «schnitt ab» nicht weniger als vier Beteiligte regieren («Mit einem scharfen <u>Stein</u> schnitt der <u>Vater</u> einige Stücke <u>Fleisch</u> für die <u>Tochter</u> ab»). Ein einziger deutscher Satz ist also in der Lage, alle Informationen zu komprimieren und in sich zu fassen, die in drei aufeinanderfolgenden «Ich-Tarzan»-Sätzen ausgedrückt sind. Der Schlüssel zu dieser gesteigerten Fähigkeit ist die Ausbildung von Präpositionen wie «mit» und «für», welche die weiteren Beteiligten einführen und die genaue Rolle angeben, die sie bei der Handlung spielen: Instrument («*mit* einem Stein»), Nutznießer («*für* die Tochter») und so weiter.

Was könnte zu diesen kompakteren Sätzen geführt haben, in denen sich mehrere verschiedene Beteiligte um das Handlungswort drängen? Die allgemeine Richtung der Entwicklung sollte mittlerweile keine große Überraschung mehr darstellen. Ebenso wie längere Wörter aus dem Zusammenbruch und der Verschmelzung kürzerer Wörter hervorgehen können, kann ein Satz schwerer werden und mehr Beteiligte in sich aufnehmen, wenn zwei einfachere Sätze zusammenbrechen und zu einem verschmelzen. Und hier braucht man sich nun nicht in Spekulationen über weit entfernte vorgeschichtliche Epochen zu flüchten, um einen solchen Wandel nachzuvollziehen, denn derartige Entwicklungen lassen sich in vielen Sprachen der Neuzeit und der jüngeren Vergangenheit beobachten.

Die Wanderwege, die das Verb «geben» in verschiedenen Sprachen einschlägt, können hierfür gutes Anschauungsmaterial bieten. Der buchstäbliche Sinn von «geben» beinhaltet die Übergabe eines Gegenstandes von einer Person zu einer anderen, aber recht häufig nehmen Verben, die «geben» bedeuten, auch einen abstrakten, übertragenen Sinn an und werden selbst dann verwendet, wenn es nicht um eine physische Übertragung geht. Man denke beispielsweise an deutsche Wendungen mit «geben» und ähnlichen Verben, so etwa «das gibt mir Mut und Hoffnung» oder «ich will dir mein Herz schenken». In anderen Sprachen reicht die Verwendung der geben-Verben in übertragener Bedeutung noch weiter. Im Akan, einer Sprache, die in Ghana von etwa sieben Millionen Menschen gesprochen wird, kann man beispielsweise jemandem nicht nur die Früchte der eigenen Arbeit geben, sondern auch die Arbeit selbst:

Akan (Niger-Kongo-Sprachen)

o-yɛ	adwuma	ma	ne nua barima no
er.macht	Arbeit	gibt	seinem Bruder

Wie bei vielen anderen Metaphern, denen wir begegnet sind, beruht dieses Bild ganz eindeutig auf Erfahrung. Bei einem physischen Akt des Gebens ist der Empfänger gewöhnlich der Nutznießer der ganzen Handlung. So wird im Akan die Verwendung des Verbs *ma* («geben») dahingehend ausgeweitet, dass es in allgemeinerer Weise jede Art von Nutznießer bezeichnet, selbst wenn kein konkretes Objekt von Hand zu Hand geht. Wenn derartige Konstruktionen wiederholt verwendet werden, können sie Veränderungen von einer mittlerweile vertrauten Art durchmachen. Das, was als übertragener Sinn begonnen hatte, wird jetzt als normaler Gebrauch etabliert, die ursprüngliche Bedeutung der physischen Handlung wird abgeschliffen, und das vormalige Handlungswort «geben» steht jetzt einfach für den abstrakten Begriff des Nutznießers. Somit lässt sich das «Verb» *ma* in dieser Akan-Konstruktion einfach mit der Präposition «für» übersetzen, denn es verbindet sich damit kein Sinn einer unabhängigen Handlung mehr. Eine Äußerung, die als zwei getrennte Sätze mit zwei getrennten Handlungswörtern («er macht Arbeit, gibt seinem Bruder») begonnen hatte, ist zu einem einzigen Satz mit nur einer Handlung, aber einem Beteiligten mehr verdichtet worden («er macht Arbeit für seinen Bruder»).

«Geben» ist noch nicht einmal das einzige Verb, das eine derartige Umwandlung erfahren kann. Es folgen hier einige weitere Beispiele von Verben, die schließlich andere Rollen in der Handlung übernommen haben. In allen diesen Beispielen ist eine Äußerung, die mit zwei getrennten Sätzen begann, zu einer einzigen Handlung mit mehreren Beteiligten verschmolzen.

Thai

Thân	cà	bin	càak	krungthêep
er	wird	fliegen	**verlassen**	Bangkok

«er wird **von** Bangkok abfliegen»

Efik (Niger-Kongo-Sprachen; in Nigeria gesprochen)

dá	*èkuri*	*sìbé*	*èto*
nimm	Axt	fälle	Baum

«fälle den Baum **mit** einer Axt!»

Chinesisch (Sinotibetisch)

shōushi	*le*	*dōngxi*	*gēn*	*wǒ*	*lái*
bereite		Sachen	**folge**	mir	komm

«mach (deine) Sachen fertig und komm **mit** mir»

Übrigens gehen einige deutsche Präpositionen wie etwa «während» ursprünglich ebenfalls auf Verben zurück.

Selbstverständlich kommen alle hier angeführten Beispiele aus neuerer Zeit, sie sind nicht Zehntausende von Jahren alt. Gleichwohl ist es wahrscheinlich, dass ganz ähnliche Prozesse für das ursprüngliche Auftreten von schwereren Sätzen nach dem «Ich-Tarzan»-Stadium verantwortlich waren und für die Entstehung der ersten Gruppe grammatischer Wörter, der «Präpositionen»: diese ehemaligen Handlungswörter, die ihres ursprünglichen konkreten Sinns beraubt wurden und dann verschiedene Arten von Beziehungen bezeichneten.

Ein weiteres grammatisches Element, das wir in diesem Stadium leicht ableiten können, ist das Wort «und». In vielen Sprachen entwickelt sich der Koordinator «und» aus der begleitungsanzeigenden Präposition «mit», deren Abstammung von dem Verb «folgen» in dem oben angeführten chinesischen Beispiel vorgeführt wird. Im Chinesischen wie auch in vielen anderen Sprachen werden Konstruktionen wie «bring X *mit* Y» auf einer allgemeineren Ebene in der Bedeutung «bring X *und* Y» verwendet. Und vom Koordinieren zweier Dinge wird die Funktion des Wortes dann häufig weiter auf die Koordinierung zweier Sätze ausgedehnt: «tu X *und* tu Y».

Übrigens gelten, auch wenn ich bislang nur von der Entstehung von Präpositionen gesprochen habe, für Postpositionen genau die gleichen Prinzipien. Ob sich ein Verb in eine Präposition oder in eine Postposition verwandelt, hängt von der Anordnung des Handlungsworts und des Ziels ab. In einer Sprache mit der Reihenfolge «*nehm* stein, schneid fleisch» würde sich das Verb «nehm» zu einer Präposition entwickeln: «*mit* stein schneid fleisch». Hat aber eine Sprache die Reihenfolge «stein *nehm,* fleisch schneid», dann würde sich das gleiche Verb in eine Post-position verwandeln: «stein-*mit* fleisch schneid». Tatsächlich liegen hier die Wurzeln eines viel tiefgreifenderen Phänomens, nämlich der entge-gengesetzten Wortreihenfolge in Sprachen wie Englisch und Türkisch. In Kapitel 1 sahen wir, dass das Türkische aus englischer Sicht seine Wörter ganz durchgängig von hinten nach vorn anordnet. Und aus türkischer Perspektive ist es natürlich das Englische, das mit einer völlig verkehrten Reihenfolge arbeitet. (Wir sahen auch, dass das Deutsche in dieser Hin-sicht in der Mitte zwischen dem Englischen und dem Türkischen steht.) Was sich hier abzuzeichnen beginnt, ist die Erkenntnis, dass der Spie-gelbild-Effekt letztlich auf nicht mehr als eine einzige Grundsatzent-scheidung über die Anordnung des Handlungsworts und des Ziels zu-rückgeht («nehm stein» oder «stein nehm»), die Sprachen an irgendeinem Punkt ihrer Geschichte treffen. Diese Präferenz kann sich nicht nur darauf auswirken, ob wie im Englischen Präpositionen oder wie im Türkischen Postpositionen entwickelt werden, sondern sie kann sich durch die gesamte Struktur einer Sprache fortpflanzen, mit weitrei-chenden Auswirkungen auf die Anordnung zahlreicher anderer Ele-mente. Um die gesamte Kette der Konsequenzen dieser Grundsatzent-scheidung zu überblicken, müssen wir noch verschiedene andere gram-matische Strukturen entwickeln. Wenn Ihnen dann am Ende des Kapitels danach zumute ist, einen Blick hinter den Spiegel der Wortreihenfolge zu werfen, gibt Anhang E («Der türkische Spiegel») Aufschluss über einige Details.

Holen wir aber nun erst einmal Luft und verschaffen uns einen Über-blick über alle grammatischen Elemente, die bereits abgeleitet sind. Mit unseren neuerworbenen Pronomina und Präpositionen sowie dem Ver-bindungswort «und» könnte die Mammutgeschichte jetzt etwa folgen-dermaßen aussehen (neue Merkmale erscheinen in Fettdruck):

mann schlaf **in** höhle

tochter sammel frucht   dreh kopf   seh mammut

tochter renn **zu** baum **und** kletter **auf ihn**   mammut schüttel baum

tochter kreisch kreisch   vater renn **zu ihr**

er werf speer **nach** mammut   **es** brüll **und** fall

mit stein vater schneid fleisch **für** tochter

sie ess

Die Bande der Anhängsel

Die Mammutgeschichte sieht jetzt schon erheblich weniger «minimalistisch» aus als die Version zu Beginn des Kapitels. Gleichwohl fehlen darin immer noch entscheidende Merkmale neuzeitlicher Sprachen. Bevor wir uns diese genauer ansehen, sind einige warnende Worte angebracht. Die Merkmale, die wir jetzt noch ableiten müssen, sind einigermaßen abstrakt und daher komplizierter als alles, was wir uns bisher angesehen haben. Auf den Rest des Kapitels kann man sich daher nicht leichtfertig oder mutwillig einlassen. Sofern Sie das Gefühl haben, dass Sie den Kern der Argumentation mittlerweile überblicken und die allgemeinen Prinzipien hinreichend verstanden haben, möchten Sie vielleicht lieber gleich zum Schlussabschnitt dieses Kapitels und zum Nachwort übergehen. Falls Sie aber doch herausfinden möchten, wie sich einige der grundlegenden Konstruktionsmerkmale der Sprache – etwa die hierarchische Struktur von Sätzen – herausgebildet haben könnten, dann machen Sie sich einen starken Kaffee und lesen Sie weiter.

Das vielleicht wichtigste Merkmal, das unserer Sprache noch fehlt, ist die Form der Beteiligten selbst. Bislang wurde jeder Beteiligte durch ein einziges Dingwort wie «Stein», «Baum» oder «Tochter» dargestellt. In neuzeitlichen Sprachen kann aber jeder Beteiligte durch eine ganze Phrase repräsentiert werden, in der das Dingwort von einem Gefolge von Anhängseln umgeben ist, die zusätzliche Informationen darüber liefern: ein scharfer Stein, der nächste Baum, seine verängstigte Tochter, einige Stücke Fleisch. In unseren Ohren klingt diese Anordnung so selbstverständlich, dass man sich nur schwer vorstellen kann, wie es jemals anders sein konnte, oder gar zu erkennen vermag, dass sich hier etwas Bemerkenswertes abspielt. Wenn man aber einmal über die Sache nachdenkt, dann erscheint die Fähigkeit von Sätzen, sich aus Bausteinen zusammensetzen zu lassen, die selbst mehrteilige Phrasen sind, bald als eine wirkliche Ingenieurleistung. Diese Fähigkeit gestattet es uns, in der Sprache das zu tun, was nicht einmal der geschickteste Architekt zuwege bringen kann: in jeden Baustein eine beinahe unbegrenzte Menge an Substanz hineinzustopfen, ohne dabei aber die Konturen seiner Form irgendwie zu verzerren. Oder anders gesagt, sie erlaubt uns, in die Beschreibung eines der Beteiligten Anhängsel einzufügen, ohne dass dies jedoch irgendwelche Auswirkungen auf die Funktion dieses Beteiligten im Satz hat. Die Fähigkeit jedes einzelnen Beteiligten, sich zu einer komplexen Phrase zu entwickeln, wird sich als Schlüssel zu einem nicht geringeren Prinzip als dem der hierarchischen Organisation des Satzes erweisen. Wie aber könnte sich dieses Schema entwickelt haben? Anstatt die gesamte Bande der Anhängsel auf einmal zu behandeln, können wir mit nur einem einzigen, anschaulichen Beispiel beginnen, das vielleicht das archetypische Anhängsel darstellt: mit Eigenschaftswörtern wie «scharf» oder «rot».

Zunächst einmal: Wo kommen die Namen für Eigenschaften eigentlich her? Eigenschaftswörter gehörten nicht zu den primären Ausdrücken unseres Ausgangsstadiums, weil sie sich von den verfügbaren Rohmaterialien ableiten lassen: von Wörtern für konkrete Gegenstände und für einfache Handlungen. Um ein Gefühl für den Vorgang zu bekommen, um den es hier geht, braucht man sich nur ein paar Farbbezeichnungen wie «orange», «oliv», «violett» oder «silbern» in Erinnerung zu rufen. Sie alle werden heutzutage gewöhnlich als normale Eigenschaftswörter verwendet («ihr Kleid ist orange», «ultraviolettes Licht» und dergleichen), aber ihre Herkunft scheint immer noch durch. Ursprünglich bezogen sie sich auf bestimmte Gegenstände (Früchte, Blumen, Metalle), die eine auffällige Eigenschaft besaßen, nämlich ihre Farbe, und so wurde das ursprüngliche Dingwort ganz allgemein verwendet, um die Farbe selbst zu bezeichnen. Zwar mag es nun bei allen diesen Beispielen um eher ausgefallene Farben gehen, aber grundlegendere Farbwörter sind häufig auf dieselbe Weise entstanden. «Rot» beispielsweise kommt manchmal von «Blut» wie etwa in den semitischen Sprachen, wo *dam* («Blut») die Quelle für *adam* («rot») ist (und daher rührt übrigens auf dem Wege über das hebräische Wort für «roten Staub» der Name *Adam*, «Mann»). In ähnlicher Weise geht das Wort für «grün» häufig auf Bezeichnungen zurück, die etwas mit «Blatt» zu tun haben, oder auf ein Verb, das «wachsen» bedeutet (so etwa im Deutschen, wo sich «grün» auf eine germanische Wurzel *$gr\bar{o}a$ zurückführen lässt; vgl. das englische Verb «grow»). Und derartige Verfahren zur Ableitung von Eigenschaftswörtern beschränken sich auch nicht auf Farben. Nehmen wir an, Sie hören einen Politiker über das «Mammutdefizit» der Regierung klagen – da würden Sie sich nicht vorstellen, dass er die Regierung tadelt, weil die Population der Mammuts auf ein gefährlich niedriges Niveau herabgesunken ist. Das Wort «Mammut» ist hier einfach herangezogen worden, um ganz allgemein eine bestimmte Eigenschaft dieser Spezies zu bezeichnen, nämlich die gigantische Größe. Und wenn man sich in den Sprachen der Welt umsieht, findet man ähnliche Quellen für zahlreiche andere Eigenschaftswörter: «klein» ist oft von «Kind» abgeleitet, «stark» kann von «Jugendlicher» kommen und «scharf» von «Zahn» oder «Scherbe». Demnach ist es wahrscheinlich, dass in ferner Vorzeit ähnliche Prozesse dafür verantwortlich waren, Eigenschaftswörter hervorzubringen.

Wenn wir uns aber die Entstehung von Eigenschaftswörtern vorstellen, haben wir erst die Hälfte des Weges zu einem Verständnis ihres Wesens zurückgelegt, denn in neuzeitlichen Sprachen verfügen Eigenschaftswörter nicht nur über eine, sondern über zwei ganz verschiedene Existenzen. Einerseits treten sie als stolze und unabhängige Glieder des Satzes auf: in einer Phrase wie «der Stein ist scharf» stellt «scharf» die zentrale Behauptung über den Stein auf und gehört somit zum Kern des Satzes. «Scharf» erfüllt hier eine Funktion, die ziemlich ähnlich ist wie die eines Handlungswortes (etwa in «der Stein fiel»). Andererseits aber führen Eigenschaftswörter auch noch ein anderes, weniger glamouröses Leben. In «der scharfeStein fiel» ist «scharf» kein unabhängiges Glied des Satzes, sondern es lebt nur im Schatten des Steins und existiert nur als Anhängsel zu dem Wort «Stein».

Dieses Doppelleben der Eigenschaftswörter zu erklären ist eine komplizierte Aufgabe, und insbesondere bei der Erkundung des Ursprungs ihrer zweiten Rolle, ihres untergeordneten Lebens als Anhängsel, sind einige abstrakte und zwangsläufig spekulative Ausführungen erforderlich. In Anhang F («Das Doppelleben der Eigenschaftswörter») vertrete ich die Ansicht, dass sich Eigenschaftswörter für die Inkarnation in ihrem niederen Leben Zeigewörter wie «hier» oder «dies» zum Vorbild genommen haben könnten. Wenn Sie darüber Genaueres lesen wollen, können Sie also zu Anhang F greifen. Sofern Ihnen aber das allgemeine Prinzip genügt, können wir fortfahren und sehen, wie sich das niedere Leben der Eigenschaftswörter als Fundament für etwas weitaus Grundlegenderes erweist, nämlich für die gesamte hierarchische Struktur des Satzes. Das Prinzip, um das es hier geht, ist die Fähigkeit eines Beteiligten wie [stein], durch eine ganze Phrase repräsentiert zu werden. Wenn sich eine Phrase wie [scharf stein] als bezugnehmender Ausdruck – d. h. als eine Phrase, die auf einen bestimmten Gegenstand «deutet» – etabliert hat, dann kann sie an jeder beliebigen Stelle des Satzes eingefügt werden, an der vorher [stein] selbständig auftreten konnte: «bring mir [scharf stein]», «vater werf [scharf stein] nach mammut». Und das Entscheidende ist, dass sich all das abspielt, ohne dass die Primärebene des Satzes, die Grundaussage darüber, «wer was wem antut», irgendwie berührt würde. Was wir damit also zum ersten Mal haben, ist eine mehrstöckige Struktur, denn «scharf» ist in solchen Sätzen wirklich nur ein Anhängsel, das um «Stein» herumtanzt und in keiner unmittelbaren Beziehung zu einem anderen Element des Satzes steht.

Natürlich sieht die aus zwei Wörtern bestehende Phrase [$_{scharf}$stein] an und für sich nicht gerade wie eine revolutionäre mehrstöckige Struktur aus, aber wenn die Fundamente einmal gelegt sind, kann sich ein ganzes neues Gebäude erheben und auf ihnen ruhen. Sobald das Prinzip der Anhängselschaft erst einmal mit der einen Art von Anhängsel etabliert ist, sind die Schleusen geöffnet, und ein Strom von anderen Typen kann hereinströmen: Pluralkennzeichen (speer$_e$), Quantoren ($_{jeder}$speer), Artikel ($_{der}$speer), Possessiva (speer$_{des\ vaters}$) und so weiter. Hier einige Beispiele für die gängigen Quellen, aus denen sich derartige Anhängsel entwickeln können:

- *Possessiva.* Es gibt verschiedene Wege, auf denen sich possessive Anhängsel ausbilden können, und die deutsche Konstruktion mit «von» zeigt ein verbreitetes Verfahren. Die ursprüngliche (und natürlich immer noch gängige) Bedeutung der Präposition «von» war die Beschreibung einer physischen Richtung: «ein Stück von diesem Kuchen» bedeutet wörtlich «ein Stück, das von diesem Kuchen her kommt». Ein Prozess des Abstrahierens führte dann aber dazu, dass die Bezeichnung des physischen Aspekts des Von-Etwas-her-Kommens auch die Eigenschaft eines allgemeineren Zu-diesem-Etwas-Gehörens ausdrückte, so dass wir heute, wenn wir «ein Freund von mir» sagen, damit nicht meinen, dass dieser Freund aus unserem Körper hervorgegangen ist.
- *Quantoren* wie «manche», «jeder» und «alle», die in modernen Sprachen zur Durchführung komplexer logischer Operationen verwendet werden, entwickeln sich häufig aus viel einfacheren Eigenschaftswörtern. Wörter für «alle» sind beispielsweise oft von dem Eigenschaftswort «ganz» abgeleitet, wie es das französische *tout* und das italie-

nische *tutti* zeigen, die beide von lateinisch *totus* («ganz») abstammen. Die begriffliche Verknüpfung zwischen «ganz» und «alle» verläuft wahrscheinlich über kollektive Gebilde wie «Gruppe», «Herde» und dergleichen. Wenn die «ganze Gruppe» anwesend ist, dann heißt das, dass *alle* Mitglieder der Gruppe da sind, und über diese Assoziation kann die Eigenschaft «ganz» auf den logischen Begriff der Einschließung ausgedehnt werden.

Quantoren, die kleine Mengen bezeichnen, entwickeln sich häufig aus Substantiven, die kleine Dinge bezeichnen. Das deutsche «ein Bisschen» bedeutet natürlich wörtlich «ein kleiner Bissen», aber dieser Ausdruck ist dahingehend verallgemeinert worden, dass er auch Dinge bezeichnen kann, in die sich ganz eindeutig nicht hineinbeißen lässt. Das moderne Hebräisch hat einen ähnlichen Quantor entwickelt: «ein Tropfen». Ein Ausdruck, der als Bezeichnung einer kleinen Flüssigkeitsmenge begann («ein Tropfen Wasser»), ist für kleine Mengen schlechthin verallgemeinert worden, so dass man jetzt sagen kann «geben Sie einen tropfen Salz hinzu» oder «lass mich einen tropfen denken».

- *Pluralkennzeichen* entwickeln sich häufig aus dem Quantor «alle» oder aus ihrem Wesen nach pluralischen Ausdrücken wie «Leute». Ein Beispiel hierfür sieht man in Dialekten der amerikanischen Südstaaten, in denen sich mit *y'all* eine Pluralform des Pronomens *you* entwickelt hat, die offensichtlich eine Zusammenziehung von *you all* darstellt. Das niederländische Pronomen der 2. Person Plural, *jullie*, ist auf ähnliche Weise, durch Zusammenziehung von *jou lui* («ihr Leute»), entstanden.

- *Artikel* Bestimmte Artikel kommen durchgängig von Zeigewörtern (Demonstrativa), und «der», «die», «das» im Deutschen bilden hier keine Ausnahme. Das englische *the* ist in gleicher Weise lediglich eine abgeschliffene Form von *that*. Unbestimmte Artikel gehen im Allgemeinen auf das Zahlwort «eins» zurück, wie das offensichtlich im Deutschen und Französischen der Fall ist. Ebenso ist das englische *a* eine verkürzte Form von *an*, das wiederum eine Kurzform von *one* darstellt.

Dies sind selbstverständlich nicht alle möglichen Anhängsel, aber der Rest dürfte sich auf ähnliche Weise entwickelt haben. Und wenn das

Prinzip der Anhängselschaft erst einmal etabliert ist, kann das Dingwort ein immer längeres und komplizierteres Gefolge von Anhängseln an sich ziehen, denn wenn sich *ein* Anhängsel hinzufügen lässt, ohne dadurch die Hauptebene des Satzes zu beeinträchtigen, warum sollte man es dann dabei bewenden lassen? Anhängsel können also kumuliert werden: $_{\text{der}}$ $_{\text{scharfe}}$Stein$_{\text{des Vaters}}$; und darüber hinaus kann jedes Anhängsel selbst noch komplexer werden, indem es seinerseits Anhängsel an sich zieht. Ein Dingwort, das als Anhängsel dient, kann beispielsweise eigene Anhängsel annehmen wie in $_{\text{der}}$Stein$_{\text{des alten Vaters}}$. Und selbst Eigenschaftswörter können in den Formen des Komparativs und des Superlativs – schärf$_{\text{er}}$, höch$_{\text{ste}}$ – ihre eigenen Anhängsel annehmen. Superlative zum Beispiel sind häufig von dem Quantor «alle» abgeleitet, so in Ausdrücken wie «hoch$_{\text{von allen}}$».

Bei einigen der obengenannten Beispiele haben wir sogar einen Mechanismus, der sich mehrfach wiederholen lässt: «die Handtasche der Tante$_{\text{der Frau}}$$_{\text{ihres Liebhabers}}$». Der letzte Abschnitt dieses Kapitels schildert, wie sich dieses Prinzip schließlich so ausweiten lässt, dass ein ganzer Satz in einen Status der Anhängselschaft versetzt wird und auf diese Weise untergeordnete Sätze entstehen. Bis wir an diesen Punkt gelangen, bedarf es zwar noch einiger weiterer Schritte, aber die Fundamente für die Unterordnung sind schon hier gelegt worden.

Mit Anhängseln aller Art ausgeschmückt könnte die Mammutgeschichte nun ungefähr so aussehen:

ein mann schlaf in **einer** höhle

seine tochter sammel früchte   dreh **den** kopf

seh **ein riesiges** mammut

sie renn zu **dem nächsten** baum   und kletter auf ihn

das mammut schüttel **den** baum   **die** tochter kreisch kreisch

ihr vater hör **laute** geräusche **aus dem Wald** und renn zu ihr

er werf **seinen** speer nach **dem** mammut   und es brüll und fall

mit **einem scharfen** stein **der** vater schneid **einige stücke von**

dem fleisch für **seine** tochter

sie ess

Vom Substantiv zum Verb und zurück

Bisher habe ich die Etiketten «Substantiv» und «Verb» bei der Beschreibung unserer sich entwickelnden Sprache vermieden und die Wörter lediglich auf Grund ihrer Bedeutung in Dingwörter und Handlungswörter eingeteilt. Zu Beginn des Kapitels habe ich erklärt, dass die Unterscheidung der Bedeutung von Dingen und Handlungen viel tiefer reicht als die Sprache – sie ist ein grundlegendes Merkmal des menschlichen Erkenntnisvermögens, welches der Sprache um Millionen von Jahren vorangeht. Die syntaktischen Kategorien Substantiv und Verb hingegen haben einen ganz anderen Status und stellen eine rein sprachinterne Arbeitsteilung dar, die nicht durch die Bedeutung bestimmt wird, sondern durch die Rolle, die ein Wort im Satz annimmt. Wie in Anhang A («Kategorienwechsel») ausgeführt wird, beruhen die syntaktischen Kategorien Substantiv und Verb auf der Verteilung, d. h. auf den jeweiligen ‹Slots› (Leerstellen), an denen Wörter im Satz auftreten. In den Sprachen der Gegenwart gibt es zahlreiche Substantive, die keine materiellen Dinge sind: beispielsweise ist eine «Woche» kein Gegenstand, sondern eine Zeitspanne, und «Bewegung» ist in Wirklichkeit die Bezeichnung einer Handlung. Dennoch sind beide Ausdrücke ganz regelrechte Substantive, weil sie dieselbe Verteilung aufweisen wie andere Substantive und an Slots im Satz auftreten, die für Substantive charakteristisch sind, beispielsweise in der Fügung «eine lange X». «Eine lange *Woche*» können wir ebenso problemlos sagen wie «eine lange *Nase*». In neuzeitlichen Sprachen lässt sich daher die Verteilung eines Wortes nicht allein auf Grund seiner Bedeutung vorhersagen, und darum ist eine syntaktische Kategorie wie «Substantiv» so wichtig, um die Funktionsweise der Sprache zu verstehen. Die Wörter «explodieren» und «Explosion» beziehen sich beide auf genau denselben gewaltsamen Vorgang, aber sie spielen im Satz ganz unterschiedliche Rollen: Der erste Ausdruck verhält sich wie «gehen» und «schlafen», der zweite dagegen wie «Tisch» oder «Tennisball». Will man also vorhersagen, in welche Beziehungen diese beiden Wörter im Satz eintreten werden, dann muss man wissen, dass das eine ein Verb ist und das andere ein Substantiv.

Wenn nun aber die syntaktischen Kategorien «Substantiv» und «Verb» derart wichtig sind, warum habe ich sie dann bislang ignoriert und mich nur auf die Unterscheidung zwischen Ding und Handlung gestützt? Der Grund hierfür ist, dass wir meiner Ansicht nach «Substantiv» und «Verb» nicht als uranfängliche, gottgegebene Begriffe aufzufassen haben. So überaus wichtig diese syntaktischen Kategorien für die Struktur neuzeitlicher Sprache sein mögen, sie haben sich wahrscheinlich erst in einer späteren Phase der Sprachentwicklung herauskristallisiert.

Im «Ich-Tarzan»-Stadium brauchten wir die syntaktischen Kategorien Substantiv und Verb nicht, weil der Wortschatz nur aus Wörtern für konkrete Dinge und Handlungen bestand und keine Wörter für abstrakte Begriffe vorkamen. Etwaige Unterschiede der Verteilung zwischen Dingen und Handlungen waren eine direkte Folge des Bedeutungsunterschieds, und daher ließ sich das Verhalten jedes Wortes in den primitiven Sätzen unmittelbar auf Grund seiner Bedeutung vorhersagen. In den ersten Stadien unserer sich entwickelnden Sprache war also eine besondere syntaktische Unterscheidung zwischen «Substantiv» und «Verb» einfach nicht erforderlich.

Im Zuge der in den letzten Abschnitten skizzierten Entwicklungen tritt jetzt jedoch eine neue Situation ein. Das Aufkommen von Ausdrücken für abstrakte Begriffe hat die Brauchbarkeit der Bedeutung als korrekten Indikator für syntaktische Verteilung untergraben. Der Übergang vom Konkreten zum Abstrakten hat zahlreiche Wörter für Begriffe hervorgebracht, die keine materiellen Gegenstände mehr sind, die sich aber im Satz wie Dingwörter verhalten.

Beispielsweise konnte man jetzt das Dingwort «Sonne» für «Tag» verwenden oder «Mond» für «Monat» gebrauchen; «Kehle» konnte zur Quelle von «Klang» oder «Leben» oder «Seele» werden; aus «Weg» konnte «Art und Weise» oder «Zustand» hervorgehen; in Kapitel 4 habe ich viele derartige Beispiele angeführt. Die abstrakten Begriffe, die sich so ergeben, sind keine Dingwörter mehr, aber sie haben ihre syntaktischen Eigenschaften von den Dingwörtern geerbt. Somit hat sich eine neue Kategorie von Wörtern herausgebildet, die wir als Substantive bezeichnen können und zu der nicht nur eigentliche Dingwörter gehören, sondern auch abstrakte Begriffe, die sich im Satz dennoch wie Dingwörter verhalten.

Sprachen haben sogar spezialisierte grammatische Mechanismen entwickelt, um Substantive für abstrakte Begriffe nach Bedarf zu bilden. Denken wir an eine deutsche Nachsilbe wie -*heit*, die sich mit einem

Fleisch-und-Blut-Dingwort wie «Kind» verbinden kann und es in den abstrakten Ausdruck «Kindheit» überführt. Die Entwicklung derartiger vorgefertigter Abstraktionskennzeichen kann die mittlerweile vertrauten Wege der Erosion von Bedeutung und Lautbild einschlagen. Die Nachsilbe *-heit* begann ihr Dasein als eigenständiges Substantiv mit der Bedeutung «Person, Gestalt, geistlicher Stand». Dieses Substantiv *heit* wurde aber auch in possessiven Konstruktionen wie *kind-heit* oder *kindes-heit* («geistlicher Stand eines Kindes») mit Substantiven verbunden, und bei häufigem Gebrauch verschmolzen die beiden Substantive zu einem einzigen Wort. Ähnliche Entwicklungen finden sich in vielen anderen Sprachen, und so können wir ohne weiteres annehmen, dass sie sich in ferner Vorzeit auf ganz ähnliche Weise abgespielt haben müssen. Somit haben Sprachen Mittel dazu entwickelt, mit abstrakten Begriffen zu operieren, indem sie sie *als* Dinge hinstellen und die entsprechenden Ausdrücke wie Dingwörter behandeln.

Das Beeindruckendste an der Abkopplung der syntaktischen Unterscheidung zwischen Substantiv und Verb von der bedeutungsbezogenen Unterscheidung zwischen Dingen und Handlungen ist jedoch die Fähigkeit von Sprachen, Dingwörter in Verben zu verwandeln («ölen», «lausen», «fischen») und Handlungswörter in Substantive («Bewegung», «Explosion»). Wie so vieles andere in der Sprache nehmen wir alle diese Erscheinungen als selbstverständlich hin, aber die syntaktischen Verrenkungen, die für derartige Transformationen erforderlich sind, stützen sich tatsächlich auf höchst ausgeklügelte Mechanismen.

Versucht man herauszufinden, wie sich die Verfahren solcher syntaktischer Verrenkungen entwickelt haben könnten, dann stößt man schon bald auf eine ausgeprägte Asymmetrie zwischen den beiden Richtungen, denn die Verwandlung von Substantiven in Verben ist das erheblich einfachere Verfahren. Viele Sprachen können ein Substantiv nehmen und es ohne weitere Umstände in den Slot eines Verbs einfügen, wo es dann eine Handlung ausdrückt, die in irgendeiner Beziehung zu dem fraglichen Ding steht: «fischen» heißt «Fische fangen», «häuten» heißt «die Haut abziehen» und so weiter. Mit dieser Operation sind kaum begriffliche Schwierigkeiten verbunden, denn es ist daran kein Element der Abstraktion beteiligt. Da dieser Vorgang so leicht und natürlich aussieht, kann man annehmen, dass derselbe Trick auch unseren fernen Vorfahren problemlos erschien. Wenn sie über eine Handlung sprechen wollten, für die es keinen handlichen Ausdruck gab, etwa von einem erlegten Tier die Haut entfernen, wäre es somit eine naheliegende Wahl gewesen, das charakteristische Dingwort zu nehmen, das an dieser Handlung beteiligt war («Haut»), und es in einem verbalen Slot zu verwenden.

Die Transformation in die andere Richtung ist jedoch eine andere Sache. Die Verwandlung einer Handlung in ein Substantiv (ein Vorgang, der von Linguisten als Nominalisierung bezeichnet wird) ist ein erheblich komplizierterer Vorgang, für den man in vielen Sprachen schweres grammatisches Geschütz auffahren muss, beispielsweise verschiedene Arten von Vor- oder Nachsilben: *-ung* (*Bewegung*), *-ion* (*Explosion*), *ge-* (*Gefühl*), *-age* (*Massage*) und so fort. Es besteht anscheinend auch eine grundlegende Asymmetrie beim begrifflichen Status der Konversionsergebnisse in den beiden Richtungen. Ich sagte gerade, dass «häuten» eine einfache materielle Handlung ist, an der keine Abstraktion beteiligt zu sein braucht: Das Verb ist nur ein praktisches Etikett für eine bestimmte Aktivität, die etwas mit «Haut» zu tun hat. Eine «Explosion» ist jedoch nicht nur ein bestimmter Gegenstand, der irgendwie an dem Vorgang «explodieren» beteiligt ist – sie ist weder eine Bombe noch ein Zünder oder eine Scherbe. «Explosion» ist die Handlung selbst, irgendwie als Ding begrifflich gefasst. Sie ist somit ein Begriff auf einer höheren Abstraktionsebene.

Wie könnte sich die Fähigkeit zum Nominalisieren – also zur Darstellung von Handlungen als Substantiven – entwickelt haben? Diese Frage bereitet größere Schwierigkeiten als das Verständnis der Umwandlungen in die andere Richtung, ist aber aus irgendwelchen Gründen von Linguisten bislang weitgehend vernachlässigt worden; daher stellt die Herausbildung der grammatischen Mechanismen der Nominalisierung bis zu einem gewissen Grade ein unerforschtes Gebiet dar. Klar zu sein scheint aber, dass sich Nominalisierungskennzeichen auf recht verstohlene Weise entwickeln. Sie beginnen ihr Dasein in bescheideneren Rollen, und dann erwerben sie durch wendige Manöver wie analogische «Rückbildung» die Fähigkeit zur Nominalisierung.

Das französische Nominalisierungselement *-age* liefert ein Beispiel dafür, wie sich solche Manöver bewerkstelligen lassen. Im heutigen Französisch ist *-age* eine Nachsilbe, die man an Verben aller Größen, Formen und Farben anhängen kann, um sie in Substantive zu verwandeln: so entstehen *arrivage* («Ankunft», von *arriver* «ankommen»), *chauffage*

(«Heizung», von *chauffer* «heizen»), *démontage, nettoyage* und viele viele andere. Im Altfranzösischen begann *-age* aber in einer viel bescheideneren Rolle. Ganz ähnlich wie die deutsche Nachsilbe *-heit* hatte *-age* lediglich die Funktion, Substantive in abstraktere Substantive zu verwandeln: *frer-age* («Bruder-heit»), *homm-age, cor-age* («Herz-heit»; später *courage* geschrieben) und dergleichen.

An Verben schlich sich die Nachsilbe *-age* erst später heran, und zwar über einen analogischen Prozess der Rückbildung. Erinnern wir uns, dass wir im vorigen Kapitel einigen Ergebnissen von Rückbildung begegnet sind, beispielsweise den Fällen, in denen das Substantiv «Wahnsinn» vom Adjektiv «wahnsinnig» hergeleitet wurde. In ähnlicher Weise verlieh man dem Suffix *-age* wahrscheinlich die Fähigkeit, ein Verb in ein Substantiv zu verwandeln, als Sprecher ein bestimmtes Muster «in umgekehrter Richtung» anwendeten, das heißt in einer vom historischen Standpunkt gesehen verkehrten Richtung. Die Sache könnte folgendermaßen abgelaufen sein.

Es gab im Französischen das Substantiv *mari* («Gemahl, Ehemann»), an das das Element *-age* direkt angehängt wurde, was dann *mari-age* ergab, ein Wort, das so etwas wie «Gemahlheit» (das heißt «Stand des Gemahls» oder «Ehestand») bedeutete. Substantive konnten im Französischen aber auch leicht in Verben verwandelt werden, indem man sie einfach auf Slots für Verben setzte (wie gesagt ist die Entwicklungsrichtung SUBSTANTIV → VERB der bei weitem unproblematischere Fall), und so brachte das Substantiv *mari* auch das Verb *marier* («vermählen») hervor. Somit gab es in der Sprache zwei verschiedene Wörter, die beide von dem ursprünglichen Substantiv *mari* abgeleitet waren: das abstrakte Substantiv *mariage* und das Verb *marier*. Da sich aber *mariage* und *marier* bedeutungsmäßig so nahe stehen, wäre es für Sprecher naheliegend zu vergessen, dass das ursprüngliche Bindeglied zwischen ihnen das Substantiv *mari* war, und stattdessen anzunehmen, dass das abstrakte Substantiv *mari-age* direkt von dem Verb *marier* abgeleitet war. Aus historischer Sicht war diese Annahme falsch, denn der einzige Grund, weshalb *mari-age* die Handlung des Verbs *marier* repräsentierte, lag darin, dass das Verb selbst von dem Substantiv *mari* abgeleitet war. Wie üblich hatten die Sprecher aber keine Ahnung von der historischen Perspektive, und so nahmen sie ein einfaches Muster an: VERB (*mari-er*) + *age* → ABSTRAKTES SUBSTANTIV (*mari-age*).

Dadurch, dass sie irrigerweise dieses Muster erschlossen, verliehen sie der Nachsilbe -*age* tatsächlich weitreichende neue Befugnisse: Sie konnte sich jetzt mit einer Handlung verbinden und sie in ein abstraktes Substantiv verwandeln. Von hier konnten Sprecher dieses Suffix auf andere Verben ausdehnen, selbst auf solche, die ursprünglich nie von Substantiven abgeleitet waren wie etwa *nettoyer* «säubern» → *nettoyage* «Säuberung», *assembler* → *assemblage, arriver* → *arrivage* und so weiter. Durch ihre «unkorrekte» Schlussfolgerung haben die Sprecher also im Ergebnis ein Nominalisierungssuffix geschaffen.

Die Geschichte der Nominalisierungselemente in anderen Sprachen wie etwa des deutschen -*ung* scheint tatsächlich ganz ähnlich auszusehen. Und so ist die Vermutung nicht unglaubwürdig, dass sich die Fähigkeit, Verben in Substantive zu verwandeln, in ferner vorgeschichtlicher Zeit auf vergleichbare Weise entwickelt hat. Die Sprachen könnten auf diese Weise die grammatischen Mechanismen erworben haben, um von Verben alle möglichen Arten abstrakter Substantive zu bilden. Diese Fähigkeit mag an und für sich nicht so aussehen, als sei sie ein derart revolutionärer Schritt, aber sie hat weitreichende Konsequenzen. Wie wir gleich sehen werden, dient die Nominalisierung als einer der beiden Hauptpfeiler, auf denen das gesamte Gebäude der Unterordnung ruht.

Die Nuancen der Handlung

Ein ganzer Bereich der Grammatik, der unserer in Entfaltung begriffenen Sprache immer noch fehlt, sind die verschiedenen Nuancen der Handlung: «er schreit», «sie schrie», «wird schreien», «muss geschrien haben», «wurde dazu veranlasst zu schreien» und so fort. Tatsächlich ist aber ein großer Teil dieses Terrains schon in vorangegangenen Kapiteln beackert worden. Beispielsweise wurde in Kapitel 5 mit dem englischen *going to* und dem französischen *aimera* gezeigt, wie sich Futurkennzeichen entwickeln können.

Markierungen anderer Nuancen können sich auf ganz ähnliche Weise herausbilden. Kennzeichnungen des Präteritums entwickeln sich beispielsweise oft aus «kommen von» (wie in französisch *il vient d'arriver* «er ist eben angekommen»), und Markierungen für die Vollendung einer Handlung (Perfekt) gehen oft entweder auf das Verb «beenden» zurück oder –

wie im deutschen Satz «sie hat einen Brief geschrieben» – auf den Begriff des Habens. (Wenn Sie einen geschriebenen Brief *haben*, dann heißt das, dass Sie ihn [fertig] geschrieben *haben*.) Solche Kennzeichen einer vollendeten Handlung können sich dann ihrerseits in allgemeinere Zeichen für das Präteritum verwandeln, wie sich das beim deutschen Perfekt beobachten lässt, das jetzt allgemeiner als einfaches Präteritum gebraucht wird.

Auch Nuancen der Verpflichtung haben ihren Ursprung häufig in Verben des Besitzes. Den engen Zusammenhang zwischen «haben» und Verpflichtung erkennt man deutlich in Ausdrücken wie «er *hat* zu gehorchen». Das hier wirksame Bild ist anscheinend, dass man für die Dinge, die man besitzt, verantwortlich ist, und wenn einem eine Handlung «gehört», dann gehört sie der eigenen Verantwortungssphäre an, und darum hat man die Pflicht, sie zu vollziehen.

Kennzeichen der Verpflichtung können in noch subtilere Bereiche ausstrahlen und zu Indikatoren der Wahrscheinlichkeit werden. Den engen Zusammenhang zwischen Verpflichtung und Wahrscheinlichkeit veranschaulicht eine Anekdote aus der Sowjetzeit. Man erzählt, wie Fidel Castro bei einem Staatsbesuch in Moskau von Leonid Breschnjew durch die Hauptstadt geführt wird. Als erstes lädt man Castro zu einem Bier ein, das er in einem Zug herunterkippt und in den höchsten Tönen lobt. «Ja», sagt Breschnjew, «das haben unsere guten Freunde aus der Tschechoslowakei geliefert.» Dann wird Castro durch die Stadt kutschiert, und er ist sehr angetan von der Limousine. «Ja», sagt Breschnjew, «diese Autos werden von unseren guten Freunden aus der Tschechoslowakei geliefert.» Wenig später besuchen sie eine Ausstellung von schönem Kristallglas, und Castro findet gebührend lyrische Worte. «Ja», sagt Breschnjew, «das Kristall wird von unseren guten Freunden aus der Tschechoslowakei geliefert.» «Das müssen sehr gute Freunde sein», entgegnet Castro. «Ja», sagt Breschnjew, «das müssen sie.»

Bei Castro ist das «müssen» eine Aussage über Wahrscheinlichkeit, während es bei Breschnjew natürlich ein Diktat der Verpflichtung darstellt. In dieser Anekdote ist es Breschnjews plumpes «müssen», das unerwartet die Bedeutung verschiebt, aber aus historischer Perspektive stellt diese Variante tatsächlich die ursprüngliche Bedeutung dar, während Castros «müssen» nur davon abgeleitet ist. Tatsächlich ist die Ausweitung von Verpflichtungskennzeichen auf das Gebiet der Wahrscheinlichkeit ein äußerst gängiges Verfahren. Im Deutschen haben praktisch alle ursprünglichen Kennzeichen von Verpflichtung und Erlaubnis auch eine Bedeutung der Wahrscheinlichkeit angenommen: «sie *müssen* sehr gute Freunde sein», «sie *sollten* das Ergebnis in der nächsten Woche bekommen», «er *dürfte* sie getroffen haben», «es *kann nicht* passiert sein». Die Logik hinter dem verbreiteten Übergang von Verpflichtung zu Wahrscheinlichkeit ist einfach die, dass im wirklichen Leben das Gewicht der Verpflichtung, etwas zu tun, stark mit der Wahrscheinlichkeit korreliert, dass man es tun wird.

Zusätzlich zu den Standardnuancen, bei denen es darum geht, wann und wie etwas getan wird und wie der Sprecher dazu steht, haben neuere Sprachen schließlich auch Mittel entwickelt, um spezifischere Informationen über die Art und Weise einer Handlung zu vermitteln, so etwa die Verwendung von Adverbien wie «plötz-lich» oder «teil-weise». Ausgangspunkt von grammatischen Elementen, die zu Adverbien führen, ist oft ein eigenständiges Substantiv, das so etwas wie «Art und Weise», «Weg» oder «Zustand» bedeutet. Das deutsche *-lich* beispielsweise geht auf ein protogermanisches Substantiv **līka* («Leiche, Körper») zurück, das dann auch als Ausdruck für «Erscheinung» und «Art und Weise» diente.

Alle genannten Beispiele stellen verbreitete und ständig wiederkehrende Wege dar, auf denen sich in einer Sprache nach der anderen Kennzeichen für Verbnuancen entwickeln. Und so ist es wahrscheinlich, dass es in ferner vorgeschichtlicher Zeit auf ganz ähnlichen Wegen zum ersten Auftreten grammatischer Kennzeichnungen von Verbnuancen gekommen ist. Nachdem diese neuen Elemente – syntaktische Kategorien, Nuancen der Handlung, Adverbien und nominalisierte Verben wie «Bewegung» – etabliert sind, könnte unsere Geschichte jetzt etwa folgendermaßen aussehen:

Ein Mann **schlief eines Tages** in einer Höhle. Seine Tochter sammelte Früchte. Sie hörte **plötzlich eine Bewegung** hinter sich. Sie drehte den  Kopf und **sah** ein riesiges Mammut. Sie **rannte zu dem** nächsten Baum und kletter**te hinauf**. Das Mammut schüttelte den Baum **heftig**. Die Tochter kreischte **fürchterlich**. Ihr Vater hörte laute **Schreie** aus dem Wald. Er **dachte**: Meine Tochter **muss** in **Gefahr sein**. Er packte seinen Speer und rannte zu ihr. Er **warf** seinen Speer **geradewegs** nach dem Mammut, und das Mammut **stieß** ein **Gebrüll aus** und **fiel** auf die Erde. Mit einem scharfen Stein **schnitt** der Vater einige Stücke von dem Fleisch für seine Tochter **ab**. Sie **aß** sie **auf**.

Unterordnung

Unsere Sprache hat jetzt nuancierte Handlungen, sie hat Pronomina, sie hat kompaktere Sätze mit vielen verschiedenen Beteiligten, und sie hat Beteiligte, die wiederum von einem Gefolge von Anhängseln umgeben sein können. Nunmehr gibt es nur noch ein einziges wichtiges Merkmal, welches fehlt, eine Eigenschaft, die häufig als das Juwel in der Krone der Sprache und als das beste Beispiel für die Genialität ihrer Konstruktion gepriesen wird: die Fähigkeit, einen ganzen Satz unter einen anderen zu subsumieren und auf diese Weise Ausdrücke von unendlicher Vielfalt hervorzubringen, wie wir sie in den immer komplizierteren Beschreibungen der Robbe aus Kapitel 1 finden:

- Die Robbe
- Die Robbe_{die einen Fisch betrachtete}
- Die Robbe_{die einen ziemlich attraktiven Fisch betrachtete}_{der immer wieder aus dem Wasser schnellte}

Und an diesem Punkt muss es nicht aufhören, denn theoretisch ermöglichen es die Mechanismen der Unterordnung, dass der Satz immer weiter und weiter geht, solange der Sprecher noch Atem hat:

> Ich muss Ihnen schon von dieser zänkischen Robbe erzählt haben, die einen desillusionierten, aber ziemlich attraktiven Fisch betrachtete, der immer wieder aus dem eisigen Wasser schnellte, ohne sich im mindesten um die hitzige Diskussion zu kümmern, die ein phlegmatisches Walross und zwei junge Tintenfische führten, welche kürzlich von einem Wal mit Verbindungen zu höchsten Kreisen die Warnung erhalten hatten, dass die Regierung beabsichtige, für das Schwimmen im Riffgebiet Geschwindigkeitsbegrenzungen einzuführen mit der Begründung, es drohe eine Überfüllung durch den Zustrom von Thunfischeinwanderern aus dem Indischen Ozean, wo die Temperaturen in den letzten Wochen so stark angestiegen waren, dass …

Die Unterordnung erlaubt uns, hochkomplexe Informationen zusammenhängend auszudrücken, indem sie verschiedene Behauptungen auf mehreren Ebenen zu einem verwickelten Ganzen verknüpft, dabei aber die Komplexität jeder einzelnen dieser Ebenen unter Kontrolle hält. Der obige Abschnitt beispielsweise hat auf seiner Hauptebene nur einen einzigen einfachen Satz: «Ich muss Ihnen schon von dieser zänkischen Robbe erzählt haben». Geht man von der «Robbe» abwärts, dann werden unter Verwendung untergeordneter Sätze verschiedenen Typs immer mehr Informationen miteinander verschränkt: «eine Robbe, *die* ...», «... die Warnung erhalten hatten, *dass* ...».

Um zu verstehen, wie sich diese ganze Skala von Knoten dazu entwickelt haben könnte, Sätze miteinander zu verbinden, wollen wir ein Paradebeispiel betrachten: den archetypischen (und wahrscheinlich auch ältesten) Fall eines untergeordneten Satzes, den Relativsatz. Das definierende Merkmal von Relativsätzen ist, dass sie als Anhängsel eines Substantivs fungieren wie in «eine Robbe$_{die}$ ...», «Tintenfische$_{welche}$ ...», «Indischer Ozean$_{wo}$ ...». Wie diese Beispiele veranschaulichen, gibt es verschiedene Kennzeichen, die dazu verwendet werden, einen Satz in ein Anhängsel eines Substantivs zu verwandeln. Soweit es aber um die Grundprinzipien geht, kann man sich auf den Standpunkt stellen, dass die gesamte ausgeklügelte Konstruktion der Relativsätze in Wirklichkeit nur ein Nebenprodukt eines einzigen grundlegenden Merkmals der Sprachkonstruktion ist: der Fähigkeit, jedes beliebige Verb zu nehmen und es in ein Anhängsel eines Substantivs zu verwandeln. Und mehr noch, diese Fähigkeit ist in unserer sich entwickelnden Sprache tatsächlich schon vorhanden, denn es handelt sich dabei nur um eine Kombination zweier Mechanismen, die bereits abgeleitet sind: Anhängselschaft und Nominalisierung von Verben.

An einer früheren Stelle dieses Kapitels sahen wir (und dieser Punkt wird in Anhang F eingehender behandelt), wie sich die Anhängselschaft entwickelt haben könnte, so dass das Substantiv Trabanten an sich ziehen konnte, die zusätzliche Informationen über es liefern, aber seiner Rolle auf der Hauptebene des Satzes nicht in die Quere kommen. Wir sahen auch, wie die Sprache über einen Prozess der Rückbildung die Fähigkeit zur Nominalisierung erworben haben könnte, das heißt die grammatischen Mechanismen zur Verwandlung von Verben in Substantive. Im vorigen Kapitel sahen wir auch, wie eine Rückbildung ähnlicher Art die Mechanismen hervorbrachte, mit denen sich Verben in Adjektive verwandeln lassen (ein Prozess, der gewöhnlich ebenfalls als Nominalisierung bezeichnet wird, denn in vielen Sprachen sind sich Adjektive und Substantive in ihren grammatischen Eigenschaften sehr ähnlich). Auf diese Weise könnten sich grammatische Kennzeichen herausgebildet haben, um solche Adjektive wie «richt-ig» von «richten» oder «laufend» von «laufen» zu bilden.

Nun brauchen wir die beiden Mechanismen nur miteinander zu verbinden. Wenn wir das Prinzip der Anhängselschaft mit der Fähigkeit kombinieren, ein Verb in ein Substantiv oder in ein Adjektiv zu verwandeln, dann wird klar, dass unsere Sprache bereits die Fähigkeit besitzt, jedes beliebige Verb zu nehmen und es in die Rolle eines Anhängsels zu pressen: «_{Verstärkungs}Form», «der _{herlaufende}Löwe». Wenn wir aber ein Verb – den Kern eines ganzen Satzes – in die Rolle eines bloßen Anhängsels zwängen, dann haben wir faktisch schon die Unterordnung, auch wenn sie noch nicht offiziell so heißen darf. Die grundlegenden Mechanismen stehen bereits zur Verfügung, und der Rest ist nur eine Sache der natürlichen Ausweitung dieses zusammengedrückten Anhängselverbs.

Richtige Adjektive wie «groß» oder «scharf» fühlen sich in ihrer Rolle als Anhängsel (wie in «_{großes}Kind») durchaus wohl, denn sie sind von ihrem Charakter her für diese untergeordnete Rolle bestimmt, und so haben sie kein dringendes Bedürfnis, sich auszuweiten. Bei Verben aber sieht es ganz anders aus. Verben sind von ihrem Wesen her das Zentrum eines ganzen Satzes, sie sind gewohnt, im Mittelpunkt der Handlung zu stehen, wobei sich mehrere Beteiligte um sie scharen. Und wie wir sahen, bedurfte es einigen Drucks, um diese Energiebündel in die Rolle bloßer Anhängsel zu drängen. (Beispielsweise brauchte man einen starken begrifflichen Mechanismus, den analogischen Prozess der Rückbildung, um das Verb in die Rolle eines Adjektivs oder eines Substantivs zu zwängen.) Es überrascht somit kaum, dass sich ein Verb in der Zwangsjacke eines Anhängsels ziemlich unterdrückt fühlt und den Wunsch zur Expansion hat, um die Kohorten von Beteiligten um sich zu scharen, die es gewohnt ist. Sobald also Konstruktionen wie «der _{herlaufende}Löwe» ein gängiges Merkmal der Sprache sind, bedeutet es für Sprecher nur einen kleinen Schritt, sie zu einer solchen Formulierung zu erweitern wie «der _{hinter einem Fuchs herlaufende}Löwe, in der das Verbaladjektiv «herlaufende» zwar immer noch dem Substantiv untergeordnet ist, aber doch eigene Beteiligte an sich zieht. Diese bescheidene Expansion sieht naheliegend und natürlich aus, aber sehen wir uns nur einmal an, was sie hervorgebracht hat: Wir haben jetzt einen ganzen Satz mit Handlung und Beteiligten, der als Anhängsel einem Substantiv untergeordnet ist. Mit anderen Worten, wir sind bei einem Relativsatz angekommen.

Gewiss kann man einwenden, dass «der _{hinter einem Fuchs herlaufende}Löwe» noch keinen richtigen Relativsatz enthält wie «der Löwe_{der hinter einem Fuchs herläuft}». Gleichwohl betreiben einige Sprachen, so etwa das Türkische, praktisch ihr gesamtes Geschäft der Unterordnung mit eben solchen partizipiellen Relativsätzen, und tatsächlich sind alle Grundprinzipien der Unterordnung in dieser Konstruktion bereits vorhanden. Insbesondere ist die Möglichkeit der Rekursion – die Fähigkeit, immer noch einen weiteren Satz in einen anderen einzufügen – bereits in den Mechanismen enthalten, die wir abgeleitet haben. Die Wendung «hinter einem Fuchs herlaufende» enthält selbst das Substantiv «Fuchs». Wenn es also möglich ist, das Kunststück einmal zu vollbringen und dem Substantiv «Löwe» einen Satz unterzuordnen, was hindert uns dann daran, dies noch ein weiteres Mal zu tun und dem Substantiv «Fuchs» ebenfalls einen Satz unterzuordnen:

Der _{hinter dem} _{einen Hasen fressenden} Fuchs herlaufende Löwe

Oder gar noch ein weiteres Mal:

Der _{hinter dem} _{einen} _{Wasser trinkenden} Hasen fressenden Fuchs herlaufende Löwe

In der Praxis machen es natürlich die Beschränkungen dieser Struktur, insbesondere ihre schwierige Wortfolge, nahezu unmöglich, immer noch weitere Sätze dieser Art hinzuzufügen. Tatsächlich ist diese Schwierigkeit eines der wichtigsten Motive dafür, dass Sprecher den partizipiellen Relativsatz zu einem vollständigen Relativsatz erweitern. Wenn Relativsätze länger und schwerer werden, wird es zunächst einmal einfacher, sie nicht vor, sondern hinter das Substantiv zu stellen. Zweitens besteht dann eine zunehmende Motivation, zur Einleitung dieser Relativsätze ein grammatisches Wort wie «der» zu verwenden und so zu vermeiden, dass Hörer mit der Bestimmung der genauen Grenzen zwischen den Sätzen Schwierigkeiten bekommen. In manchen Sprachen lässt sich die Verwendung eines Zeigeworts wie «der» zur Einleitung von Relativsätzen auf eine emphatische Konstruktion zurückführen, die wahrscheinlich zur Erhöhung der Transparenz eingesetzt wurde. Anstatt nur so etwas wie «der Löwe_{hinter einem Fuchs herlaufend}» zu sagen, können Sprecher dadurch für mehr Klarheit und Emphase sorgen, dass sie den Relativsatz nicht an das Wort «Löwe» selbst hängen, sondern an ein Zeigewort, das zu ihm in Apposition steht: «der Löwe, der(jenige)ₕᵢₙₜₑᵣ ₑᵢₙₑₘ Fuchs herlaufend». Im Laufe der Zeit und bei häufiger Wiederholung kann das Zeigewort seine emphatische Kraft verlieren und dann einfach als das Kennzeichen aufgefasst werden, das den Relativsatz einleitet: «der Löweₐₑᵣ hinter einem Fuchs herlaufend».

Eine Motivation für die Verwendung eines finiten Verbs im Relativsatz ergibt sich schließlich daraus, dass sich an einem Partizip wie «herlaufend» keine Nuancen wie etwa das Tempus markieren lassen. Darum ist es nur natürlich, wenn Sprecher ihre Ausdrucksskala dadurch zu erweitern versuchen, dass sie das Partizip durch ein finites Verb ersetzen und so die Möglichkeit gewinnen, zwischen «der Löweₐₑᵣ hinter einem Fuchs herlief», «der Löweₐₑᵣ hinter einem Fuchs herläuft», «der Löweₐₑᵣ schon längst hinter einem Fuchs hätte herlaufen sollen» und dergleichen zu unterscheiden. Und mit diesen Strukturen können wir tatsächlich immer weitermachen:

Der Löweₐₑᵣ hinter einem Fuchs herläuftₐₑᵣ einen Hasen frisstₐₑᵣ vom Wasser trinktₐₐₛ der Bauer verschüttet hatₐₑᵣ sich über seine nachlassende Sehkraft beklagt

Auf das Allernotwendigste reduziert, lässt sich daher die Entwicklung des Relativsatzes, dieses kostbaren Instruments sprachlicher Verfeinerung, als natürliche Folge einer etwas gezwungenen Operation verstehen. Sobald ein Verb, das normalerweise den Kern eines ganzen Satzes bildet, in die dienende Rolle eines bloßen Anhängsels gepresst worden ist, ist es für Sprecher ein natürlicher Vorgang, es sich wieder zu seinen ursprünglichen Dimensionen als Zentrum eines Satzes auszuweiten, wobei es aber seinen untergeordneten Status als Anhängsel weiterhin beibehält. Das Ergebnis ist ein ganzer Satz, der als Anhängsel eines Substantivs fungiert.

•

Mit der Unterordnung sind wir schließlich am Ende unserer Reise durch die Evolution komplexer Sprache angelangt. Die Mammutgeschichte könnte jetzt folgendermaßen aussehen:

Während ein Mann eines Tages in einer Höhle lag und schlief, sammelte seine Tochter draußen Früchte. Plötzlich hörte sie hinter sich eine Bewegung. **Als** sie sich umdrehte, sah sie ein riesiges Mammut, **das** geradewegs auf sie losging. Sie rannte zu dem nächsten Baum und kletterte hinauf, **aber** das Mammut schüttelte den Baum **so** heftig, **dass** die **verängstigte** Tochter fürchterlich zu kreischen anfing. Ihr Vater, **der** aus dem Wald laute Schreie hörte, erkannte, **dass** seine Tochter in Gefahr sein müsse, und **so** ergriff er seinen Speer und rannte zu ihr hin. Er warf den Speer geradewegs nach dem Mammut, das ein **markerschütterndes** Gebrüll ausstieß und auf die Erde fiel. Mit einem scharfen Stein schnitt er einige Stücke Fleisch für seine Tochter ab, **die** sie aufaß.

Selbstverständlich konnte diese Reise nicht die Entwicklung jedes einzelnen strukturellen Merkmals auch nur einer einzigen Sprache beschreiben, von den Merkmalen sämtlicher Sprachen ganz zu schweigen. Es gibt Bereiche der Struktur, die in der Mammutgeschichte völlig übergangen werden – beispielsweise die Mechanismen zur Bildung von Fragen oder zur Verneinung von Behauptungen –, und diejenigen Bereiche, die berührt wurden, sind mit einem erheblichen Ausmaß von Vereinfachung dargestellt worden. Die ganze Zeit bestand aber das Ziel darin, nur soviel wie nötig zu skizzieren, um zu beweisen, dass die Aufgabe *im Prinzip* lösbar ist. Gezeigt werden sollte, dass es ausgehend von einem einfachen Anfangsstadium und mit bescheidenen Rohmaterialien grundsätzlich möglich ist zu verstehen, wie die volle Komplexität der Sprache entstanden sein könnte. Dazu braucht man nicht mehr als fünf Hauptzutaten:

(I)   Ein menschliches Gehirn (das fähig ist, eine Sprache zu erlernen, Analogien zu ziehen, metaphorisch zu denken und so weiter).

(II) Menschen, die im Wesentlichen aus denselben Beweggründen wie wir Heutigen miteinander kommunizieren möchten.

(III) Wörter für einige einfache materielle Objekte und einfache Handlungen.

(IV) Einige natürliche Anordnungsprinzipien, die ihren Ursprung irgendwo ganz tief in unserem Erkenntnisvermögen haben.

(V)   Ein bisschen Zeit.

Epilog

Dieses Buch begann mit einem Paradox. Die Sprache scheint so geschickt konstruiert zu sein wie das Werk eines meisterlichen Architekten – und doch muss ihre komplexe Struktur irgendwie von selbst entstanden sein. Dieses anfängliche Paradox führte zu einer Reihe weiterer Rätsel. Wie kommt es, dass selbst die imposantesten Sprachgebäude stets von Unregelmäßigkeiten verunziert sind? Warum hat es den Anschein, dass frühere Sprachstufen soviel manierlicher waren als die ungebärdige Gegenwart? Und was das Beunruhigendste ist, warum kennen Sprachstrukturen offenbar nichts als Zerfall, wenn man sie über die Zeit hinweg verfolgt? Diese Rätsel warfen auch allgemeinere Fragen nach der Gerichtetheit der sprachlichen Veränderungen auf. Steuern die Kräfte des Wandels die Sprache wirklich als Ganzes in eine bestimmte Richtung oder versetzen sie sie immer wieder in Kreislaufbewegungen? Viel Tinte ist geflossen, seit diese Fragen eingangs gestellt wurden, und wenn wir also zusammenfassend kurz noch einmal auf sie zurückkommen, können wir ermessen, wie weit wir gediehen sind.

Die vorangegangenen Kapitel haben gezeigt, dass komplexe Sprachstrukturen durch die natürlichen Kräfte zustande kommen können, welche die Sprache fortwährend verändern und dies auch heute noch tun. Die kunstvollen Konventionen der Sprache bedurften keines begabten Erfinders zu ihrer Konzipierung, keiner vorgeschichtlichen Versammlung von Ältesten zur Festlegung ihrer Form und noch nicht einmal eines Aufsehers zur Überwachung des Baugeschehens. Wenn wir sagen, dass sich die Sprache «von selbst» verändert, dann heißt das allerdings nicht, dass sie sich unabhängig von den Handlungen der Menschen entwickelt. Hinter den Kräften des Wandels stehen immer menschliche Wesen – die Sprecher einer Sprache. Gleichwohl reiht sich der Sprachwandel in eine lange Liste von Phänomenen ein, angefangen von Verkehrsstaus bis hin zu Trampelpfaden über Wiesen, die durch das Handeln der Menschen herbeigeführt werden, ohne ausdrücklich beabsichtigt zu sein. Die Transformationen der Sprache kommen nicht dadurch zustande, dass sich jemand in großem Maßstab mit Landschaftsgestaltung beschäftigt, sondern ihnen liegen viel spontanere und naheliegendere Bedürfnisse zugrunde: Müheersparnis bei der Aussprache (Ökonomie) oder der Wunsch, die Wirkung einer Äußerung zu erhöhen (Expressivität).

Der vereinte Druck derartiger spontaner Handlungen bringt allerdings starke und unermüdliche Kräfte des Wandels hervor: den Sog in Richtung Abstraktion und die Erosion von Bedeutung und Lauten. Das Zusammenwirken dieser Kräfte bearbeitet die Sprache wie eine erbarmungslose Bleich- und Komprimiermaschine. Um die Skala der Ausdrucksmöglichkeiten zu erweitern, werden solide Substantive und Verben als Metaphern für abstrakte Begriffe eingesetzt, aber mit häufigem Gebrauch schwindet ihre ursprüngliche Lebenskraft, und sie verwandeln sich in blasse grammatische Elemente ohne unabhängige Bedeutung. Und zur Erhöhung der Wirkung werden Wörter zu neuen Konstruktionen aufgehäuft, die sich dann aber durch ständige Wiederholung allmählich abschleifen und wieder zu einem einzigen Wort zusammengedrückt werden. Je häufiger eine Konstruktion verwendet wird, desto stärker wirken die Kräfte der Erosion, und desto wahrscheinlicher ist es daher, dass der betreffende Ausdruck komprimiert wird. So kommt es, dass die Grammatik einer Sprache am kompaktesten und effizientesten diejenigen Konstruktionen codiert, die am häufigsten gebraucht werden. Anders gesagt, die Grammatik codiert das am besten, was sie am häufigsten verarbeitet. All das verleiht der Sprache das Aussehen eines mit Geschick angefertigten Instruments, aber geschmiedet wurde dieses Instrument nicht in der Werkstatt eines Wortschmieds, sondern von den beständigen Zwängen einer effizienten Kommunikation und der Weitergabe der Sprache von einer Generation zur nächsten. Die Sprache ist ein Werkzeug, das seine Form durch ständige Benutzung erhalten hat.

Wenn es in der Sprache irgendein Element der «Erfindung» gibt, dann ist es mit Sicherheit das Verlangen nach Ordnung – der instinktive Widerwille zu akzeptieren, dass so viele Dinge einfach beliebig, willkürlich und zufällig sind. Gelegentlich bringen die Kräfte des Wandels ganz unverhofft Formen hervor, die «ins Ohr fallen». Und da eine Sprache von einer Generation an die nachfolgende weitergegeben wird, gehen derartige Eigenschaften durch den Filter des ordnungssüchtigen Verstands neuer Sprecher. Die tief verwurzelte Annahme, dass Muster nicht willkürlich sein können, veranlasst sie dazu, sich selbst auf solche zufällig entstandenen Eigenschaften zu stürzen und ihnen eine Bedeutung beizulegen. Das Element der Erfindung besteht also darin, ein zufälliges Muster ausfindig zu machen, zu vermuten, dass es seine Gestalt aus gutem Grund haben muss, und dementsprechend eine neue Form zu bilden. Und wie wir sahen, kann die kumulative Wirkung derart bescheidener Erfindungen manchmal die spektakulärsten Ergebnisse hervorbringen.

Gleichwohl erschaffen selbst solche Innovationen neues Material nicht einfach aus dem Nichts. Neuerungen beruhen immer auf einem Recyclingprinzip, sie verwenden alte Mittel zu neuen Zwecken: bereits existierende Wörter werden herangezogen, um neue Bedeutungen zu vermitteln, schon vorhandenen Mustern werden neue Funktionen zugewiesen. Die Sprachverwender haben somit die Kunst perfektioniert, aus dem Gegebenen das Beste zu machen. Aus diesem Grund brauchten wir im vorangegangenen Kapitel als Ausgangsbasis für die Entfaltung komplexer Sprache nur sehr bescheidene Rohmaterialien. Auf der «Ich-Tarzan»-Stufe war nicht mehr erforderlich als Wörter für materielle Objekte und Handlungen (sowie zwei Zeigewörter) und dazu eine kleine Zahl natürlicher Prinzipien für ihre Anordnung. Aus diesem Ausgangsmaterial könnten die Kräfte des Wandels die Sprachstruktur in all ihrer verschwenderischen Pracht geschneidert haben.

•

Wie weit wir es gebracht haben, können wir auch ermessen, wenn wir einen Augenblick von der hohen Ebene der Prinzipien heruntersteigen und uns an einige der konkreten Sprachstrukturen erinnern, die ganz zu Anfang des Buches vorgestellt wurden und bei denen es zunächst so aussah, als ob sie nur durch einen ausgeklügelten Plan hätten hervorgebracht werden können. In den vorangegangenen Kapiteln sind wir auf die Mehrzahl dieser Strukturen, vom lateinischen Kasussystem bis zum semitischen Verb, noch einmal zurückgekommen und haben eine praktische Vertrautheit damit gewonnen, wie sie sich entwickelt haben könnten. Es gibt jedoch ein Beispiel, das ganz zu Beginn vorkam, das aber seither nicht wieder aufgetreten ist: das sumerische Wort

Innana, die sumerische Venus, und Enannatum, Herrscher von Lagasch (~2500 v. Chr.)

munintuma'a («als er es für sie passend gemacht hatte»). Dieses Satzwort stammt aus einer Weihinschrift, die vor etwa 4500 Jahren von Enannatum verfasst wurde, einem Herrscher der sumerischen Stadt Lagasch (die nicht weit vom heutigen Basra im Südirak entfernt lag). In seiner Inschrift rühmt sich Enannatum eines Heiligtums, das er der Göttin Inanna geweiht hat, und er schreibt, er habe «das Eanna-Heiligtum für sie höher gemacht als alle Berge und es für sie mit Silber und Gold geschmückt». Und dann kommt *munintuma'a*: «als er es für sie passend gemacht hatte …»

In der Einleitung sprach ich von der kompakten Struktur des Sumerischen, dessen Verben aus festgelegten ‹Slots› (Leerstellen) zusammengesetzt sind, die es möglich machen, dass ein einziger Laut einen bestimmten Teil der Bedeutung trägt:

mu	*n*	*i*	*n*	*tum*		*a*	*'a*
Richtungs-präfix	sie	für	er	passend machte	es	dass	darauf

Ungefähr von hinten nach vorn gelesen: «darauf dass er es für sie passend machte.»

Tatsächlich kann selbst die Abwesenheit eines Lautes an einem der Slots eine bestimmte Information vermitteln, wie wir an dem nicht besetzten Slot sehen, der unmittelbar auf die Wurzel *tum* folgt. Dieser Slot steht für das direkte Objekt, und wenn er unbesetzt ist, dann signalisiert das, dass das direkte Objekt ein «es» ist. (Nur zum Vergleich: hieße der Satz «als er *dich* für sie passend gemacht hatte», dann würde dieser Slot mit *en* gefüllt werden.)

Wie könnte aber eine derartige Konstruktion entstanden sein? Auch wenn sich die wirklichen Abläufe im Einzelnen nicht feststellen lassen (die Entwicklung, die zu dieser Struktur führte, hat vor über 5000 Jahren stattgefunden), sollten die Grundsätze nicht mehr allzu geheimnisvoll aussehen. Die verschiedenen Slots, die den Stamm *tum* («passend machen») umgeben, müssen sich infolge der Verdichtungswirkung der Erosion entwickelt haben, als einstmals selbständige Wörter (Pronomina, Präpositionen, Postpositionen) in einer Welle nach der anderen an das Verb brandeten und auf beiden Seiten mit ihm verschmolzen. Die inneren Slots, die dem Stamm am nächsten stehen, stellen die früheren Wellen dar und die äußeren die nachfolgenden. Selbst der unbesetzte Slot in der Mitte muss ein natürliches Ergebnis dieses Komprimierungsvorgangs gewesen sein. Man kann annehmen, dass anfangs gewisse Pronomina wie «es» in manchen Kontexten weggelassen werden konnten. Nachdem die erste Welle von Pronomina mit dem Stamm verschmolzen war, konnte es dazu kommen, dass eine leere Endung für ein bestimmtes direktes Objekt «es» stand. Im Laufe der Zeit wurde aber die leere Endung durch das Antreten neuer Elemente nach innen verschoben, was dann zu einem unbesetzten Slot in der Mitte des Wortes führte. So braucht tatsächlich selbst eine raffinierte Konstruktion wie die sumerische Slotstruktur nicht bewusst erfunden worden zu sein, sondern sie könnte durch die natürlichen Kräfte des Wandels entstanden sein.

Geschlechtliche Rüben und essbare Flugzeuge

Die Frage nach Regelmäßigkeit und Unregelmäßigkeit in der Sprache – die seltsame Symbiose des Ordentlichen und des Planlosen – hat uns in verschiedener Gestalt durch das ganze Buch begleitet. Anfangs mochte es vielleicht verwirren, dass es neben all den großartigen Strukturen der Sprache so viele Dinge geben sollte, die unordentlich sind: unberechenbare englische Vergangenheitsformen und unregelmäßige lateinische Blumen, von geschlechtlichen deutschen Rüben ganz zu schweigen. Noch beunruhigender war, dass ein großer Teil dieser Unregelmäßigkeit anscheinend ziemlich jungen Datums ist. Das völlig unregelmäßige lateinische Paar *flos-floris* beispielsweise lässt sich auf einen absolut regelmäßigen Vorfahren, *flos-flosis* zurückführen. Früher wurde aus derartigen Beispielen der Schluss gezogen, dass die Sprache um so vollkommener wird, je tiefer man in die Vergangenheit eindringt; könnte man also nur weit genug in die Vorgeschichte zurückblicken, dann würde man ein Goldenes Zeitalter der Vollkommenheit entdecken. Dieses Goldene Zeitalter stellte sich aber als optische Täuschung heraus, die durch einen entscheidenden Irrtum hervorgerufen wurde. Zwar können gegenwärtige Unregelmäßigkeiten in der Tat auf vergangene Regelmäßigkeiten zurückgehen, aber die Wandlungsprozesse können auch alte Unregelmäßigkeiten einebnen und neue, regelmäßige Formen schaffen. Veränderungen in Richtung Regelmäßigkeit hinterlassen aber erheblich weniger Spuren. Beispielsweise ließe sich heutzutage, wenn es nicht zufällig ältere Belege aus dem Deutschen und aus verwandten Sprachen gäbe, auf keine Weise feststellen, dass es in Formen wie (ich) *was* – (wir) *waren* oder in dem Verb «frieren» – (ich) *frōs* – (wir) *frurun* – jemals eine *s-r*-Unregelmäßigkeit gegeben hat. Sprachen waren also in vorgeschichtlicher Zeit nicht vollkommener als heute, es ist nur so, dass Unmengen von Unregelmäßigkeiten durch die Winde des Wandels verwischt wurden und spurlos verschwunden sind wie die Fußspuren des gestrigen Tages auf einer Düne.

Allerdings verschärft die Einsicht, dass die vorgeschichtlichen Sprachen ebenso unartig gewesen sein müssen wie die heutigen, nur das grundlegende Problem mit der Unregelmäßigkeit in der Sprache: Warum ist sie so weit verbreitet? Oder um die Frage mit Mark Twain zu stellen: Warum ist die deutsche Rübe weiblich, während das deutsche Mädchen geschlechtslos bleibt? Bedauerlicherweise liegen die Ursprünge des deutschen Genussystems so weit zurück in der Vergangenheit, dass sich die tatsächlichen Entwicklungen, die zu den zahlreichen Eigenwilligkeiten in diesem Bereich geführt haben, nicht vollständig rekonstruieren lassen. Zwar lässt sich leicht begreifen, dass es die Verkleinerungssilbe -*chen* ist, die das Mädchen sächlich werden ließ, aber weshalb die deutsche Rübe weiblich ist, lässt sich heute im Einzelnen nicht nachvollziehen. Dennoch sollten die zugrundeliegenden Prinzipien, die hier wirksam sind, nicht mehr so geheimnisvoll sein. Grammatische Geschlechter können als logische und durchsichtige Klassifizierungssysteme anfangen. Die Kennzeichen für das weibliche Geschlecht konnten sich beispielsweise einfach aus dem Wort für «Frau» oder «Mädchen» entwickelt haben, und anfangs hätte das weibliche Geschlecht nur das umfasst, was man erwarten würde: Menschen weiblichen Geschlechts. Eine Reihe einfacher Veränderungen könnte aber das Bild rasch bis zur Unkenntlichkeit verwirrt haben. Da sich die Einzelheiten der Entwicklung im Deutschen nicht mehr feststellen lassen, folgt hier ein Beispiel aus einer ganz anderen Sprache, die es geschafft hat, Flugzeuge in das «Gemüsegenus» einzureihen.

Zunächst einmal werden Sie sich fragen, was ein «Gemüsegenus» ist. Im linguistischen Jargon hat der Ausdruck «Genus» nicht nur mit Geschlecht zu tun und kann jede Art von Klassifizierung bezeichnen, die eine Sprache für Substantive verwendet. Eine Genusunterscheidung, die auf dem natürlichen Geschlecht beruht, ist zwar ein außerordentlich verbreiteter Klassifizierungstyp, aber manche Sprachen haben besondere Genera nicht nur für «männlich» und «weiblich», sondern auch für Klassen von Substantiven wie «lange Objekte», «gefährliche Dinge» oder «essbare Pflanzenteile». Viele Sprachen der Aborigines von Australien verfügen beispielsweise über ein besonderes Genus für «Gemüse», und das grammatische Element, das dieses Genus bezeichnet, geht anscheinend, was nicht überrascht, auf das Wort für «Gemüse» selbst zurück. So weit so gut – in der Theorie hört sich das alles ganz vernünftig an. Weniger selbstverständlich ist, weshalb das Gurr-goni (eine Sprache, die in Arnhem-Land in Nordaustralien gesprochen wird) auch das Substantiv für «Flugzeug» in dieses Gemüsegenus einschließt.

Die Erklärung ist in Wirklichkeit ziemlich unkompliziert. In einem ersten Schritt muss das Genus für «Gemüse» auf andere Pflanzen ausgedehnt worden sein und von da aus noch allgemeiner auf hölzerne Gegenstände aller Art. Danach kommt ein ebenso plausibler Schritt: Kanus sind aus Holz hergestellt, und so wurden sie dann im Zuge einer ganz natürlichen Ausweitung ebenfalls in diese Klasse einbezogen. Da nun für die Sprecher des Gurr-goni Kanus das hauptsächliche Transportmittel waren, wurde die Klasse später dahingehend ausgeweitet, dass sie auch Transportmittel schlechthin umfasste. Und als nun das Lehnwort *erriplen* in die Sprache Eingang fand, wurde ihm ganz selbstverständlich das Genus «Gemüse» zugewiesen. Jede Ausweitung in dieser Kette von Wandlungsvorgängen war für sich selbst genommen ganz natürlich und auf ihrem begrenzten Gebiet völlig sinnvoll. Das Endergebnis stellt jedoch selbst die deutsche Rübe in den Schatten.

Genusklassen sind natürlich nur eines von vielen Beispielen für den Unfug, den Sprachen aushecken können. Doch die Gründe, weshalb sich Genussysteme so häufig unberechenbar verhalten, sind symptomatisch für die Ursachen von Unregelmäßigkeit in anderen Bereichen. Gerade weil die Sprache nie nach einem Gesamtplan geschaffen wurde, sind Ordnung und Chaos so hoffnungslos miteinander verzahnt. Man würde sich schwer tun, in der Sprache einen einzigen Wandel zu finden, der irrational und unregelmäßig ist, wenn man ihn in seiner begrenzten Umgebung betrachtet. Das Problem ist nur, dass die Motive des Wandels selten irgendeinen Aspekt berücksichtigen, der außerhalb ihrer näheren Umgebung liegt, was dann zu Widersprüchlichkeiten in der Sprache als Ganzer führen kann. Der mühesparende Wandel, der das Paar *flos-floris* hervorbrachte, war auf der lokalen Ebene der Laute völlig sinnvoll: Er verwandelte *s* in *r* nur in einer solchen lautlichen Umgebung, in der sich ein *r* mit weniger Anstrengung aussprechen ließ. Tritt man aber von der lokalen Lautumgebung zurück und betrachtet das allgemeinere Bild der Wortstruktur, dann stellt sich heraus, dass der Wandel ein Chaos angerichtet hat, da nun *flos* nur noch in einem Kasus ein *s* hat, in allen anderen Kasus aber ein *r*. Ausgangspunkte für Innovationen sind somit begrenzte Beweggründe auf lokaler Ebene, beispielsweise das Bedürfnis, sich Mühe zu sparen oder ein Muster nach dem Vorbild eines anderen auszuweiten. Wenn sich nun auch eine Reihe derartiger Neuerungen manchmal akkumulieren kann, um Strukturen in großem Maßstab hervorzubringen, überwacht doch kein Aufseher den Bau, und so wachsen sprachliche Strukturen selten heran, ohne dass in fast jeder Ecke irgendwelche Unregelmäßigkeiten auftauchen.

Zeitpfeil oder Zeitzyklus

Vielleicht das verwirrendste Rätsel, das uns in diesem Buch verfolgt hat, ist die Frage der Gerichtetheit: Wohin steuert die Sprache? Sind Veränderungen nur eine Sache des «Verfalls» oder laufen sie auf einen «Fortschritt» hinaus? Führt die Zeit die Sprache in eine bestimmte Richtung, oder wirbelt die Sprache nur ständig im Kreis herum?

Die vorangegangenen Kapitel haben gezeigt, dass jeder der ständig wiederkehrenden Wandlungsprozesse vorwiegend in einer einzigen Richtung verläuft. Metaphern strömen vom Konkreten zum Abstrakten und nicht umgekehrt; Erosion macht die Wörter kürzer und schwächer, nicht länger und stärker. Diese innere Gerichtetheit war es ja, die es uns ermöglichte, einen Blick in die ferne Vergangenheit zu werfen und uns vorzustellen, wie ein viel primitiveres Stadium der Sprachentwicklung ausgesehen haben könnte. Die Logik war einfach: Wenn sich Wörter für abstrakte Begriffe immer aus Ausdrücken für konkretere Dinge entwickeln, dann muss es einen Zeitraum gegeben haben, in dem Wörter für abstrakte Begriffe noch nicht vorhanden waren. Und wenn grammatische Elemente immer aus Inhaltswörtern wie Substantiven und Verben hervorgehen, dann muss es eine Zeit gegeben haben, in der die Sprache noch keine grammatischen Elemente besaß. Das ist die Sprachstufe, die ich als das «Ich-Tarzan»-Stadium bezeichnet habe.

Selbst wenn aber all diese einzelnen Wege des Wandels nur in eine einzige Richtung verlaufen, stellt sich doch die Frage, ob sich deswegen die Sprache *als Ganzes* unbedingt in eine bestimmte Richtung bewegt. Bezieht man diese Frage auf die Anfangsperiode des Wachstums unmittelbar nach dem «Ich-Tarzan»-Stadium, dann muss die Antwort mit Sicherheit «ja» lauten. Die Entwicklungen, die auf das «Ich-Tarzan»-Stadium folgten, haben die Sprache qualitativ verändert: erstmals tauchten abstrakte Begriffe und grammatische Elemente auf, und die Sprache wurde so zu einem leistungsfähigeren Werkzeug der Kommunikation. Wenn sich aber die Frage der Gerichtetheit auf spätere Epochen bezieht, in denen dieser anfängliche Wachstumsschub abgeschlossen war, dann sieht die Sache nicht mehr so eindeutig aus. Kann man sagen, dass sich Sprachen der neueren Zeit in eine klar erkennbare Richtung bewegen?

Die vorangegangenen Kapitel haben veranschaulicht, dass sich die unterschiedlichen Kräfte der Veränderung, selbst wenn einzelne Wege des Wandels nur in ein und dieselbe Richtung führen, doch miteinander zu einem zyklischen Effekt verbinden können, so dass die Sprache als Ganzes in einem ungefähren Gleichgewichtszustand bleibt. Beispielsweise kann die Erosion längere Wörter kürzer machen, aber die Expressivität kann Sprecher dazu veranlassen, kürzere Wörter aufeinander zu häufen, und die Erosion kann dann den Haufen wieder zu einem einzigen längeren Wort verdichten. Im Durchschnitt müssen Wörter somit im Lauf der Jahrtausende weder kürzer noch länger werden. Dieselbe Logik gilt für grammatische Strukturen wie Kasussysteme: Sie bilden sich, wenn selbständige Postpositionen mit Substantiven verschmelzen, aber die Erosion kann dann die Endungen völlig abtragen, nur um den Weg für eine weitere Runde von Verschmelzungen freizumachen. So könnten sich die Sprachen während der vergangenen Jahrzehntausende fröhlich in Kreisläufen bewegt haben.

Das einzige Problem bei diesem idyllischen zyklischen Szenario ist, dass es sich nicht mit dem vereinbaren lässt, was man tatsächlich während der vergangenen Jahrtausende beobachten kann – zumindest in den indoeuropäischen Sprachen, bei denen eine ausgeprägte Tendenz zu einfacheren Wortstrukturen (oder zu einer einfacheren «Morphologie», wie es im linguistischen Jargon heißt) erkennbar ist. Der alte Vorfahr, das Proto-Indoeuropäische, hatte nicht weniger als acht verschiedene Kasus für Substantive, von denen die meisten eigenständige Formen für Singular, Dual und Plural besaßen, was somit ein Geflecht von fast 20 verschiedenen Endungen für jedes Substantiv ergab. Im Lauf der letzten Jahrtausende ist dieser komplizierte Endungsvorrat aber weitgehend abgeschliffen worden. Ein großer Teil der Informationen, welche die Ausgangssprache durch Kasusendungen vermittelte, wird im heutigen Deutsch durch Kombinationen selbständiger Wörter wiedergegeben: «von der Straße», «zu der Straße», «mit der Straße» und so fort. Mit fortschreitender Zeit scheint die Morphologie also einfacher zu werden. Überdies beschränkt sich diese Tendenz zu endungslosen Wörtern keineswegs auf das Deutsche, sondern sie ist in sämtlichen Tochtersprachen des Proto-Indoeuropäischen erkennbar. Das neuzeitliche Englisch ist bekanntlich ein noch extremeres Beispiel für eine endungslose Sprache. Gibt es hier also irgendein Problem?

294	*Die Evolution der Sprache*

An sich ist das Abschleifen all dieser alten Endungen keineswegs rätselhaft. Wie wir sahen, ist die Erosion eine mächtige und erbarmungslose Kraft, und wenn nur genügend Zeit zur Verfügung steht, können ihr keine Endungen widerstehen. So könnte das Verschwinden der ursprünglichen proto-indoeuropäischen Endungen einfach eine Phase dieser Zyklen sein: alte Endungen sterben ab, aber neue erheben sich wieder aus der Asche. Das einzige Problem bei dieser Erklärung ist, dass während der letzten fünf Jahrtausende anscheinend nur wenige neue Wellen von Verschmelzung in Gang gekommen sind. Zu der Tendenz hin zu einfacheren Wortstrukturen kam es, weil alte Endungen abgeschliffen wurden (genau wie wir erwarten würden), aber vielleicht wider Erwarten haben sich erneute Verschmelzungen kaum eingestellt, und so wurden nur wenige neue Endungen geschaffen.

Im 19. Jahrhundert hatten die Sprachwissenschaftler das Gefühl, dass diese Tendenz zu einfacheren Wortstrukturen eine Verderbnis darstelle und zu Beschämung Anlass gebe. Von den Ideen der deutschen Romantik geprägt, redeten sich Forscher wie Schleicher und von Humboldt ein, dass die Struktur von Wörtern die «Seele einer Sprache» verkörpere und dass sich Sprachen mit einem komplizierten Endungssystem auf dem «höchsten Stand der Vollkommenheit» befänden, während Sprachen mit kürzeren Wörtern entweder primitiv oder verderbt seien. Das war natürlich ein reines Vorurteil, denn Präpositionen (wie «zu», «mit», «durch») und Hilfszeitwörter (wie «wird», «muss», «kann») vermitteln genau die gleichen Informationen wie die verehrten Kasusendungen und Verbformen, und sie tun es nicht weniger gut. Keines der beiden Systeme ist seinem Wesen nach besser als das andere, und jedes hat seine Vor- und Nachteile. Komplizierte Endungssysteme mögen kompakter sein, aber Präpositionen und Hilfszeitwörter sind benutzerfreundlicher, denn sie stellen eine durchsichtigere Beziehung zwischen Bedeutung und Form her.

Somit trifft es zwar zu, dass die alten Endungen mehrheitlich untergegangen sind (das heißt, sie wurden so weit abgeschliffen, dass sie fast nicht mehr existieren), aber es ist absurd, diese Tendenz als den «Untergang der Sprache» zu bezeichnen. Hätten sich nämlich die Sprachwissenschaftler des 19. Jahrhunderts nicht so sehr durch alles blenden lassen, was alt und klassisch ist, dann hätten sie beobachten können, dass diese Tendenz nicht ohne Ausnahmen wirkte. Wie wir in Kapitel 5 sahen, legte sich das Französische ein neues Endungsschema für das Futur zu, und im gesprochenen Französisch der Gegenwart führt die Verschmelzung von Pronomina mit dem Verb zur Entstehung neuer Personalpräfixe. Verstreute Beispiele für die Neuentstehung von Endungen und Präfixen gibt es auch in anderen indoeuropäischen Sprachen. Überdies erwiesen sich die Sprachwissenschaftler des 19. Jahrhunderts einen schlechten Dienst, als sie sich so stark auf einen einzigen Bereich der Sprache, die Morphologie, konzentrierten und dabei alle anderen Gebiete vernachlässigten. Denn während die europäischen Sprachen während der letzten Jahrtausende etwas von der Komplexität ihrer Wortstruktur eingebüßt haben, sind sie ohne Zweifel auf anderen Gebieten komplexer geworden, beispielsweise in der Vielzahl von Nebensätzen, die sie verwenden, oder in ihrem Lautinventar.

Selbst wenn man jedoch die Interpretation der Tendenz zur Vereinfachung von Wortstrukturen, die im 19. Jahrhundert vorherrschte, als bloßes romantisches Vorurteil abtun kann, lässt sich über die Tendenz an sich nicht so einfach hinweggehen. Die Wortstrukturen *sind* in den indoeuropäischen Sprachen einfacher geworden, und auch wenn das weder «gut» noch «schlecht» ist, stellt es doch ein Faktum dar – und zwar eines, das nach Erklärung verlangt. Warum haben sich die europäischen Sprachen *en masse* auf eine einfachere Morphologie zubewegt? Und warum haben sich nur so wenige neue Verschmelzungen eingestellt?

Die erste Erklärung, die einem in den Sinn kommt, ist die, dass die vergangenen Jahrtausende eben zufällig eine bestimmte Phase eines sehr langen Zyklus darstellen. Dieser Argumentation zufolge haben die Sprachen einfach die Phase des Abwerfens ihrer alten Endungen durchlaufen, aber sie haben noch nicht damit begonnen, sich eine neue komplexe Morphologie zuzulegen. Somit ist es vielleicht einfach ein Zufall, dass wir gerade jetzt in diesem Stadium zugegen sind, und wenn wir die indoeuropäischen Sprachen in etwa tausend Jahren beobachten könnten, dann wären sie vielleicht alle im Begriff, wieder Kasusendungen anzunehmen. Aus naheliegenden Gründen ist es ziemlich schwierig, ein derartiges Argument mit harten Fakten zu widerlegen. Der Gedanke, dass die letzten Jahrtausende einfach zufällig eine «Phase des Abstreifens» waren, erscheint jedoch ziemlich unwahrscheinlich, denn schließlich sind ein paar Tausend Jahre eine lange Zeit. Neue Kasusendungen können in weniger als tausend Jahren entstehen, und manchmal lassen sich im Laufe einer derartigen Zeitspanne sogar mehrere vollständige Zyklen beobachten. Wenn also alles eine Sache des Zufalls wäre, dann hätte sich im Lauf der historischen Epoche nicht nur der Zerfall alter, sondern auch die Herausbildung zahlreicher neuer Kasussysteme beobachten lassen müssen. Und da das kaum stattgefunden hat, verfügt das Argument, wir befänden uns gerade in einer Phase des Abstreifens, über keine Basis.

Wenn aber die Tendenz nicht lediglich ein Zufall des Beobachtungszeitpunkts ist, was könnte sie dann sein? Gibt es einen plausiblen Grund dafür, dass Endungen in der historischen Epoche abgeschliffen wurden, aber nur sehr selten durch die Ergebnisse neuer Verschmelzungen ersetzt wurden? Wer sich mit dieser Frage auseinandersetzen will, muss sich von den ausgetretenen Wegen der etablierten Wissenschaft fortwagen und gefährlicheres, spekulativeres Terrain betreten. Die folgenden Bemerkungen sollten daher als versuchsweise und vorläufige Überlegungen angesehen werden, als Erkundungsmission in einem Gelände, das von Linguisten erst noch vermessen werden muss.

Schleichers Revanche?

August Schleicher präsentierte, wie wir sahen, eine bemerkenswerte Theorie, mit der er die Tendenz zu einfacheren Wortstrukturen in den indoeuropäischen Sprachen erklären wollte. Wie jeder andere lebende Organismus haben Sprachen, so behauptete er, eine Wachstumsperiode, auf die eine Periode des Verfalls folgt. Und der Übergangsmoment zwischen diesen beiden Stadien ist kein anderer als das «Dämmern der Geschichte». In vorgeschichtlicher Zeit waren die Völker damit beschäftigt, so Schleicher, die Struktur ihrer Sprachen (damit meinte er in Wirklichkeit die Wortstruktur) zu vervollkommnen. Als aber die Geschichte angebrochen war, fingen sie an, ihre Kräfte anderswo einzusetzen, und so begann der Verfall ihrer Sprachen. Wie andere Sprachforscher später betont haben, ist jedoch die Sprache kein lebender Organismus, der zunächst wächst und dann zerfällt, sondern ein System von Konventionen zur Kommunikation zwischen Menschen. Die Veränderungen in diesen Konventionen resultieren aus den Zwängen des alltäglichen Austauschs, und da die Menschen sowohl vor als auch nach dem Beginn der Ge-

schichte ungefähr auf die gleiche Weise miteinander kommuniziert haben müssen, ist
zu erwarten, dass die Motive
für Veränderungen in vorgeschichtlicher Zeit dieselben gewesen sind wie heute. Es dürfte also wirklich keinen Grund
geben, weshalb eine derartige
Kehrtwendung vom Sprach-
aufbau zum Verfall gerade
beim «Dämmern der Ge-
schichte» stattgefunden haben
sollte.

August Schleicher (1821–1868)

Aber warten Sie einen Augenblick. Was bedeutet es eigentlich, wenn
man sagt, dass die Menschen vor und nach dem Dämmern der Geschichte «ungefähr auf die gleiche Weise» kommuniziert haben? Ganz
offensichtlich haben die Menschen vor 10 000 Jahren nicht auf genau
die gleiche Weise kommuniziert, wie wir es heute tun. Sie schrieben keine
Briefe oder Mails, sie lasen keine Bücher und Zeitungen, sie führten
keine Telefongespräche, sie hörten kein Radio und so fort. Wichtiger
noch, sie lebten in viel kleineren Gemeinschaften als wir, und sie hatten
nur zu einem viel engeren Kreis von Menschen Kontakt. Kommunikation fand somit fast ausschließlich unter Vertrauten statt, in krassem
Gegensatz zur heutigen Zeit, in der wir einen beträchtlichen Teil unserer
Kommunikation mit Fremden abwickeln. Sind aber solche Unterschiede
bei den Kommunikationsmustern tatsächlich von Bedeutung, und
könnten sie irgendwie an der Tendenz zu einfacheren Wortformen beteiligt sein?

Eines ist gewiss: Diese Unterschiede bei den Kommunikationsmustern
können die Grundlagen des Sprachwandels nicht beeinflussen. Die Sprecher können vor 10 000 Jahren nicht weniger faul gewesen sein, und sie
müssen bei der Aussprache genauso viele Abkürzungen genommen haben wie wir heutzutage. Ebenso wie wir müssen sie von dem Bedürfnis
nach größerer Ausdrucksfähigkeit motiviert gewesen sein, und ihr ordnungssüchtiger Verstand muss auch ganz ähnlich funktioniert haben wie
der unsere. Klar ist aber auch, dass der Gang des Sprachwandels von

einem fein austarierten Gleichgewicht zwischen verschiedenen Kräften bestimmt wird; ist es also möglich, dass selbst eine geringfügige Störung dieses Gleichgewichts zu einer erheblichen Veränderung geführt haben könnte? Für diese Annahme gibt es anscheinend gute Gründe. In der heutigen Welt sind die Sprachen mit der kompliziertesten Wortstruktur meist die «exotischen» Sprachen einfacher Stammesgesellschaften, die gewöhnlich von allenfalls wenigen hundert Menschen gesprochen werden. (Wie ich in der Einleitung erwähnte, steht dies in krassem Widerspruch zu dem gängigen Vorurteil, dem zufolge «primitive Völker» auch «primitive Sprachen» sprechen.) Das bedeutet natürlich nicht, dass sich komplizierte Wortstrukturen lediglich in kleinen Gesellschaften finden – man denke nur an das Arabische, das von Hunderten von Millionen Menschen gesprochen wird. Insgesamt aber scheint die Korrelation zwischen einfachen Gesellschaften und komplizierteren Wortstrukturen viel zu stark zu sein, als dass man sie als bloßen Zufall abtun könnte.

Wenn die Korrelation aber nicht nur ein Zufall ist, dann muss es etwas im Wesen der Kommunikationsmuster in kleineren Gesellschaften geben, das dafür sorgt, dass sich kompliziertere Wortstrukturen mit höherer Wahrscheinlichkeit entwickeln und mit geringerer Wahrscheinlichkeit eingeebnet werden. Wiederum sollte ich betonen, dass wir uns hier in einer terra incognita bewegen; aber man hat zumindest zwei mögliche Gründe für dieses Phänomen vorgeschlagen. Einer der Faktoren, die zum Auftreten von komplizierteren Wortstrukturen in kleineren Gesellschaften beitragen, ist möglicherweise das Fehlen eines Drucks zur Vereinfachung, wie er sich aus dem Kontakt zu Fremden ergibt, die andere Sprachen oder Dialekte sprechen. Eine komplizierte Morphologie, elaborierte Endungssysteme beispielsweise, stellt anscheinend den schwierigsten Gegenstand beim Erlernen einer fremden Sprache dar. Selbst Menschen, deren eigene Sprache über eine komplizierte Morphologie verfügt, finden im Allgemeinen das Erlernen von vertrackten Endungen in einer anderen Sprache sehr mühselig. Und so sind, wenn es viele Kontakte zwischen Sprechern verschiedener Sprachen oder auch nur verschiedener Varianten derselben Sprache gibt, komplizierte Wortstrukturen die ersten Kandidaten für Vereinfachungen. In größeren und komplexeren Gesellschaften ergeben sich im Allgemeinen viel mehr Kontakte zwischen Sprechern verschiedener Dialekte und selbst verschiedener Sprachen. Darum erscheint es wahrscheinlich, dass in solchen Gesellschaften der Druck zur Vereinfachung größer ist als in kleineren Gesellschaften, die dem Kontakt zu unterschiedlichen Sprachvarietäten weniger ausgesetzt sind.

Ein weiterer Faktor, der vielleicht zu komplizierteren Wortstrukturen beiträgt, ist das Fehlen der Schriftkenntnis. In flüssiger Sprache gibt es keine wirklichen «Zwischenräume» zwischen den Wörtern, und wenn also zwei Wörter häufig zusammen auftreten, können sie leicht zu einem einzigen verschmelzen. In der geschriebenen Sprache gibt es jedoch sichtbare Lücken zwischen Wörtern, und das verstärkt unsere Wahrnehmung für die Grenze zwischen ihnen, was dann neuen Verschmelzungen entgegenwirken kann. Das heißt nicht, dass in schriftkundigen Gesellschaften Wörter niemals miteinander verschmelzen können (denken wir nur an «durchs», «zum» oder «übern»). Es ist aber wahrscheinlich, dass ohne Schriftkenntnis derartige Verschmelzungen viel weiter verbreitet gewesen und erheblich schneller abgelaufen wären. Somit mag die Schriftbeherrschung durchaus eine Gegenkraft sein, welche die Verschmelzung von Wörtern behindert und somit die Herausbildung komplexerer Wortstrukturen verlangsamt. Und selbst wenn Faktoren wie Kontakt und Schriftkenntnis das Gleichgewicht nur geringfügig zuungunsten von Verschmelzungen und zugunsten von Vereinfachung verschieben, könnten ihre Auswirkungen auf den Gang des Wandels im Lauf der Zeit bedeutsam sein.

Aus dieser Perspektive betrachtet mag sich Schleichers phantastische Theorie, wenn man sie ihres romantischen Vorurteils entkleidet, doch noch als eine Deutung herausstellen, die schließlich gar nicht so phantastisch ist. Soweit wir wissen, bestand bei den Sprachen kleiner Gesellschaften vor der geschichtlichen Zeit, die noch keine Schrift besaßen, eine größere Wahrscheinlichkeit der Herausbildung komplizierter Wortstrukturen als bei den Sprachen der Kulturen, die sich nach dem «Dämmern der Geschichte» entwickelt haben. Mit dem Aufstieg komplexerer schriftkundiger Gesellschaften könnte der Druck zur Vereinfachung bei den Wortstrukturen zugenommen haben, und die Wahrscheinlichkeit der Verschmelzung von Wörtern könnte zurückgegangen sein, was dann die Tendenz zu einer einfacheren Morphologie verursachte, die Schleicher und viele andere so betrübte. Da bisher kaum ernsthafte Forschung über die mögliche Beziehung zwischen Gesellschaftsstruktur und Sprachstruktur betrieben wurde, spielen sich all diese Dinge sehr stark auf der Ebene von könnte und hätte ab. Unter Umständen besteht jedoch immer noch die Chance, über bloße Spekulationen hinauszugehen, wenn Linguisten die Sprachen und Kulturen der indigenen Stämme studieren, die in entlegenen Winkeln des Globus überlebt haben, von den Regenwäldern am Amazonas bis hin zum Hochland von Papua-Neuguinea. Diese Gelegenheit verstreicht jedoch rasch. Denn genau wie die Regenwälder und die Korallenriffe sind die Sprachen der Welt im Verschwinden begriffen. Bei einer geschätzten Sterberate von zwei Sprachen pro Monat sieht es so aus, als würden vor Ablauf dieses Jahrhunderts zwischen der Hälfte und drei Vierteln der etwa 6000 Sprachen der Welt verschwunden sein, darunter fast sämtliche Sprachen kleiner Gesellschaften ohne Schrift. Gegenwärtig beschäftigt sich nur eine engagierte Minderheit von Linguisten damit, solche «exotischen» Sprachen zu dokumentieren. Es muss also einen radikalen Einstellungswandel geben, wenn diese Sprachen und ihre reichhaltigen mündlichen Überlieferungen wie auch die Chance, etwas über das Verhältnis zwischen Sprache und Kultur zu erfahren, nicht für immer verloren gehen sollen.

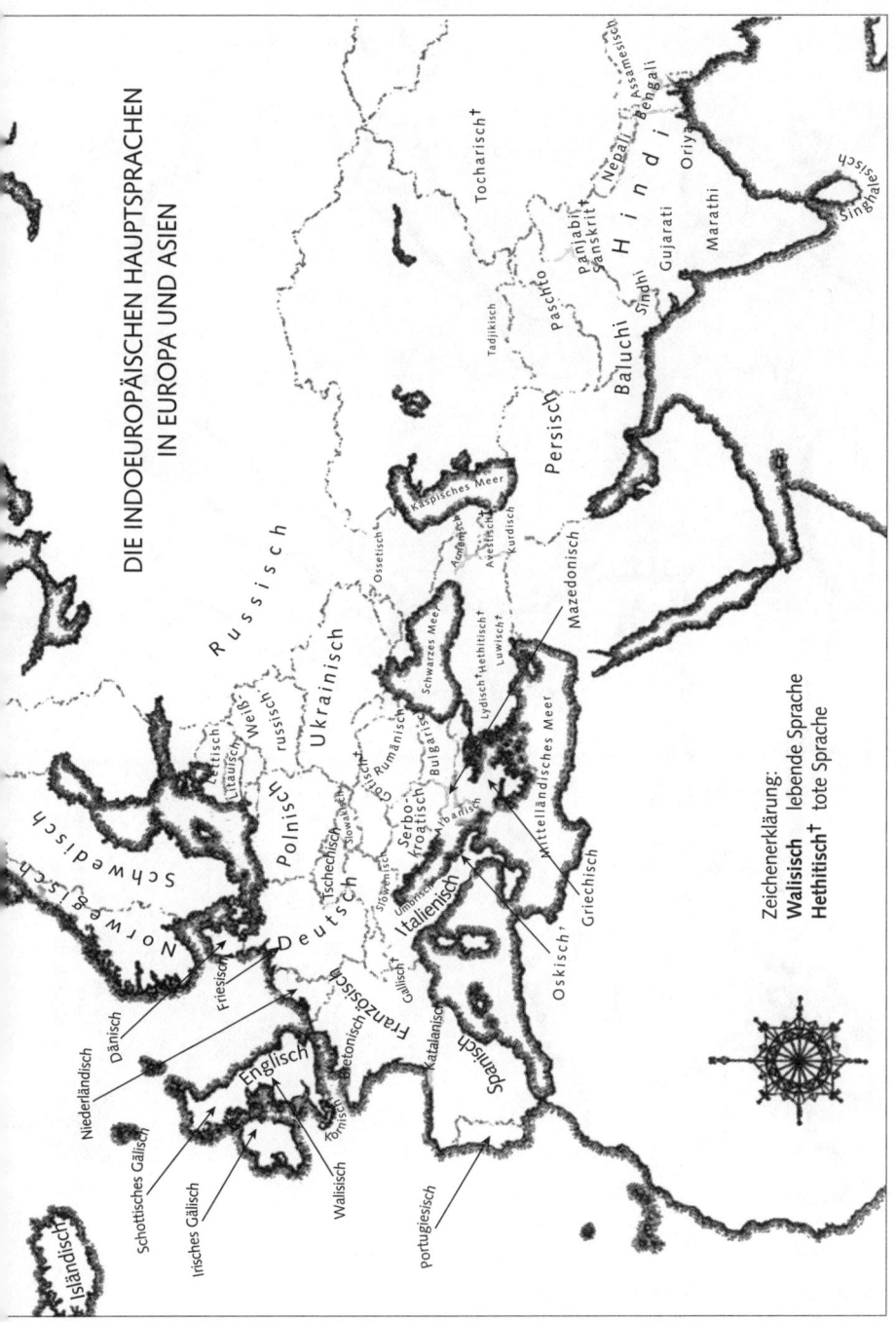

DIE INDOEUROPÄISCHEN HAUPTSPRACHEN
IN EUROPA UND ASIEN

Tocharisch†

Assamesisch

Nepali†

Bengali

H i n d i

Panjabi†

Sanskrit†

Oriya

Gujarati

Sindhi

Marathi

Paschto

Singhalesisch

Baluchi

Tadjikisch

Persisch

Kaspisches Meer

Ossetisch

Armenisch

Aresisch†

Kurdisch

Mazedonisch

R u s s i s c h

U k r a i n i s c h

Lydisch† Hethitisch†

Luwisch†

Schwarzes Meer

Lettisch

Litauisch

Weiß-
russisch

Bulgarisch

P o l n i s c h

Rumänisch

Galizisch†

Serbo-
kroatisch

Mittelländisches Meer

Tschechisch

Slowakisch

Slowenisch

Albanisch

S c h w e d i s c h

D e u t s c h

Umbrisch†

Italienisch

Griechisch

N o r w e g i s c h

Friesisch

Gallisch†

Oskisch†

S p a n i s c h

Dänisch

Niederländisch

F r a n z ö s i s c h

Bretonisch

Katalanisch

Schottisches Gälisch

Englisch

Kornisch†

Irisches Gälisch

Wallisisch

Portugiesisch

Isländisch

Zeichenerklärung:
Wallisisch lebende Sprache
Hethitisch† tote Sprache

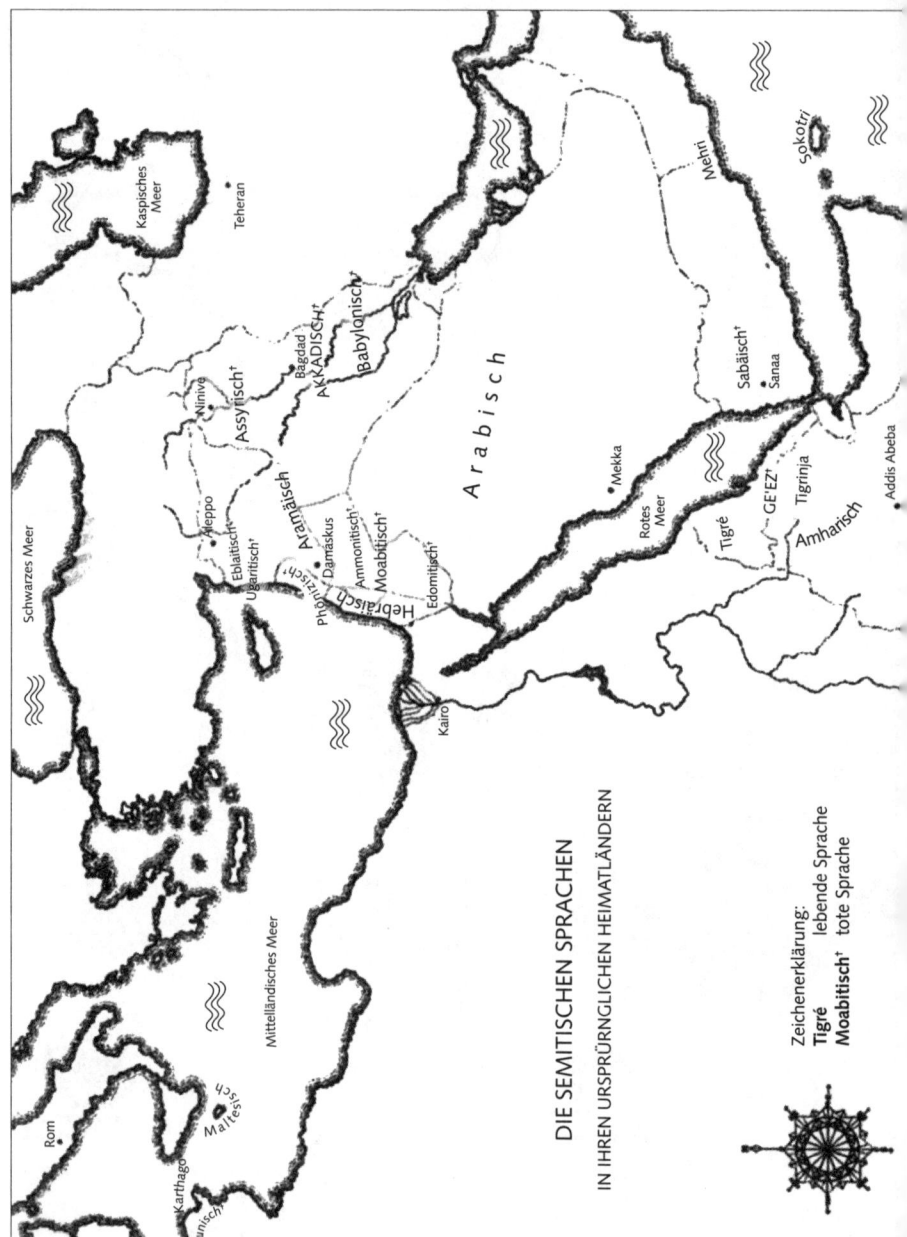

DIE SEMITISCHEN SPRACHEN
IN IHREN URSPRÜNGLICHEN HEIMATLÄNDERN

Zeichenerklärung:
Tigré   lebende Sprache
Moabitisch† tote Sprache

Kategorienwechsel

Einige Minuten nach seinem Vortrag sitzt de Mont in der Cafeteria. Er nippt an einem Espresso und unterhält sich mit dem deutschen Journalisten. Das Mitglied der RSPEL kommt aus dem Vortragssaal und setzt sich neben ihn.

MITGLIED DER RSPEL: Dr. de Mont, auf ein Wort, wenn Sie gestatten. ... Sehen Sie, es ist nicht so, dass ich Ihre Darstellung nicht überzeugend fand. Und ich gebe es ziemlich ungern zu, aber ich sehe jetzt, dass die Zerstörung irgendwie sogar hinter der Herausbildung ganz kunstvoller Strukturen in der Sprache steht. Dennoch muss ich sagen, dass ich mich einigermaßen betrogen fühle, denn Sie haben eigentlich nie meine anfängliche Frage beantwortet: was bewirkt, dass sich etwas aus einem Substantiv in eine Präposition oder aus einem Verb in ein Hilfsverb verwandelt? Sie haben ganz allgemein von «Inhaltswörtern» und «grammatischen Wörtern» gesprochen, und Sie haben die Ansicht vertreten, der Übergang aus dem einen Lager in das andere sei ein allmählicher Prozess, weil es sich dabei um das Ergebnis einer schrittweisen Erosion der Bedeutung handle. Aber sehen Sie, das, worum es mir wirklich ging, war nicht so sehr der Wandel von «Inhalt» zu «Grammatik», sondern die tatsächliche Transformation von einer syntaktischen Kategorie in die andere. Sicher kann der Übergang vom Verb zum Hilfsverb oder vom Substantiv zur Präposition nicht bloß eine Sache von allmählichen Bedeutungsveränderungen sein. Schließlich kann ein Wort nicht gleichzeitig ein Substantiv und eine Präposition sein, oder? Es muss also etwas geben, das tatsächlich ein Substantiv in eine Präposition verwandelt, und es muss auch etwas gegeben haben, das «go» aus einem Verb in ein Hilfsverb verwandelt hat. Und was ich wirklich wissen möchte, ist, wann genau diese Metamorphosen von der einen Kategorie in die andere stattgefunden haben und was genau sie ausgelöst hat. Bitte speisen Sie mich also nicht wieder mit Geschichten über zarte Veränderungen der Bedeutung ab ...

DE MONT: Nun, ich fürchte, diese mysteriösen Verwandlungen sind weit weniger dramatisch, als Sie sich das vielleicht vorstellen. ... Aber wissen Sie was, anstatt all diese Dinge nur theoretisch zu erörtern, warum reiche ich Ihnen die Frage nicht zurück? Wenn Sie von mir die Erklärung erwarten, wie etwas aus der einen syntaktischen Kategorie in die andere übergewechselt ist, ist es dann nicht recht und billig, zunächst einmal zu fragen, welcher Unterschied zwischen diesen beiden Kategorien bestehen soll?

MITGLIED DER RSPEL: Aber das ist doch völlig offensichtlich. Jeder Mensch mit einer Grundschulbildung weiß ganz genau: «gehen» ist ein Verb, «sollen» ist ein Hilfsverb, «Rücken» ist ein Substantiv, «hinter» ist eine Präposition.

DE MONT: Ich hatte aber eigentlich nicht nach Ihrer Schulbildung gefragt. Wie wäre es, wenn ich behauptete, dass der Wechsel von der einen Kategorie in die andere nur deshalb so geheimnisvoll aussieht, weil Ihnen Ihre Schulbildung diese Kategorien als absolute, gottgegebene Gebilde eingebläut hat? Sehen Sie, in der wirklichen Sprache laufen Wörter ebensowenig mit Designer-T-Shirts herum, auf denen «Substantiv» oder «Verb» steht, wie sie die Etiketten «Inhalt» oder «Struktur» tragen. Warum vergessen wir also nicht einmal für einen Moment, dass «go» einfach deswegen ein Verb ist, weil man uns das immer erzählt hat, und versuchen uns über die Frage zu einigen, warum wir ihm dieses Etikett verpassen?

MITGLIED DER RSPEL: Nun, ich brauche Sie gewiss nicht daran zu erinnern, dass Verben Wörter sind, die sich auf Handlungen beziehen, Substantive sind Wörter, welche Dinge bezeichnen, Präpositionen drücken Beziehungen wie «hinter» aus, und Hilfszeitwörter kennzeichnen das Tempus und dergleichen ...

DE MONT: Hmm ... Wenn das aber alles so einfach ist, meinen Sie dann nicht, dass Ihr Vorwurf, meine Theorie sei irgendwie unzulänglich, recht unangebracht ist? Sehen Sie mal, zunächst fordern Sie mich auf, Sie nicht mehr mit irgendwelchen «Geschichten über zarte Veränderungen der Bedeutung» abzuspeisen, und Sie wollen wissen, welches der Zauberfaktor war, der ein Verb in ein Hilfsverb verwandelt hat. Wenn ich Sie dann aber frage, was eigentlich der Unterschied zwischen einem Verb und einem Hilfsverb ist, was erzählen Sie mir da? Eine nette Geschichte über ... Bedeutung! Folgt man Ihrer Erklärung, dann sollte man «going to» in dem Moment, in dem es nicht mehr dazu verwendet wurde, eine Handlung der Bewegung auszudrücken, sondern das Tempus markierte, automatisch in Hilfsverb umbenennen.

MITGLIED DER RSPEL: Aber Sie wissen ebensogut wie ich, dass darin noch mehr steckt. Ich wollte damit nicht sagen, dass die Bedeutung den einzigen Unterschied zwischen Kategorien darstellt, und mir ist natürlich klar, dass die Entsprechung zwischen der Bedeutung und den syntaktischen Kategorien nicht perfekt ist. «Bewegung» ist ein Substantiv und kein Verb, obwohl es sich auf eine Handlung bezieht. «Zukunft» ist ebenfalls ein Substantiv und kein Hilfsverb, obwohl es sich auf die Zeit bezieht. Außer der Bedeutung gibt es also auch strukturelle Eigenschaften, die die Kategorien voneinander unterscheiden.

DE MONT: Und was genau sind diese «strukturellen Eigenschaften»?

MITGLIED DER RSPEL: Nun ja, ich kann Ihnen verschiedene Beispiele nennen. Zunächst einmal treten englische Hilfsverben vor Infinitiven auf – «I will see» –, während normale Verben nicht vor Infinitiven vorkommen: man sagt nicht «I wash see». Andererseits können Verben vor einem Objekt auftreten wie in «I see a cow», während sich Hilfsverben nie mit einem Objekt verbinden können; man kann nicht sagen «I could a cow». [*Er wendet sich an den deutschen Journalisten*] Das alles bezieht sich natürlich auf das Englische. Wenn ich mich richtig erinnere, verhalten sich die Hilfszeitwörter im Deutschen etwas anders als im Englischen.

DEUTSCHER JOURNALIST: Ja, aber selbst im Deutschen gebrauchen wir Hilfszeitwörter vor Infinitiven – «er soll sehen» –, während wir normale Verben nicht vor Infinitiven verwenden – wir sagen nicht «sie wäscht sehen». Und andererseits können wir ebenso wie Sie ein normales Verb vor ein Objekt setzen – «ich sehe eine Kuh» –, aber wir können nicht sagen «ich soll eine Kuh».

DE MONT: Großartig. In Wirklichkeit sagen Sie also beide, dass eine syntaktische Kategorie eine Gruppe von Wörtern ist, die in ähnlichen Stellungen in ähnlichen Konstruktionen auftreten. Und wenn ich davon ausgehend verallgemeinern darf, dann folgt daraus, dass die zuverlässige Methode zur Definition einer syntaktischen Kategorie darin besteht, nicht nach einer gemeinsamen Bedeutung, sondern nach einer gemeinsamen Verteilung zu suchen: nach den bestimmten Slots (Leerstellen), an denen eine Gruppe von Wörtern auftritt. Es ist wahr, dass materielle Dinge immer Substantive sind, aber Sie weisen zu Recht darauf hin, dass es auch Substantive wie «Bewegung» oder «Zukunft» gibt, die mit Sicherheit keine materiellen Dinge sind. Der Grund, weswegen wir sie als Substantive bezeichnen, ist der, dass sie an denselben Slots auftreten wie andere Substantive. Beispielsweise erscheinen Substantive typischerweise an Slot X in «eine große X» – hier kann man X durch «Gabel» oder «Straße» ersetzen, aber auch durch «Bewegung» und «Zukunft». Verben treten an Slots wie «sie Z den Eimer» auf – man kann Z durch «sieht» oder «nimmt» ersetzen. Und im Allgemeinen ist eine syntaktische Kategorie eine Gruppe von Wörtern, die wir als ähnlich wahrnehmen, weil sie eine ähnliche Verteilung haben – sie treten an den gleichen Slots im Satz auf. Hilfszeitwörter erscheinen typischerweise an Slots vor Infinitiven von Verben, zum Beispiel «sie Y sehen» – selbst wenn die genauen Details ihrer Verteilung von einer Sprache zur anderen verschieden sind.

MITGLIED DER RSPEL: Daran ist nichts auszusetzen. Aber all das beantwortet immer noch nicht meine ursprüngliche Frage danach, wie etwas von der einen Kategorie in die andere *übergelaufen* ist.

DE MONT: Nein, das erzählt es uns noch nicht ganz, aber es erlaubt uns immerhin, die Frage vernünftiger zu formulieren – und damit ist schon mehr als die Hälfte des Weges zu einer Antwort zurückgelegt ...

MITGLIED DER RSPEL: Nun schön, dann sollte ich eher fragen, wie es kam, dass ein Verb wie «go» plötzlich anfing, nicht an Slots aufzutreten, die für Verben typisch sind, sondern an solchen, die für Hilfsverben charakteristisch sind.

DE MONT: Aber sehen Sie denn nicht, jetzt erscheint die Frage in einem ganz anderen Licht. Entscheidend ist, dass das englische Verb «go» *als solches* niemals angefangen hat, an Slots aufzutreten, die für Hilfsverben charakteristisch sind. Was sich in ein Hilfsverb verwandelt hat, war nicht «go», sondern nur eine bestimmte Phrase, die schon die ganze Zeit an Slots für Hilfsverben aufgetreten war.

DEUTSCHER JOURNALIST: Was denn? Wollen Sie jetzt behaupten, dass sich «go» nie in ein Hilfsverb verwandelt hat?

DE MONT: Nein, ich formuliere jetzt einfach nur sorgfältiger. Sehen Sie, Sie würden doch wohl beide zustimmen, dass es nicht irgendein beliebiges «go» ist, das sich in ein Hilfsverb verwandelt hat. In einer Wendung wie «she's going to the cinema» zum Beispiel ist «going» immer noch ein völlig normales Verb, selbst im heutigen Englisch. Und man kann diese Form sogar durch andere Verben ersetzen: «she's driving to the cinema» und dergleichen.

MITGLIED DER RSPEL: Was ich aber meinte, war «go» in der Konstruktion «going to *do* something».

DE MONT: Aber das ist genau der Punkt. Das, was sich in ein Hilfsverb verwandelt hat, war kein beliebiges «go». Es war die Phrase «is going to» in einer einzigen, ganz bestimmten Konstruktion – wenn sie vor dem Infinitiv eines Verbs erschien. Und stellen Sie sich die Sache einfach mal folgendermaßen vor: vergessen Sie einen Moment, dass «is going to» drei verschiedene Bestandteile hat, und fassen Sie es als eine Einheit X = «is-going-to» auf. Wenn Sie die Sache so betrachten, dann sehen Sie, dass «is-going-to» schon die ganze Zeit an denselben Slots aufgetreten ist wie Hilfsverben. Genau wie «will» oder «must» passt es an Slots wie «she X do something».

MITGLIED DER RSPEL: Dann versuchen Sie also zu sagen, dass überhaupt nichts passiert ist? Wir haben mit etwas angefangen, das an Slots für Hilfsverben auftrat, und wir haben mit etwas aufgehört, das an Slots für Hilfsverben auftrat …

DE MONT: Die Veränderung besteht aber darin, dass die *interne* Struktur der Phrase zusammengebrochen ist. «Going to» begann sein Dasein als Verbindung unterschiedlicher Elemente, als Kurzform für «going (somewhere, in order) to (do something)». Diese Phrase enthielt zwei unabhängige Teile: Das Verb «go» bezeichnete eine Bewegung, und die Präposition «to» zeigte das Ziel dieser Bewegung an. Die Sprecher nahmen die Ähnlichkeit zwischen dieser Phrase und Hilfsverben nicht wahr, weil sie sie nicht als Einheit betrachteten. Im Laufe der Zeit aber verlor «is going to», wie ich Ihnen vorhin zeigte, seine unabhängige Bedeutung und zeigte nun die Zukunft an, und somit verloren in der Wahrnehmung der Sprecher die einzelnen Bestandteile ihre eigenständigen Rollen. Das ganze «is going to» wurde auf diese Weise nun als eine einzige, eigenständige Einheit aufgefasst und zu bloßem *'s gonna* reduziert. Und in dieser neuen Rolle als Einheit wurde die Ähnlichkeit zwischen *'s gonna* und Hilfsverben offenbar: hier war eine Phrase, die an Slots für Hilfsverben auftrat und eine ähnliche Bedeutung hatte wie andere Hilfsverben: die Kennzeichnung eines Tempus.

Tatsächlich hat man in einigen Varianten des Englischen, besonders in Amerika, das *'s* von *'s gonna* bereits über Bord geworfen, und viele Sprecher sagen einfach Sätze wie «she *gonna* come». Ich weiß, Sie würden diesen Wandel vielleicht als eine schlimme Vulgarität ansehen, aber er ist wirklich völlig natürlich und sogar logisch, weil das *'s* keine erkennbare Funktion mehr hat. Ursprünglich stand hier das «is», um die *-ing*-Form des Verbs «going» einzuleiten. Da aber von diesem ursprünglichen Verb nicht mehr viel übrig ist, fühlt sich das *'s* heutzutage einfach wie Übergepäck an, und so lassen Sprecher es eben fallen. Und in den Varianten des Englischen, in denen dieser Wandel bereits stattgefunden hat, erscheint *gonna* jetzt selbständig an genau demselben Slot wie etwa das Hilfsverb *will*: «she X come». Aber sehen Sie, all das geschah ohne irgendeinen magischen Sprung von einem Slot zum andern. Was *gonna* wirklich eine Ähnlichkeit mit Hilfsverben verschaffte, war nichts anderes als eine allmähliche Erosion von Bedeutung und Lauten.

DEUTSCHER JOURNALIST: Aber kann man denn nicht wenigstens einen bestimmten Zeitpunkt dingfest machen, an dem dieser Wandel stattgefunden hat? Kann man nicht beispielsweise sagen, dass der Punkt, an dem sich «going to» in ein Hilfsverb verwandelte, der war, als es zu einem einzigen Wort, zu *gonna*, wurde, das an Slots für Hilfsverben auftritt?

DE MONT: Nun ja, ganz so einfach ist es nicht, denn die Vorgänge können allmählicher verlaufen, als wir bisher zugestanden haben, selbst was die Verteilung angeht. Ich sagte vorhin, dass Hilfsverben Wörter sind, die üblicherweise an charakteristischen Slots für Hilfsverben auftreten. Diese Definition setzte als selbstverständlich voraus, dass ein Wort, wenn es an *einen* charakteristischen Slot für Hilfsverben passt, auch an alle anderen passen würde.

DEUTSCHER JOURNALIST: Und ist das nicht der Fall?

DE MONT: Nun, das können Sie ganz leicht mit «gonna» ausprobieren. Ich sprach eben davon, dass «gonna» genau an den Hilfsverb-Slot «she X come» passt – zumindest in einigen Varianten des Englischen.

Probieren wir aber einfach mal aus, ob «gonna» an alle anderen Slots für Hilfsverben passt. Nehmen wir zum Beispiel Fragen. Wenn in einem Satz wie «she will come» ein Hilfsverb steht, dann bildet man im Englischen eine Frage einfach dadurch, dass man dieses Hilfsverb nach vorn verschiebt wie in «will she come?» Mit anderen Worten, die Hilfszeitwörter passen an den Slot X in «X she come?» Versuchen Sie aber einmal, «gonna» an diesen Slot zu setzen: keiner sagt doch «gonna she come?» – oder? Stattdessen wird das «is» wieder eingefügt und nach vorn verschoben: «is she gonna come?» In Fragen verhält sich «gonna» also immer noch mehr wie normale englische Verben: «is she planning to come?», «is she trying to come?» und dergleichen.

MITGLIED DER RSPEL: Worauf wollen Sie also genau hinaus? Würden Sie jetzt «gonna» als Hilfsverb definieren, oder meinen Sie, dass es immer noch ein Verb ist?

DE MONT: Nun, ich würde einfach sagen, dass «gonna» ein Wort ist, das an *einige* Slots für Hilfsverben passt, aber nicht an andere. In manchen Konstruktionen verhält es sich wie die Hilfsverben «will» und so weiter, aber in anderen verhält es sich immer noch eher wie ein normales Verb. «Gonna» lässt sich einfach nicht klar in eine der beiden Gruppen, Verben oder etablierte Hilfsverben, einordnen.

MITGLIED DER RSPEL: Aber führt das nicht zu gewaltigen Problemen, wenn ein Wort wie «gonna» mitten drin steht und nicht weiß, ob es dies oder jenes oder noch etwas anderes ist?

DE MONT: Probleme für wen genau? Es könnte zu einem Aufruhr in der sorgfältig abgezirkelten Welt der Schule führen oder bei jemandem, der an perfekte platonische Kategorien glaubt. Aber sehen Sie, wir sprechen tatsächlich nicht in «Verben» und «Hilfsverben» – wir sprechen einfach in Wörtern. Und was das Wort «gonna» angeht, merken sich Sprecher einfach, an welchen Slots es auftritt. Warum sollte das problematisch sein?

MITGLIED DER RSPEL: Sollten sich zunächst einmal nicht dadurch Probleme ergeben, dass sich Sprecher all die Slots einzeln merken müssen, an denen «gonna» auftritt? Ich dachte, das Entscheidende an syntaktischen Kategorien wäre, dass sie Wörter vom gleichen Schlag zusammenfassen, so dass die Sprecher nicht all die verschiedenen Slots, an denen jedes einzelne Mitglied der Gruppe auftreten kann, einzeln auswendig lernen müssen. Es reicht beispielsweise, wenn man sich merkt, an welchen Slots ein Substantiv wie etwa «Tisch» auftritt, und dann weiß man bereits, dass «Stuhl», «Wurst» und Tausende von anderen Wörtern genau an denselben Slots vorkommen würden.

DE MONT: Dem stimme ich im Prinzip zu, aber sehen Sie, «gonna» ist ein derart grundlegendes und verbreitetes grammatisches Wort, dass es wirklich nur einen Tropfen im Ozean der Details darstellt, mit denen sich Sprecher auseinanderzusetzen haben. Glauben Sie nicht, dass englische Muttersprachler mit Erstaunen reagieren würden, wenn Sie ihnen Schwierigkeiten beim Umgang mit «gonna» unterstellten, weil dieses Wort an manchen Slots für Hilfsverben auftritt, aber nicht an allen?

DEUTSCHER JOURNALIST: Also ich muss sagen, das widerspricht so ziemlich allem, was ich immer über syntaktische Kategorien angenommen habe. Ich war davon ausgegangen, dass ein Wort das eine oder das andere sein muss, entweder ein Verb oder ein Hilfsverb, entweder ein Substantiv oder eine Präposition. Und nun erklären Sie uns, dass «gonna» beides sein kann oder vielleicht keines von beidem. Wenn aber Wörter nicht immer ordentlich in die eine oder die andere syntaktische Kategorie passen, warum soll man sich dann überhaupt um diese syntaktischen Kategorien kümmern? Sind diese Klassifizierungen dann nicht ziemlich nutzlos?

DE MONT: Nein, so weit würde ich nicht gehen. Ich würde lediglich sagen, dass diese syntaktischen Kategorien manchmal «Löcher» haben. Der Linguist Edwar Sapir hat einmal gesagt: «Alle Grammatiken sind undicht.» Die wichtigsten syntaktischen Kategorien können sehr hilfreich sein, wenn es darum geht, allgemeine Ähnlichkeiten zwischen Wörtern zu erfassen. Mehr noch, ein Etikett wie «Verb» muss auch eine psychische Realität widerspiegeln: die Vorstellung im Kopf von Menschen, dass sich Wörter wie «treten», «beißen» und noch viele andere ganz ähnlich verhalten und an ähnlichen Slots auftreten. Syntaktische Kategorien können also sehr nützlich sein, besonders wenn man die Sprache aus der Vogelperspektive betrachtet. Konzentriert man sich aber auf die Details, dann stellt man häufig fest, dass sich Wörter nicht immer handlich in eine der Hauptkategorien einordnen lassen. Es kann vorkommen, dass ein Wort die Verteilung einer anderen Kategorie nur langsam übernimmt, und manchmal kann es sogar zwischen den Kategorien hängenbleiben. Wenn man eine Sprache zu beschreiben versucht, sollte das keine ernsthaften Probleme bereiten, solange man syntaktische Kategorien nur als Beschreibungsetiketten versteht – sie sollen uns dienen, nicht uns beherrschen. Wenn man also eine Frage stellt wie «wann ist ein Wort aus Kategorie A in Kategorie B übergetreten?», dann sollte man daran denken, dass das Wort nie irgendwelche komplizierten Verrenkungen zu vollführen brauchte. Was man dabei in Wirklichkeit fragt, ist: «wann beschließe ich, für ein Wort nicht mehr das Etikett A zu gebrauchen, und beginne, das Etikett B zu verwenden?» Wenn Sie also feststellen, dass sich ein Wort wie «gonna» nicht fügt und nicht nahtlos zu einem Ihrer beiden Etiketten passt, dann ist nicht das Wort selbst problematisch, sondern Ihre Etiketten. Das macht Ihre Etiketten nicht völlig nutzlos, es bedeutet lediglich, dass sie nicht jeden einzelnen Aspekt der Sprache vollkommen erfassen können.

MITGLIED DER RSPEL: Nun, alle diese Dinge werde ich mit Sicherheit überdenken müssen. Aber … es tut mir schrecklich leid, ich muss mich jetzt beeilen – ich möchte wirklich nicht den Vortrag über «Wegen dem» versäumen.

Noch einmal Laryngale?

In Kapitel 6 habe ich die Ansicht geäußert, dass der *a*-Ablaut möglicherweise der erste Schritt war, den der prähistorische Vorfahr der semitischen Sprachen in Richtung auf das aus konsonantischen Wurzeln und Vokalschemata bestehende System unternommen hat. Dieser *a*-Ablaut bestand darin, dass sich in den alten Stämmen der Vokal *u* oder *i* in *a* verwandelte, was zu Paaren wie *aktum – aktam* («ich bedeckte – ich werde bedecken»), *aptil – aptal* («ich wand – ich werde winden») und *amūt – amāt* («ich starb – ich werde sterben») führte. Ich habe argumentiert, dass sich dieser Ablaut auf ähnliche Weise entwickelt haben muss wie die Abfolge von mühesparenden Veränderungen und Analogiebildungen, die im Deutschen bei Substantiven wie *gast – gestə* und *hals – helsə* zum *i*-Umlaut führte. Schuld an den mühesparenden Veränderungen war im Germanischen ursprünglich eine Endung *-iz*, die den vorangehenden Vokal von *a* zu *e* abtönte.

Der Ursprung des semitischen *a*-Ablauts liegt in so ferner Vergangenheit, dass sich nicht feststellen läßt, welche lautliche Umgebung genau für seine Entstehung verantwortlich war. Gleichwohl ist es verlockend, und sei es auch aus bloßer Neugier, darüber zu spekulieren, wie die Verursacher des *a*-Ablauts im Semitischen ausgesehen haben *könnten*. Eine begründete Vermutung wäre, dass der Schuldige in diesem Fall vielleicht gar kein Vokal war, sondern vielmehr eine Gruppe von Konsonanten, nämlich die «Laryngale», von denen bereits in Kapitel 3 im Zusammenhang mit Saussures Theorie die Rede war. Saussure postulierte, dass der prähistorische Vorfahr der indoeuropäischen Sprachen einige längst verlorengegangene Laute besessen habe, welche die Vokale in ihrer Umgebung gefärbt hätten, dann aber aus sämtlichen Tochtersprachen verschwunden seien. Nach seinem Tode wurde seine Theorie bewiesen, als man einen dieser Strolche in der kurze Zeit zuvor entdeckten, sehr alten indoeuropäischen Sprache Hethitisch auffand.

In den semitischen Sprachen bedarf es nun keiner visionären Fähigkeiten, um hypothetisch die Existenz von Laryngalen anzunehmen, denn dort sind sie auch heute noch quicklebendig. Mehr noch, es gibt sogar historische Belege dafür, dass diese Laryngalkonsonanten Vokale in ihrer Umgebung dazu zwangen, sich in *a* zu verwandeln. Der Grund für diese Lautfärbung liegt darin, dass die Laryngale so weit hinten in der Kehle gebildet werden, dass die Zunge zu ihrer Aussprache ohnehin eine Stellung einnehmen muss, die ganz ähnlich ist wie die für ein *a*. Im Hebräischen beispielsweise lautete das Wort für «Apfel» ursprünglich *tapūḥ*, aber der Laryngallaut *ḥ* verursachte die Verwandlung des Wortes in *tapūaḥ*. Es wurde also vor dem *ḥ* ein Hilfsvokal *a* eingeschoben, damit der Mund leichter die Stellung einnehmen konnte, die für die Aussprache dieses Lautes erforderlich war. Entscheidend ist jedoch, dass dieser Wandel nur dann stattfand, wenn der Laryngal am Wortende stand. Sofern auf das *ḥ* ein weiterer Vokal folgte, gab es anscheinend nicht genug Zeit, dass sich dieser gemächliche Hilfsvokal einschieben konnte; somit lautete der Plural («Äpfel») unverändert *tapūḥ-im* und wurde nicht zu *tapūaḥ-im* abgewandelt.

Es ist durchaus möglich, dass die Schuldigen hinter dem vorgeschichtlichen *a*-Ablaut ebenfalls Laryngalkonsonanten waren. Wir können nicht darauf hoffen, jemals die tatsächlichen Verhältnisse des Vokalwandels zu rekonstruieren, aber im folgenden wird ein Weg skizziert, auf dem der Vorgang abgelaufen sein *könnte*. Nehmen wir an, dass einstmals das Präteritum nicht endungslos war, wie ich es in Kapitel 6 dargestellt habe, sondern durch eine Endung gekennzeichnet war. Es kommt nicht genau darauf an, wie diese Endung aussah; sagen wir also einfach, sie habe *-u* gelautet. Nehmen wir gleichfalls an, dass das Futur (das sein Dasein vielleicht nur als ein unbestimmteres Präsens begonnen hatte) eine Form ohne irgendeine Endung war:

ALTER STAMM	ALTES PRÄTERITUM	ALTES PRÄSENS / FUTUR
ptil «winden»	*aptil-u* («ich wand»)	*aptil* («ich winde»)
mūt «sterben»	*amūt-u* («ich starb»)	*amūt* («ich sterbe»)
ṣīḥ «lachen»	*aṣīḥ-u* («ich lachte»)	*aṣīḥ* («*ich lache*»)

Stellen wir uns nun einmal vor, dass ein mühesparender Wandel ähnlich dem, der den hebräischen «Apfel» abänderte, in Gang kam: vor dem

Laryngal *ḫ* schoben die Sprecher einen Hilfsvokal *a* ein, aber das taten sie nur, wenn *ḫ* am Wortende stand. Wie würde sich ein solcher Wandel auf die oben angeführten Formen auswirken? Das Präsens *aṣīḫ* würde zu *aṣīaḫ* werden, weil das *ḫ* am Wortende steht. Im Präteritum *aṣīḫ-u* hingegen, wo das *ḫ* nicht am Ende stand, wäre es zu keiner Änderung gekommen. Mit anderen Worten, die Endung *-u* hätte das Präteritum vor dem Wandel «bewahrt» haben können. Nach der Veränderung hätte die Situation dann folgendermaßen ausgesehen:

ALTER STAMM	ALTES PRÄTERITUM	ALTES PRÄSENS/FUTUR
ṣīḫ «lachen»	*aṣīḫ-u* («ich lachte»)	*aṣīaḫ* («ich lache»)

Nehmen wir nun an, dass einige Generationen später die Endung *-u* des Präteritums abgeschliffen wird und schließlich völlig verschwindet. Von Formen wie *a-ṣīḫ-u* bleibt also nur noch *a-ṣīḫ* übrig. Das einzige Merkmal zur Unterscheidung zwischen Präteritum und Präsens/Futur, das es jetzt noch gäbe, wäre der Gleitvokal *a* innerhalb des Stammes:

ṣīḫ «lachen»	*aṣīḫ* («ich lachte»)	*aṣīaḫ* («ich lache»)

Sprecher nachfolgender Generationen hätten keine Ahnung davon, dass das *a* in *aṣīaḫ* ursprünglich bloß als mühesparendes Hilfsmittel eingefügt worden war. Sie würden einfach ein Muster wahrnehmen, dem zufolge das einzige Merkmal zur Unterscheidung zwischen Präteritum und Präsens in dem Gleitvokal *a* im Innern des Stammes besteht. Somit könnte ihr ordnungssüchtiger Verstand diesen Hilfsvokal *a* als *bedeutungsvolles* Muster auffassen und annehmen, er sei dazu bestimmt, das Präsens/Futur kenntlich zu machen. Und nachdem dieses Muster erkannt war, konnte es über eine Analogiebildung auf andere Verben wie *mūt*, *ptil* und so weiter ausgedehnt werden, die ursprünglich gar keinen Laryngal enthalten hatten:

mūt «sterben»	*amūt* («ich starb»)	*amūat* («ich sterbe»)

Diese Formen haben nun große Ähnlichkeit mit den Formen der hohlen Verben, die sich auf den frühesten Stufen des Akkadischen finden. Im späteren Verlauf der Sprachgeschichte wurden dann aber die Vokalfolgen *ia* und *ua* abgeschliffen und zu bloßem *a* vereinfacht, was schließlich zum *a*-Ablaut in reiner Form führte: als Wandel von *i* oder *u* im Präteritum zu *a* im Futur:

ṣīḥ «lachen»	*aṣīḥ* («ich lachte»)	*aṣāḥ* («ich lache»)
mūt «sterben»	*amūt* («ich starb»)	*amāt* («ich sterbe»)

Selbstverständlich ist das hier vorgestellte Szenario, wie ich eingangs betont habe, nicht mehr als eine Vermutung, die *einen* möglichen Weg veranschaulichen soll, auf dem sich der *a*-Ablaut entwickelt haben könnte. Ich behaupte lediglich, dass sich die Entwicklung ganz allgemein auf eine derartige Weise abgespielt haben könnte.

Der Teufel im Detail

Zwischen den drei einfachen Vokalschemata, die in Kapitel 6 abgeleitet wurden, und der vollen Komplexität des ausgebildeten semitischen Verbsystems liegt eine nahezu unfassbare Menge von Details, die sich zu einem großen Teil nie mehr aufklären lassen. Dennoch gibt es genügend Spuren, die uns eine Vorstellung davon vermitteln können, wie sich zumindest einige der komplizierteren Schemata entwickelt haben könnten, und im folgenden wird ein kurzer Überblick über die möglichen Ursprünge des reflexiven, des intensiven, des kausativen und des passiven Schemas gegeben. Im letzten Abschnitt geht es dann schließlich um den Ursprung eines ziemlich ausgefallenen Schemas im modernen Hebräisch, das eine Ahnung davon vermittelt, wie das auf Wurzeln und Schemata aufgebaute System an Komplexität zunahm.

1. Reflexiv

Die reflexive Nuance («sich zwicken») wird in den semitischen Sprachen durch Schemata ausgedrückt, die zwischen die ersten beiden Wurzelkonsonanten ein *t* einschieben. Im Arabischen beispielsweise ist *i*(z)*ta*(w)*i*(k) das Schema für «zwick dich selbst!» Die naheliegende Frage lautet, worauf denn dieses reflexive *t* zurückgehen könnte und wie es ihm gelungen ist, den Weg zwischen die Konsonanten der Wurzel zu finden. Wie bei den meisten anderen Details liegt der letztliche Ursprung des *t* jenseits des historisch definitiv Aufklärbaren, aber die wahrscheinlichste Erklärung ist die, dass das *t* als vollständiges Reflexivpronomen begann, als ein unabhängiges Wort wie «selbst». Dieses Pronomen (das vielleicht ursprünglich *ta* lautete) wäre vor dem Verb aufgetreten, so dass eine Form wie «*ta* zwik» einfach «sich selbst zwicken» bedeutet hätte. Dann hätte das *ta* durch die vertrauten Abläufe der Erosion mit dem Verb verschmelzen und zu einem Präfix werden können: …*t(a)*-zwik.

Was aber hätte dieses Präfix zwischen die Wurzelkonsonanten schieben können? Der Schuldige muss ein ziemlich verbreiteter Typ von mühesparendem Wandel gewesen sein, den man als Metathese bezeichnet und bei dem zwei Laute die Plätze tauschen, um ihre Aussprache in Folge zu erleichtern. Ein Beispiel für Metathese findet man in dem deutschen Wort «Born», das auf das Wort «Brunn(en)» zurückgeht und in dem *r* und der Vokal durchgeschüttelt wurden. Ebenso sprang im althochdeutschen Wort *wefsa* das s um, was zu «Wespe» führte. Und heute hört man manchmal die Aussprache «Sekertär». In ähnlicher Weise wurde altenglisch *hros* (mit dem deutschen «Ross» verwandt) zu «horse» und *thrid* («dritt») zu «third».

Es gibt gute Gründe für den Verdacht, dass eine Metathese dafür verantwortlich gewesen sein muss, dass das reflexive *t* und der erste Wurzelkonsonant die Plätze tauschten (...t$\textcircled{z}$... → ...$\textcircled{z}$t). In einigen semitischen Sprachen, so etwa im Hebräischen, fand die Metathese nämlich nicht bei allen Verben statt, sondern nur dann, wenn sich der erste Wurzelkonsonant nach einem *t* schwer aussprechen ließ. Somit ist es wahrscheinlich, dass die anderen semitischen Sprachen ebenfalls mit einer sporadischen Metathese begannen, dass dann aber in einem späteren Stadium diese Metathese durch Analogie ausgedehnt und für alle Verben obligatorisch gemacht wurde.

2. Intensiv

Die Intensivschemata im Semitischen sind durch die Verdopplung des zweiten Wurzelkonsonanten gekennzeichnet. Im Akkadischen beispielsweise lautet das Intensivschema im Futur *u*$\textcircled{z}$*a*$\textcircled{w}$$\textcircled{w}$*a*$\textcircled{k}$ («ich werde intensiv zwicken»), und im Hebräischen heißt die Intensivform des Präteritums $\textcircled{z}$*i*$\textcircled{w}$$\textcircled{w}$*e*$\textcircled{k}$ («er zwickte intensiv»). Es ist möglich, dass diese Konsonantenverdopplung der Überrest eines Vorgangs ist, der als Reduplikation (Wiederholung) des ganzen Stammes begann. Die Reduplikation ist nämlich eine Strategie, die in den Sprachen der Welt außerordentlich verbreitet ist. Formen wie *rennrenn, schneidschneid* oder *rotrot* werden in vielen Sprachen gebraucht, um Bedeutungen wie «viel rennen», «wiederholt schneiden» oder «sehr rot» auszudrücken. Häufig greift aber die Erosion die wiederholten Formen an, so dass nur eine «teilweise Reduplikation» übrigbleibt. Das lateinische Wort *memento* beispielsweise ist ein Überbleibsel einer Reduplikation der proto-indoeuropäischen Wurzel **men* («denken»), bei der wahrscheinlich *menmen* zu *memen* vereinfacht wurde. Manchmal kann die Erosion oder Assimilation bei reduplizierten Formen verdoppelte Konsonanten in der Wortmitte schaffen. In der mikronesischen (malayo-polynesischen) Sprache Trukesisch beispielsweise hat das Adjektiv *cön* («schwarz») eine Intensivform *cöccön*, die ganz offensichtlich auf eine ursprüngliche verdoppelte Form *cöncön* zurückgeht. Auf diese Weise kann ein Doppelkonsonant im Wortinnern in der Vorstellung der Sprecher mit einer Intensivbedeutung in Verbindung gebracht werden, und das Muster kann somit ausgeweitet und zur Regel gemacht werden. Im Semitischen hat die Verdopplung anscheinend auch von intensiven Adjektiven her auf die Verben übergegriffen, aber die Einzelheiten dieses Vorgangs lassen sich nicht mehr aufklären.

3. Kausativschemata

Kennzeichen der Kausativschemata ist ein Präfix *ša-* (das teilweise zu *ha-* oder auch nur *a-* abgeschwächt wird), so etwa in akkadisch *u-ša*ⓩⓦ*i*ⓚ («er ließ zwicken»). Die einfachste Erklärung für den Ursprung des Präfixes *ša-* wäre, dass es sein Dasein als unabhängiges Wort, als ein Verb mit der Bedeutung «machen» oder «verursachen», begonnen hätte. Dieser Theorie zufolge hätte eine Form wie «*ša* zwik» wörtlich «machen zwicken» bedeutet, und dann wäre durch Erosion das *ša* mit dem Verb verschmolzen und zu einem Präfix geworden. Dieses Szenario ließe sich auf jeden Fall mit Belegen aus anderen Sprachen vereinbaren, in denen Verben wie «verursachen» oder «tun» häufig die Quelle von Kausativkonstruktionen darstellen. In den germanischen Sprachen beispielsweise ist eine Form, die einem Kausativschema nahekommt, auf dem Wege über den vertrauten *i*-Umlaut aus einem Verb mit der Bedeutung «machen» hervorgegangen. Im Deutschen gibt es einige Verben, die ihren Vokal verändern, um ein Kausativ zu markieren:

GRUNDVERB	KAUSATIV
fallen	fällen
sitzen	setzen
trinken	tränken
liegen	legen
sinken	senken

schwimmen	schwemmen
springen	sprengen (ursprünglich «springen lassen»)
verschwinden	verschwenden («verschwinden machen»)

Dieses Muster begann vor Jahrtausenden mit dem proto-indoeuropäischen Verb **yo* («machen»). Zur Zeit des Proto-Germanischen muss eine Form dieses Verbs, *-ian*, mit dem vorangehenden Verb verschmolzen sein und die Funktion eines Kausativsuffixes angenommen haben. Ein proto-germanisches Verb wie **fall-ian* war also einfach die Verbindung «fallen-machen». Dann rief das *i* des Suffixes *-ian* im vorangehenden Vokal einen *i*-Umlaut hervor, und so wurde aus dem *a* in *fall* ein *e*, was zu *fell-ian* führte. Später verschwand das *i* durch Erosion, und es ergab sich «fällen».

Demnach sieht es so aus, als sei der naheliegendste Ursprung für *ša-* im Semitischen einfach ein Verb mit der Bedeutung «machen» oder «verursachen». Verschiedene Gründe sprechen jedoch für die Annahme, dass die tatsächliche Entwicklung im Semitischen nicht ganz so geradlinig verlaufen ist. An einer früheren Stelle habe ich erwähnt, dass das Präfix *ša-* dazu diente, Substantive oder Adjektive von Verben abzuleiten (und dass es auf diese Weise an den Zyklen der Bildung neuer Verben aus alten durch Aufblähen beteiligt war). Und es kann sein, dass der Ursprung des Kausativpräfixes *ša-* ebenfalls in derartigen Zyklen der Aufblähung vom Verb zum Substantiv und wieder zum Verb zu suchen ist. Wenn ein Verb von einem Substantiv oder Adjektiv abgeleitet wird, dann ist eine der gängigsten Bedeutungen, die sich dabei ergeben, «(zu) X machen» wie beispielsweise «trocknen» oder «kühlen» und dergleichen. Betrachten wir nun einen Kreislauf wie den folgenden:

VERB	→	ADJEKTIV	→	VERB
kūn		*ša-kun*	→	*šakun*
dauern		dauerhaft	→	dauerhaft machen

Die zweite Stufe dieses Ablaufs bringt als zwangloses Ergebnis der Transformation eines Adjektivs in ein Verb die Kausativbedeutung «zu etwas X-em machen» hervor. Sehen wir aber jetzt von der mittleren Stufe ab und betrachten nur die beiden Verben links und rechts, dann hat sich die folgende Beziehung herausgebildet:

VERB	⟶	VERB
kūn		*šakun*
dauern		dauerhaft machen

Aus historischer Perspektive besteht der Zusammenhang zwischen «dauern» und «dauerhaft machen» nicht direkt, sondern er ist über ein Adjektiv oder ein Substantiv vermittelt. Nachfolgende Sprecher, welche die Beziehung zwischen den beiden Verben wahrnehmen, sind sich aber vielleicht nicht mehr über die ursprüngliche Verknüpfung zwischen ihnen im klaren, und sie nehmen einfach an, dass *ša-* ein Präfix sei, das ein Verb «X (sein)» in ein anderes Verb «X machen» verwandelt. Und wenn sie das Muster erkannt haben, können sie es auf dem Wege der Analogie ausdehnen und für andere Verben verallgemeinern, so dass es zu einem regelmäßigen Kausativpräfix wird. Es erscheint wahrscheinlich, dass ein derartiger Prozess für die Entstehung des Kausativpräfixes *ša-* verantwortlich war.

4. Passivschema

Das Passivschema («gezwickt werden») ist durch die Verdopplung des ersten Wurzelkonsonanten gekennzeichnet wie in akkadisch *a-ⓩ ⓩ a ⓦ i ⓚ* («ich wurde gezwickt»). Was hinter dieser Verdopplung steht, ist das Prinzip der Assimilation. Ursprünglich wurde das Passiv mit einem Präfix *n* gebildet – *a-n ⓩ a ⓦ i ⓚ* –, und im Arabischen ist tatsächlich das *n* in den meisten Fällen noch hörbar. In den anderen semitischen Sprachen assimilierte sich das *n* jedoch an den ersten Wurzelkonsonanten, so dass *a-n ⓩ a ⓦ i ⓚ* zu *a-ⓩ ⓩ a ⓦ i ⓚ* wurde.

Welchen Ursprung könnte aber das Passivpräfix *n-* gehabt haben? Im Licht der jüngsten Forschungen erscheint es wahrscheinlich, dass das *n*-Präfix im Semitischen ursprünglich ein selbständiges Verb (vielleicht *na*) war, das «sein» oder «werden» bedeutete. Dieses Verb wäre vor das Verbaladjektiv *ⓩ a ⓦ i ⓚ* («gezwickt») gesetzt worden, um Verbkonstruktionen mit einer passivischen Bedeutung hervorzubringen: *a-na ⓩ a ⓦ i ⓚ* («ich wurde gezwickt»). Später muss das Verb abgeschliffen worden und mit dem Adjektiv verschmolzen sein, so dass sich *a-na+ ⓩ a ⓦ i ⓚ* zu *an ⓩ a ⓦ i ⓚ* und später zu *a ⓩ ⓩ a ⓦ i ⓚ* entwickelte.

5. Das Passiv des Reflexivs, oder wie man «veranlasst wird, sich selbst zu zwicken»

Verschiedene andere Schemata könnten sich auf ähnliche Weise entwickelt haben wie die vier bisher erwähnten Beispiele. Es wäre jedoch irreführend, wenn man sich vorstellte, dass jedes der vielen Dutzende von Schemata im Semitischen in Isolation entstanden ist und ohne dass es eine Beeinflussung durch den Rest des Systems gegeben hätte. Vielmehr bestehen, wie ich am Schluss von Kapitel 6 erwähnt habe, bei zunehmender Komplexität des Systems auch immer mehr Möglichkeiten, dass Sprecher regelmäßige Muster und Entsprechungen zwischen bereits existierenden Schemata wahrnehmen und durch Analogie auf höherer Ebene Innovationen hervorbringen. Um zu sehen, was bei solchen analogischen Neuerungen auf höherer Ebene passieren kann, können wir die Vorgeschichte hinter uns lassen und einen Sprung in die 1940er Jahre machen, um zu sehen, wie im modernen Hebräisch ein ganz neues Schema geschaffen wurde, *hit*ⓩ*u*ⓦⓦ*a*ⓚ («er wurde veranlasst, sich selbst zu zwicken»).

Das Hebräische hat ein Intensivschema und ein Kausativschema, die beide auch eine passive Entsprechung besitzen:

		PASSIVENTSPRECHUNG
INTENSIV:	ⓩ*i*ⓦⓦ*e*ⓚ	ⓩ*u*ⓦⓦ*a*ⓚ
	«er zwickte intensiv»	«er wurde intensiv gezwickt»
KAUSATIV:	*hi*ⓩⓦ*i*ⓚ	*hu*ⓩⓦ*a*ⓚ
	«er ließ zwicken»	«er wurde dazu veranlasst zu zwicken»

In beiden Fällen wird die Passiventsprechung gebildet, indem man die beiden Vokale des ursprünglichen Schemas (*i-e* oder *i-i*) nimmt und sie in die Folge ***u-a*** verwandelt. In der Wahrnehmung der Sprecher wird also jetzt die Vokalfolge ***u-a*** mit einer Passivbedeutung in Verbindung gebracht.

Das Hebräische verfügt auch über ein Reflexivschema, *hit*ⓩ*a*ⓦⓦ*e*ⓚ («er zwickte sich»). Bis in die 1940er Jahre hatte das Reflexivschema keine Passiventsprechung – es ist schließlich ziemlich ungewöhnlich, dass man von jemandem spricht, der «veranlasst wurde, sich selbst etwas zu tun». Im modernen politischen Leben können aber alle möglichen unwahrscheinlichen Dinge vorkommen. Nehmen wir beispielsweise die Wurzel p-t-r («freisetzen»), die im Reflexivschema zu *hit*patter führt («er setzte sich selbst frei» oder spezieller «er trat zurück»). In der Politik ist es nichts Ungewöhnliches, dass Leute sozusagen veranlasst werden, sich selbst freizusetzen. Und im Jahre 1948 ließ ein israelischer Politiker seiner Frustration darüber, dass Ben-Gurion ihn zum Rücktritt gezwungen hatte, freien Lauf, indem er eine neue Form prägte. Er erkannte die Vokalfolge *u-a* als Kennzeichen der Passiventsprechung aus dem Intensiv- und dem Kausativschema, und diese Folge dehnte er auf dem Wege der Analogie auf die Reflexivform aus:

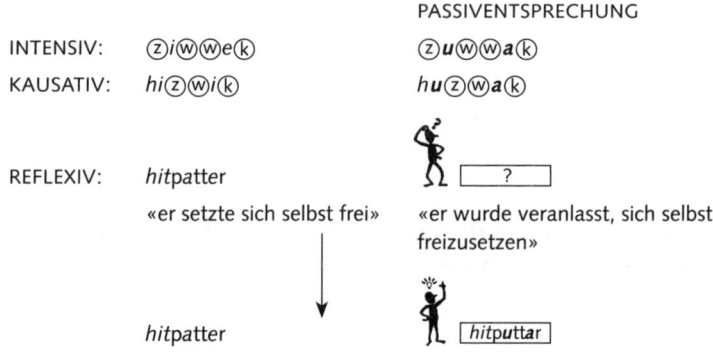

Und so wurde die Form *hit*puttar geboren mit der Bedeutung «er wurde veranlasst, sich selbst freizusetzen», und das heißt, «er wurde gezwungen zurückzutreten». Diese Form setzte sich bald durch und wurde auch auf andere Verben ausgedehnt wie etwa «er wurde veranlasst, sich freiwillig zu melden». Auf diese Weise entstand ein neues Schema: *hit*ⓏuⓌⓌaⓀ mit der Nuance «er wurde veranlasst, sich zu zwicken».

An und für sich mag dieses Beispiel ziemlich unbedeutend aussehen. Es führt jedoch tatsächlich das Prinzip vor, nach dem ein großer Teil der Dutzende von Schemata im Semitischen entstanden sein könnte. Je komplexer das System wurde, desto mehr Analogien auf höherer Ebene ließen sich bilden. Wenn beispielsweise ein Schema mit einer neuen Nuance entsteht, etwa das Iterativ («er zwickte immer wieder»), dann kann diese Nuance in Beziehung zu bereits existierenden Unterscheidungen treten, und so lassen sich auf dem Wege von Analogien auf höherer Ebene neue

Schemata für Dinge wie «Kausativ-Iterativ» («er veranlasste immer wieder zu zwicken»), Passiv-Iterativ («er wurde immer wieder gezwickt») und dergleichen mehr bilden. Sobald sich also eine kritische Masse von Schemata (vielleicht nicht mehr als zehn) gebildet hatte, könnte es zu einer «Explosion» der Zahl von neugebildeten Schemata gekommen sein, was dann zu den Dutzenden von Formen in den überlieferten Sprachen führte.

ANHANG D

Der Kontrapunkt des Kochs

G. F. Händel   Der Koch   G. W. Gluck

Der Komponist Georg Friedrich Händel war nie dafür berühmt, von seinen Kollegen eine hohe Meinung zu haben. Einer bekannten Anekdote zufolge antwortete er einmal auf die Frage, was er von den kompositorischen Fähigkeiten seines jüngeren Zeitgenossen Christoph Willibald Gluck halte, Gluck sei im Kontrapunkt nicht besser als sein Koch. Als ich diese Geschichte zum ersten Mal hörte, stellte sich mir eine schwerwiegende existenzielle Frage: als *wessen* Koch? Sprach Händel hier von Glucks Koch oder von seinem eigenen?

Auf diese Frage sollte ich erst Jahre später eine Antwort finden, als ich in den Memoiren des englischen Musikhistorikers Charles Burney auf die ursprüngliche Quelle der Anekdote stieß. Burney erzählt die Geschichte folgendermaßen, wobei er Händel wörtlich zitiert:

> I remember when Mrs Cibber, in my hearing, asked Handel what sort of a composer [Gluck] was; his answer, prefaced by an oath ... was ‹he knows no more of countrapunto as mein cook, Waltz›.

> (Ich erinnere mich, dass Mrs. Cibber in meinem Beisein Händel fragte, was für ein Komponist [Gluck] sei; seine Antwort, der er einen Fluch voranschickte ..., lautete: «Er versteht vom Kontrapunkt nicht mehr als mein Koch Waltz.»)

Damit war das Rätsel gelöst. (In Wirklichkeit war Gustavus Waltz nicht nur Händels Koch, sondern auch Berufsmusiker, Sänger und Schauspieler; die Beleidigung war also nicht ganz so willkürlich, wie sie auf den ersten Blick aussieht.) Die Moral der Geschichte ist auf jeden Fall, dass das Pronomen «sein» manchmal den Bezugsgegenstand nicht unzweideutig bezeichnet. «Sein» bezieht sich auf jedes Maskulinum im Singular, und da diese Beschreibung sowohl auf Händel als auch auf Gluck paßt, ist der Satz «Händel war der Meinung, dass Gluck im Kontrapunkt nicht besser sei als *sein* Koch» zweideutig, da «sein Koch» entweder Glucks Koch oder Händels Koch bedeuten kann. In diesem Fall scheitert die Grammatik des Deutschen (wie auch die des Englischen und vieler anderer Sprachen) an der Aufgabe, die beiden Beteiligten auseinanderzuhalten.

Wie ich in Kapitel 7 erwähnte, haben jedoch in einigen anderen Kontexten Sprachen einen geschickten Mechanismus entwickelt, eine bestimmte Kategorie von Pronomina, die man als Reflexiva bezeichnet und die dazu beitragen, Verweise zu präzisieren, so dass derartige Zweideutigkeiten beseitigt werden. Betrachten wir das folgende Beispiel:

Gluck glaubte, Händel bewundere ihn.

Das Pronomen «ihn» bezieht sich ebenfalls auf jedes Maskulinum im Singular, und darum sollte in der Theorie dieses «ihn» ebenso unklar sein wie das «sein» im ersten Satz. Der Satz sollte zwei mögliche Bedeutungen haben: «Gluck glaubte, Händel bewundere Gluck» oder «Gluck glaubte, Händel bewundere Händel». Tatsächlich weiß aber jeder deutsche Muttersprachler ohne das geringste Nachdenken, dass nur die erste dieser beiden Interpretationen möglich ist und dass sich «ihn» *ausschließlich* auf Gluck beziehen kann. Warum? Weil man, wenn man erklären will, dass Händel tatsächlich Händel bewunderte, immer eine bestimmte Sorte von Pronomen, das Reflexivum «sich», verwendet. Reflexivpronomina werden demnach gebraucht, wenn die beiden an der Handlung Beteiligten miteinander identisch sind. In dem oben angeführten Beispiel ist die Möglichkeit, dass sich «ihn» auf Händel bezieht, ausgeschlossen, weil der Satz sonst «Gluck glaubte, Händel bewundere sich» hätte lauten müssen. Dies ist also ein recht effizienter Mechanismus zur Formulierung eines unzweideutigen Verweises. Reflexivpronomina sind demnach in der Lage, Zweideutigkeit nicht nur durch ihr Auftreten, sondern auch durch ihr Fehlen auszuschließen.

Wie kann sich ein derart raffiniertes Verfahren entwickeln? Die Ursprünge des deutschen «sich» sind zu alt, als dass wir ihnen auf die Spur kommen könnten. Es gibt aber Sprachen, deren Reflexivpronomina sich erst in neuerer Zeit herausgebildet haben, so dass wir ihre Entstehung in historischen Zeugnissen verfolgen können. Das Englische ist dafür ein gutes Beispiel, und es kann uns eine brauchbare Vorstellung davon vermitteln, wie Reflexivpronomina entstehen.

Das neuzeitliche Englisch hat ein Reflexivpronomen «himself», das im wesentlichen ebenso funktioniert wie das deutsche «sich». In der heutigen Sprache bedeutet «Handel admired him» also, dass Händel jemand anderen bewunderte, während «Handel admired himself» heißt, dass Händel Händel bewunderte. In früheren Stadien des Englischen sah die Situation jedoch anders aus. Das Altenglische (etwa vor dem 9. Jahrhundert) hatte keine speziellen Reflexivpronomina, und darum konnte das Pronomen *hine* («ihn») nicht nur für «ihn», sondern auch für «sich» verwendet werden. Hier ein Beispiel aus dem *Beowulf*:

Syðþan	he	**hine**	to	guðe	gegyred	hæfde
Weil	er	ihn	zu	Kampf	gerüstet	hatte

(*Beowulf*, Vers 1472)

Aus dem Kontext in diesem Gedicht kann man erschließen, dass Beowulf niemand anderen gürtete als Beowulf, und die richtige Übersetzung des Satzes sollte daher lauten «weil er sich zum Kampf gerüstet hatte». Theoretisch könnte derselbe Satz aber auch bedeuten, dass Beowulf jemand anderen gegürtet hatte. Die Grammatik des Altenglischen erzwang einfach keine Unterscheidung.

Wie entwickelten sich dann die Reflexivpronomina in späteren Stadien des Englischen? Die Antwort ergibt sich aus der Geschichte der modernen Formen mit -*self* («himself», «herself» und so weiter). Tatsächlich existierte das Wort *self* im Englischen schon immer, nur hatte es im Altenglischen noch nicht seine spezialisierte grammatische Rolle als Reflexivum entwickelt. Anfangs wurde es in einer viel gröberen Funktion verwendet: einfach als Ausdruck zur Verstärkung.

Es bedarf keiner intensiven Ausbildung in Etymologie, um zu erkennen, dass das englische «self» mit dem deutschen «selb» verwandt ist. Und tatsächlich funktionierte im Altenglischen das Wort «self» ungefähr wie «selbst» in den folgenden deutschen Sätzen: «Stell dir vor, wer bei der Ausstellung nicht aufgetaucht ist – der Künstler selbst!» oder «Der Autor glaubt selbst nicht, was in seinem Buch steht.» In derartigen Sätzen wird «selbst» nicht dazu verwendet, zwischen zwei Beteiligten zu unterscheiden. Es wird damit einfach betont, dass es «ausgerechnet» der Künstler ist, der nicht auf der Ausstellung auftauchte, oder dass nicht einmal der Autor an die Thesen seines eigenen Buches glaubt. «Selbst» wird verwendet, wenn die Identität des Beteiligten im jeweiligen Kontext überraschend oder unerwartet ist; man gibt damit ungefähr zu verstehen: «Ja, ich weiß, das klingt vielleicht ziemlich erstaunlich, aber ich meine tatsächlich die Person, die ich gerade genannt habe.»

Im Altenglischen wurde «self» zunächst ganz ähnlich verwendet, um die Identität eines nicht erwarteten Beteiligten zu betonen. Wie konnte aber das reflexive «(him)self» aus dem emphatischen «self» hervorgehen? Die Entwicklung muss im Zusammenhang der gewöhnlichen Handlungen des Lebens betrachtet werden, die man im allgemeinen auf andere richtet anstatt auf sich selbst. Üblicherweise sind es andere, die man «bewundert», «befreit», «verletzt», «liebt» oder «anhört». Wenn man also zur Abwechslung tatsächlich eine derartige Handlung auf sich selbst richtet, dann ist das häufig im Kontext überraschender und weniger erwartet.

Und hier liegt der Zusammenhang zwischen Verstärkungswörtern und Reflexiva, denn wie ich eben sagte, werden emphatische Pronomina meist gerade dann verwendet, wenn ein Beteiligter im Kontext unerwartet auftritt. Das folgende altenglische Beispiel führt das Wesen des Zusammenhangs vor:

þæs þe	he	hine	*sylfne*	us	sendan	wolde
Weil	er [Gott]	ihn	**selbst**	uns	senden	wollte

In diesem Vers aus einem religiösen Gedicht dient das Wort *sylfne* («selbst») dazu hervorzuheben, dass Gott im Gegensatz zu dem, was man erwarten würde, uns Gott höchstpersönlich und keinen anderen senden wollte. Somit beinhaltet «selbst» hier immer noch eine besondere Betonung und hat die Funktion eines richtigen emphatischen Pronomens. Es erscheint aber jetzt in einem reflexiven Kontext, in dem die beiden an der Handlung Beteiligten miteinander identisch sind.

Als das emphatische «selbst» in derartigen Kontexten immer häufiger aufzutreten begann, verlor es allmählich seine emphatische Kraft, und die Sprecher fingen an, es jetzt einfach immer dann zu erwarten, wenn ein an der Handlung Beteiligter mit dem andern identisch war. Das, was als bloße Tendenz begonnen hatte, zwecks zusätzlicher Betonung den Ausdruck «selbst» hinzuzufügen, wurde zu einem Trend, der sich dann zu einer starren Regel verfestigte: die Verwendung von «selbst» wurde immer dann obligatorisch, wenn der Akteur «hine sylfne» etwas antat. Und da das Wort «sylfne» häufig nach dem Pronomen auftrat, verschmolz es mit ihm in der Folge zu einem einzigen Wort, was schließlich zu «himself» führte.

Das Raffinierteste an dieser ganzen Angelegenheit ist, dass man – nachdem die Formen mit «self» nicht mehr ein optionales Extra waren, sondern jedesmal erwartet wurden, wenn die beiden Beteiligten miteinander identisch waren – beim *Fehlen* eines «self» mit Sicherheit davon ausgehen konnte, dass jemand die Handlung *nicht* an sich selbst vollzog. Und so kam es, dass die Formen mit «self» schließlich sogar durch ihre Abwesenheit eine nützliche grammatische Funktion erfüllten.

Unglücklicherweise brachten es weder das Englische noch das Deutsche so weit, die Unterscheidung zwischen reflexiv und nichtreflexiv auch auf Possessivpronomina auszudehnen, so dass Sätze wie «Händel sagte, dass Gluck nicht besser sei als sein Koch» nicht von dieser Unterscheidung profitieren und zweideutig bleiben. Einige Sprachen jedoch, so das Norwegische, benutzen auch bei den Possessivpronomina spezielle Reflexivformen. Im Norwegischen bedeutet *hans* «sein», und das Pronomen *sin* bedeutet so etwas wie «sein-selbst». Somit ist der folgende Satz unzweideutig, da mit *hans kokk* ausschließlich Händels Koch gemeint sein kann (wäre es Glucks Koch gewesen, müßte hier *sin kokk* stehen):

Händel	svarte	at	Gluck	ikke	var	noe	bedre	i	kontrapunkt	enn	**hans**	**kokk**
Händel	antwortete	dass	Gluck	nicht	war	irgend	besser	in	Kontrapunkt	als	sein	Koch

Der türkische Spiegel

In Kapitel 7 war von den Spiegelbild-Effekten die Rede, die verschiedene Sprachen hinsichtlich ihrer Wortfolge zeigen. So stehen beispielsweise Englisch und Türkisch zueinander in fast genauem Gegensatz, wie das türkische Satzwort aus Kapitel 1 – *şehirlileştiremedikerlimizdensiniz* («Sie sind einer von denen die wir nicht Städter werden lassen können») – gut veranschaulicht:

Türkisch: *şehirli-   leş-   tir-   e-   me- dik-   ler-   imiz- den-   siniz*
Englisch: town.dweller-become-cause.to-able.to-not-whom-those-we- one.of-you.are

Um das türkische Wort zu verstehen, muss ein Sprecher des Englischen die Analyse von hinten anfangen und sich von da bis zum Anfang vorarbeiten (das einzige Element, das dann nicht ganz in die Abfolge passt, ist «we»):

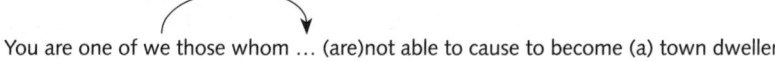

You are one of we those whom ... (are)not able to cause to become (a) town dweller

Wäre ein solcher Spiegelbild-Effekt nur im Verhältnis zwischen diesen beiden Sprachen beobachtet worden, dann hätte man ihn als bloßen Zufall abtun können. Tatsächlich zeigt sich jedoch, dass Englisch und Türkisch Vertreter zweier riesiger gegensätzlicher Lager sind, auf die sich offenbar fast sämtliche Sprachen der Welt ungefähr zu gleichen Teilen verteilen. Französisch, Arabisch, Thai, Mixtekisch (eine indianische Sprache, die in Mexiko gesprochen wird) und Hunderte von weiteren Sprachen ordnen ihre Elemente ungefähr wie das Englische an, während Baskisch, Japanisch, das grönländische Inuktitut (das von den 40 000 Inuit in Grönland gesprochen wird) und Kannada (eine dravidische Sprache, die von 40 Millionen Menschen in Südindien gesprochen wird) ebenso wie Hunderte anderer Sprachen die Elemente ungefähr wie im Türkischen anordnen. Die erste naheliegende Frage lautet somit, warum Sprachen aus aller Welt – selbst solche, die nicht miteinander verwandt sind – im Hinblick auf ihre Wortreihenfolge in eines dieser beiden gegensätzlichen Lager einzuordnen sind und zwei diametral entgegengesetzten Polen zustreben.

Es gibt natürlich auch noch eine weitere naheliegende Frage, die sich auf den deutschen Sonderweg zwischen diesen beiden globalen Gemeinschaften bezieht. Wir sahen, dass das Deutsche mit einem Bein fest im englischen Lager steht und mit dem anderen im türkischen. Um vom Deutschen aus das türkische Wort durchschauen zu können, muss man ebenso wie im Englischen vom Ende her lesen (und wiederum ist es dann nur das «wir», das nicht ganz in die Abfolge zu passen scheint): «Sie sind einer von (…) denen die (wir) nicht» Ist man aber in der Mitte des türkischen Wortes angelangt, dann wechselt das Deutsche plötzlich die Fronten und fährt fort, so als sei es Türkisch, mit «Städter werden lassen können» und nicht mit «können lassen werden Städter», wie es die Engländer anordnen würden.

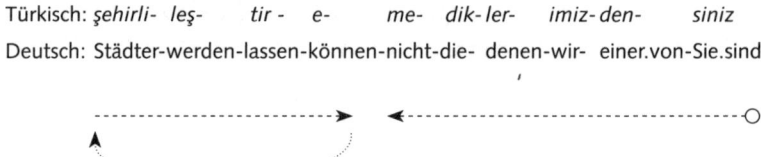

Türkisch: şehirli- leş- tir - e- me- dik- ler- imiz- den- siniz
Deutsch: Städter-werden-lassen-können-nicht-die- denen-wir- einer.von-Sie.sind

Dieser Wechsel zwischen den beiden dominierenden Wortfolgemustern ist ganz ungewöhnlich. Außer dem Deutschen und dem Niederländischen gibt es nur noch ein paar afrikanische Sprachen wie das Kisi aus Guinea, das Dinka aus dem Sudan und das Ewe aus Ghana, die ähnliche Merkmale aufweisen. Und selbst die genannten afrikanischen Sprachen führen diese Schizophrenie nicht so konsequent und gründlich durch wie das Deutsche. Wenn also unsere erste naheliegende Frage lautet, warum sich Sprachen aus aller Welt in zwei Wortfolge-Lager zusammendrängen, dann lautet die zweite naheliegende Frage, weshalb das Deutsche zusammen mit einer Handvoll afrikanischer Sprachen gegen den Trend angeht und so unbehaglich in der Mitte zwischen diesen beiden globalen Gemeinschaften verharrt.

Zufällig haben nun diese beiden Fragen ein und dieselbe Lösung. Ich deutete sie zu Beginn des Buches an, als davon die Rede war, dass der spiegelbildliche Effekt bei der Anordnung der Elemente weitgehend eine Folge einer einzigen Grundsatzentscheidung darstellt, die eine Sprache im Laufe ihrer Geschichte trifft, nämlich derjenigen hinsichtlich der Anordnung der beiden Satzteile Verb und Objekt. Einige Sprachen entschließen sich, das Verb vor das Objekt zu setzen («nehm stein»), während sich andere dafür entscheiden, es auf das Objekt folgen zu lassen («stein nehm»). In den 1960er Jahren fand der Linguist Joseph Greenberg heraus, dass die Grundsatzentscheidung bei der Anordnung von Verb und Objekt in den Sprachen der Welt mit der Anordnung einer ganzen Reihe anderer Elemente korreliert. Es sieht so aus, als könne sich die Entscheidung zwischen Verb-Objekt (kurz VO) und Objekt-Verb (OV) durch die gesamte Struktur der Sprache fortpflanzen und weitreichende Auswirkungen auf die Anordnung zahlreicher anderer Paare von sprachlichen Elementen haben.

Schon bevor wir darauf genauer eingehen, können wir sehen, warum das Deutsche in seinen Wortfolgemustern derart schizophren ist. Im Gegensatz zu Sprachen wie dem Englischen, die das Verb immer vor das Objekt setzen («nehm stein»), und Sprachen wie dem Türkischen, die das Verb immer auf das Objekt folgen lassen («stein nehm»), kann sich das Deutsche einfach nicht entscheiden: «ich **trinke Kaffee,** wenn ich keinen **Tee trinke**»; «ich **setze das Objekt** hinter das Verb, aber eigentlich wollte ich **das Objekt** davor **setzen**». Im Deutschen stehen finite Verben in Hauptsätzen vor dem Objekt, aber nicht-finite Verbformen und Verben in Nebensätzen kommen nach dem Objekt.

Warum sollte aber zunächst einmal die Entscheidung zwischen VO und OV derart tiefgreifende Folgen für die Anordnung zahlreicher anderer Elemente einer Sprache haben? Für manche grammatische Elemente läßt sich der Grund hierfür nicht allzu schwer erahnen. Nehmen wir beispielsweise Modalverben wie «können», «werden» oder «lassen». In einer Sprache, in der die Basisreihenfolge VO ist («kann Französisch»), ist es nur natürlich, wenn man auch «kann lassen» sagt. In einer Sprache mit der Wortfolge OV hingegen («Französisch kann») wäre es auch naheliegend zu sagen «lassen kann». Fügt man dieser Konstruktion noch mehr Hilfszeitwörter hinzu, dann würde man zwanglos auf die gleiche Weise fortfahren: die Reihenfolge VO würde zu «kann lassen werden» führen und OV zu «werden lassen kann». Tatsächlich hat nun das Deutsche die Reihenfolge OV in Nebensätzen, und so ist es nur natürlich, dass im Nebensatz «... die wir nicht Städter werden lassen können» die Reihenfolge der Hilfszeitwörter derjenigen der OV-Sprache Türkisch entspricht und sich genau spiegelbildlich zur VO-Sprache Englisch verhält.

Die Reihenfolge der Hilfszeitwörter ist somit eine unmittelbare Folge der Reihenfolge von Verb und Objekt. Warum sollte aber die Entscheidung zwischen VO und OV auch die Anordnung anderer Elemente in der Sprache beeinflussen, die nicht direkt der Beziehung zwischen Verb und Objekt nachgebildet sind? Für einige Elemente liegt der Grund im historischen Erbe. In Kapitel 7 sahen wir, dass die Entscheidung zwischen VO und OV dafür ausschlaggebend sein kann, ob sich in einer Sprache Präpositionen oder Postpositionen entwickeln werden. In einer VO-Sprache («nehm stein, schneid fleisch») kann sich das Verb «nehm» zu einer Präposition entwickeln: «*mit* stein schneid fleisch». In einer OV-Sprache («stein nehm, fleisch schneid») wird sich das gleiche Verb jedoch statt dessen in eine Postposition verwandeln. Wenn sich also Präpositionen oder Postpositionen aus Verben entwickeln, erben sie ihre Ausrichtung auf das zugehörige Substantiv von der Ausrichtung des Verbs auf sein Objekt.

Selbst damit ist die Geschichte aber noch nicht zu Ende, denn die Grundsatzentscheidung zwischen OV und VO korreliert auch mit der Anordnung anderer Paare im Tanz des Satzes. Nehmen wir beispielsweise das Kernsubstantiv und das Anhängsel-Substantiv in Possessivkonstruktionen (wie etwa «Sohn$_{des\ Königs}$»). Eine Sprache hat zwei Möglichkeiten, das Kernsubstantiv «Sohn» und das Anhängsel «König» anzuordnen: die eine Option ist, dass man das Kernsubstantiv zuerst setzt wie in den deutschen Konstruktionen «Sohn$_{des\ Königs}$» oder «Sohn$_{vom\ König}$». Die andere Option besteht darin, das Anhängsel vor den Kern zu setzen: «$_{(des)\ Königs}$Sohn». Greenberg fand heraus, dass Sprachen mit VO-Reihenfolge («nehm stein») ganz überwiegend die Reihenfolge KERN-ANHÄNGSEL («Sohn$_{des\ Königs}$») bevorzugen, während OV-Sprachen («stein nehm») meist eine ausgeprägte Vorliebe für die Reihenfolge ANHÄNGSEL-KERN («$_{Königs}$Sohn») haben (das Deutsche gebraucht, was nicht überrascht, beide Reihenfolgen).

Anders als Präpositionen und Postpositionen konnte die Possessivkonstruktion ihre Ausrichtung nicht direkt von der Stellung des Verbs zum Objekt übernommen haben. Warum neigen also Kernsubstantiv und Anhängsel dennoch dazu, sich in ihrer Stellung entsprechend auszurichten? Die Antwort lautet anscheinend, dass sie dies tun, um im Tanz des Satzes nicht anderen Elementen auf die Füße zu treten. Insbesondere ordnen sich die beiden Substantive in der Possessivkonstruktion so an, dass sie sich im Gleichschritt mit Präpositionen oder Postpositionen halten und somit Konstruktionen vermeiden, die sich schwer verarbeiten lassen. Um uns eine Vorstellung von den Schwierigkeiten einer «inkonsequenten» Reihenfolge zu verschaffen, wollen wir uns zunächst einmal ansehen, wie eine Possessivkonstruktion aussehen würde, wenn das Possessivkennzeichen eine Präposition (sagen wir «von») vor dem Anhängsel ist. Die beiden Konstruktionen – KERN-ANHÄNGSEL und AN-HÄNGSEL-KERN – würden folgendermaßen aussehen:

Das Possessivkennzeichen ist eine Präposition

KERN-ANHÄNGSEL	Sohn	von-König
ANHÄNGSEL-KERN	von-König	Sohn

Beachten Sie, dass in der ersten Reihenfolge das Possessivkennzeichen «von» geschützt zwischen den beiden Substantiven untergebracht ist, während es in der zweiten Reihenfolge ziemlich riskant am Rand baumelt. Ist jede der beiden Konstruktionen ebenso gut wie die andere? Anscheinend nicht, vielmehr ist die zweite Reihenfolge problematischer, weil sie zu unhandlichen Konstruktionen führen kann. Sehen Sie, was passiert, wenn wir die Konstruktion um ein weiteres Substantiv erweitern, ein Anhängsel zum Anhängsel «König», so dass wir jetzt nicht nur «Sohn von König», sondern «Sohn von König von Frankreich» sagen wollen. Dann führen die beiden Reihenfolgen zu folgenden Ergebnissen:

KERN-ANHÄNGSEL:	Sohn	von König	von Frankreich
ANHÄNGSEL-KERN:	von-von Frankreich	König	Sohn

Die erste Reihenfolge schafft keine Probleme, da das Possessivkennzeichen zwischen dem Kernsubstantiv und dem Anhängsel kommt, so dass man ohne große Schwierigkeiten immer noch mehr Anhängsel hinzufügen kann. In der zweiten Reihenfolge hingegen werden die Dinge rasch ziemlich unübersichtlich. Den Regeln zufolge sollte das Anhängsel «Frankreich» vor seinem Kernsubstantiv «König» stehen und so die Phrase [von-Frankreich König] ergeben. Diese ganze Phrase ist aber selbst das Anhängsel des Kernsubstantivs «Sohn», und so erhält man die gewundene Formulierung «von-[von-Frankreich König] Sohn». Falls es Ihnen schwer fällt zu erkennen, weshalb die Regeln zu einer derart seltsamen Folge «von von» am Anfang führen, könnte es vielleicht hilfreich sein, wenn Sie sich vorstellen, was passieren würde, wenn man die deutsche Konstruktion «des Königs Sohn» zu erweitern versuchte. Nehmen wir an, wir fangen mit «des Königs Sohn» an, aber unser König ist tatsächlich «des Frankreichs König». Fügte man beides zusammen, dann erhielte man theoretisch «des [des Frankreichs Königs] Sohn».

Angesichts der Schwerfälligkeit derartiger Konstruktionen ist es kein Wunder, dass für Sprecher, wenn das Possessivkennzeichen eine Präposition ist, eine starke Motivation besteht, die Reihenfolge «Sohn von König» zu bevorzugen und somit sicherzustellen, dass das Possessivkennzeichen gefahrlos zwischen den beiden Substantiven untergebracht ist.

Sehen wir uns nun aber an, was in einer Sprache passiert, in der das Possessivkennzeichen keine Präposition, sondern eine Postposition ist, sagen wir *-s*. Wie würden die beiden Reihenfolgen in diesem Fall aussehen?

Das Possessivkennzeichen ist eine Postposition

KERN-ANHÄNGSEL:	Sohn	König-s	
ANHÄNGSEL-KERN:	König-s	Sohn	

Hier erhalten wir genau das Spiegelbild, denn es ist die erste Reihenfolge, die das *-s* an den Rand setzt, während es bei der zweiten Reihenfolge sicher zwischen den beiden Substantiven untergebracht ist. Und so ist es diesmal die zweite Reihenfolge, die sich leicht erweitern läßt, während die erste schnell ins Stocken gerät:

KERN-ANHÄNGSEL:	Sohn	König	Frankreich-s-s
ANHÄNGSEL-KERN:	Frankreich-s	König-s	Sohn

Darum überrascht es kaum, dass in Sprachen, in denen das Possessivkennzeichen eine Postposition ist, zur Vermeidung derartiger Anhäufungen eine Tendenz zur zweiten Reihenfolge besteht. Das soll natürlich nicht heißen, dass es keine Ausnahmen gibt. Manche Sprachen, so etwa das Deutsche, gebrauchen die inkonsequente Reihenfolge («des Königs Sohn») – sie tun dies allerdings nur dann, wenn nicht mehr als zwei Substantive beteiligt sind. Es gibt aber sogar Sprachen, die an der inkonsequenten Reihenfolge auch dann festhalten, wenn es mehr als zwei Substantive gibt. Hierfür ist das Sumerische ein gutes Beispiel, das auch eine perfekte Illustration dafür abgibt, weshalb diese inkonsequente Reihenfolge rasch unhandlich und problematisch werden kann. Das Possessivkennzeichen im Sumerischen ist eine Postposition *-ak*, die an das Anhängselsubstantiv angehängt wird:

ensi	Lagash-**ak**
Herrscher	Lagasch-**s**
«Herrscher von Lagasch»	

Solange es nicht mehr als ein Anhängsel gibt, verursacht diese Konstruktion keine Probleme. Selbst mit zwei Anhängseln kamen die Sumerer immer noch irgendwie über die Runden und hängten zwei *-ak*s ans Ende:

dumu	*ensi*	Lagash-**ak-ak**
Sohn	Herrscher	Lagasch-**s-s**
«Sohn vom Herrscher von Lagasch»		

Wenn es aber um eine Kette von drei Anhängseln ging, kamen sogar die Sumerer selbst nicht mehr ganz mit. Sie gerieten offenbar in Verwirrung und verzählten sich, denn sie vergaßen regelmäßig das dritte *-ak*:

dam	*dumu*	*ensi*	Lagash-**ak-ak**
Gattin	Sohn	Herrscher	Lagasch-**s-s**
«Gattin vom Sohn vom Herrscher von Lagasch»			

Das Sumerische ist somit eine Ausnahme, die deutlich die Regel bestätigt: wenn das Possessivkennzeichen eine Postposition ist, dann liegt es nahe, dass Sprecher die Reihenfolge «Königs Sohn» bevorzugen (weil es sonst zu umständlichen Konstruktionen wie im Sumerischen käme), und wenn das Possessivkennzeichen eine Präposition ist, dann ist es natürlich, die Reihenfolge «Sohn_{von König}» vorzuziehen. Da aber Präpositionen, wie wir sahen, überwiegend in VO-Sprachen auftreten, während sich Postpositionen in OV-Sprachen entwickeln, haben wir jetzt schon ein drittes Paar, das tendenziell mit der Grundsatzentscheidung zwischen VO und OV korreliert. In VO-Sprachen (wie im Englischen) erhalten wir Präpositionen, die Reihenfolge Hilfsverb-Verb und die Reihenfolge KERN-ANHÄNGSEL. Und die Reihenfolge OV (wie im Türkischen) korreliert mit Postpositionen, Verb-Hilfsverb und ANHÄNGSEL-KERN.

Und in einem Dominoeffekt kann die Ausrichtung anderer Elemente dem Beispiel der bereits erwähnten Paare folgen. Zusätzliche Elemente übernehmen ihre Ausrichtung entweder direkt von dem Paar Verb-Objekt oder von Abkömmlingen dieses Paars oder von Paaren, die sich an diesem Paar ausgerichtet haben, um beim Tanz nicht zu stolpern. Nehmen wir als letztes Beispiel die Stellung von Relativsätzen. Relativsätze können sich historisch aus Possessivkonstruktionen entwickeln, wenn das Anhängselsubstantiv in einer Possessivkonstruktion allmählich zu einem ganzen Satz erweitert wird. Der Relativsatz übernimmt somit seine Ausrichtung von der Stellung des Anhängselsubstantivs in der Possessivkonstruktion, und so würde die Reihenfolge KERN-ANHÄNGSEL zwanglos dazu führen, dass Relativsätze auf das Kernsubstantiv *folgen*, während die Reihenfolge ANHÄNGSEL-KERN dazu führte, dass Relativsätze dem Substantiv vorangingen.

Und so geht es weiter mit verschiedenen anderen Elementen, die sich ins Getümmel stürzen und sich schließlich anhäufen, um den verblüffenden Spiegelbild-Effekt hervorzubringen, der das Verhältnis zwischen Englisch (sowie dem ganzen VO-Lager) und Türkisch (mit dem OV-Lager) kennzeichnet. Der Grund, weshalb türkische Sätze aus englischer Sicht genau «rückwärts» verarbeitet werden müssen, ist der, dass sich das Türkische konsequent dafür entscheidet, seine Paare andersherum auszurichten, als es ein englischer Sprecher natürlich finden würde. Hinter diesem Effekt steht eine einzige Grundsatzentscheidung, die das Englische und das Türkische hinsichtlich der Anordnung von Verb und Objekt getroffen haben. Türkisch entschied sich für OV («stein nehm»), während Englisch VO («nehm stein») wählte. Bei seiner Entscheidung strebte das Englische dem einen Pol zu, während sich das Türkische zum anderen hinbewegte, wobei sich immer mehr Paare an dem Paar Verb-Objekt oder an einem seiner bereits ausgerichteten Nachfolger ausrichteten.

Das Deutsche ist in der Mitte zwischen diesen beiden Lagern hängengeblieben, weil es sich nicht entscheiden konnte, ob es das Verb vor das Objekt oder dahinter setzen sollte. Und wie kommt das? Die Gründe hierfür sind außerordentlich kompliziert, und besonders den frühen Teil der Geschichte versteht man nicht vollständig. Wenn man jedoch unbekümmert über die Details hinweggeht, sieht die Erklärung wohl so aus: Ebenso wie die anderen germanischen Sprachen begann das Deutsche in einer früheren Phase seiner Geschichte als OV-Sprache. In einem bestimmten Stadium fingen die germanischen Sprachen an, das Verb vor das Objekt zu setzen. Das Englische und die skandinavischen Sprachen führten diese Verschiebung konsequent durch und begannen schließlich, in sämtlichen Kontexten das Verb vor das Objekt zu setzen. Das Deutsche nahm jedoch keine vollständige Verschiebung vor. In manchen Kontexten verschob es das Verb vor das Objekt, beließ es aber in anderen Kontexten, etwa in Nebensätzen, dahinter. Bitte fragen Sie nicht, *warum* das Deutsche das Objekt nie konsequent nach vorn verschoben hat. Die Gründe hierfür sind der Stoff für ein ganz anderes Buch...

Das Doppelleben der Eigenschaftswörter

In Kapitel 7 sprach ich davon, dass Eigenschaftswörter nicht nur ein, sondern zwei ganz separate Leben führen. In ihrem «gehobenen Leben» existieren sie als unabhängige Satzglieder. In «der Stein ist scharf» zum Beispiel ist «scharf» die Hauptaussage über den Stein. In ihrem «niederen Leben» («_{der scharfe}Stein fiel») lebt «scharf» jedoch nur im Schatten des Steins und existiert lediglich als sein Anhängsel.

Wie kam es dazu, dass Eigenschaftswörter diese schizophrene Existenz entwickelten? Wenn wir irgendeine Chance zur Beantwortung dieser Frage haben sollen, dann ist es äußerst wichtig, dass wir zunächst einmal den tatsächlichen funktionalen Unterschied zwischen den beiden Rollen bestimmen und feststellen, was denn Eigenschaftswörter in ihren beiden Lebensformen genau leisten. Für Philosophen, welche die Sprache als Gegenstand einer klinischen Untersuchung betrachten und die Bedeutung von Sätzen auf ihren reinen logischen Inhalt reduzieren, dürfte die Unterscheidung zwischen den beiden Rollen ziemlich klar sein. Philosophen haben den Unterschied zwischen «der Stein ist scharf» und «der scharfe Stein» als Abbildung des Unterschieds zwischen «Wahrheit» und «Verweis» charakterisiert. Aussagen aller Art, angefangen von «der Stein ist scharf» bis hin zu «mein Hund Rex hält nichts von Eheverträgen», haben einen Wahrheitswert – sie stellen Behauptungen über die Welt auf, die entweder wahr oder falsch sein können. Wörter wie «Stein» oder «Feuer» stellen aber, so wird behauptet, für sich allein keine Behauptung auf, denn wir können beispielsweise nicht fragen, ob «Stein» wahr oder falsch ist. Derartige Wörter «verweisen» nur, sie lenken lediglich die Aufmerksamkeit auf Dinge in der Welt. Philosophisch gesprochen bringt also das gehobene Leben der Eigenschaftswörter («der Stein ist scharf») einen Wahrheitswert hervor, denn es stellt eine Aussage auf, die wahr oder falsch sein kann. In ihrer niederen Rolle hingegen produzieren Eigenschaftswörter keinen Wahrheitswert, denn ob «_{der scharfe}Stein» wahr oder falsch ist, kann man ebensowenig fragen wie, ob «Stein» oder «Feuer» wahr oder falsch ist.

Das mag nun auf dem Papier alles vernünftig aussehen, aber die Sprachwirklichkeit ist nicht ganz so klar umrissen. Man sollte das Wahrheitswert-Argument nicht allzu wörtlich nehmen, denn sonst könnte es einem ergehen wie den beiden berühmten Professoren, die eines Abends bei einem Glas Portwein ein intensives Gespräch über das Wesen der Wahrheit führten. Als sie gerade dabei waren, über den Unterschied zwischen Wahrheit und Verweis zu debattieren, stürmte die Haushälterin ins Zimmer und schrie: «Feuer! Feuer!» Einer der beiden Professoren erklärte ihr geduldig, dass Feuer lediglich ein verweisender Ausdruck sei und als solcher keinen Wahrheitswert haben könne ... und das waren bekanntlich seine letzten Worte.

Im wirklichen Leben kann also der bloße Akt des Verweisens (bei dem man auf einen Gegenstand wie Feuer deutet oder die Aufmerksamkeit darauf lenkt) durchaus genügen, um eine wichtige Behauptung aufzustellen («renn um dein Leben – im Haus ist Feuer ausgebrochen!»), und er kann somit einen ebensolchen Wahrheitswert besitzen wie eine regelrechte Aussage. In der Praxis sollte demnach der Unterschied zwischen den beiden Rollen der Eigenschaftswörter nicht in ihrer Fähigkeit oder Unfähigkeit zur Hervorbringung von Wahrheitswerten gesucht werden, sondern vielmehr in etwas Handfesterem: in der pragmatischen Funktion, die sie in verschiedenen Kontexten erfüllen. In «der Stein ist scharf» macht «scharf» eine Aussage über einen Gegenstand, der bereits klar identifiziert worden ist. Diese Konstruktion würde man in einer Situation verwenden, in der der Hörer schon ganz genau weiß, an welchen Stein der Sprecher denkt, und der Zweck von «scharf» somit darin besteht, über diesen Stein eine neue Aussage zu machen. In seiner niederen Rolle («der scharfe Stein») wird «scharf» hingegen in Kontexten verwendet, in denen der Sprecher klarstellen muss, an *welchen* Stein er denkt. Das Eigenschaftswort ist hier ein Teil des Zeigens selbst – es ist eine Ausweitung oder Präzisierung des Verweisaktes.

Wenn man über den Unterschied zwischen den beiden Rollen von diesem pragmatischen Kontext her nachdenkt, wird es auch leichter, sich vorzustellen, wie Eigenschaftswörter ihre beiden divergierenden Leben angenommen haben könnten. Das gehobene Leben bringt keine besonderen Probleme mit sich, denn hier könnten sich die Eigenschaftswörter einfach nach dem Vorbild der Handlungswörter gebildet haben: man kann sich leicht vorstellen, dass ein Satz wie «stein scharf» (mit der Bedeutung «der Stein ist scharf») zwanglos nach dem Vorbild von «stein fall» gebildet wurde.

Der Ursprung des niederen Lebens der Eigenschaftswörter ist jedoch nicht so leicht zu durchschauen. Wie kam es, dass Eigenschaftswörter ihre dienende Stellung als Teil des Verweisakts selbst übernahmen, und welchem Vorbild könnten sie für diese Funktion gefolgt sein? Zufällig gibt es nun in den Rohmaterialien, die wir zu Beginn von Kapitel 7 vorausgesetzt haben, Wörter, deren Hauptzweck im Akt des Zeigens besteht. Dies sind natürlich die Zeigewörter wie «hier» oder «dies». Nehmen wir beispielsweise an, dass Tarzan eines Tages die Aufmerksamkeit Janes auf einen bestimmten Stein lenken möchte und «stein!» sagt (womit er meint: «Liebling, könntest du mir vielleicht bitte den Stein herüberreichen?»). Dann wird ihm klar, dass Jane keine Ahnung hat, welchen Stein er meint, und so könnte er auf ihn zeigen und «dies» sagen. Beim nächsten Mal würde Tarzan den fragenden Blick Janes nicht einmal abwarten und «dies, stein» sagen, womit er dann meinte: «(bring mir) den Stein, diesen, auf den ich jetzt deute». In einer derartigen Zusammenstellung ist die Rolle von «dies» unzweideutig. Der Ausdruck ist nicht dazu da, eine Aussage über einen Gegenstand zu machen, der bereits identifiziert worden ist, sondern er dient einfach dazu klarzustellen, an *welchen* Stein Tarzan denkt. «Dies» und «Stein» verbinden sich also zu einem einzigen Verweisakt.

Die Eigenschaftswörter könnten als Vorbild für ihre niedere Inkarnation («scharf stein») die Zeigewörter genommen haben. Selbstverständlich zeigen Eigenschaftswörter nicht direkt, aber sie tragen dazu bei, den Akt des Verweisens zu präzisieren, indem sie die Skala der fraglichen Gegenstände einengen. Wenn beispielsweise viele Steine herumliegen, aber nur einer von ihnen scharf ist, dann erzielt die Äußerung «scharf stein» dieselbe einschränkende Wirkung, wie wenn man beim Deuten «dies stein» sagt. Und so kann man sich vorstellen, dass sich «scharf stein» auf der Grundlage von «dies stein» gebildet haben könnte.

Zusammenfassend läßt sich also sagen, dass sich die beiden Rollen der Eigenschaftswörter als Gewohnheitsbildung durch Wiederholung für zwei unterschiedliche pragmatische Aufgaben auffassen lassen. In einigen Kontexten wollen Sprecher eine Behauptung über einen Gegenstand aufstellen, der bereits eindeutig identifiziert worden ist. Die Konventionalisierung dieses Kontextes ist das gehobene Leben der Eigenschaftswörter; sie führt zu der Konstruktion «stein (ist) scharf». In anderen Kontexten haben Sprecher das Bedürfnis, den Akt des Zeigens selbst zu präzisieren, um den Gegenstand, von dem sie sprechen, überhaupt erst zu identifizieren. Dies ist der Gebrauch, der sich als das niedere Leben der Eigenschaftswörter verfestigt hat und schließlich als die Phrase «scharf stein» endete.

Sobald sich dann die Rolle als Anhängsel zu einer stabilen Konstruktion [$_{scharf}$Stein] entwickelt hat, kann man dieser Konstruktion eine erheblich schwerere Bedeutungslast aufbürden als ihre ursprüngliche *raison d'être*, die nur darin bestand, den Bezugsgegenstand zu identifizieren. Eine Mutter könnte beispielsweise zu einem Kind sagen «leg den scharfen Stein da nicht neben das Baby», selbst wenn nur ein einziger Stein in der Nähe ist und daher kein Bedürfnis besteht zu präzisieren, an *welchen* Stein sie denkt. Die eigentliche Bedeutung wäre hier eher so etwas wie «leg den Stein da nicht neben das Baby, weil er so scharf ist». Das Gerüst, das zunächst nur eine einzige pragmatische Unterscheidung zu tragen hatte, nämlich die Identifizierung des Bezugsgegenstandes, kann also nunmehr erheblich schwerere Bedeutungslasten aufnehmen. Das Anhängsel dient jetzt als Mittel, um zusätzliche Elemente von Informationen über den Beteiligten in einen einzigen knappen Ausdruck zu stopfen, ohne die Hauptebene des Satzes zu beeinträchtigen.

Anmerkungen

Einleitung: «Diese wunderbare Erfindung»

Seite 11 «Diese wunderbare Erfindung»: Arnauld u. Lancelot, *Grammaire générale et raisonnée* (1660), S. 27 (T. 2, Kap. 1): «Cette invention merveilleuse de composer de vingt-cinq ou trente sons cette infinie variété de mots qui n'ayant rien de semblable en eux-mêmes à ce qui se passe dans notre esprit, ne laissent pas d'en découvrir aux autres tout le secret, et de faire entendre à ceux qui n'y peuvent pénétrer, tout ce que nous concevons, et tous les divers mouvements de notre âme.»

Seite 12 «Jeder Körper verharrt»: Erstes Newtonsches Gesetz («Corpus omne perseverare in statu suo quiescendi vel movendi uniformiter in directum nisi quatenus a viribus impressis cogitur statum illum mutare»).

Seite 13 Sumerisch *munintuma'a:* Siehe Anmerkung zum Nachwort.

Seite 24 Argumente für ein frühes Auftreten der Sprache beim *Homo erectus* bieten Bickerton u. Calvin (2000), S. 104, und Bickerton (1990), S. 138. Zu Belegen für die Beherrschung des Feuers seit mindestens 700 000 Jahren siehe Goren-Inbar et al. (2004), S. 725.

Seite 24 Werkzeuggebrauch bei Schimpansen als kulturell vermittelte Aktivität: Boesch (1993) und McGrew (1993).

Seite 25 Zur Herstellung von Faustkeilen durch Nachahmung siehe Davidson u. Noble (1993), die auch hervorheben, dass diese Werkzeuge in Wirklichkeit viel weniger Planung erfordern, als es den Anschein haben könnte.

Seite 25 Zur Diskrepanz zwischen kognitivem Potential und Verwirklichung vgl. Renfrew (1996).

Seite 25 Frühere Hominiden konnten den Vokal *i* nicht hervorbringen: Lieberman (1984) und Lieberman (1991).

Seite 25 Zur «Explosion» in Kunst und Technik siehe Klein u. Edgar (2002).

Seite 26 Zu symbolischen Artefakten als Belegen für Sprache siehe Davidson u. Noble (1993).

Seite 26 Zu durchbohrten Muschelperlen in Südafrika siehe Henshilwood et al. (2004). Diese Funde stützen die von Archäologen wie Davidson (Davidson u. Noble, 1993) vertretene Auffassung, dass die «Mikrolithen» (kleine Steinwerkzeuge mit ausgeprägten geometrischen Formen) von der Mündung des Flusses Kassies in Südafrika, die etwa aus der gleichen Zeit stammen, ebenfalls als Belege für die Verwendung von Symbolen angesehen werden sollten. Tat-

sächlich hat man kürzlich bei Funden in Israel und Algerien sogar durchbohrte Muschelperlen aus noch früherer Zeit identifiziert, die etwa
100 000 Jahre alt sind (Vanhaeren et al., 2006).

Seite 27 «Wenn es um sprachliche Formen geht, bewegt sich Platon …»: Sapir
(1921), S. 219. [Die Übersetzung dieser Passage in Sapir (1961) ist nicht adä-
quat.]

Seite 27 Zu Brissets «coac coac» siehe Brisset (2001), S. 717.

Seite 27 Szenarien des ersten Auftretens der Sprache: Eine überaus lesbare,
ausgewogene Einführung ist J. Aitchisons Buch *The Seeds of Speech* (1996).

Seite 29 Kanzi: Eine faszinierende Biographie Kanzis, die auch eine Schilde-
rung seiner Lernfortschritte und seiner sprachlichen Fähigkeiten enthält,
stammt von seiner Ausbilderin Sue Savage-Rumbaugh; siehe Savage-Rumbaugh et al., *Apes, Language, and the Human Mind* (1998). Eine kritische
Würdigung bietet beispielsweise Pinker (1994). Es wird auch berichtet, dass
Kanzis jüngere Schwester Panbanisha Fertigkeiten beim Verständnis und der
Hervorbringung von Sprache entwickelt hat, die diejenigen Kanzis noch über-
treffen.

Seite 30 f. Die Kontroverse über die Angeborenheit und die Debatte über die
«Unzulänglichkeit des Stimulus»: Zur «nativistischen» Position siehe Steven
Pinker, *Der Sprachinstinkt* (1996) und *Das unbeschriebene Blatt* (2003) oder
Ray Jackendoff, *Foundations of Language* (2002). Die entgegengesetzte Auf-
fassung vertreten Geoffrey Sampson, *The ‹Language Instinct› Debate* (2005),
Terrence Deacon, *The Symbolic Species* (1997) oder Michael Tomasello,
Constructing a Language (2003). In neuerer Zeit hat Chomsky in einem ge-
meinsam mit anderen Autoren verfassten Aufsatz (Hauser, Chomsky, Fitch
2002) zu der Frage, was im Gehirn vorverkabelt sein muss, eine ganz andere
Auffassung präsentiert und die Ansicht vertreten, der einzige spezifische vor-
verkabelte sprachliche Mechanismus sei die «Rekursion». Zu einer kritischen
Erörterung siehe Pinker u. Jackendoff (2005).

Seite 32 Den Begriff «kulturelle Evolution» behandeln beispielsweise Cavalli-
Sforza u. Feldman (1981).

Kapitel 1: Ein Luftschloss

Seite 33 «Eine seltsame Sprache ist dieses Baskische»: *Scaligerana* oder die
Sammlung von Scaligers Aphorismen; Scaliger (1695), S. 48 f. s. v. *Basque*. Zu
Scaligers sprachlichen Fähigkeiten siehe die Grabrede von Daniel Heinsius;
Heinsius (1927 [1609]).

Seite 35 «Dann solltest du auch sagen, was du meinst»: Lewis Carroll, *Alice im
Wunderland* (1973), S. 71 f.

Seite 42 Zur Beeinflussung durch die Hierarchie des Satzes siehe Chomsky
(1971), S. 29.

Seite 47 Das Beispiel aus dem Neuaramäischen von Alqosh verdanke ich
E. Coghill (private Mitteilung).

Seite 55 «Ganz bestimmt gibt es keine andere Sprache»: Mark Twain, _Bummel durch Europa_ (1965), S. 450 f., 443, 461.

Seite 56 f. Zur Numerusendung _-sh_ im Jemez siehe Mithun (1999), S. 81, 443.

Kapitel 2: Fortwährender Wandel

Seite 58 _«eppur si muove»_: Diese trotzigen Worte soll Galileo 1632 gesprochen haben, nachdem ihn die Inquisition dazu gezwungen hatte, seine Behauptung zu widerrufen, dass sich die Erde um die Sonne bewegt.

Seite 58 f. _Polychronicon:_ ed. Rawson Lumby (1876), S. 297.

Seite 60 f. Deutsche Bibelübersetzungen: Die moderne deutsche Übersetzung beruht auf der Fassung der Neues Leben Bibel, die im Hinblick auf die Bewahrung der Parallele zu den anderen Übersetzungen leicht abgewandelt wurde. Mentelbibel: Kurrelmeyer (1904). Tatianübersetzung: Sievers (1961). Hierbei handelt es sich um die deutsche Übersetzung einer lateinischen Übersetzung der Evangelienharmonie _(Diatessaron)_, in der die vier Evangelien des Neuen Testaments zu einer einzigen Darstellung des Lebens Christi verschmolzen sind. Diese Harmonie wurde von Tatian um 170 auf syrisch oder auf griechisch zusammengestellt. Sie wurde dann ins Lateinische übersetzt, und im Jahre 546 überarbeitete der Bischof von Capua den Text, um ihn an das Latein der von Hieronymus übersetzten Vulgata anzupassen. Im 9. Jahrhundert schrieb man den lateinischen Text in Fulda ab und gab ihm parallel dazu eine deutsche Übersetzung bei. Der leichteren Lesbarkeit halber ist _uu_ hier als _w_ wiedergegeben.

Seite 64 «Also auch ist got gerecht, reyn, wahrhafftig»: Luther, WA 2, S. 87, 38–88.

Seite 65 f. Englische Bibelübersetzungen: Altenglisch: Rosier (1962), heutiges Englisch: World English Bible. Französische Bibelübersetzungen: Spätlatein um 400: Vulgata; Altfranzösisch um 1200: nach Michel (1860), S. 131; heutiges Französisch: Darby-Übersetzung.

Seite 67 Max Weinreich, «Der YIVO un di problemen fun unzer tsayt», in: _Yivo-bleter_ 25 (1945), Nr. 1, S. 13.

Seite 68 «Gib uns heute»: Indoeuropäische Daten aus Lockwood (1972).

Seite 71 Mbabaram: Der Linguist, der den Wandel von _gudaga_, wie das Wort für Hund in der Nachbarsprache Yidin immer noch lautet, zu _dog_ entdeckte, war Ken Hale. Siehe R. M. W. Dixon, _Searching for Aboriginal Languages: Memoirs of a Field Worker_ (1989), S. 126. Vgl. auch Dixon (1972), S. 347–352, und Dixon (1991).

Seite 71 Zur Rolle des Kontakts beim Sprachwandel siehe Labov (2001).

Seite 74 Zum Wandel als kumuliertem Ergebnis des Verhaltens von Individuen siehe Keller (1994).

Seite 76 «This is my loved son that liketh me»: _Oxford English Dictionary_, 1413 _Pilgr. Sowle_, Caxton 1483, V. xii. 103 (Rechtschreibung vereinheitlicht).

Seite 79 «Der Vorgang des Sprachwandels ist niemals direkt beobachtet worden»: Bloomfield (2001), S. 419.

Seite 84 «So sehr als gott beliebt die schlechten»: Burkhard Waldis, Esopus, Buch 3, Fabel 72, «von einem Holzhauer», Tittmann (1882).

Seite 84 Das Zitat von Walter Ryff und die anderen Beispiele für «schlecht» stammen aus dem *Deutschen Wörterbuch* von Jakob und Wilhelm Grimm.

Seite 85 «Meine Augen sind schwach»: Goethe, Brief an Behrisch, 10. November 1767.

Seite 86 «Hörer der Goethezeit waren sich über das Spektrum von Bedeutungen von ‹schlecht› noch im klaren»: Dieses breite Variationsspektrum jagte anscheinend denen, die es gewohnt waren, nicht allzu viel Angst ein, und an Stellen, an denen das Wort wirklich nicht eindeutig war, vermied man es offenbar. Der Lexikograph Johann Leonhard Frisch macht in seinem *Teutsch-Lateinischen Wörter-Buch* aus dem Jahre 1741 eine interessante Bemerkung. Er definiert «schlecht» als «einfach», fügt dann aber hinzu: «Weil aber *schlecht* auch für gering in verächtlichem Verstand genommen wird, so hat man schlecht behutsam zu gebrauchen, weil es zweydeutig wird. Ist es aber zweydeutig, so gebraucht man es nicht, oder man setzt bisweilen schlechthin, oder schlechtweg dafür.»

Kapitel 3: Die Kräfte der Zerstörung

Seite 89 «Liebe Menschen, erkennt, was wahr ist»: Aus der Einleitung zu Wulfstans *Sermo Lupi ad Anglos*.

Seite 89 «Sprachen haben ebenso wie Regierungen»: Samuel Johnson, *Dictionary of the English Language* (1755), abgedruckt in Bolton (1966), S. 154.

Seite 89 «Auffälligstes Symptom der dramatischen Verlotterung»: Mathias Schreiber, «Deutsch for sale», in: *Der Spiegel* 40 / 2006.

Seite 89 «Wenn Luther heute ...»: E. Siewerz, «Luther heute», in: *Süddeutsche Zeitung*, 11. Juni 1994.

Seite 89 «Unsere Sprache können wir uns auch ganz allein ruinieren»: s.t.k. (2001) Aus.statter [sic!], *Frankfurter Rundschau*, 24. Februar 2001, S. 1; «Die tägliche Sprachschluderei»: Klaus Natorp, «Wo trinkt die "cash cow"?», in Frankfurter Allgemeine Zeitung, 9. Juni 2001, S. 12; zitiert nach J. Spitzmüller (2005), *Metasprachdiskurse*, Berlin: de Gruyter, S. 80.

Seite 90 «Was heute an sprachlich-moralischer Verluderung stattfindet»: Wolfgang Thierse in der *Welt am Sonntag*, 11. Februar 2001.

Seite 91 «Es ist schon einmal besser gewesen: vor dem Kriege»: Kurt Tucholsky, «Zeitungsdeutsch und Briefstil», 1929, Bd. 7, S. 275.

Seite 91 f. Schopenhauer-Zitate: Aus dem Aufsatz «Ueber die, seit einigen Jahren, methodisch betriebene Verhunzung der Deutschen Sprache», der in der posthumen Nachlaßausgabe erschien. Dieser Text folgt ziemlich genau dem Kapitel «Über Schriftstellerei und Stil» aus *Parerga und Paralipomena*, das Schopenhauer 1851 schrieb.

Seite 92 «Vor sechshundert Jahren»: Grimm (1819), S. X.

Seite 92 Als «ein Fehler noch ein Fehler war»: Clive James, «The unmysterious suicide», in: *Times Literary Supplement,* 21. Juni 2002.

Seite 92 «Die meisten Menschen, die sich über diese Angelegenheit überhaupt Gedanken machen»: George Orwell, «Politics and the English Language», zitiert in Bolton u. Crystal (1969), S. 217.

Seite 92 f. Schleicher-Zitate: Schleicher (1850), S. 231, 11.

Seite 93 «Zahlreiche Ausspracheweisen»: Aus Sheridans *General Dictionary of the English language* (Sheridan, 1780), zitiert nach MacMahon (1998), S. 383.

Seite 93 «Ich beklage hier im Namen aller gelehrten ...»: Jonathan Swift, abgedruckt in Bolton (1966), S. 108.

Seite 93 «... korrumpieren ... ein grammatisches System»: Koster (2001), S. 29.

Seite 94 Diskussion zwischen Hugo und Cousin: Hugo (1972), S. 273.

Seite 94 «Allmählich das richtige und instinktive Gefühl ... verloren»: Paris (1862), S. 3 f.

Seite 94 «Aber es pflegten auch dazumal fast alle richtig zu reden»: Cicero, *Brutus* 258, ed. Kytzler (1977), S. 194.

Seite 95 «Jede Zeit sagt»: Weigel (1974), S. 7.

Seite 96 «Bei der dritten Deklination»: Sayers (1963), S. 180.

Seite 97 Datierung des lateinischen Wandels von *s* zu *r*: Touratier (1975).

Seite 102 f. Grimmsches Gesetz: Die Formulierung der Lautverschiebungen erschien in der zweiten Auflage seiner *Deutschen Grammatik* (Grimm, 1822), drei Jahre nach der ersten Auflage (1819). Die phonologischen Details einiger dieser Wandlungsprozesse und insbesondere die lautlichen Umgebungen, in denen die Veränderungen nicht stattfanden, sind immer noch umstritten. Siehe beispielsweise Blevins (2004), S. 296.

Seite 105 Grimmsche Wortpaare: Die Rekonstruktionen basieren auf Kluge (1995) und Watkins (2000).

Seite 105 «Ein System, in dem *tout se tient*»: Diese Formulierung wird häufig Saussure zugeschrieben, sie wurde aber anscheinend erstmals von Antoine Meillet (1903), S. 407, verwendet.

Seite 106 «in gewissem betracht erscheint mir das lautverschieben»: Grimm (1848), S. 317.

Seite 106 Japanisch *para-kiri*: Martin (1987), S. 10–12, 399.

Seite 108 «Dadurch, dass wir einen Vokal auslassen, um eine Silbe zu sparen»: Jonathan Swift, «A Proposal for Correcting, Improving and Ascertaining the English Tongue» (1712), abgedruckt in Bolton (1966), S. 113–115.

Seite 109 Dänisches Lied: «Fo' ajle di små blomster» (Opvåvni) von Mads Hansen (1870).

Seite 110 «Clinton schickt Vokale»: Aus *The Onion* (Dezember 1995). Übrigens gibt es zwar, soweit ich feststellen konnte, keine Stadt namens Ouaouaoua, aber Städte mit Namen Ouaoua finden sich in Tschad, Kongo und Senegal.

Seite 114 «Die Klagen des Cha-cheper-Re-seneb»: Deutsche Übersetzung nach Brunner (1988), S. 379. Vgl. Lichtheim (1973), S. 146, Parkinson (1996), Parkinson (1997).

Seite 115 Übertriebene Verstärkungselemente im heutigen Französisch: Koster (2001), S. 32.

Seite 116 Altfranzösische Verstärkungslemente *point, gote, amende:* Gamillscheg (1957), S. 753.

Seite 119 Dass «man zu Recht sagen kann»: Zitiert nach Olender (1997), S. 51–59.

Seite 120 «Wie überaus schade»: Voltaire, Brief an Katharina die Große, 26. Mai 1767 (ed. Besterman 1974).

Seite 122 Saussures Theorie: Saussure (1879) (erschienen 1878).

Seite 123 «Lautstrolche»: Saussure verwendete hierfür den Terminus *coefficients sonantiques* («Lautkoeffizienten»).

Seite 123 Die Wurzel *pā(s)* («schützen»): Diese Wurzel hat eine kurze Form *pā* und eine erweiterte Form *pās.* Das Beispiel, das Saussure (1879, S. 129 f.) verwendet, ist eigentlich die kurze Form *pā* (wie in Sanskrit *pā-tár* «Beschützer»).

Seite 124 Beifall der Kritik für die Theorie Saussures: So schrieb beispielsweise ein früher Rezensent: «Le livre de M. de Saussure est l'un des ouvrages linguistiques les plus remarquables qui aient paru depuis longtemps. Mais ce qu'il y a de plus précieux, c'est ce qu'il fait attendre de son auteur. M. Ferdinand de Saussure est âgé de vingt-et-un ans» (Louis Havet, *Journal de Genève,* 25. Februar 1879, zitiert nach: Mayrhofer, 1988, S. 12).

Seite 124 Die Hypothese Hermann Möllers: Möller nahm auch bedeutende Verbesserungen an Saussures System vor, indem er die Zahl der Lautstrolche erhöhte. Den Terminus «Laryngale» verwendete Möller anfangs nicht. 1879 bezeichnete er diese Laute als «glottal», ein Jahr später als «guttural», und erst 1911 benutzte er den Ausdruck «laryngal». Den Zusammenhang mit den semitischen Lauten stellte er jedoch schon von Anfang an her, vgl. Szemerényi (1973), S. 7.

Seite 126 Das hethitische Beispiel wird folgendermaßen umschrieben: *nu* NINDA-*an e-iz-za-at-te-ni wa-a-tar-ma e-ku-ut-te-ni.* Hroznýs Bericht über seine Entzifferung erschien im Dezember 1915 in den *Mitteilungen der Deutschen Orient-Gesellschaft.*

Seite 127 Die Bedeutung des Wortzeichens NINDA: Die Babylonier hatten ihrerseits die Keilschrift von den Sumerern, den ersten Erfindern der Schrift, übernommen. Die Wortzeichen, welche die Babylonier verwendeten, beruhten daher auf sumerischen Wörtern: NINDA ist das sumerische Wort für Brot.

Seite 127 Das Verb *eku:* Hrozný war auch der Meinung, dass *eku* starke Ähnlichkeit mit lateinisch *aqua* habe, und das bestärkte ihn in der Überzeugung, dass es «trinken» bedeutete. Dies war aber in Wirklichkeit nur ein Zufall. Heutzutage sind Linguisten der Ansicht, dass *eku* auf die indoeuropäische Wurzel *eg^{wh}-* («trinken») zurückgeht, die im Lateinischen (nach einer Reihe von Lautveränderungen) schließlich zu dem Wort *ēbrius* («betrunken») führte.

Seite 128 Ein «nahezu unglaublicher Zufall»: Kuryłowicz (1927), S. 101.

Seite 129 «Auf den ersten Blick nehmen wir aber gerade das Gegentheil wahr»: Schleicher (1850), S. 11.

Seite 130 «Die Sprachen sind Naturorganismen»: Schleicher (1863), S. 6.

Seite 130 «Aber eben der Umstand»: Schleicher (1850), S. 11; «Erst wenn ein Volk»: ebd., S. 12; «Die Geschichte, jene Feindin der Sprache»: ebd., S. 134.

Seite 131 «Sprachen sind historische Schöpfungen und kein Gemüse»: Bonfante (1946), S. 295. Die Kritik an Schleicher richtet sich in diesem Artikel hauptsächlich gegen die Details des Stammbaum-Modells. Kritik hatte es jedoch schon viel früher gegeben, am nachdrücklichsten von seiten der Begründer der junggrammatischen Schule, Hermann Osthoff und Karl Brugmann (1878), S. iii–xx. Die maßgebliche Geschichte der Sprachwissenschaft im 19. Jahrhundert bietet Morpurgo Davis (1998).

Kapitel 4: Ein Riff aus toten Metaphern

Seite 134 Zur Definition der Metapher: Sprachwissenschaftler haben darüber debattiert, ob und wie weit man in der Sprache zwei verschiedene metaphorische Prozesse unterscheiden sollte, «Metapher» und «Metonymie» (siehe beispielsweise Kövecses, 2002, Kap. 11). Bei der Metapher soll es danach um die Übertragung eines Begriffs auf ein entferntes Gebiet gehen, während die Metonymie die Übertragung auf ein benachbartes Gebiet ist (wenn man etwa die britische Regierung als «Downing Street» bezeichnet). Da sich bald herausstellen wird, dass viele der Metaphern, um die es in diesem Kapitel geht, eine «Grundlage in der Erfahrung» haben, würden manche sie vielleicht lieber als Metonymien bezeichnen. Für unsere Zwecke sind jedoch die Feinheiten dieser Unterscheidung nicht von besonderem Interesse, da der entscheidende Aspekt des Prozesses der Übergang vom Konkreten zum Abstrakten ist. Die Frage, ob der abstrakte Bereich «benachbart» oder «fernerliegend» ist, hat hier keine entscheidende Bedeutung.

Seite 134 «Metaphern, Mann»: Skármeta, *Mit brennender Geduld* (1986), S. 25–27.

Seite 141 Begriffliche Übertragungen: Lakoff u. Johnson, *Metaphors We Live By* (1980).

Seite 143 «Ich bin verliebt in eine sehr vornehme Dame»: Molière, «Der Bürger als Edelmann» (1959), S. 838 f.

Seite 149 Metapher als *analogischer* Vorgang: Siehe verschiedene Artikel in Gentner et al. (2001).

Seite 151 Zahlreiche Sprachen haben kein Verb für «haben»: Heine (1997a), S. 75 berichtet, dass von einer Stichprobe von 110 Sprachen nur etwa 14 Prozent den Besitz mit einem transitiven Verb ausdrücken.

Seite 151 Beispiele aus dem Russischen, Türkischen und Irischen: Nach Heine (1997b), S. 48, 92ff.; Heine (1997a), S. 51; Heine et al. (1991), S. 37. Im Türkischen ist dies nicht die übliche Konstruktion, mit der man Besitz ausdrückt, sie wird nur unter bestimmten Umständen verwendet. Das altbabylonische Beispiel stammt aus einem Brief; siehe Frankena (1974), No. 57.

Seite 155 «Wörterbuch erblasseter Metaphern»: Jean Paul (1967), S. 184.

Seite 156 Übertragung vom Konkreten zum Abstrakten: Metaphern, die in die andere Richtung gehen, sind erheblich seltener, aber das Reisen ist ein Gebiet, auf dem derartige Metaphern vorkommen. Beispielsweise kann man die Zeit-begriffe «noch» und «schon» verwenden, um räumliche Beziehungen auszu-drücken, so etwa in dem Satz: «Freilassing ist *noch* in Deutschland, aber Salz-burg ist *schon* in Österreich.»

Seite 161 Beispiele aus dem Ewe (*megbé*): Heine et al. (1991), S. 65. *Megbé* selbst ist anscheinend ein Kompositum, da nach Westermann (1954) *me* allein «Rücken» bedeuten kann.

Seite 162 Hebräisch «Gesicht»: Der Laut *p* hat sich in einigen Umgebungen zu *f* abgeschwächt, aber aus Gründen der Übersichtlichkeit schreibe ich durchgän-gig *p*.

Seite 163 f. Körperteil-Beispiele: Nach Anttila (1972), S. 149 (Ungarisch), und Heine u. Kuteva (2002) (alle übrigen mit Ausnahme von Hebräisch).

Kapitel 5: Die Kräfte der Erschaffung

Seite 167 «Lasset uns also dem ewigen Geiste vertrauen»: Der Schlussabschnitt aus Bakunins erster Veröffentlichung «Die Reaktion in Deutschland» (Baku-nin, 1842, S. 1002).

Seite 169 Zur Geschichte der Phrase «going to» siehe Scheffer (1975), S. 270, und Danchev u. Kytö (1994). Vgl. auch Traugott u. Dasher (2002), Hopper u. Traugott (2003), S. 1–3, 93.

Seite 171 «as they were goynge to bringe hym there»: Parlamentsakten (*Rotuli Parliamentorum*) 1278–1503, ed. Strachey (1767), Bd. 5, S. 16.

Seite 172 «was goyng to be broughte into helle»: Aus *The Revelation to the Monk of Evesham* (Aber, 1869, S. 43). Bei diesem Text handelt es sich um die Übersetzung eines viel früher, um 1196, verfassten lateinischen Werkes, das den Titel *Visio Monachi de Eynsham* trägt. Die lateinische Quelle hat «infe-lix … agitur in gehennam» («die Unglückliche wird in die Hölle getrieben»).

Seite 174 «To be short, You see that My Magazine …»: Ansprache Karls I. an den Adel von Yorkshire am 12. Mai 1642; nach Fulman u. Perrinchief (1662), S. 401.

Seite 174 Joshua Poole: Poole (1646), S. 26.

Seite 174 Frühe schottische Beispiele für «gonna»: Wright (1900), S. 659 s. v. *go* 4.

Seite 178 Beispiele aus dem Baskischen, dem Tamil und dem Zulu: Nach Heine u. Kuteva (2002), S. 161–163.

Seite 182 «Der Herzog Warnefrit fragte mich»: Schiaparelli (1929), S. 74.

Seite 183 Fredegar: Wolfram (1982), S. 70. Die historische Realität, die hinter dieser Geschichte steht, ist etwas komplizierter. Fredegar hat darin anschei-nend zwei byzantinische Kaiser und vielleicht auch zwei persische Könige miteinander verschmolzen. Dara(s) wurde im Jahre 507 n. Chr. von dem by-zantinischen Kaiser Anastasios, einem Vorgänger Justinians, gegründet (oder zumindest befestigt), nachdem er zeitweilig mit Kavadh Frieden geschlossen hatte. 23 Jahre später führte derselbe Kavadh wiederum Krieg mit den Byzantinern, diesmal mit Kaiser Justinian. Justinians legendärer General Belisar schlug Kavadh vernichtend in einer berühmten Schlacht bei Daras, und nach zwei Jahren sowie einigen militärischen Niederlagen schloss Justinian erneut (mit Kavadhs Sohn) einen Friedensvertrag, durch den der Krieg beendet wurde. In Fredegars Geschichte sind anscheinend alle drei Ereignisse in eines zusammengeflossen. Die Ruinen von Daras liegen heute in dem kleinen Dorf Oğuz in der Nähe der Stadt Mardin; vgl. *Encyclopaedia Iranica*, Bd. 6 (1993) s. v. *dārā*.

Seite 183 Zusammenziehung von *dare habes* zu *daras*: im heutigen Französisch heißt «du wirst geben» nicht *daras*, sondern *donneras*, weil das Verb *dare* in späterer Zeit außer Gebrauch kam und durch *donare* ersetzt wurde.

Seite 185 Tabelle der Veränderungen vom Spätlateinischen zum Neufranzösischen: Nach Valesio (1968), S. 159.

Seite 186 Tabelle mit *mwa jem*: Nach Lambrecht (1981), S. 15, Schwegler (1990), S. 112, Klausenburger (2000), S. 25, 83. Die ursprünglichen Pronomina bilden jetzt eine phonologische Einheit mit dem Verb, sie können nicht betont werden, sie treten nie isoliert auf und sind nahezu obligatorisch.

Seite 189 Herkunft der Kasusendung *–ibus*: Szemerényi (1996), S. 165.

Seite 189 Lateinisch «Wolf»: Das lateinische *lupo* begann im Indoeuropäischen eigentlich als *$*wlk^wo$* und geht daher auf dieselbe Wurzel zurück wie das deutsche Wort «Wolf».

Seite 192 «Der Abschied. Ich wußte, dass ich zu danken hatte»: Mann (1986), S. 185.

Seite 195 «Das, was man Aufbau nennt»: Hermann Paul (1880).

Seite 195 «Es ist äußerst selten, dass zwei Wörter in einem aufgehen»: Bloomfield (2001), S. 497.

Kaitel 6: Das Verlangen nach Ordnung

Seite 200 «Denken heißt, Unterschiede vergessen»: Borges, «Das unerbittliche Gedächtnis» (1970), S. 218, 219 f.

Seite 200 Zur Rolle der Analogie in Erkenntnisvermögen und Intelligenz siehe beispielsweise Holyoak u. Thagard (1995), Gentner et al. (2001).

Seite 206 «Dies ist, was Babi zu Schartum sagt»: Dieser Text wurde von Veenhof (1975) veröffentlicht (vgl. auch Kienast u. Volk, 1995, S. 153). Er wird gegenwärtig in der Vrije Universiteit, Amsterdam, aufbewahrt. Das Foto wurde vom Verfasser aufgenommen.

Seite 211 f. Schemavarianten *a⟨z⟩⟨w⟩u⟨k⟩* und *a⟨z⟩⟨w⟩i⟨k⟩*: In Wirklichkeit gibt es auch noch eine dritte Alternative, *a⟨z⟩⟨w⟩a⟨k⟩*, die hier aber der Einfachheit halber außer Betracht bleibt.

Seite 213 Arabische Verben *aktum*, *aftil*: Die hier angegebene Form ist die Kurzform, die man als Jussiv bezeichnet. Die normale Form hat die Endung *-u*.

Seite 214 Die Entstehung des einfachen Präteritums *aktum:* Die ursprüngliche Bedeutung von Formen wie *a-ktum* war vielleicht kein Präteritum («ich bedeckte»), sondern einfach ein unbestimmtes «ich bedecke». Die präteritale Bedeutung hat sich möglicherweise später entwickelt, als eine neue Form mit einer spezifischen Präsens-Futur-Bedeutung entstand, die dann die ursprüngliche Form in den Bereich der eigentlichen Vergangenheit abdrängte.

Seite 217 *a-ṣāḫ* («ich werde lachen»): In den früheren Stadien des Akkadischen erscheint das Futur als *a-ṣiāḫ*, das dann später zu *a-ṣāḫ* zusammengezogen wird. Siehe Anhang B («Noch einmal Laryngale?»).

Seite 217 Hohes Alter des *a*-Ablauts: Zur Rekonstruktion des *a*-Ablauts für das Proto-Kuschitische siehe Zaborski (1975), S. 163–165. Diakonoff (1988), S. 86, nimmt dasselbe für das Proto-Berberische an. Auch in den semitischen Sprachen selbst gibt es Belege, die darauf schließen lassen, dass dieses Muster sehr alt ist; siehe Knudsen (1984).

Seite 219 Ursprung des Ablauts bei germanischen Verben: Szemerényi (1996), S. 87, 121.

Seite 224 Größere Zahl von zweikonsonantigen Verben in vorgeschichtlicher Zeit: Zu einer Einschätzung siehe Zaborski (1991).

Seite 226 **pil* (oder vielleicht *pal* oder *pul*): Das ursprüngliche Verb ist nicht mehr belegt, aber wir können vermuten, dass es einmal vorhanden war, weil es sich in zwei verschiedene Richtungen aufgebläht hat, sowohl mit dem Präfix *ša-*, was zu der Wurzel š-p-l («niedrig werden») führte, als auch mit dem Präfix *na-*, was die Wurzel n-p-l («fallen») ergab.

Seite 231 f. Die mentale Realität konsonantischer Wurzeln: Zu experimentellen Befunden und einem Überblick über die frühere Literatur siehe Prunet et al. (2000).

Kapitel 7: Die Entfaltung der Sprache

Seite 240 Verwendung von Vokalen und Konsonanten, die nicht an sich eine Bedeutung tragen: Diese Methode der Zusammensetzung bedeutungsloser Lauteinheiten zu bedeutungsvollen Wörtern wird von Linguisten als «Strukturdualität» bezeichnet.

Seite 240 Begriffliche Unterscheidung zwischen «Dingen» und «Handlungen»: Zu möglichen neurologischen Vorläufern und Entsprechungen der Unterscheidung zwischen Dingen und Handlungen siehe Hurford (2003) sowie Givón (2002b), S. 17, der Studien über die Aktivierung von Zellen im Gehirn von Affen erwähnt.

Seite 243 «Ich will ihr nun in jenem Billett schreiben»: Molière, «Der Bürger als Edelmann» (1959), S. 839f.

Seite 243 Zu den Fertigkeiten von Monsieur Jourdain vgl. Hawkins (1994), S. 440 f.

Seite 250 Zur Einhaltung der Ikonizität der Zeitfolge (Cäsars Prinzip) in den Sprachen des Altertums siehe Deutscher (2000), S. 175 ff.

Seite 251 Muršilis Aphasietext ist herausgegeben von R. Lebrun (1985), S. 103–137, vgl. auch die Übersetzung in Farber et al. (1987), S. 289.

Seite 254 «Ich bin Tarzan von den Affen»: Burroughs, *Tarzan* (1999), S. 216.

Seite 257 Zeigewörter: Zur Verwendung von Zeigewörtern bei Kindern vgl. Clark (1976), Diessel (1999), S. 111, Tanz (1980). Zum primitiven Status von Demonstrativa (Zeigewörtern), bei denen nicht bekannt ist, dass sie sich aus irgendeiner Konstruktion entwickelt haben, die nicht bereits ein hinweisendes (deiktisches) Element enthielt, siehe Diessel (1999). In der Literatur (vgl. Heine u. Kuteva, 2000, S. 159) hat es einige äußerst spekulative Hinweise darauf gegeben, dass sich ein Zeigewort vom Typ «das» aus dem Verb «gehen» entwickelt hat.

Seite 257 Beziehung zwischen «hier – da» und «dies – das»: Das Verschiebungsprinzip, das hinter diesen beiden Paaren steht, ist identisch, und der einzige Unterschied zwischen ihnen besteht darin, dass «dies» und «das» verwendet werden, um auf einen Gegenstand zu deuten, während man «hier» und «da» benutzt, um auf einen Ort zu zeigen. Manche Sprachen unterscheiden nicht einmal konsequent zwischen beiden Paaren (so kann beispielsweise im Lateinischen *hic* sowohl «hier» als auch «dieser» bedeuten). Und selbst in Sprachen, in denen die beiden Paare auseinandergehalten werden, stellt sich oft heraus, dass das eine Paar die Quelle für das andere ist. Ganz allgemein kann ein Ausdruck wie «dieser (Ort)» die Quelle von «hier» sein, aber die Entwicklung kann auch den umgekehrten Weg nehmen, so dass etwas wie «(Ding) hier» die Quelle von «dies» sein kann. Vgl. Diessel (1999), S. 14, Heine u. Kuteva (2002), S. 172. Im Koreanischen geht *ieki* («hier») auf *i-eki* («dieser Ort») zurück und *keki* («da») auf *ke-eki* («jener Ort»). Im Französischen hingegen beruhen *ceci* («dieser») und *cela* («jener») auf Verbindungen des Zeigewortes *ce* mit *ici* («hier») und *là* («dort»). Für unsere Zwecke kommt es somit nicht so sehr darauf an, welches der beiden Paare sich zuerst entwickelt hat, und ich werde sie einfach als Variationen über ein und dasselbe Thema behandeln.

Seite 258 Ursprung der Pronomina: Zum Vietnamesischen vgl. Nguyên (1992), S. 181 (*có* ist eine Bekräftigungspartikel, die ich unübersetzt gelassen habe). Ein weiteres Beispiel ist die akkadische Endung *–am*, die ursprünglich «hierher» bedeutete, sich dann aber zu einer Pronominalendung mit der Bedeutung «mir» entwickelte und tatsächlich zum normalen Ausdruck für «mir» wurde (vgl. Kouwenberg, 2002). Zeigewörter sind aber nicht die einzige Quelle, von der sich Pronomina herleiten lassen. Für Pronomina der 1. Person ist die Ableitung von diversen Bezeichnungen für «Mann», «Person», «Leute» und dergleichen bekannt; vgl. lateinisch *homo* («Mann») → umgangssprachliches Französisch *on* («wir»).

Seite 259 Lateinisch *ille*: Harris (1978), S. 100 f.

Seite 261 Akan «geben»: Lord et al. (2002).

Seite 261 f. Das Thai-Beispiel nach Blake (2001), S. 161 f. (vgl. auch Matisoff, 1991, S. 439 zu einem ähnlichen Gebrauch des Thai-Verbs *paj* «gehen»). Das Efik-Beispiel nach Heine u. Kuteva (2002), S. 289; Chinesisch nach Peyraube

(1996), S. 191. Zur Wahrnehmung der beiden ursprünglichen Handlungen als ein einziges Geschehen siehe Givón (1991).

Seite 262 «Mit» als Quelle von «und»: Zu Chinesisch *gēn* vgl. Peyraube (1996), S. 191; zu Türkisch und Swahili vgl. Heine u. Kuteva (2002), S. 80–83; zu afrikanischen Sprachen siehe Lord (1993), Kap. 4.

Seite 265 «Rot» und «Adam»: Das Bindeglied zwischen «rot» und «Adam» war wahrscheinlich das Wort *adama* «(roter) Erdboden». Die Genesis (2,7) stellte einen Zusammenhang zwischen *Adam* und *adama* her: «Gott der Herr machte den Menschen aus einem Erdenkloß, und er blies ihm ein den lebendigen Odem in seine Nase». Dieses Szenario für den Ursprung der Menschen mag nicht sehr wahrscheinlich erscheinen, aber die moderne Linguistik ist der Ansicht, dass die *Etymologie* tatsächlich äußerst plausibel ist. Eine ähnliche etymologische Verbindung findet sich in den lateinischen Wörtern *humanus* («menschlich») und *humus* («Erdboden»).

Seite 266 Verknüpfung von Zeigewort und Substantiv zu einem komplexen Verweisausdruck: Vgl. Himmelmann (1997), Diessel (1999), S. 69. Interessanterweise handelt es sich bei der überwältigenden Mehrzahl der aus zwei Zeichen bestehenden Kombinationen, die der Bonobo Kanzi produziert, um ein Symbol für einen Gegenstand (etwa «Erdnuß»), auf das eine körperliche Zeigegeste – «jene» – folgt; vgl. Savage-Rumbaugh u. Rumbaugh (1993), S. 101.

Seite 267 f. Ursprung von Artikeln, Quantoren und Pluralkennzeichen: Haspelmath (1995), S. 363–382; Heine (1997a), S. 71 ff. Zur Entwicklung der Nominalphrase vgl. Himmelmann (1997).

Seite 272 Asymmetrie zwischen Nominalisierung und Verbalisierung: Hopper u. Thompson (1985), S. 176, Woodworth (1991), S. 62 ff.

Seite 274 Ursprung von französisch *–age*: Letztlich geht *–age* auf das Wortbildungselement *-(a)ticus* zurück, das im Lateinischen bereits seit langem als durch und durch grammatisches Element etabliert war, welches die Funktion hatte, ein Substantiv oder Adjektiv X in «jemand/etwas, der/das zu X gehört» zu verwandeln (so etwa in spätlateinisch *silva* «Wald» und *silvaticus* «jemand/ etwas, der/das in den Wald gehört», ein Wort, das dann im heutigen Französisch als *sauvage* «wild» endete). Zur Geschichte von *–age* im Französischen vgl. Meyer-Lübke (1966), S. 61–63. Es ist nicht bekannt, bei welchem Substantiv oder welchen Substantiven genau der Übergang von *–age* auf Verben stattfand. Ich habe *mariage* gewählt, weil das ein vertrautes Wort ist, aber Meyer-Lübke benutzt ein anderes Beispiel, das Maß *aune* («Elle»), das abstrakte Substantiv *aunage* und das Verb *auner*.

Seite 275 Ursprung der Nominalisierungskennzeichen: Anscheinend werden verschiedene Typen von Nominalkennzeichen auf Verben ausgedehnt, so etwa Kasuskennzeichen (vgl. Blake, 1999, zu europäischen und australischen Beispielen), Nominalklassifikatoren (Aikhenvald, 2000, S. 332) und verschiedene Kennzeichen zur Bildung abstrakter Substantive (die ihrerseits häufig auf Kennzeichen für weniger Abstraktes wie Kollektiva oder Zeit- und Ortsbestimmungen zurückgehen); zur letztgenannten Gruppe gehören das germanische *-ing/ung* (siehe Jespersen 1948, S. 205, und Kluge 1995 s. v. *–ung:* «Letztlich liegen ig. *k*-Erweiterungen zu n-Stämmen vor, so dass das Suffix ursprünglich denominal gewesen sein muß»), das deutsche *ge-* (wie in *Gespräch*) oder die baskischen Suffixe *-te, -tze* und *-keta* (Trask 1995). Zum Ursprung der Nominalisierung und zu ihrer Bedeutung für die Unterordnung siehe auch Deutscher (im Erscheinen).

Seite 275 Das Verb «beenden» als Quelle für Kennzeichen einer vollendeten Handlung. Zum Chinesischen siehe Li u. Thompson (1981), S. 186; zu weiteren ostasiatischen Sprachen siehe Matisoff (1991), S. 436. Zu den Quellen anderer Kennzeichen für Tempus, Modus und Aspekt in verschiedenen Sprachen vgl. Bybee, Perkins u. Pagliuca (1994).

Seite 276 Verschiebung von Besitz zu Verpflichtung: Weitere Beispiele bei Matisoff (1991), S. 427.

Seite 276 Fidel Castro bei einem Staatsbesuch in Moskau: Die Geschichte geht zurück auf Lukes u. Galnoor (1987) und ist zitiert nach Smith u. Tsimpli (1995), S. 77.

Seite 282 Zur Verwendung eines Demonstrativums (eines Zeigewortes) in Apposition als Quelle eines Relativkennzeichens vgl. Deutscher (2001).

Seite 282 Erweiterung nominalisierter Verbformen zu Relativsätzen: Vgl. Matisoff (1972), DeLancey (1986), Genetti (1991), Harris u. Campbell (1995), S. 291–293, 310–313, Noonan (1997), Blake (1999).

Seite 283 Frage- und Verneinungswörter: Da Interrogativa (Fragewörter) in der Mammutgeschichte nicht vorkamen, wurde ihre Herkunft hier nicht erörtert. Tatsächlich sieht es aber so aus, als hätten sie einen ähnlich primitiven Status wie Demonstrativa (Zeigewörter), da nicht bekannt ist, dass sie sich aus Substantiven oder Verben entwickelt hätten oder aus irgendeinem anderen Ausdruck, der nicht schon ursprünglich ein fragendes Element enthielt (siehe Diessel, 2003). Dies bedeutet, dass die dritte Gruppe von Rohmaterialien, die man voraussetzen muss, neben den Zeigewörtern «hier» und «da» auch ein Frageelement (wie etwa «was») enthalten muss, aus dem die anderen Fragewörter hervorgehen konnten (nach dem Muster von «was-Ort» → «wo», «was-Person» → «wer» und dergleichen). Von Negationen weiß man, dass sie sich aus spezielleren (ihrem Wesen nach negativen) Verben wie «verlassen», «aufgeben», «verlieren» entwickeln können (vgl. Heine u. Kuteva, 2002, S. 188, 192).

Epilog

Seite 287 Sumerisch *munintuma'a*: Aus einer Inschrift von Enannatum, dem Herrscher von Lagasch (um 2450 v. Chr.); siehe Steible (1982), S. 185 (Enannatum I. 9, 3:10). Für dieses Beispiel danke ich Bram Jagersma. Zur Struktur derartiger Formen im Sumerischen siehe Attinger (1993), S. 192 ff., u. Edzard (2003), S. 87 ff. Zum Ursprung derartiger Konstruktionen: Die tatsächlichen Entwicklungen, die zur Struktur des sumerischen Verbs geführt haben, müssen außerordentlich komplex gewesen sein. Einen Versuch zur Rekonstruktion einiger Details bieten Coghill u. Deutscher (2002). Zu allgemeinen Ausführungen darüber, dass Nullmorphemen eine spezifische Bedeutung beigelegt wird, siehe Bybee (1994).

Seite 291 Einordnung von *erriplen* in das «Gemüsegenus» im Gurr-goni: Aikhenvald (2002), S. 408.

Seite 294 Tendenz zu einfacheren Wortstrukturen als «Verderbnis»: Gegen Ende des 19. Jahrhunderts versuchten einige Sprachforscher, das Pendel ins andere Extrem ausschlagen zu lassen, und behaupteten, bei dieser Tendenz handle es sich in Wirklichkeit um einen «Fortschritt». Hiermit trat besonders der dänische Gelehrte Otto Jespersen hervor; vgl. Jespersen (1894).

Seite 295 Die Vielfalt von Nebensätzen hat in neuzeitlichen europäischen Sprachen zugenommen: Siehe beispielsweise Kortmann (1997) zu adverbialer Unterordnung, Deutscher (2000), Kap. 10–11, zu Komplementierung.

Seite 297 Kommunikationsmuster in kleinen Gesellschaften: Siehe Givón (2002a), Kap. 9.

Seite 298 Korrelation zwischen einfachen Gesellschaften und komplexer Morphologie: Dixon (1997), Kusters (2003), Perkins (1992), Trudgill (1992). Zu Kontakt als Faktor, der Vereinfachung fördert, siehe Trudgill (1992), S. 195–212.

Seite 299 Faktoren, die zur Tendenz in Richtung einfachere Morphologie beitragen können: Ein weiterer Aspekt, den man angeführt hat, um das langsamere Tempo neuer Verschmelzungen in historischer Zeit zu erklären, ist der Wandel der Wortreihenfolge von OV zu VO (siehe Anhang E: «Der türkische Spiegel»), der in zahlreichen indoeuropäischen Sprachen in der historischen Epoche stattgefunden hat. Es gibt anscheinend eine ausgeprägte Asymmetrie zwischen dem Tempo der Suffigierung und dem Tempo der Präfigierung, wobei beispielsweise Postpositionen dazu neigen, leichter mit dem Substantiv zu verschmelzen als Präpositionen (siehe etwa Cutler et al., 1985, Hall, 1988, Bybee et al., 1990). Da OV-Sprachen zu Postpositionen und nach dem Verb stehenden Hilfszeitwörtern neigen, während in VO-Sprachen Präpositionen und Hilfsverben vor dem Verb vorherrschend sind, könnte der Wandel von OV zu VO die Häufigkeit neuer Verschmelzungen verringert haben.

Anhang B: Noch einmal Laryngale?

Seite 313 Laryngale als Verursacher eines Vokalwandels zu *a*: Die Verwandlung von Vokalen in *a* ist in mehreren semitischen Sprachen in verschiedenen Stadien bezeugt; vgl. Lipiński (2001), S. 45.10, 14; Moscati et al. (1964), S. 16.110.

Anhang C: Der Teufel im Detail

Seite 316 Reflexivschema: Einen Überblick über die t-Stämme in semitischen und afroasiatischen Sprachen gibt beispielsweise Lieberman (1986), S. 610 ff.

Seite 317 Intensivschema: Die Gemination (Verdopplung des mittleren Konso-

nanten) im Semitischen erörtert umfassend Kouwenberg (1997); siehe besonders S. 445 ff. zu einem historischen Szenario. Die Daten zum Trukesischen
nach Goodenough (1963). Zum Indoeuropäischen siehe Niepokuj (1997).

Seite 318 Kausativschema: Zu der Auffassung, dass *ša* auf ein Verb mit der Bedeutung «machen» zurückgeht, vgl. Hodge (1971), S. 41. Heine u. Reh (1984),
S. 276, rekonstruieren für das Proto-Kuschitische ein Verb **iss/*ass* («machen»)
und meinen, dass darauf das Kausativsuffix *–is* im Somali zurückgeht. Dies
erörtert Tropper (1990), S. 8 ff. Einige Forscher haben die Ansicht vertreten,
dass *ša* pronominaler Herkunft sei, aber die Belege aus den Einzelsprachen
machen das unwahrscheinlich.

Seite 320 Passivschema: Vgl. Testen (1998), Kouwenberg (2004). Zaborski
(2001), S. 595, schlägt als Etymologie das Bedja-Verb *n/nV* («sein») vor.

Anhang D: Der Kontrapunkt des Kochs

Seite 324 «I remember when Mrs Cibber»: Burney (1785) (‹Sketch of the Life of
Handel›).

Seite 327 «Weil er ihn selbst uns senden wollte»: *Christ I*, Zeile 129. Dass *sylfne*
betont ist, können wir daran erkennen, dass es mit *sendan* alliteriert.

Seite 328 Norwegisch *hans kokk* und *sin kokk:* Es ist im Norwegischen viel
üblicher, *kokk-en hans* («Koch-der sein») zu sagen als *hans kokk* («sein
Koch»), aber der leichteren Verständlichkeit halber habe ich die förmlichere
(letztlich vom Dänischen beeinflusste) Fassung gewählt.

Anhang E: Der türkische Spiegel

Seite 330 Gespaltene Wortreihenfolge in afrikanischen Sprachen: Heine u.
Claudi (2001), Givón (1975), Dryer (2005).

Seite 331 Die Entdeckung der Korrelationen zu Wortreihenfolgen durch Greenberg: Die ursprüngliche Publikation, in der diese Entdeckungen im Detail ausgeführt wurden, erschien in Greenberg (1963). Eine moderne Einschätzung
und Revision bieten Dryer (1992) und Croft (2003), Kap. 3. Zu diachronischen
Erklärungen für diese Korrelationen siehe Aristar (1991) und Givón (2001),
Kap. 5; zu allgemeinen Ausführungen über die Rolle der Diachronie im Zusammenhang mit sprachlichen Universalien siehe Givón (2002a), Kap. 6.

Seite 333 f. Korrelation zwischen KERN-ANHÄNGSEL und Präpositionen: Das hier
skizzierte Bild ist stark vereinfacht. Beispielsweise beziehen sich schwerfällige
Konstruktionen wie «von-von-Frankreich König Sohn» und «Sohn König
Frankreich-s-s» nur auf eine Situation, in der: (a) das Kennzeichen des Besitzes
nicht am Kernsubstantiv auftritt, sondern am Anhängsel, und (b) dieses Kennzeichen eine Präposition oder Postposition ist, die eine ganze Phrase als Sko-
pus hat und nicht nur eine Kasusmarkierung, die fest an ein einziges Wort
geklebt ist und nur dafür gilt. Wenn eine dieser beiden Bedingungen nicht erfüllt ist, kommt es zu anderen Konstruktionen. Die hier angeführten Beispiele

sind aber nur als einfache Demonstration der Art von Verarbeitungsschwierig-
keiten gedacht, zu denen es bei «inkonsequenter» Anordnung bestimmter
Paare kommen kann. Die gründlichsten Untersuchungen von Verarbeitungs-
problemen im Zusammenhang mit der Wortreihenfolge bieten Hawkins
(1994) und Hawkins (2004).

Literatur

Aikhenvald, Alexandra Y. (2002), *Classifiers: A Typology of Noun Categorization Devices,* Oxford: Oxford University Press.

Aitchison, Jean (1996), *The Seeds of Speech: Language Origin and Evolution,* Cambridge: Cambridge University Press.

Anttila, Raimo (1972), *An Introduction to Historical and Comparative Linguistics,* New York: Macmillan.

Arber, Edward (Hg.) (1869), *The Revelation to the Monk of Evesham 1196, carefully edited from the unique copy, now in the British Museum, of the edition printed by William de Machlinia about 1482* (English Reprints, 18), Southgate, London: o. V.

Aristar, Anthony R. (1991), «On diachronic sources and synchronic pattern: an investigation into the origin of linguistic universals», in: *Language* 67, S. 1–33.

Arnauld, Antoine; Lancelot, Claude (1972 [1660]), *Grammaire générale et raisonnée, ou la grammaire de Port-Royal,* Nachdruck der Ausgaben Paris 1660 und 1662, Genf: Slatkine.

Attinger, Pascal (1993), *Eléments de linguistique sumérienne: la construction de du$_{11}$/e/di ‹dire›,* Fribourg: Editions Universitaires.

Bakunin, Michail Alexandrowitsch (unter dem Pseudonym Jules Elysard) (1842), «Die Reaktion in Deutschland», in: *Deutsche Jahrbücher für Wissenschaft und Kunst* 5, S. 247–251, 985–1002.

Bickerton, Derek (1981), *Roots of Language,* Ann Arbor: Karoma.

Bickerton, Derek (1990), *Language and Species,* Chicago: University of Chicago Press.

Bickerton, Derek; Calvin, William H. (2000), *Lingua ex Machina: Reconciling Darwin and Chomsky with the Human Brain,* Cambridge, Mass.: MIT Press.

Blake, Barry J. (1999), «Nominal marking on verbs: some Australian cases», in: *Word* 50.

Blake, Barry J. (2001), *Case,* 2. Aufl., Cambridge: Cambridge University Press.

Blevins, Juliette (2004), *Evolutionary Phonology: The Emergence of Sound Patterns,* Cambridge: Cambridge University Press.

Bloomfield, Leonard (2001), *Die Sprache,* übers., komm. u. hg. v. Peter Ernst, Wien: Ed. Praesens.

Boesch, Christophe (1993), «Aspects of transmission of tool-use in wild chimpanzees», in: Gibson u. Ingold (1993).

Bolton, Whitney F. (Hg.) (1966), *The English Language: Essays by English and American Men of Letters 1490–1839,* Cambridge: Cambridge University Press.

Bolton, Whitney F.; Crystal, David (Hg.) (1969), *The English Language,* Bd. 2, *Essays by Linguists and Men of Letters, 1858–1964,* London: Cambridge University Press.

Bonfante, Giuliano (1946), «‹Indo-Hittite› and areal linguistics», in: *American Journal of Philology* 67.

Borges, Jorge Luis (1970), «Das unerbittliche Gedächtnis», in: ders., *Sämtliche Erzählungen: Das Aleph, Fiktionen, Universalgeschichte der Niedertracht,* München: Hanser, S. 213–221.

Brisset, Jean-Pierre (2001), *La Science de Dieu ou la création de l'homme,* in: ders., *Œuvres Complètes,* Dijon: Les Presses du Reel.

Brunner, Hellmut (Hg.) (1988), *Altägyptische Weisheit: Lehren für das Leben,* Zürich: Artemis.

Burney, Charles (1961 [1785]), «Sketch of the life of Handel», in: ders., *An Account of the Musical Performances in Westminster-Abbey and the Pantheon … 1784, in Commemoration of Handel,* London: Payne; Robinson. Nachdruck: Amsterdam: Knuf.

Burroughs, Edgar Rice (1999), *Tarzan – Tarzan bei den Affen; Tarzans Rückkehr,* München: dtv.

Bybee, Joan L. (1994), «The grammaticization of zero: asymmetries in tense and aspect systems», in: William Pagliuca (Hg.), *Perspectives on Grammaticalization,* Amsterdam: Benjamins, S. 235–254.

Bybee, Joan L.; Pagliuca, William; Perkins, Revere D. (1990), «On the asymmetries in the affixation of grammatical material», in: William Croft, Keith Denning u. Suzanne Kemmer (Hg.), *Studies in Typology and Diachrony: Papers Presented to Joseph H. Greenberg on His 75th Birthday,* Amsterdam: Benjamins.

Bybee, Joan L.; Perkins, Revere D.; Pagliuca, William (1994), *The Evolution of Grammar: Tense, Aspect and Modality in the Languages of the World,* Chicago: University of Chicago Press.

Carroll, Lewis (1973), *Alice im Wunderland,* übers. v. Christian Enzensberger, Frankfurt a. M.: Insel.

Cavalli-Sforza, Luigi L.; Feldman, Marcus W. (1981), *Cultural Transmission and Evolution: A Quantitative Approach,* Princeton, Guildford: Princeton University Press.

Chomsky, Noam (1973), *Über Erkenntnis und Freiheit,* übers. v. Gerd Lingrün, Frankfurt a. M.: Suhrkamp.

Christiansen, Morten H.; Kirby, Simon (Hg.) (2003), *Language Evolution,* Oxford: Oxford University Press.

Cicero, Marcus Tullius (1970), *Brutus,* lat.-dt., hg. v. Bernhard Kytzler, München: Heimeran.

Clark, Eve V. (1976), «From gesture to word: on the natural history of deixis in language acquisition», in: Jerome S. Bruner u. Alison Garton (Hg.), *Human Growth and Development*, Oxford: Clarendon Press.

Coghill, Eleanor; Deutscher, Guy (2002), «The origin of ergativity in Sumerian, and the ‹inversion› in pronominal agreement: a historical explanation based on Neo-Aramaic parallels», in: *Orientalia* 71, S. 267–290.

Corbett, Greville C. (1991), *Gender*, Cambridge, New York: Cambridge University Press.

Croft, William (2003), *Typology and Universals*, 2. Aufl, Cambridge: Cambridge University Press.

Cutler, Anne; Hawkins, John A.; Gilligan, Gary (1985), «The suffixing preference: a processing explanation», in: *Linguistics* 23, S. 723–758.

Danchev, Andrei; Kytö, Merja (1994), «The construction be going to + infinitive in Early Modern English›, in: Dieter Kastovsky (Hg.), *Studies in Early Modern English*, Berlin u. a.: Mouton de Gruyter, S. 59–79.

Davidson, Iain; Noble, William (1993), «Tools and language in human evolution», in: Gibson u. Ingold (1993).

Deacon, Terrence W. (1997), *The Symbolic Species: The Co-evolution of Language and the Brain*, London: Penguin.

DeLancey, Scott (1986), «Relativization as nominalization in Tibetan and Newari’, presented at the 19th International Conference on Sino-Tibetan Languages and Linguistics, 1986. (http://www.uoregon.edu/~delancey/papers/relnom.html)

Deutscher, Guy (2000), *Syntactic Change in Akkadian: The Evolution of Sentential Complementation*, Oxford: Oxford University Press.

Deutscher, Guy (2001), «The rise and fall of a rogue relative construction», in: *Studies in Language* 25, S. 405–422.

Deutscher, Guy (im Erscheinen), «Nominalization and the origin of subordination», in: Talmy Givón (Hg.), *The Genesis of Syntactic Complexity: Diachrony, Ontogeny, Cognition, Evolution*, Amsterdam: Benjamins.

Diakonoff, Igor M. (1988), *Afrasian Languages*, Moskau: Nauka.

Diessel, Holger (1999), *Demonstratives: Form, Function, and Grammaticalization*, Amsterdam: Benjamins.

Diessel, Holger (2003), «The relationship between demonstratives and interrogatives›, in: *Studies in Language* 27, S. 635–655.

Dixon, Robert M. W. (1972), *The Dyirbal Language of North Queensland*, London: Cambridge University Press.

Dixon, Robert M. W. (1989), *Searching for Aboriginal Languages: Memoirs of a Field Worker*, Chicago, London: University of Chicago Press.

Dixon, Robert M. W. (1991), «Mbabaram», in: ders. u. Barry J. Blake (Hg.), *Handbook of Australian Languages*, Bd. 4, *The Aboriginal Languages of Melbourne and Other Grammatical Sketches*, South Melbourne: Oxford University Press, S. 349–402.

Dixon, Robert M. W. (1997), *The Rise and Fall of Languages*, Cambridge: Cambridge University Press.

Dryer, Matthew S. (1992), «The Greenbergian word-order correlations», in: *Language* 68, S. 81–138.

Dryer, Matthew S. (2005), «Order of Object and Verb», in: Martin Haspelmath, Matthew S. Dryer, David Gil u. Bernard Comrie (Hg.*), The World Atlas of Language Structures*, Oxford: Oxford University Press.

Edzard, Dietz Otto (2003), *Sumerian Grammar*, Leiden: Brill.

Farber, Walter; Kümmel, Hans Martin; Römer, Willem H. Ph. (Hg.) (1987), *Texte aus der Umwelt des Alten Testaments*, Bd. 2, *Religiöse Texte: Rituale und Beschwörungen*, 1, Gütersloh: Mohn.

Fischer, Olga C. M. (1992), «Syntax», in: Norman F. Blake (Hg.), *Cambridge History of the English Language*, Bd. 2, *1066–1476*, Cambridge: Cambridge University Press, S. 207–408.

Frankena, Rintje (1974), *Briefe aus dem Berliner Museum* (Altbabylonische Briefe in Umschrift und Übersetzung, 6), Leiden: Brill.

Fulman, William; Perrinchief, Richard (Hg.) (1662), *Basilika: the workes of King Charles the martyr: with a collection of declarations, treaties, and other papers concerning the differences betwixt His said Majesty and his two houses of Parliament*, Bd. 1, London: James Flesher for R. Royston.

Gamillscheg, Ernst (1957), *Historische französische Syntax*, Tübingen: Niemeyer.

Genetti, Carol (1991), «From postposition to subordinator in Newari», in: Traugott u. Heine (1991), S. 227–256.

Gentner, Dedre; Holyoak, Keith J.; Kokinov, Boicho N. (Hg.) (2001), *The Analogical Mind: Perspectives from Cognitive Science*, Cambridge, Mass.: MIT Press.

Gibson, Kathleen; Ingold, Tim (Hg.) (1993), *Tools, Language and Cognition in Human Evolution*, Cambridge: Cambridge University Press.

Givón, Talmy (1975), «Serial verbs and syntactic change: Niger-Congo», in: Charles N. Li (Hg.), *Word Order and Word Order Change*, Austin, Texas: University of Texas Press, S. 47–112.

Givón, Talmy (1979), *On Understanding Grammar*, New York: Academic Press.

Givón, Talmy (1991), «Serial verbs and the mental reality of ‹event›: grammatical vs. cognitive packaging», in: Traugott u. Heine (1991), S. 81–127.

Givón, Talmy (2001), *Syntax: An Introduction*, Bd. 1, Amsterdam: Benjamins.

Givón, Talmy (2002a), *Bio-Linguistics: The Santa Barbara Lectures*, Amsterdam: Benjamins.

Givón, Talmy (2002b), «The visual information-processing system as an evolutionary precursor of human language», in: ders. u. Bertram F. Malle (Hg.), *The Evolution of Language out of Pre-language*, Amsterdam: Benjamins.

Goodenough, Ward (1963), «The long or double consonants of Trukese», in: *Proceedings of the Ninth Pacific Science Congress*, Bangkok, S. 77–80.

Goren-Inbar, Naama; Alperson, Nira; Kislev, Mordechai E.; Simchoni, Orit; Melamed, Yoel; Ben-Nun, Adi; Werker, Ella (2004), «Evidence of hominin control of fire at Gesher Benot Ya'aqov, Israel», in: *Science* 304 (30. April 2004).

Greenberg, Joseph H. (1963), «Some universals of grammar with particular reference to the order of meaningful elements›, in: ders. (Hg.), *Universals of Language: Report of a Conference Held at Dobbs Ferry, New York, April 13–15, 1961*, Cambridge, Mass.: MIT Press, S. 73–113.

Grimm, Jakob (1819), *Deutsche Grammatik*, T. 1, Göttingen: Dieterichsche Buchhandlung.

Grimm, Jakob (1822), *Deutsche Grammatik*, 2. Aufl., T. 1, Göttingen: Dieterichsche Buchhandlung.

Grimm, Jakob (1848), *Geschichte der deutschen Sprache*, Leipzig: Weidmannsche Buchhandlung.

Hall, C. J. (1988), «Integrating diachronic and processing principles in explaining suffixing preference», in: John A. Hawkins (Hg.), *Explaining Language Universals*, Oxford: Blackwell, S. 321–349.

Harris, Alice C.; Campbell, Lyle (1995), *Historical Syntax in Cross-Linguistic Perspective*, Cambridge: Cambridge University Press.

Harris, Martin (1978), *The Evolution of French Syntax: A Comparative Approach*, London, New York: Longman.

Haspelmath, Martin (1995), «Diachronic sources of *all* and *every*», in: Emmon Bach et al. (Hg.), *Quantification in Natural Languages*, Dordrecht: Kluwer, S. 363–382.

Hauser, Marc D.; Chomsky, Noam; Fitch, W. Tecumseh (2002), «The faculty of language: What is it, who has it, and how did it evolve?», in: *Science* 298, S. 1569–1579.

Hawkins, John A. (1994), *A Performance Theory of Order and Constituency*, Cambridge: Cambridge University Press.

Hawkins, John A. (2004), *Efficiency and Complexity in Grammars*, Oxford: Oxford University Press.

Heine, Bernd (1997a), *Cognitive Foundations of Grammar*, Oxford: Oxford University Press.

Heine, Bernd (1997b), *Possession: Cognitive Sources, Forces, and Grammaticalization*, Cambridge: Cambridge University Press.

Heine, Bernd; Reh, Mechthild (1984), *Grammaticalization and Reanalysis in African Languages*, Hamburg: Buske.

Heine, Bernd; Claudi, Ulrike (2001), «On split word order: explaining syntactic variation», in: *General Linguistics* 38.

Heine, Bernd; Kuteva, Tania (2002), *World Lexicon of Grammaticalization*, Cambridge: Cambridge University Press.

Heine, Bernd; Claudi, Ulrike; Hünnemeyer, Friederike (1991), *Grammaticalization: A Conceptual Framework*, Chicago: University of Chicago Press.

Heinsius, Daniel (1927 [1609]), «Funeral Oration on the Death of Joseph Scaliger», übers. v. George W. Robinson, in: Joseph Scaliger, *Autobiography*, Cambridge, Mass.: Harvard University Press.

Henshilwood, Christopher; d'Errico, Francesco; Vanhaeren, Marian; van Niekerk, Karen; Jacobs, Zenobia (2004), «Middle Stone Age shell beads from South Africa», in: *Science* 304 (5669), S. 404 (16. April 2004).

Hetzron, Robert (Hg.) (1997), *The Semitic Languages*, London: Routledge.

Himmelmann, Nikolaus P. (1997), *Deiktikon, Artikel, Nominalphrase: Zur Emergenz syntaktischer Struktur*, Tübingen: Niemeyer.

Hodge, Carleton T. (1971), «Afroasiatic s-causative», in: *Language Sciences* 15.

Holyoak, Keith J.; Thagard, Paul (1995), *Mental Leaps: Analogy in Creative Thought*, Cambridge, Mass: MIT Press.

Hopper, Paul J.; Traugott, Elizabeth Closs (2003), *Grammaticalization*, 2. Aufl., Cambridge: Cambridge University Press.

Hopper, Paul J.; Thompson, Sandra A. (1985), «The iconicity of the universal categories ‹noun› and ‹verb›», in: John Haiman (Hg.), *Iconicity in Syntax*, Amsterdam: Benjamins.

Hrozný, Bedřich (1915), «Die Lösung des hethitischen Problems», in: *Mitteilungen der Deutschen Orient-Gesellschaft* 56, S. 17–50.

Hugo, Victor (1972), *Choses vues: souvenirs, journaux, cahiers, 1830–46*, hg. v. Hubert Juin, Paris: Gallimard.

Hurford, James R. (2003), «The neural basis of predicate-argument structure», in: *Behavioral and Brain Sciences* 23(6).

Jackendoff, Ray (2002), *Foundations of Language: Brain, Meaning, Grammar, Evolution*, Oxford: Oxford University Press.

Jespersen, Otto (1894), *Progress in Language with Special Reference to English*, London: Sonnenschein.

Jespersen, Otto (1948), *Growth and Structure of the English Language*, 9. Aufl., Garden City, N. Y.: Doubleday.

Keller, Rudi (1994), *Sprachwandel: Von der unsichtbaren Hand in der Sprache*, 2. Aufl., Tübingen: Francke.

Kienast, Burkhart; Volk, Konrad (1995), *Die sumerischen und akkadischen Briefe des III. Jahrtausends aus der Zeit vor der III. Dynastie von Ur* (Freiburger altorientalische Studien, 19), Stuttgart: Steiner.

Klausenburger, Jürgen (2000), *Grammaticalization: Studies in Latin and Romance Morphosyntax*, Amsterdam: Benjamins.

Klein, Richard G.; Edgar, Blake (2002), *The Dawn of Human Culture*, New York: Wiley.

Kluge, Friedrich (1995), *Etymologisches Wörterbuch der deutschen Sprache*, 23. Aufl., bearbeitet von Elmar Seebold, Berlin: de Gruyter.

Knudsen, Ebbe Egede (1984), «Innovation in the Akkadian present», in: *Orientalia Suecana* 33–35, S. 231–240.

Kortmann, Bernd (1997), *Adverbial Subordination: A Typology and History of Adverbial Subordinators Based on European Languages*, Berlin: Mouton de Gruyter.

Koster, Serge (2001), *Adieu grammaire*, Paris: Presses Universitaires de France.

Kouwenberg, N. J. C. (1997), *Gemination in the Akkadian Verb* (Studia Semitica Neerlandica, 32), Assen: Van Gorcum.

Kouwenberg, N. J. C. (2002), «Ventive, dative and allative in Old Babylonian», in: *Zeitschrift für Assyriologie* 92, S. 200–240.

Kouwenberg, N. J. C. (2004), «Assyrian light on the history of the N-Stem», in: Jan Gerrit Dercksen (Hg.), *Assyria and Beyond: Studies Presented to Mogens Trolle Larsen*, Leiden: Nederlands Instituut voor het Nabije Oosten.

Kövecses, Zoltán (2002), *Metaphor: A Practical Introduction*, Oxford: Oxford University Press.

Kurrelmeyer, Wilhelm (Hg.) (1904), *Die erste deutsche Bibel*, Bd. 1, *Evangelien* (Bibliothek des Litterarischen Vereins in Stuttgart, 234), Tübingen: Litterarischer Verein in Stuttgart.

Kuryłowicz, Jerzy (1927), «ə indo-européen et ḫ hittite», in: *Symbolae Grammaticae In Honorem Ioannis Rozwadowski*, Krakau: Gebethner & Wolff.

Kusters, Christiaan W. (2003), *Linguistic Complexity: The Influence of Social Change on Verbal Inflection*, Utrecht: LOT.

Labov, William (1994), *Principles of Linguistic Change*, Bd. 1, *Internal Factors*, Oxford: Blackwell.

Labov, William (2001), *Principles of Linguistic Change*, Bd. 2, *Social Factors*, Oxford: Blackwell.

Lakoff, George; Johnson, Mark (1980), *Metaphors We Live By*, Chicago: University of Chicago Press.

Lambrecht, Knud (1981), *Topic, Antitopic and Verb Agreement in Non-standard French*, Amsterdam: Benjamins.

Lass, Roger (1999), «Phonology and morphology», in: ders. (Hg.), *Cambridge History of the English Language*, Bd. 3, 1476–1776, Cambridge: Cambridge University Press.

Lebrun, René (1985), «L'aphasie de Mursili II», in: *Hethitica* 6, S. 103–37.

Li, Charles N.; Thompson, Sandra (1981), *Mandarin Chinese: A Functional Reference Grammar*, Berkeley: University of California Press.

Lichtheim, Miriam (1973), *Ancient Egyptian Literature: A Book of Readings*, Bd. 1, Berkeley: University of California Press.

Lieberman, Philip (1984), *The Biology and Evolution of Language*, Cambridge, Mass.: Harvard University Press.

Lieberman, Philip (1991), *Uniquely Human: The Evolution of Speech, Thought, and Selfless Behaviour*, Cambridge, Mass.: Harvard University Press.

Lieberman, Stephen J. (1986), «The Afro-Asiatic background of the Semitic N-Stem», in: *Bibliotheca Orientalis* 42, S. 577–628.

Lipiński, Edward (2000), *The Aramaeans: Their Ancient History, Culture, Religion*, Leuven: Peeters.

Lipiński, Edward (2001), *Semitic Languages: Outline of a Comparative Grammar*, 2. Aufl., Leuven: Peeters.

Lockwood, William B. (1979), *Überblick über die indogermanischen Sprachen*, übers. v. Elsa Ettinger, Tübingen: Narr.

Lord, Carol (1993), *Historical Change in Serial Verb Constructions*, Amsterdam: Benjamins.

Lord, Carol; Yap, H.; Iwasaki, Shoichi (2002), «Grammaticalization of ‹give›:

African and Asian perspectives», in: Ilse Wischer u. Gabriele Diewald (Hg.), *New Reflections on Grammaticalization*, Amsterdam: Benjamins, S. 217–235.

Lukes, Steven; Galnoor, Itzhak (1987), *No Laughing Matter: A Collection of Political Jokes*. Penguin.

Lumby, Joseph R. (Hg.) (1876), *Polychronicon Ranulphi Higden, monachi Cestrensis: together with the English translations of John Trevisa (c. 1390) and of an unknown writer of the fifteenth century*, Bd. 6 [enthält Bd. 5 des *Polychronicon*] (Chronicles and Memorials of Great Britain and Ireland during the Middle Ages, 41), London: Longman.

MacMahon, Michael K. C. (1998), «Phonology», in: Suzanne Romaine (Hg.), *Cambridge History of the English Language*, Bd. 4, 1776–1997, Cambridge: Cambridge University Press, S. 373–535.

Mann, Golo (1986), *Erinnerungen und Gedanken: Eine Jugend in Deutschland*, Frankfurt a. M.: Fischer.

Martin, Samuel E. (1987), *The Japanese Language Through Time*, New Haven, Conn.: Yale University Press.

Matisoff, James A. (1972), «Lahu nominalization, relativization, and genitivization», in: John P. Kimball (Hg.), *Syntax and Semantics*, Bd. 1, New York: Seminar Press, S. 237–258.

Matisoff, James A. (1991), «Areal and universal dimensions of grammatization in Lahu», in: Traugott u. Heine (1991), Bd. 2, S. 383–453.

Mayrhofer, Manfred (1988), «Zum Weiterwirken von Saussures *Mémoire*», in: *Kratylos* 33, S. 1–15.

McGrew, William C. (1993), «The intelligent use of tools: twenty propositions», in: Gibson u. Ingold (1993).

Meillet, Antoine (1903), *Introduction à l'étude comparative des langues indoeuropéennes*, Paris: Hachette.

Meyer-Lübke, Wilhelm (1966), *Historische Grammatik der französischen Sprache*, 2. Teil, *Wortbildungslehre*, Heidelberg: Winter.

Michel, Francesque (Hg.) (1860), *Libri Psalmorum versio antiqua Gallica e cod. ms. in Bibl. Bodleiana asservato: una cum versione metrica aliisque monumentis pervetustis*, Oxford: Oxford University Press.

Mithun, Marianne (1999), *The Languages of Native North America*, Cambridge: Cambridge University Press.

Molière (1959), «Der Bürger als Edelmann», übers. v. Arthur Luther, in: Molière, *Werke*, Wiesbaden: Insel, S. 821–896.

Morpurgo Davies, Anna (1998), *Nineteenth Century Linguistics* (History of Linguistics, 4), London: Longman.

Moscati, Sabatino; Spitaler, Anton; Ullendorff, Edward; von Soden, Wolfram (1964), *An Introduction to the Comparative Grammar of the Semitic Languages*, Wiesbaden: Harrassowitz.

Nettle, Daniel (1999), *Linguistic Diversity*, Oxford: Oxford University Press.

Nguyên, Phu Phon (1992), «La deixis en Vietnamien», in: Guy Serbat (Hg.), *La deixis*, Paris: Presses Universitaires de France.

Niepokuj, Mary (1997), *The Development of Verbal Reduplication in Indo-European*, Washington: Institute for the Study of Man.

Noonan, Michael (1997), «Versatile nominalizations», in: Joan L. Bybee, John Haiman u. S. Thompson (Hg.), *Essays on Language Function and Language Type: In Honor of T. Givón*, Amsterdam: Benjamins.

Olender, Maurice (1997), «From the language of Adam to the pluralism of Babel», in: *Mediterranean Historical Review* 12, S. 51–59.

Orwell, George (1946), «Politics and the English Language», in: *Horizon*, Bd. 13, abgedruckt in: Bolton u. Crystal (1969).

Osthoff, Hermann; Brugmann, Karl (1878), *Morphologische Untersuchungen auf dem Gebiete der indogermanischen Sprachen*, Bd. 1, Leipzig: Hirzel.

Paris, Gaston (1862), *Étude sur le rôle de l'accent latin dans la langue française*, Paris: A. Franck.

Parkinson, Richard B. (1996), «Khakheperreseneb and Traditional Belles Lettres», in: Peter Der Manuelian (Hg.), *Studies in Honor of William Kelly Simpson*, Boston: Museum of Fine Arts, S. 647–654.

Parkinson, Richard B. (1997), «The Text of Khakheperreseneb: New Readings of EA 5645, and an unpublished Ostracon», in: *Journal of Egyptian Archaeology* 83, S. 55–68.

Paul, Hermann (1880), *Principien der Sprachgeschichte*. Halle: Niemeyer.

Paul, Jean (1967), *Werke* (1763–1825), hg. v. Norbert Miller, Bd. 5, *Vorschule der Ästhetik. Levana oder Erziehlehre. Politische Schriften*, München: Hanser.

Perkins, Revere D. (1992), *Deixis, Grammar and Culture*, Amsterdam: Benjamins.

Peyraube, Alain (1988), *Syntaxe diachronique du chinois: Evolution des constructions datives du XIVe siècle av. J.-C. au XVIIIe siècle*, Paris: Institut des Hautes Etudes Chinoises, Collège de France.

Peyraube, Alain (1996), «Recent issues in Chinese historical syntax», in: Cheng-Teh J. Huang u. Yen-Hui A. Li (Hg.), *New Horizons in Chinese Linguistics*, Dordrecht: Kluwer, S. 161–213.

Pinker, Steven (1996), *Der Sprachinstinkt: Wie der Geist die Sprache bildet*, übers. v. Martina Wiese, München: Kindler.

Pinker, Steven (2003), *Das unbeschriebene Blatt: Die moderne Leugnung der menschlichen Natur*, übers. v. Hainer Kober, Berlin: Berlin-Verlag.

Pinker, Steven; Jackendoff, Ray (2005), «The faculty of language: what's special about it?», in: *Cognition* 95, S. 201–236.

Poole, Joshua (1969 [1646]), *The English Accidence or, A short plaine, and easie way, for the more speedy attaining to the Latine tongue, by the help of the English*, Nachdruck (English Linguistics, 5), Menston: Scolar Press.

Prunet, Jean-François; Béland, Renée; Idrissi, Ali (2000), «The mental representation of Semitic words», in: *Linguistic Inquiry* 31, S. 609–648.

Renfrew, Colin (1996), «The sapient behaviour paradox: how to test for potential», in: Paul Mellars u. Kathleen Gibson (Hg.), *Modelling the Early Human Mind*, Cambridge: McDonald Institute.

Rosier, James L. (Hg.) (1962), *The Vitellius psalter, edited from British Museum ms. Cotton Vitellius E. XVIII*, Ithaca: Cornell University Press.

Sampson, Geoffrey (2005), *The ‹Language Instinct› Debate*, London: Continuum.

Sapir, Edward (1921), *Language: An Introduction to the Study of Speech*, New York: Harcourt, Brace. (Deutsche Übersetzung und Bearbeitung: *Die Sprache: Eine Einführung in das Wesen der Sprache*, übers. v. Conrad P. Homberger, München: Hueber, 1961.)

Saussure, Ferdinand de (1879), *Mémoire sur le système primitif des voyelles dans les langues indo-européennes*, Leipzig: Teubner.

Savage-Rumbaugh, Sue; Rumbaugh, Duane M. (1993), «The emergence of language», in: Gibson u. Ingold (1993).

Savage-Rumbaugh, Sue; Shanker, Stuart G.; Taylor, Talbot J. (1998), *Apes, Language, and the Human Mind*, New York: Oxford University Press.

Sayers, Dorothy L. (1963), «The teaching of Latin: a new approach», in: dies., *The Poetry of Search and the Poetry of Statement, and Other Posthumous Essays on Literature, Religion and Language*, London: Victor Gollancz, S. 177–200.

Scaliger, Joseph (1695), *Scaligerana, ou Bons mots, rencontres agréables, et remarques judicieuses et sçavantes de J. Scaliger*, avec des notes de Mr. le Fevre, et de Mr. de Colomiès; le tout disposé par ordre alphabétique en cette nouv. éd., Cologne (Amsterdam?) M.DC.XCV.

Scheffer, Johannes (1975), *The Progressive in English*, Amsterdam: North Holland Publishing.

Schiaparelli, Luigi (Hg.) (1929), *Codice diplomatico Longobardo*, Bd. 1, Rom: Istituto Storico Italiano.

Schleicher, August (1850), *Linguistische Untersuchungen, 2, Die Sprachen Europas in systematischer Übersicht*, Bonn: König.

Schleicher, August (1863), *Die Darwinsche Theorie und die Sprachwissenschaft: Offenes Sendschreiben an Herrn Dr. Ernst Häckel*, Weimar: Böhlau.

Schwegler, Armin (1990), *Analyticity and Syntheticity: A Diachronic Perspective with Special Reference to Romance Languages*, Berlin: Mouton de Gruyter.

Sheridan, Thomas (1780), *A General Dictionary of the English Language: One main object of which, is, to establish a plain and permanent standard pronunciation. To which is prefixed a rhetorical grammar*, London: J. Dodsley, C. Dilly u. J. Wilkie.

Sievers, Eduard (Hg.) (1961), *Tatian: Lateinisch und Altdeutsch, mit ausführlichem Glossar*, 2. neubearb. Ausg., Darmstadt: Wissenschaftliche Buchgesellschaft.

Skármeta, Antonio (1986), *Mit brennender Geduld*, übers. v. Willi Zurbrüggen, München: Piper.

Smith, Neilson; Tsimpli, Ianthi M. (1995), *The Mind of a Savant: Language Learning and Modularity*, Oxford: Blackwell.

Steible, Horst (1982), *Die altsumerischen Bau- und Weihinschriften* (Freiburger altorientalische Studien, 5), Wiesbaden: Steiner.

Strachey, John (Hg.) (1767), *Rotuli Parliamentorum: ut et petitiones et placita in Parliamento tempore Edwardi R. I. (Edwardi II., Edwardi III., Ricardi II., Henrici IV., V., VI., Edwardi IV., Ricardi III., Henrici VII.*, 1278–1503), London: 1767–77.

Szemerényi, Oswald (1973), «La théorie des laryngeals de Saussure à Kuryłowicz et à Benveniste», in: *Bulletin de la Société de Linguistique de Paris* 68, S. 1–25.

Szemerényi, Oswald (1996), *Introduction to Indo-European Linguistics*, 4. Aufl., Oxford: Clarendon.

Tanz, Christine (1980), *Studies in the Acquisition of Deictic Terms*, Cambridge: Cambridge University Press.

Tax, Petrus W. (Hg.) (1981), *Die Werke Notkers des Deutschen, Neue Ausgabe*, Bd. 9, *Der Psalter: Psalm 51–100*, Tübingen: Niemeyer.

Taylor, Insup; Taylor, Maurice M. (1983), *The Psychology of Reading*, New York: Academic Press.

Testen, David (1998), «The derivational role of the Semitic N-Stem», in: *Zeitschrift für Assyriologie und vorderasiatische Archäologie* 88, S. 127–145.

Tittmann, Julius (Hg.) (1882), *Esopus von Burchard Waldis*, Leipzig: Brockhaus.

Tomasello, Michael (2003), *Constructing a Language: A Usage-based Theory of Language Acquisition*, Cambridge, Mass.: Harvard University Press.

Touratier, Christian (1975), «Rhotacisme synchronique du latin classique et rhotacisme diachronique», in: *Glotta, Zeitschrift für griechische und lateinische Sprache* 53, S. 246–281.

Trask, Robert L. (1995), «On the history of the non-finite verb forms in Basque», in: José I. Hualde, Joseba A. Lakarra u. Robert L. Trask (Hg.), *Towards a History of the Basque Language*, Amsterdam: Benjamins, S. 207–234.

Traugott, Elizabeth Closs (1992), «Syntax», in: Richard M. Hogg (Hg.), *Cambridge History of the English Language*, Bd. 1, *The Beginnings to 1066*, Cambridge: Cambridge University Press, S. 168–269.

Traugott, Elizabeth Closs; Heine, Bernd (Hg.) (1991), *Approaches to Grammaticalization*, Bd. 1–2, Amsterdam: Benjamins.

Traugott, Elizabeth Closs; Dasher, Richard B. (2002), *Regularity in Semantic Change*, Cambridge: Cambridge University Press.

Tropper, Josef (1990), *Der ugaritische Kausativstamm und die Kausativbildungen des Semitischen*, Münster: Ugarit-Verlag.

Trudgill, Peter (1992), «Dialect typology and social structure», in: Ernst H. Jahr (Hg.), *Language Contact: Theoretical and Empirical Studies*, Berlin: Mouton de Gruyter, S. 195–212.

Tschirch, Fritz (Hg.) (1955), *1200 Jahre deutsche Sprache: Die Entfaltung der deutschen Sprachgestalt in ausgewählten Stücken der Bibelübersetzung vom Ausgang des 8. Jahrhunderts bis in die Gegenwart*, Berlin: de Gruyter.

Twain, Mark (1965), *Bummel durch Europa*, übers. v. Ana Maria Brock, 2. Aufl., Berlin, Weimar: Aufbau.

Valesio, Paolo (1968), «The Romance synthetic future pattern and its first attestations», in: *Lingua* 20, S. 113–161.

Vanhaeren, Marian, et al. (2006) «Middle Paleolithic shell beads in Israel and Algeria», in: *Science* 312 (23. Juni 2006), S. 1785–1788.

Veenhof, Klaas R. (1975), «An Old Akkadian private letter: with a note on ṣiāḫum/ṣīḫtum», in: *Jaarbericht van het Vooraziatisch-Egyptisch Genootschap, Ex Oriente Lux* 24, S. 105–110.

Versteegh, Kees (1997), *The Arabic Language*, Edinburgh: Edinburgh University Press.

Voltaire (1974), *The Complete Works of Voltaire: Correspondence and Related Documents*, Bd. 32: April–Dezember 1767, hg. v. Theodore D. N. Besterman, Banbury: Voltaire Foundation.

Walker, Christopher B. F. (1987), *Cuneiform*, London: British Museum Press.

Watkins, Calvert (2000), *The American Heritage Dictionary of Indo-European Roots*, 2. Aufl., Boston: Houghton Mifflin.

Weigel, Hans (1974), *Die Leiden der jungen Wörter: Ein Antiwörterbuch*, Zürich: Artemis.

Westermann, Diedrich H. (1954), *Wörterbuch der Ewe-Sprache*, Berlin: Akademie-Verlag.

Wolfram, Herwig (Hg.) (1982), *Quellen zur Geschichte des 7. und 8. Jahrhunderts (Fontes historiam saeculorum septimi et octavi illustrantes): Die vier Bücher der Chroniken des sogenannten Fredegar*, Darmstadt: Wissenschaftliche Buchgesellschaft.

Woodworth, Nancy L. (1991), *From Noun to Verb and Verb to Noun: A Crosslinguistic Study of Class-changing Morphology* (unveröffentlichte PhD-Dissertation, University of New York at Buffalo).

Wray, Alison (Hg.) (2002), *The Transition to Language*, Oxford: Oxford University Press.

Wright, Joseph (1900), *The English Dialect Dictionary: being the complete Vocabulary of all dialect words still in use, or known to have been in use during the last two hundred years*, Bd. 2, D-G, London: Frowde.

Zaborski, Andrzej (1975), *The Verb in Cushitic* (Studies in Hamito-Semitic, 1), Warschau: Państwowe Wydawnictwo Naukowe.

Zaborski, Andrzej (1991), «Biconsonantal roots and triconsonantal root variation in Semitic: solutions and prospects», in: Alan S. Kaye (Hg.), *Semitic Studies in Honor of Wolf Leslau on the Occasion of His 85th Birthday*, Bd. 2, 1675–1703, Wiesbaden: Harrassowitz.

Zaborski, Andrzej (2001), «Verbale Flexion und Derivation mit T und M/N – ein etymologischer Versuch», in: Stefan Wild u. H. Schild (Hg.), *Kultur, Recht und Politik in muslimischen Gesellschaften* (Akten des 27. Deutschen Orientalistentages), Bd. 1, S. 593–599.

Bildnachweis

Register

Literatur und Sprache

Nicholas Evans
Wenn Sprachen sterben
und was wir mit ihnen verlieren
Aus dem Englischen von Robert Mailhammer
2014. 416 Seiten mit zahlreichen Abbildungen,
Karten und Tabellen. Gebunden

Jürgen Trabant
Globalesisch, oder was?
Ein Plädoyer für Europas Sprachen
2014. 235 Seiten mit einer Karte. Klappenbroschur
Beck Paperback Band 6109

Thorsten Roelcke
Geschichte der deutschen Sprache
2. Auflage. 2018. 128 Seiten. Paperback
C.H.Beck Wissen Band 2480

Harald Haarmann
Geschichte der Schrift
5., durchgesehene Auflage. 2017.
128 Seiten mit 27 Abbildungen und Tabellen. Broschiert
C.H.Beck Wissen Band 2198

Hans-Dieter Gelfert
Englisch mit Aha!
Die etwas andere Einführung in die englische Sprache
3. Auflage. 2014. 222 Seiten. Broschiert
Beck Paperback Band 1528

Verlag C. H. Beck

Literatur und Sprache

Astrid Séville
Der Sound der Macht
Eine Kritik der dissonanten Herrschaft
2018. 192 Seiten. Klappenbroschur
Beck Paperback Band 6325

Uwe Hinrichs
Multi Kulti Deutsch
Wie Migration die deutsche Sprache verändert
2013. 294 Seiten mit 6 Karten. Klappenbroschur
Beck'sche Reihe Band 6106

Heike Wiese
Kiezdeutsch
Ein neuer Dialekt entsteht
2., durchgesehene Auflage. 2012. 280 Seiten mit 18 Abbildungen. Paperback
Beck'sche Reihe Band 6034

Christian Hesse
Was Einstein seinem Papagei erzählte
Die besten Witze aus der Wissenschaft
3. Auflage. 2015. 234 Seiten mit 55 Abbildungen im Text. Broschiert
Beck Paperback Band 6084

Hermann Ehmann
Ich bin da ganz bei Ihnen!
Das Wörterbuch der unverzichtbaren Bürofloskeln
3. Auflage. 2017. 143 Seiten mit 10 Illustrationen. Broschiert
Beck Paperback Band 6169

Verlag C. H. Beck